KAREN KUDER

Die Zahlstelle in der Insolvenz des Lastschriftschuldners im Einzugsermächtigungsverfahren

Untersuchungen über das
Spar-, Giro- und Kreditwesen

Abteilung B: Rechtswissenschaft

Schriften des Instituts für deutsches und
internationales Recht des Spar-, Giro- und Kreditwesens
an der Johannes Gutenberg-Universität Mainz

Herausgegeben von

Prof. Dr. Mathias Habersack, Prof. Dr. Peter O. Mülbert
und Prof. Dr. Uwe H. Schneider

Band 170

Die Zahlstelle in der Insolvenz des Lastschriftschuldners im Einzugsermächtigungsverfahren

Von

Karen Kuder

Duncker & Humblot · Berlin

Der Fachbereich Rechts- und Wirtschaftswissenschaften
der Technischen Universität Darmstadt hat diese Arbeit im
Wintersemester 2005/2006 als Dissertation angenommen.

Bibliografische Information Der Deutschen Bibliothek

Die Deutsche Bibliothek verzeichnet diese Publikation in
der Deutschen Nationalbibliografie; detaillierte bibliografische
Daten sind im Internet über <http://dnb.ddb.de> abrufbar.

D 17

Fremddatenübernahme und Druck:
Berliner Buchdruckerei Union GmbH, Berlin
Printed in Germany

ISSN 0720-7352
ISBN 3-428-12223-2

Gedruckt auf alterungsbeständigem (säurefreiem) Papier
entsprechend ISO 9706 ∞

Internet: http://www.duncker-humblot.de

Geleitwort

Es gibt Dissertationen, deren weiterführende Überlegungen und deren praktische Bedeutung nicht hoch genug eingeschätzt werden können. Diese hier vorgelegte Arbeit gehört dazu. Worum geht es?

Von den bargeldlosen Zahlungsmitteln hat die erst im Jahr 1964 eingeführte Lastschrift einen ungeahnten Zuwachs erhalten. Sie hat heute einen Anteil von mehr als 40% an allen inländischen bargeldlosen Transaktionen von Nichtbanken mit einem Volumen von mehr als 3,4 Billionen EUR pro Jahr erreicht. Neben dem Abbuchungsauftragsverfahren wird vor allem das Einzugsermächtigungsverfahren praktiziert, bei dem der Gläubiger (Zahlungsempfänger) aufgrund der Lastschriftabrede mit dem Schuldner (Zahlungspflichtiger) von diesem eine Einzugsermächtigung erhält, die ihm gestattet, mit seinem Kreditinstitut (erste Inkassostelle) eine Inkassovereinbarung zu treffen und in diesem Rahmen Lastschriften zum Einzug von dem Girokonto des Schuldners bei dessen Kreditinstitut (Zahlstelle) zu geben. Die Zahlstelle erlangt Kenntnis von der Einzugsermächtigung ihres Kunden nicht durch ihn, sondern die erste Inkassostelle, die ihr Lastschriften mit der Weisung vorlegt, sie zu Lasten des Schuldners einzulösen. Deshalb kann die Zahlstelle ihren eigenen Kunden mit dem Lastschriftbetrag nur dann endgültig belasten, wenn dieser die Belastungsbuchungen geschäftsbesorgungsrechtlich genehmigt.

Der Schuldner darf nach ständiger Rechtsprechung des Bundesgerichtshofs die Genehmigung nur dann durch einen Widerspruch verweigern, wenn ihm anerkennenswerte Gründe zur Seite stehen, also bei unberechtigten Lastschriften (keine entsprechende Verbindlichkeit, keine Einzugsermächtigung) oder wenn er bei einer berechtigten Lastschrift Gegenrechte (Einwendungen, Einreden) für sich in Anspruch nimmt. Ansonsten ist der Widerspruch rechtsmißbräuchlich und kann zu einer Schadenersatzpflicht gegenüber dem Gläubiger oder der ersten Inkassostelle führen. Das wurde von Rechtsprechung und Literatur überwiegend bisher auch für Widersprüche angenommen, die der Schuldner aus eigenem Antrieb, unter Mitwirkung seines vorläufigen Insolvenzverwalters oder auf Veranlassung seiner Bank vorgenommen hat.

Dieses ausgewogene System ist nunmehr durch drei parallele Urteile des IX. Zivilsenats des BGH vom 4. 11. 2004 (BGHZ 161, 49) für den Fall der Insolvenz des Schuldners aus dem Gleichgewicht geraten. Schon der im Insolvenzantragsverfahren bestellte vorläufige Insolvenzverwalter (mit Zustimmungsvorbehalt), aber auch der endgültige Insolvenzverwalter soll nämlich noch nicht vom Schuldner genehmigte Kontobelastungen aus eingelösten Einzugsermächtigungslastschriften auch ohne anerkennenswerte Gründe widersprechen können. Diese Rechtsprechung enthebt den Insolvenzverwalter der Mühe, die Zahlungen gegenüber dem Gläubiger anfechten zu müssen, und befreit ihn von dem damit verbundenen Prozeßrisiko, das je nach Lage des Falles erheblich sein kann. Statt dessen verlagert sie das Ausfallrisiko in den wertneutralen Zahlungsverkehr. Vor allem aus der Sicht der sich redlich verhaltenden Zahlstelle des insolventen Schuldners ist diese Rechtsprechung höchst problematisch. Sie wirft neue Fragen auf, die in der Rechtsprechung des BGH bisher nicht berücksichtigt werden.

Die Untersuchung geht diesen offenen Fragen nach. Die Verfasserin setzt sich intensiv mit allen Problemkreisen auseinander, die sich aus den verschiedenen Möglichkeiten ergeben, die Lastschriftbelastung rückgängig zu machen. Dabei zeigt sie praktische und wirtschaftliche Hintergründe auf, die bei der weiteren Entwicklung der Rechtsprechung in die Überlegungen aufgenommen werden sollten. Sie nimmt sich mit erfreulicher juristischer Klarheit der behaupteten Anfechtungsrechte des Insolvenzverwalters gegenüber Genehmigungen von Lastschriften durch den Insolvenzschuldner an und setzt sich mit der Auswirkung der diversen Theorien zur Belastungsberechtigung und zum Widerspruch auseinander, die an dieser Schnittstelle von Zivilrecht und Insolvenzrecht auftreten. Dabei findet sie Auswege aus dem Streit der Theorien und bietet praktische Lösungen an, wie auch unter Beachtung insolvenzrechtlicher Aspekte eine ungerechtfertigte Risikoverteilung im Einzugermächtigungsverfahren vermieden werden kann.

Vor allem aufgrund der zunehmenden Anzahl von Pauschalwidersprüchen durch vorläufige Insolvenzverwalter ist die Untersuchung von hoher aktueller Bedeutung. Sie sollte insbesondere das Interesse der Praxis finden.

Darmstadt / Mainz im April 2006 *Prof. Dr. Uwe H. Schneider*

Vorwort

Diese Untersuchung lag dem Fachbereich Rechts- und Wirtschaftswissenschaften der Technischen Universität Darmstadt im Wintersemester 2005 / 2006 als Dissertation vor.

Herrn Univ.-Professor Dr. Uwe H. Schneider möchte ich an dieser Stelle nochmals sehr herzlich danken. Er hat die Arbeit betreut und mich bei ihrer Verwirklichung stets und auf vielfältige Weise unterstützt. Insbesondere danke ich für die rasche Erstellung des Erstgutachtens und die Aufnahme in die von ihm, Herrn Univ.-Professor Dr. Mathias Habersack und Herrn Univ.-Professor Dr. Peter O. Mülbert herausgegebene Schriftenreihe.

Herrn Univ.-Professor Dr. Walther Hadding danke ich ebenfalls sehr herzlich für die Unterstützung der Arbeit und die schnelle Erstellung des Zweitgutachtens.

Mein besonderer Dank gebührt Herrn Dr. Manfred Obermüller für die Förderung dieser Untersuchung. Ihm und Herrn Sonnenhol danke ich insbesondere für die zahlreichen Hinweise und nützlichen Gespräche.

Ohne die Geduld meines Mannes Peter wäre diese Arbeit nicht möglich gewesen. Sie ist ihm gewidmet.

Frankfurt/Main im Mai 2006 *Karen Kuder*

Inhaltsverzeichnis

Abkürzungsverzeichnis

a. A.	andere Auffassung
Abs.	Absatz
AcP	Archiv für die civilistische Praxis
a. E.	am Ende
AGB	Allgemeine Geschäftsbedingungen
AktG	Aktiengesetz
a.M.	am Main
Anm.	Anmerkung
AT	Allgemeiner Teil
BankGesch	Bankgeschäfte
BayObLG	Bayerisches Oberstes Landesgericht
BB	Betriebs-Berater
Bearb.	Bearbeitung
bearb. v.	bearbeitet von
begr. v.	begründet von
Beschl. v.	Beschluß vom
BGB	Bürgerliches Gesetzbuch
BGH	Bundesgerichtshof
BGHZ	Entscheidungssammlung des Bundesgerichtshofes in Zivilsachen
BK	Berliner Kommentar
BKR	Zeitschrift für Bank- und Kapitalmarktrecht
BuB	Bankrecht und Bankpraxis
bzw.	beziehungsweise
DB	Der Betrieb
ders.	derselbe
dies.	dieselbe
dt. u. europ.	deutschen und europäischen
DZWIR	Deutsche Zeitschrift für Wirtschafts- und Insolvenzrecht
Einl	Einleitung
EWiR	Entscheidungen zum Wirtschaftsrecht
f.	folgende
ff.	folgende

FK	Frankfurter Kommentar
FLF	Finanzierung-Leasing-Factoring
FS	Festschrift
GesO	Gesamtvollstreckungsordnung
GmbHG	Gesetz betreffend die Gesellschaften mit beschränkter Haftung
Großkomm	Großkommentar
HandKomm	Handkommentar
HGB	Handelsgesetzbuch
HK	Heidelberger Kommentar
h. M.	herrschende Meinung
hrsg. v.	herausgegeben von
i. E.	im Ergebnis
INDat-Report	Insolvenzdatenbank-Report
InsO	Insolvenzordnung
i. S. v.	im Sinne von
i.V. m.	in Verbindung mit
JuS	Juristische Schulung
JW	Juristische Wochenschrift
JZ	Juristenzeitung
Kap.	Kapitel
KO	Konkursordnung
Komm	Kommentar
KTS	Konkurs-, Treuhand- und Schiedsgerichtswesen
Kurzkomm.	Kurzkommentar
LG	Landgericht
LMK	Lindenmaier-Möhring Kommentierte BGH-Rechtsprechung
LSA	Abkommen über den Lastschriftverkehr
MünchKomm	Münchener Kommentar
NJW	Neue Juristische Wochenschrift
NJW-RR	NJW-Rechtsprechungsreport Zivilrecht
Nr.	Nummer
NZI	Neue Zeitschrift für das Recht der Insolvenz und Sanierung
OLG	Oberlandesgericht
RegE	Regierungsentwurf
RG	Reichsgericht
RGRK	Reichsgerichtsrätekommentar
RGZ	Entscheidungen des Reichsgerichts in Zivilsachen

Rn	Randnummer
S.	Satz in Gesetzesangaben; Seite in Quellenangaben
u. a.	unter anderem
Urt. v.	Urteil vom
vgl.	vergleiche
VglO	Vergleichsordnung
Vorbem v	Vorbemerkung vor
WM	Wertpapier-Mitteilungen
WuB	Entscheidungssammlung zum Wirtschafts- und Bankrecht
ZahlungsV	Zahlungsverkehr
z. B.	zum Beispiel
ZBB	Zeitschrift für Bankrecht und Bankwirtschaft
ZHR	Zeitschrift für das gesamte Handelsrecht und Wirtschaftsrecht
ZInsO	Zeitschrift für das gesamte Insolvenzrecht
ZIP	Zeitschrift für Wirtschaftsrecht und Insolvenzpraxis

A. Einleitung

Der Lastschriftverkehr hat in den zurückliegenden Jahren einen rasanten Aufschwung genommen. Er ist neben dem Überweisungsverkehr die am meisten genutzte Möglichkeit des bargeldlosen Zahlungsverkehrs. So erfolgten im Jahre 2004 in Deutschland 6.156,57 Mio. Lastschrifttransaktionen in einem Wert von insgesamt 3.443,27 Mrd. EUR. Allein die Stückzahl der Lastschrifteinzüge nahm in der Zeit von 2000 bis 2004 um über 1 Mrd. zu.[1]

I. Wirtschaftliche Vorteile und Risiken des Lastschriftverfahrens aus der Sicht des Zahlungsempfängers und des Zahlungspflichtigen

Der Grund für die intensive Nutzung des Lastschriftverfahrens liegt vor allem in der Rationalisierungswirkung für alle Beteiligten.

Für den Zahlungsempfänger bietet der Lastschrifteinzug fälliger Forderungen sowohl finanzwirtschaftliche als auch organisatorische Vorteile. Er kann zum einen seine Außenstände minimieren. Durch eine rechtzeitige Beauftragung seiner Bank mit dem Lastschrifteinzug werden verspätete Zahlungen vermieden. Die Liquidität des Zahlungsempfängers erhöht sich, weshalb Zinsvorteile erzielt und Zwischenfinanzierungen reduziert werden können. Zudem steigert der Zahlungsempfänger mit Hilfe des Lastschriftverfahrens die Transparenz seines Forderungseingangs, was wiederum seine Finanzplanung erleichtert. Daneben bietet das Lastschriftverfahren dem Zahlungsempfänger die Möglichkeit, seine Debitorenbuchhaltung einzuschränken. Nur hinsichtlich der zurückgegebenen Lastschriften muß er tätig werden.[2] Aufgrund dieser Vorteile nehmen es Zahlungsempfänger in Kauf, daß beim Einzugsermächtigungsverfahren eine grundsätzliche Widerspruchsmöglichkeit für den Zahlungspflichtigen unabhängig von der Frage der Berechtigung besteht.

---

1 Statistiken über den Zahlungsverkehr in Deutschland 2000–2004 der Deutschen Bundesbank, Stand: 08/2005; Tabelle 6 und 7; abrufbar unter www.bundesbank.de/zahlungsverkehr/zahlungsverkehr_statistik.php.

2 Siehe zu den Vorteilen nur BGH, Urt. v. 4. 11. 2004 – IX ZR 22/03 = WM 2004, 2482, 2485; BGH, Urt. v. 10. 1. 1996 – XII ZR 271/94 = WM 1996, 335, 336; OLG Hamburg, Beschl. v. 6. 4. 1998 – 2 Wx 97/97 = NJW-RR 1998, 407 f.; *Hadding/Häuser* WM 1983, Sonderbeilage Nr. 1, S. 3, 5; *Engel,* S. 8 f.; *Grzimek* DB 1961, 1073, 1075.

Neben dem Zahlungsempfänger hat auch der Zahlungspflichtige Vorteile durch den Einzug von Geldforderungen im Lastschriftverfahren. So muß er für eine rechtzeitige Zahlung weder selbst tätig werden noch die Zahlungstermine überwachen. Im Gegensatz zum Dauerauftrag bietet das Lastschriftverfahren zudem den Vorzug, daß unterschiedliche Beträge zu unregelmäßigen Terminen eingezogen werden können. Darüber hinaus hat der Zahlungspflichtige beim Einzugsermächtigungsverfahren eine Widerspruchsmöglichkeit, mit deren Ausübung er Belastungen seines Kontos rückgängig machen und damit korrigieren kann.[3] Nachteilig für den Zahlungspflichtigen könnte es sich auswirken, daß er zu den Fälligkeitsterminen für genügend Deckung auf seinem Konto zu sorgen hat. Diese Vorratshaltung von „Geld" führt gegebenenfalls zu einer Einschränkung seiner Liquidität.[4]

II. Wirtschaftliche Vorteile und Risiken des Lastschriftverfahrens aus der Sicht der ersten Inkassostelle und der Zahlstelle

Den beteiligten Kreditinstituten erlaubt das Lastschriftverfahren, die Rationalisierung des Zahlungsverkehrs weiter voranzutreiben und damit Kosten zu sparen. Ermöglicht wird dies durch den Einsatz einheitlicher Lastschriftvordrucke, die immer stärker durch die Verwendung einheitlicher Datenträger ersetzt werden.[5] Insbesondere profitiert die Bank des Zahlungsempfängers, die erste Inkassostelle, davon, daß dem Zahlungsempfänger die eingereichten Lastschriften in einer Summe gutgebracht werden. Zahlreiche Einzelbuchungen wie bei Überweisungseingängen müssen nicht mehr erfolgen. Daneben hat die erste Inkassostelle einen Wettbewerbsvorteil, weil der Gläubiger die Zahlungseingänge nicht auf mehrere Kontoverbindungen verstreut, sondern auf dem Konto bei der ersten Inkassostelle bündelt.[6]

Den Vorteilen vor allem der ersten Inkassostelle steht gegenüber, daß sie nach bisherigem Verständnis des Lastschriftverfahrens auch die meisten Risiken trägt. Werden die Lastschriften von der Bank des Zahlungspflichtigen, der Zahlstelle, nicht eingelöst oder wird den Belastungsbuchungen im Einzugsermächtigungsverfahren durch den Zahlungspflichtigen widersprochen, muß die erste Inkassostelle die Lastschriftbeträge der Zahlstelle rückvergüten. Bei unberechtigten Lastschriften hat die erste Inkassostelle darüber hinaus der Zahlstelle Schadensersatz zu leisten. Die erste Inkassostelle läuft deshalb Gefahr, in der Insolvenz ihres Kunden in Höhe der Lastschriftbeträge auszufallen. Gemindert werden kann dieses Risiko nur

---

3 *Krepold* in: BuB, Stand: 08 / 2005, Rn 6 / 305.

4 *Krepold* in: BuB, Stand: 08 / 2005, Rn 6 / 306; *Zschoche,* S. 33.

5 *van Gelder* in: Bankrechts-Handbuch, 2. Auflage, 2001, § 56 Rn 72, 76.

6 *van Gelder* in: Bankrechts-Handbuch, 2. Auflage, 2001, § 56 Rn 72 f.

durch eine sorgfältige Auswahl der Zahlungsempfänger, die zum Lastschriftverfahren zugelassen werden.[7]

Hingegen hat die Zahlstelle keine besonderen Vorteile aufgrund des Lastschriftverfahrens.[8] Sie trägt deshalb auch keine besonderen Risiken.[9] Zwar belastet sie im Einzugsermächtigungsverfahren das Konto des Zahlungspflichtigen, ohne dazu im Verhältnis zu diesem berechtigt zu sein. Sie muß deshalb bei Widerspruch die Belastung rückgängig machen.[10] Durch die mögliche Rückgabe der Lastschrift binnen sechs Wochen an die erste Inkassostelle nach dem Lastschriftabkommen wird jedoch dieses Risiko weitestgehend auf die erste Inkassostelle verlagert.

III. Die Rechtsprechung des BGH durch Urteile vom 4. 11. 2004 – IX ZR 22/03, IX ZR 82/03, IX ZR 28/04

Diese Sichtweise der Risikoverteilung bestand zumindest bis zu den Urteilen des IX. Zivilsenats des BGH vom 4. 11. 2004.[11] In drei Rechtsstreitigkeiten entschied der Senat,[12] daß der vorläufige Insolvenzverwalter mit Zustimmungsvorbehalt berechtigt ist, die Genehmigung von Belastungsbuchungen im Einzugsermächtigungsverfahren zu verhindern, auch wenn sachliche Einwendungen gegen die eingezogene Forderung nicht erhoben werden. Im Ergebnis spricht er dem vorläufigen Insolvenzverwalter weitergehende Befugnisse zum Widerspruch gegen Einzugsermächtigungslastschriften zu, als sie der Schuldner hat.

Diese Rechtsprechung des BGH hat in der Praxis, die bisher zu beobachten war, zur Folge, daß die Insolvenzmasse mit Hilfe pauschaler Widersprüche gegen Belastungsbuchungen, die zum Teil mehrere Wochen und gar Monate alt sind, auf einfache Art angereichert werden kann, ohne den hierfür eigentlich vorgesehenen Weg der Insolvenzanfechtung zu gehen. Auf der anderen Seite führt eine solche Massemehrung zu erheblichen Irritationen der Lastschriftgläubiger, die nicht nachvollziehen können, weshalb Lastschriftrückbuchungen teilweise Monate später noch erfolgen. Am empfindlichsten trifft die Massemehrung durch Pauschalwidersprüche jedoch die Zahlstellen, wenn die betroffenen Belastungsbuchungen älter

---

7 *Krepold* in: BuB, Stand: 08/2005, Rn 6/307 a; *van Gelder* in: Bankrechts-Handbuch, 2. Auflage, 2001, § 56 Rn 74; *Hadding* in: FS Bärmann, 1975, 375, 380.

8 *Hadding* in: FS Bärmann, 1975, 375, 380.

9 *van Gelder* in: Bankrechts-Handbuch, 2. Auflage, 2001, § 56 Rn 74.

10 Zu der zivilrechtlichen Einordnung der Einzugsermächtigung siehe Ausführungen unter B.II.1.

11 BGH, Urt. v. 4. 11. 2004 – IX ZR 22/03 = WM 2004, 2482 ff.; IX ZR 82/03 = ZInsO 2005, 40 ff.; IX ZR 28/04 = EWiR 2005, 227 (Leitsatz).

12 Die Urteilsgründe sind in den entscheidenden Passagen identisch, so daß im folgenden überwiegend das BGH, Urt. v. 4. 11. 2004 – IX ZR 22/03 = WM 2004, 2482 ff. zitiert wird.

als sechs Wochen sind. Sie erleiden zum Teil in Höhe der Massemehrung erhebliche Verluste, die nach dem bisherigen Verständnis der Risikoverteilung im Einzugsermächtigungsverfahren nicht bedacht waren. Es bleibt abzuwarten, ob die bereits im Vorfeld der Urteile geäußerte Besorgnis, das Einzugsermächtigungsverfahren könnte zum Erliegen kommen,[13] sich bewahrheitet. Eine Verunsicherung in der Praxis im Umgang mit der Rechtsprechung des BGH[14] ist jedenfalls gegeben.

Aber nicht nur die Praxis, sondern auch das Schrifttum zeigt in zahlreichen Reaktionen auf die Urteile eine erhebliche Verunsicherung im Umgang mit dem Einzugsermächtigungsverfahren.[15] Das Spektrum der Äußerungen reicht von einer geforderten Korrektur der Rechtsprechung[16] bis hin zu der Ansicht, es könnten nunmehr sogar die Beträge der Korrekturbuchungen, die die Zahlstelle infolge der Widersprüche zu veranlassen hat, im Wege der Anfechtung zur Insolvenzmasse gezogen werden.[17] Die Meinungsvielfalt kommt nicht zuletzt daher, daß der BGH[18] in seinen Urteilsgründen zwar die Risikoverteilung und die Auswirkungen seiner Entscheidung auf die Beteiligten des Einzugsermächtigungsverfahrens gewürdigt hat, jedoch die Auswirkungen auf die Zahlstelle hierbei nicht ausreichend berücksichtigt wurden.

Die Rechtsprechung des IX. Zivilsenats gibt deshalb Anlaß, die Stellung der Zahlstelle in der Insolvenz des Lastschriftschuldners beim Einzugsermächtigungsverfahren zu untersuchen.

IV. Gang der Untersuchung

Zu Beginn der Untersuchung wird ein Überblick über den Verfahrensgang und die Rechtsgrundlagen des Einzugsermächtigungsverfahrens gegeben (Teil B.). Dabei ist insbesondere auf die zivilrechtliche Einordnung der Einzugsermächtigung und die daraus folgenden Konsequenzen für den Ablauf des Verfahrens einzugehen.

---

13 *Cartano* WuB I D 2. Lastschriftverkehr 1.04.

14 BGH, Urt. v. 4. 11. 2004 – IX ZR 22/03 = WM 2004, 2482 ff.; IX ZR 82/03 = ZInsO 2005, 40 ff.; IX ZR 28/04 = EWiR 2005, 227 (Leitsatz).

15 *Böhm* BKR 2005, 366 ff.; *Bork* ZIP 2004, 2446 ff.; *d'Avoine* ZInsO 2006, 225 ff.; *Dahl* NZI 2005, 102 f.; *Feuerborn* ZIP 2005, 604 ff.; *Flitsch* BB 2005, 17; *Gantenberg* EWiR 2005, 227 f.; *Ganter* WM 2005, 1557 ff.; *Gundlach* EWiR 2005, 121 f.; *Hadding* WM 2005, 1549 ff.; *Hucklenbruch* FLF 2005, 78 ff.; *Jungmann* NZI 2005, 84 ff.; *ders.* WuB I D 2. Lastschriftverkehr 1.05; *Kuder* ZInsO 2004, 1356 ff.; *dies.* LMK 2005, 45 f.; *Meder* NJW 2005, 637 f.; *Ringstmeier* BGHReport 2005, 270 f.; *ders./Homann* NZI 2005, 492 ff.; *Schröder* ZInsO 2006, 1 ff.; *Streit* EWiR 2005, 123 f.; *Stritz* DZWIR 2005, 18 ff.; *Spliedt* ZIP 2005, 1260 ff.

16 *Jungmann* NZI 2005, 84, 89.

17 *Feuerborn* ZIP 2005, 604, 606; *Spliedt* ZIP 2005, 1260, 1266 f.

18 BGH, Urt. v. 4. 11. 2004 – IX ZR 22/03 = WM 2004, 2482 ff.; IX ZR 82/03 = ZInsO 2005, 40 ff.; IX ZR 28/04 = EWiR 2005, 227 (Leitsatz).

Anschließend werden in Teil C. die Möglichkeiten der Genehmigung einer Belastungsbuchung durch den Lastschriftschuldner zunächst außerhalb eines Insolvenzverfahrens erörtert. Danach sind die Genehmigungsmöglichkeiten im Zusammenhang mit dem Antragsverfahren und dem eröffneten Insolvenzverfahren über das Vermögen des Lastschriftschuldners zu hinterfragen. Insbesondere wird an dieser Stelle unter Berücksichtigung der Rechtsprechung des BGH[19] zu untersuchen sein, welche Bedeutung es für das Verhältnis zwischen Lastschriftschuldner und Lastschriftgläubiger hat, wenn die Belastungsbuchung genehmigt wird. Daraus könnten sich Einschränkungen für eine Genehmigung sowohl im Antragsverfahren als auch im eröffneten Verfahren ergeben. In engem Zusammenhang damit steht schließlich auch die Frage, ob die Vereinbarung einer Genehmigungsfiktion zwischen Zahlstelle und Lastschriftschuldner uneingeschränkt fortgilt. Abschließend sind Fragen der Anfechtbarkeit im Insolvenzverfahren in bezug auf die Genehmigung einer Belastungsbuchung zu erörtern.

Gegenstand der Ausführungen in Teil D. ist die Widerspruchsmöglichkeit gegen die Belastungsbuchung. Dabei wird zum einen der Frage nachgegangen, welchen Grenzen die Ausübung des Widerspruchs unterliegt und wie sich diese im Zusammenhang mit der Insolvenz des Lastschriftschuldners darstellen. Hierbei ist wiederum eine Auseinandersetzung mit der Rechtsprechung des BGH[20] erforderlich, wonach dem vorläufigen Insolvenzverwalter eine weitergehende Befugnis zum Widerspruch gegen Belastungsbuchungen dem Lastschriftgläubiger gegenüber zustehen soll als dem Lastschriftschuldner. Gerade im Vorfeld einer Insolvenz des Lastschriftschuldners kann es jedoch vorkommen, daß die Zahlstelle versucht, den Lastschriftschuldner zum Widerspruch gegen Belastungsbuchungen zu bewegen. Es ist deshalb zu erörtern, nach welchen Kriterien die Zahlstelle dem Lastschriftgläubiger oder der ersten Inkassostelle gegenüber im Zusammenhang mit einem rechtsmißbräuchlichen Widerspruch haftet.

Im Anschluß daran gilt es, in Teil E. zu untersuchen, in welchem Verhaltnis Zahlstelle und Lastschriftschuldner zueinander stehen, wenn die Möglichkeit zu Lastschriftwidersprüchen rechtsmißbräuchlich ausgeübt wird und sowohl die Zahlstelle als auch der Lastschriftschuldner auf Schadensersatz in Anspruch genommen werden können. Für die Zahlstelle ist damit die Frage verbunden, ob ihr gegebenenfalls Regreßansprüche gegen den Lastschriftschuldner zustehen.

In der Praxis ist zu beobachten, daß infolge von Lastschriftwidersprüchen ein Guthaben auf dem Konto des Lastschriftschuldners ausgewiesen wird. Die Zahlstelle, die sich der Gefahr einer Inanspruchnahme durch die Geschädigten ausgesetzt sieht, muß gegebenenfalls dieses Guthaben an den Insolvenzverwalter des Lastschriftschuldners auskehren. In Anbetracht möglicher Regreßansprüche gegen

---

19 BGH, Urt. v. 4. 11. 2004 – IX ZR 22/03 = WM 2004, 2482 ff.; IX ZR 82/03 = ZInsO 2005, 40 ff.; IX ZR 28/04 = EWiR 2005, 227 (Leitsatz).

20 BGH, Urt. v. 4. 11. 2004 – IX ZR 22/03 = WM 2004, 2482 ff.; IX ZR 82/03 = ZInsO 2005, 40 ff.; IX ZR 28/04 = EWiR 2005, 227 (Leitsatz).

den Lastschriftschuldner wird sie jedoch ein Interesse daran haben, sich an dem Kontoguthaben schadlos zu halten. Ob der Zahlstelle dies im Zusammenhang mit dem Insolvenzverfahren über das Vermögen des Lastschriftschuldners möglich ist, soll in Teil F. untersucht werden.

B. Überblick über den Ablauf und die Rechtsgrundlagen des Einzugsermächtigungsverfahrens

Die Grundlagen und Begriffe des Lastschriftverfahrens ergeben sich aus dem Abkommen über den Lastschriftverkehr,[21] das zwischen den Spitzenverbänden der Kreditwirtschaft und der Deutschen Bundesbank abgeschlossen wurde.[22] In Abschnitt I Nr. 1 wird das Lastschriftverfahren folgendermaßen beschrieben:

> „Im Rahmen des Lastschriftverfahrens wird zugunsten des Zahlungsempfängers über sein Kreditinstitut (erste Inkassostelle) von dem Konto des Zahlungspflichtigen bei demselben oder einem anderen Kreditinstitut (Zahlstelle) der sich aus der Lastschrift ergebende Betrag eingezogen und zwar aufgrund
>
> a) einer dem Zahlungsempfänger von dem Zahlungspflichtigen erteilten schriftlichen Ermächtigung (Einzugsermächtigung)
>
> oder
>
> b) eines der Zahlstelle von dem Zahlungspflichtigen zugunsten des Zahlungsempfängers erteilten schriftlichen Auftrags (Abbuchungsauftrag)."

Die Zahlungsverpflichtung stammt aus dem Grundverhältnis zwischen Schuldner (Zahlungspflichtiger) und Gläubiger (Zahlungsempfänger). Der Gläubiger löst die Einziehungskette aus. Er reicht bei seiner Bank, der ersten Inkassostelle, die Einziehungsaufträge ein. Die erste Inkassostelle veranlaßt, daß die Zahlstelle den Lastschriftbetrag der ersten Inkassostelle zur Verfügung stellt. Die Zahlstelle belastet als Ausgleich hierfür das Konto des Schuldners.

Nach dem Lastschriftabkommen sind zwei Verfahrensarten möglich, das Abbuchungsauftragsverfahren und das Einzugsermächtigungsverfahren.

I. Abbuchungsauftragsverfahren

Beim Abbuchungsauftragsverfahren vereinbart der Schuldner mit seinem Gläubiger, daß dieser die ihm zustehenden Forderungen mittels Lastschriften einziehen kann. Parallel dazu erteilt der Zahlungspflichtige seiner Bank, der Zahlstelle, den

---

21 Im folgenden Lastschriftabkommen oder LSA.

22 Ein Muster des Lastschriftabkommens, Stand: 1. 2. 2002, abrufbar unter www.bankenverband.de, ist dieser Untersuchung als Anhang 1 beigefügt.

Auftrag, vom Gläubiger initiierte Lastschriften von seinem Konto abzubuchen.[23] Liegt ein solcher Auftrag nicht vor, wird die Zahlstelle regelmäßig die Lastschriften nicht einlösen. Der Gläubiger ist also darauf angewiesen, daß der Schuldner seiner Bank einen Abbuchungsauftrag erteilt hat. Zwar bietet das Abbuchungsauftragsverfahren für den Gläubiger auch Vorteile, weil der Zahlungspflichtige nach Auftragserteilung und Einlösung einer Lastschrift den Auftrag nicht mehr durch eine Gegenweisung widerrufen kann. Dennoch überwiegt dieser Vorteil nicht den Nachteil, daß der Schuldner der Bank den Abbuchungsauftrag erteilen muß und die Gläubiger hierbei kaum eine Kontrollmöglichkeit haben. Ein effizientes Forderungsmanagement ist deshalb mit dem Abbuchungsauftragsverfahren nur eingeschränkt möglich im Gegensatz zum Einzugsermächtigungsverfahren, bei dem der Schuldner aufgrund der Lastschriftabrede dem Gläubiger eine Ermächtigung zum Forderungseinzug erteilt.[24] Aus diesem Grund bevorzugen Gläubiger, die eine Vielzahl von Forderungen gegen verschiedene Schuldner einziehen wollen, wie z. B. Telekommunikationsunternehmen, Stromversorgungsgesellschaften und Versicherungen das Einzugsermächtigungsverfahren.[25] Hinzu kommt bei dem Abbuchungsauftragsverfahren ein erhöhter Bearbeitungsaufwand für die Zahlstelle. Sie muß prüfen, ob ihr ein die eingehenden Lastschriften erfassender Abbuchungsauftrag ihres Kunden vorliegt.[26] Schließlich wird die fehlende Widerspruchsmöglichkeit des Schuldners beim Abbuchungsauftragsverfahren aus Verbrauchersicht bemängelt.[27] Aus Sicht der Beteiligten ist daher das Abbuchungsauftragsverfahren weniger attraktiv, weshalb das Einzugsermächtigungsverfahren stärker etabliert ist.[28]

II. Einzugsermächtigungsverfahren

Beim weitverbreiteten Einzugsermächtigungsverfahren erteilt der Schuldner dem Gläubiger die Erlaubnis, die Forderung bei der Zahlstelle einzuziehen. Die Zahlstelle prüft nicht, ob eine Einzugsermächtigung vorliegt. Diesem Unsicherheitsfaktor für den Zahlungspflichtigen wird dadurch begegnet, daß ihm die Möglichkeit eines Widerspruchs gegen die Belastungsbuchung zusteht.

---

23 *Wand* WM 1995, 2165, 2166 f.

24 *Strube* in: Handbuch zum dt. u. europ. Bankrecht, 2004, § 39 Rn 11.

25 Vgl. *Bork* ZIP 2004, 2446, 2448.

26 *van Gelder* in: Bankrechts-Handbuch, 2. Auflage, 2001, § 56 Rn 77.

27 *Strube* in: Handbuch zum dt. u. europ. Bankrecht, 2004, § 39 Rn 11.

28 *van Gelder* in: Bankrechts-Handbuch, 2. Auflage, 2001, § 56 Rn 77; *Strube* in: Handbuch zum dt. u. europ. Bankrecht, 2004, § 39 Rn 11.

1. Rechtsqualität der Einzugsermächtigung

Bevor auf die einzelnen Rechtsverhältnisse zwischen den Beteiligten eingegangen wird, muß die Rechtsqualität der Einzugsermächtigung erörtert werden. Deren zivilrechtliche Einordnung ist seit Inkrafttreten des ersten Lastschriftabkommens zum 1. 1. 1964 Gegenstand von Diskussionen im Schrifttum, während sich die Rechtsprechung des BGH und der Instanzgerichte hierzu gefestigt hat.

a) Einzugsermächtigung als anweisungsähnliche Doppelermächtigung

Engel[29] hat als erster die Frage nach der Rechtsqualität der Einzugsermächtigung untersucht und gelangte zu der Auffassung, daß in der Einzugsermächtigung eine Doppelermächtigung zu sehen sei.

Zum einen ermächtige der Zahlungspflichtige seine Bank, die Zahlstelle, für seine Rechnung an den Gläubiger zu leisten. Dies geschehe dann, indem die Zahlstelle die Lastschrift einlöst. Da sich die Einzugsermächtigung lediglich auf fällige Forderungen aus einem bestimmten Verpflichtungsgrund beziehe, sei die Schuldnerbank auch nur zur Einlösung berechtigt ausgestellter Lastschriften befugt.

Zum anderen ermächtige der Schuldner den Gläubiger, diese Leistung des Schuldners entgegenzunehmen. Es werden also zwei verschiedene Ermächtigungen angenommen, die durch ein einziges Rechtsgeschäft herbeigeführt würden. Deshalb seien sie zu einem Ganzen verbunden. Ein Widerspruch des Zahlungspflichtigen könne demzufolge nur gegen unberechtigt eingereichte Lastschriften erfolgen.[30]

b) „Vollmachtstheorie“[31]

Nach der Ansicht von Falscheer-Schlegel[32] und Sandberger[33] ist in der Einzugsermächtigung eine Vollmacht zu sehen. Der Schuldner bevollmächtige den Gläubiger zu einer Weisung gegenüber der Bank des Schuldners, der Zahlstelle. Die erste Inkassostelle und Zwischenbanken hätten dabei jeweils nur die Funktion eines Boten. Damit sei eigentlicher Geschäftsherr beim Lastschriftverfahren der Zahlungspflichtige. Dies komme auch darin zum Ausdruck, daß der Schuldner mit der Widerspruchsmöglichkeit über die Endgültigkeit der Belastungsbuchung entscheiden könne. Dem Schuldner werde demzufolge die Lastschriftweisung zugerechnet. War der Lastschrifteinzug von der Einzugsermächtigung nicht gedeckt, so sei die Lastschriftweisung gemäß §§ 180 S. 2, 177 Abs. 1 BGB schwebend unwirksam.

---

29 *Engel,* S. 20 ff.

30 *Engel,* S. 45; sich anschließend *Schmidt* AcP 166 (1966), 1, 14.

31 Bezeichnung von *Canaris* WM 1980, 354, 361.

32 *Falscheer-Schlegel,* S. 13 ff.

33 *Sandberger* JZ 1977, 285 ff.

Das Widerspruchsrecht des Schuldners müsse letztlich als Gegenweisung zur Lastschriftweisung verstanden werden.[34]

c) Einzugsermächtigung als Einräumung eines Leistungsbestimmungsrechts nach § 317 BGB

Nach Schönle[35] und Zschoche[36] wird bereits im Girovertrag zwischen Schuldner und Schuldnerbank vereinbart, daß teilweise die von der Schuldnerbank zu erbringenden Leistungen von einem Dritten bestimmt werden könnten. Als Dritter in diesem Sinne seien die Gläubiger des Schuldners anzusehen. Die Zahlstelle soll demzufolge gehalten sein, jede Lastschrift eines entsprechend ermächtigten Gläubigers einzulösen. Für den Fall einer unberechtigten Lastschriftbuchung stünde dem Schuldner die Widerspruchsmöglichkeit als Gegenweisungsrecht zur Verfügung.[37]

d) „Ermächtigungstheorie"[38]

Canaris[39] zufolge wird der Zahlungsempfänger durch den Zahlungspflichtigen im Sinne von § 185 Abs. 1 BGB ermächtigt, einen Überweisungsauftrag an die Zahlstelle mit Wirkung gegen den Kontoinhaber zu erteilen. Die Zahlstelle sei demzufolge befugt, das Konto des Schuldners zu belasten. Fehlt die Einzugsermächtigung oder werden ihre Grenzen mißachtet, könne demnach das Konto des Zahlungspflichtigen nur mit dessen Zustimmung wirksam belastet werden. Es fehle an einem wirksamen Auftrag zur Einlösung.[40] Der Widerspruch des Bezogenen habe die Bedeutung der Genehmigungsverweigerung.

Auch bei einem berechtigten Lastschrifteinzug könne der Zahlungspflichtige der Belastungsbuchung widersprechen. Dogmatisch handle es sich um das allgemeine girovertragliche Widerrufsrecht. Anders als bei der Überweisung erlösche dieses hier nicht mit der Auftragsdurchführung, da die Lastschrift, wie in Abschnitt III Nr. 1 des Lastschriftabkommens vorgesehen, noch zurückgegeben werden könne. Canaris bezeichnet dieses Widerrufsrecht, das auf sechs Wochen begrenzt sei, als *„bloße Reflexwirkung"* des Lastschriftabkommens.[41]

---

[34] *Falscheer-Schlegel,* S. 26 f.; *Sandberger* JZ 1977, 285, 287; sich anschließend *Hegel* Die Bank 1981, 611, 617.

[35] *Schönle,* Bank- und Börsenrecht, 2. Auflage, 1976, S. 357.

[36] *Zschoche,* S. 76 ff.

[37] *Zschoche,* S. 80.

[38] Bezeichnung von *Canaris* WM 1980, 354, 361.

[39] *Canaris* in: Staub, Großkomm, HGB, 4. Auflage, 10. Lieferung: Bankvertragsrecht, Erster Teil, Stand: 1. 4. 1988, Rn 532; sich anschließend *Mütze,* S. 55 ff.; *Badde,* S. 11.

[40] *Canaris* in: Staub, Großkomm, HGB, 4. Auflage, 10. Lieferung: Bankvertragsrecht, Erster Teil, Stand: 1. 4. 1988, Rn 559.

e) „Genehmigungstheorie"[42]

Demgegenüber steht die von Hadding[43] begründete Genehmigungstheorie. Ausgangspunkt ist zunächst der Zahlungsablauf beim Überweisungsverkehr. Bei der Ausführung eines Überweisungsauftrags weist die Schuldnerbank die Gläubigerbank im eigenen Namen an, dem Gläubiger den Überweisungsbetrag gutzuschreiben. Rechtsgrundlage ist dafür allein der Girovertrag zwischen den Banken. Eine vertragliche Beziehung zwischen Schuldner und Gläubigerbank entsteht nicht.[44] Parallel dazu sei auch beim Lastschriftverfahren davon auszugehen, daß die Zahlstelle nur auf Weisung der ersten Inkassostelle bzw. einer in den Inkassoweg eingeschalteten Bank tätig werde. Die Kontobelastung der Zahlstelle beim Lastschriftschuldner erfolge deshalb zunächst unberechtigt. Sie bedarf zu ihrer Wirksamkeit der Genehmigung des Schuldners parallel § 185 Abs. 2 S. 1 Fall 1 BGB.[45] Erst dann stünde der Zahlstelle ein Aufwendungsersatzanspruch gemäß §§ 684 S. 2, 683 S. 1, 670 BGB zu. Bis dahin bestehe die Sicherung für die Zahlstelle darin, daß ihr gemäß Abschnitt III Nr. 1 des Lastschriftabkommens ein Rückgriff auf die Gläubigerbank möglich ist, falls der Lastschriftschuldner der Belastungsbuchung widersprochen hätte.[46]

f) Rechtsprechung

Der BGH hat sich dieser Auffassung in ständiger Rechtsprechung seit seiner Entscheidung vom 28. 2. 1977 angeschlossen.[47] So ist auch der BGH[48] der Ansicht, daß in Anlehnung an den Überweisungsverkehr beim Lastschriftverfahren keine unmittelbaren Vertragsbeziehungen zwischen Gläubiger und Schuldnerbank begründet werden. Vertragspartner des Zahlungsempfängers sei nur dessen eigene

---

41 *Canaris* in: Staub, Großkomm, HGB, 4. Auflage, 10. Lieferung: Bankvertragsrecht, Erster Teil, Stand: 1. 4. 1988, Rn 560.

42 Bezeichnung von *Canaris* WM 1980, 355, 361.

43 *Hadding* in: FS Bärmann, 1975, 375 ff. ; sich anschließend *Denck* ZHR 147 (1983), 544 ff.; *Kreifels*, 1983, S. 101 ff.; *Westermann* in: FS Hübner, 1984, S. 697, 700 f.; *Bundschuh* in: FS *Stimpel*, 1985, 1039, 1045 f.; *Jacob*, 1995, S. 64 ff.; *Wand* WM 1995, 2165, 2168; *Rottnauer* WM 1995, 272 ff.; *Rattunde / Berner* DZWIR 2003, 185 ff.; *Weber*, Recht des Zahlungsverkehrs, 4. Auflage, 2004, S. 160; *Hadding / Häuser* in: MünchKomm, HGB, 2001, ZahlungsV Rn C 23 ff.; *van Gelder* in: Bankrechts-Handbuch, 2. Auflage, 2001 § 57 Rn 31 ff.; *Kümpel*, Bank- und Kapitalmarktrecht, 3. Auflage, 2004, Rn 4.425; differenzierend *Langenbucher*, S. 193 ff.

44 *Hadding* in: FS für Bärmann, 1975, 375, 377.

45 *Hadding* in: FS Bärmann, 1975, 375, 389 f.; *ders.* WM 1978, 1366, 1367.

46 *van Gelder* in: Bankrechts-Handbuch, 2. Auflage, 2001, § 57 Rn 36.

47 BGH, Urt. v. 28. 2. 1977 – II ZR 52 / 75 = WM 1977, 1042 ff.

48 Dem folgend die Instanzgerichte z. B. OLG Köln, Beschl. v. 2. 11. 1990 – 13 U 130 / 90 = WM 1991, 28 f.; OLG Hamburg, Beschl. v. 6. 4. 1998 – 2 Wx 97 / 97 = NJW-RR 1998, 1163; OLG Hamm, Urt. v. 27. 9. 1983 – 27 U 270 / 82 = WM 1984, 300 ff.; OLG Oldenburg, Urt. v. 6. 3. 1986 – 1 U 164 / 85 = WM 1986, 1277 ff.

Bank. Die Schuldnerbank, die die Lastschrift zur Einlösung erhält, handle nur aufgrund einer Weisung der Gläubigerbank oder einer eingeschalteten Zwischenbank im Rahmen des zwischen den jeweiligen Banken bestehenden Giroverhältnisses. Die Weisung erfolge im eigenen Namen und nicht zugunsten des Gläubigers.[49] Deshalb werde die Belastung auf dem Konto des Schuldners auch ohne dessen Auftrag vorgenommen. Der Zahlstelle stehe daher der Aufwendungsersatzanspruch gemäß § 670 BGB, den sie mit der Belastungsbuchung geltend mache, noch nicht zu. Nach dem Inhalt des Girovertrags zwischen dem Zahlungspflichtigen und seiner Bank könne dieser daher der Kontobelastung – wie einer unberechtigten Belastung – widersprechen und Wiedergutschrift des abgebuchten Betrags verlangen.[50] Die mangelnde Weisung des Schuldners sei auch der Grund dafür, weshalb dem Schuldner eine uneingeschränkte Widerspruchsmöglichkeit zustehe, solange er die Kontobelastung nicht genehmigt habe.[51]

g) Stellungnahme

Die verschiedenen Erklärungen zur zivilrechtlichen Einordnung der Einzugsermächtigung haben nicht zuletzt ihren Grund darin, daß das Einzugsermächtigungsverfahren nach reinen Praktikabilitätserfordernissen entwickelt wurde. Die Einordnung in dogmatische Kategorien ist deshalb nicht ohne Reibungsverluste möglich.[52] Aus diesem Grund kann die Frage, welcher der Erklärungen der Vorzug zu geben ist, nur danach beantwortet werden, welche der Auffassungen den Interessen der Beteiligten am ehesten gerecht wird.

aa) Kritik an Einordnung der Einzugsermächtigung als Leistungsbestimmung durch Dritte im Sinne von § 317 BGB

Gegen die Annahme, daß in der Einzugsermächtigung eine Leistungsbestimmung durch einen Dritten liegt, sprechen bereits erhebliche Zweifel, ob dies überhaupt zulässig ist. Der Girovertrag zwischen Kunde und Bank ist ein Geschäftsbesorgungsvertrag mit Dienstvertragscharakter.[53] Gemäß § 613 S. 2 BGB ist jedoch der Anspruch auf die Dienste im Zweifel nicht abtretbar. Der Girovertrag zwischen Kunde und Bank stellt sich als ein besonderes Vertrauensverhältnis dar.

---

49 BGH, Urt. v. 28. 2. 1977 – II ZR 52/75 = WM 1977, 1042.

50 BGH, Urt. v. 28. 5. 1979 – II ZR 219/77 = WM 1979, 828, 829; BGH, Urt. v. 24. 6. 1985 – II ZR 277/84 = WM 1985, 905.

51 BGH, Urt. v. 15. 6. 1987 – II ZR 301/86 = WM 1987, 895, 896; BGH, Urt. v. 14. 2. 1989 – XI ZR 141/88 = WM 1989, 520, 521; BGH, Urt. v. 10. 1. 1996 – XII ZR 271/94 = WM 1996, 335, 337; BGH, Urt. v. 6. 6. 2000 – XI 258/99 – WM 2000, 1577, 1578 f.; BGH, Urt. v. 4. 11. 2004 – IX ZR 22/03 = WM 2004, 2482, 2484.

52 So bereits *Denck* ZHR 147 (1983), 544, 545.

53 *Sprau* in: Palandt, BGB, 64. Auflage, 2005, § 675 f. Rn 1.

Dessen persönlicher Qualität würde es widersprechen, wenn ein Kunde sein Weisungsrecht an einen Dritten beliebig übertragen könnte.[54]

Darüber hinaus kann in dem Lastschrifteinzug des Gläubigers wohl keine wirkliche Leistungsbestimmung eines Dritten gesehen werden. Die Leistungspflicht bestimmt sich aus dem Grundverhältnis zwischen Zahlungspflichtigem und Zahlungsempfänger. Keineswegs bestimmt also der Zahlungsempfänger allein die Leistung.[55] Vielmehr geht es um die Frage, wer im Verhältnis zur Zahlstelle die Konkretisierung der zu erbringenden Leistung ausübt,[56] wenn davon ausgegangen wird, daß der Girovertrag die Bank zunächst nur zu Handlungen verpflichtet, die der Gattung nach bestimmt sind.[57] In der Konkretisierung kann aber keine Leistungsbestimmung nach §§ 315 ff. BGB gesehen werden.[58]

Schließlich vermag die Auffassung, daß in der Einzugsermächtigung ein Leistungsbestimmungsrecht des Gläubigers liege, nicht überzeugend die Widerspruchsmöglichkeit des Schuldners zu erklären. Dem Schuldner soll ein uneingeschränktes Gegenweisungsrecht zustehen, das die Leistungsbestimmung des Gläubigers nach § 317 BGB durch eigene Weisung im Sinne von § 315 BGB rückgängig machen könne. Zum einen wird damit jedoch das Leistungsbestimmungsrecht mit der Weisung als Konkretisierung der Leistung vermischt.[59] Zum anderen ist nicht ersichtlich, woher die Befugnis folgen soll, daß auch berechtigten Lastschrifteinzügen widersprochen werden kann.

bb) Kritik an Einordnung der Einzugsermächtigung als Doppelermächtigung

Vergleichbare Schwierigkeiten bei der Erklärung der Widerspruchmöglichkeit bereitet auch die Auffassung, die in der Einzugsermächtigung eine Doppelermächtigung annimmt. Erklärbar ist zwar noch, daß bei unberechtigt eingereichten Lastschriften die Ermächtigung fehlt und deshalb der Schuldner der Belastungsbuchung widersprechen kann. Nicht überzeugend wird jedoch die Widerspruchsmöglichkeit bei berechtigten Lastschriften erläutert. Die Zahlstelle nehme die Wiedergutschrift infolge eines Widerspruchs gegen eine berechtigte Lastschrift aus Kulanz vor, da sie wisse, hierzu nicht verpflichtet zu sein. Die Gläubigerbank wiederum kenne die wahre Sachlage meist nicht, weshalb sie der Schuldnerbank den Lastschriftbetrag wieder gutschreibe und das Konto des Gläubigers entsprechend belaste.[60]

---

54 *Krepold* in: BuB, Stand: 08 / 2005, Rn 6 / 325.

55 *Krepold* in: BuB, Stand: 08 / 2005, Rn 6 / 325.

56 Ähnlich *Canaris* in: Staub, Großkomm, HGB, 3. Auflage, 1978, Anhang nach § 357 Anm. 188; vgl. auch *van Gelder* in: Bankrechts-Handbuch, 2. Auflage, 2001, § 57 Rn 20.

57 *Hadding / Häuser* ZHR 145 (1981), 138, 140.

58 *van Gelder* in: Bankrechts-Handbuch, 2. Auflage, 2001, § 57 Rn 19.

59 *van Gelder* in: Bankrechts-Handbuch, 2. Auflage, 2001, § 57 Rn 22.

60 *Engel*, S. 45.

cc) Kritik an Ermächtigungstheorie und Vollmachtstheorie

Die Widerspruchsmöglichkeit des Schuldners überzeugend zu erklären, stellt sich auch aus Sicht der Ermächtigungstheorie und der Vollmachtstheorie schwierig dar. Gut begründet ist zunächst die Widerspruchsmöglichkeit des Schuldners, wenn die Einzugsermächtigung fehlt oder ihre Grenzen mißbraucht werden. Für eine wirksame Belastung des Schuldnerkontos bedarf es dann der Zustimmung des Kontoinhabers. Es fehlt eine wirksame Ermächtigung bzw. Bevollmächtigung des Gläubigers. Erhebt der Kontoinhaber Widerspruch, so ist darin die Verweigerung der Genehmigung zu sehen.[61] Argumentativ schwächer ist jedoch die Erklärung hinsichtlich der Widerspruchsmöglichkeit gegen eine berechtigte Lastschrift. Nach Canaris[62] ergibt sich die Widerspruchsmöglichkeit des Schuldners aus dem allgemeinen girovertraglichen Widerrufsrecht. Dieses sei deshalb nicht mit der Auftragsdurchführung, der Lastschrifteinlösung, erloschen, weil die Rückgabemöglichkeit noch bestehe. Die Rückgabemöglichkeit infolge eines Widerspruchs ist allein im Lastschriftabkommen geregelt.[63] Gemäß Abschnitt IV Nr. 1 des Lastschriftabkommens[64] begründet das Abkommen nur Rechte und Pflichten zwischen den beteiligten Kreditinstituten. Deshalb will Canaris dem Lastschriftschuldner auch keine unmittelbare Berechtigung aus dem Lastschriftabkommen zusprechen, aber es komme den Regelungen des Abkommens eine gewisse *„Reflexwirkung"*[65] Rechtsgrundlagen des Einzugsermächtigungsverfahrens auf das girovertragliche Widerrufsrecht zu. Diese Bezeichnung vermag allerdings nicht darüber hinwegzutäuschen, daß damit letztlich doch das Lastschriftabkommen das Vertragsverhältnis zwischen Schuldner und Schuldnerbank mitprägen soll.

Überzeugend ist demgegenüber die Genehmigungstheorie. Nimmt die Zahlstelle die Einlösung der Lastschrift nur auf Weisung der ersten Inkassostelle oder einer Zwischenbank vor, erfolgt die Belastung des Schuldnerkontos zunächst unberechtigt. Im Verhältnis zu seiner Bank hat also der Lastschriftschuldner einen Anspruch auf Berichtigung. Mit dem Widerspruch begehrt er die Rückgängigmachung der Belastung durch Wiedergutschrift und verweigert die Genehmigung der Belastungsbuchung nach § 684 S. 2 BGB.[66] Die Widerspruchsmöglichkeit ist damit das Korrektiv für die unberechtigte Kontobelastung.[67]

---

61 *Canaris* in: Staub, Großkomm, HGB, 4. Auflage, 10. Lieferung: Bankvertragsrecht, Erster Teil, Stand: 1. 4. 1988, Rn 559.

62 *Canaris* in: Staub, Großkomm, HGB, 4. Auflage, 10. Lieferung: Bankvertragsrecht, Erster Teil, Stand: 1. 4. 1988, Rn 560.

63 Vgl. Abschnitt III Nr. 1, 2 LSA, siehe Anhang 1.

64 Siehe Anhang 1.

65 *Canaris* in: Staub, Großkomm, HGB, 4. Auflage, 10. Lieferung: Bankvertragsrecht, Erster Teil, Stand: 1. 4. 1988, Rn 560.

66 *Denck* ZHR 144 (1980), 171, 175.

67 *Hadding* WM 1978, 1366, 1369; *Weber*, Recht des Zahlungsverkehrs, 4. Auflage, 2004, S. 180.

dd) *Berücksichtigung des Willens und der Interessen der Beteiligten*

Für die zivilrechtliche Einordnung der Einzugsermächtigung im Sinne der Genehmigungstheorie spricht nicht nur die Erklärbarkeit der Widerspruchsmöglichkeit. Vielmehr wird man mit ihrer Hilfe auch dem Willen und den Interessen der Beteiligten am ehesten gerecht.

(1) Interessen der beteiligten Kreditinstitute

Ermächtigungs- und Vollmachtstheorie gehen davon aus, daß sowohl die Gläubigerbank als auch die Schuldnerbank als Boten des Gläubigers auftreten.[68] Es ist jedoch nicht erkennbar, daß dies dem Willen der beteiligten Banken entspricht. Eine solche Botenfunktion wäre im bargeldlosen Zahlungsverkehr ungewöhnlich. Insbesondere beim Überweisungsverkehr übernehmen die Banken eine derartige Funktion nicht.[69] Der Überweisende steht in vertraglichen Beziehungen nur zu seiner Bank. Zwischen den am Überweisungsverkehr beteiligten Banken bestehen jeweils zweiseitige Geschäftsbesorgungsverhältnisse. Zwischengeschaltete Kreditinstitute treten regelmäßig als selbständige Vertragspartner auf. Sie sind weder Boten noch Stellvertreter bei der Übermittlung ihrer rechtsgeschäftlichen Erklärungen an die Empfängerbank.[70] Auch die Inkassovereinbarung,[71] die zwischen Zahlungsempfänger und erster Inkassostelle geschlossen wird und auf deren Grundlage der Lastschrifteinzug erfolgt, enthält eine Regelung zur Botenstellung nicht. Aus Sicht der Zahlstelle besteht ebenfalls kein Anlaß, eine Botenfunktion für den Lastschriftgläubiger anzunehmen. Die Zahlstelle vertraut in erster Linie auf die Regelungen des Lastschriftabkommens. Deshalb nimmt sie Weisungen einer Zwischenbank oder der ersten Inkassostelle entgegen.[72] Auf das Vorliegen einer Einzugsermächtigung des Schuldners kommt es ihr nicht an und kann es auch mangels entsprechender Kontrollmöglichkeit nicht ankommen.

(2) Interessen des Gläubigers und des Schuldners

Aus der Sicht des Gläubigers und des Schuldners spricht zunächst der Wortlaut der Einzugsermächtigung dafür, daß in der Tat der Gläubiger vom Schuldner zum Einzug der Forderung im Sinne von § 185 Abs. 1 BGB ermächtigt werden soll.[73] Eine Einzugsermächtigung lautet z. B.:[74]

---

68 *Mütze*, S. 84 f.

69 *Denck* ZHR 147 (1983), 544, 548.

70 *Schimansky* in: Bankrecht-Handbuch, 2. Auflage, 2001, § 49 Rn 33.

71 Ein Beispiel einer Inkassovereinbarung der Deutschen Bank Privat- und Geschäftskunden AG, Stand: 11 / 2005, ist als Anhang 2 dieser Untersuchung beigefügt.

72 *Hadding* in: FS Bärmann, 1975, 375, 392.

73 So *Canaris* in: Staub, Großkomm, HGB, 4. Auflage, 10. Lieferung: Bankvertragsrecht, Erster Teil, Stand: 1. 4. 1988, Rn 535.

„Hiermit ermächtige ich / wir Sie widerruflich, die von mir / uns zu entrichtenden Zahlungen wegen (Verpflichtungsgrund, evtl. Betragsbegrenzung) bei Fälligkeit zu Lasten meines / unseres Girokontos Nr. ... bei (Bezeichnung des kontoführenden Kreditinstituts) durch Lastschrift einzuziehen."

Gegen eine Auslegung dieser Erklärung im Sinne einer Ermächtigung gemäß § 185 Abs. 1 BGB spricht jedoch, daß die Gläubiger für die Erteilung von formularmäßigen Einzugsermächtigungen mit dem Hinweis auf die Risikofreiheit werben und dabei die fehlende Verpflichtung zur Einlösung und die freie Widerruflichkeit der Ermächtigung in den Vordergrund stellen.[75] Deshalb kann nicht angenommen werden, der Schuldner wolle mit der Einzugsermächtigung dem Gläubiger die Möglichkeit einräumen, über sein Konto bei der Zahlstelle zu verfügen. Vielmehr liegt es näher, daß die Einzugsermächtigung nur dazu dient, die Benutzung des Lastschriftverfahrens und die damit verbundenen Vorteile für die Beteiligten zu ermöglichen.[76] Für die Annahme, der Schuldner wolle mit der Einzugsermächtigung dem Gläubiger weitergehende Rechte einräumen, als diesem bei einer Überweisung zustehen würden, bestehen keine Anhaltspunkte.[77]

ee) Schwebezustand als Kritik an Genehmigungstheorie?

Sowohl die Interessenlage der Beteiligten beim Einzugsermächtigungsverfahren als auch die Erklärbarkeit der Widerspruchsmöglichkeit sprechen daher für die zivilrechtliche Einordnung der Einzugsermächtigung im Sinne der Genehmigungstheorie. Als nachteilig könnte aber der Umstand angesehen werden, daß eine wirksame Kontoverfügung der Zahlstelle zu Lasten des Lastschriftschuldners erst dann vorliegt, wenn der Schuldner die Belastungsbuchung genehmigt hat. In der Zwischenzeit besteht ein gewisser Schwebezustand, der als Einwand gegen die Genehmigungstheorie vorgebracht wird. Weder Art noch Zeitpunkt der Genehmigung könnten benannt werden.[78] Zu Recht weist jedoch van Gelder darauf hin, daß ein solcher Schwebezustand bei genehmigungsbedürftigen Verfügungen regelmäßig vorliegt[79] und damit keine besondere Ausprägung der Genehmigungstheorie ist. Zudem wurde dieser Einwand mit der Einführung der Genehmigung nach Nr. 7 Abs. 3 AGB-Banken[80] weiter entschärft. Danach wird die Genehmigung des Lastschriftschuldners fingiert, wenn er nicht binnen sechs Wochen nach Zugang des

---

74 Abgedruckt bei *van Gelder* in: Bankrechts-Handbuch, 2. Auflage, 2001, § 57 Rn 3.

75 So ausdrücklich BGH, Urt. v. 14. 2. 1989 – XI ZR 141 / 88 = WM 1989, 520, 521.

76 *Denck* ZHR 147 (1983) 545, 551.

77 BGH, Urt. v. 14. 2. 1989 – XI ZR 141 / 88 = WM 1989, 520, 521.

78 *Krepold* in: BuB, Stand: 08 / 2005, Rn 6 / 324.

79 *van Gelder* in: Bankrechts-Handbuch, 2. Auflage, 2001, § 57 Rn 53.

80 Ein Muster der AGB-Banken ist, abrufbar unter www.bankenverband.de, als Anhang 3 dieser Untersuchung beigefügt. Nr. 7 Abs. 3 AGB-Banken entspricht Nr. 7 Abs. 4 AGB-Sparkassen, abgedruckt in: *Steppeler / Künzle,* AGB-Sparkassen Komm, 3. Auflage, 2003, S. 13 ff.

Rechnungsabschlusses gegen die Belastungsbuchungen, für die er dem Gläubiger eine Einzugsermächtigung erteilt hat, Einwendungen erhebt.

ff) Erfüllung der Zahlungsforderung im Grundverhältnis als zwingende Frage der zivilrechtlichen Einordnung der Einzugsermächtigung?

Von Canaris wird als weiterer Kritikpunkt an der Genehmigungstheorie die Erfüllung der Zahlungsverpflichtung ins Feld geführt. Wenn die Belastungsbuchung erst durch die Genehmigung des Schuldners wirksam werde und demzufolge vorher noch kein abgeschlossener Zahlungsvorgang vorliege, so könne auch erst im Zeitpunkt der Genehmigung durch den Schuldner die Zahlungspflicht im Valutaverhältnis erfüllt werden.[81] Demgegenüber biete die Ermächtigungstheorie den Vorzug, daß bereits im Zeitpunkt der Einlösung der Lastschrift die Erfüllungswirkung eintrete, wenn auch auflösend bedingt durch eine Rückbelastung wegen Widerspruchs des Schuldners.[82]

Wesentliche Bedeutung kommt der Frage des Erfüllungszeitpunkts in der Insolvenz des Schuldners zu. Ist die Zahlungsverbindlichkeit aus dem Valutaverhältnis zum Zeitpunkt der Eröffnung des Insolvenzverfahrens noch nicht als erfüllt anzusehen, so schließt sich die Frage an, ob nach Verfahrenseröffnung eine Erfüllung der Verbindlichkeit überhaupt noch erfolgen kann oder ob dies die Masse zugunsten einzelner Gläubiger schädigen würde.[83] Deshalb erfolgt eine eingehende Stellungnahme hierzu im Rahmen der Ausführungen in Teil C. zu den Genehmigungsmöglichkeiten im Zusammenhang mit der Insolvenz des Lastschriftschuldners. An dieser Stelle sei aber bereits erwähnt, daß die Frage, wann Erfüllung im Verhältnis zwischen Zahlungspflichtigem und Zahlungsempfänger im Einzugsermächtigungsverfahren eintritt, nicht zwingend davon abhängt, welcher Auffassung der zivilrechtlichen Einordnung der Einzugsermächtigung gefolgt wird.[84] Der IX. Zivilsenat des BGH scheint dies jedoch anders zu sehen. So finden sich in den Urteilsgründen der Entscheidungen vom 4. 11. 2004 folgende Ausführungen:

> „Bevor der Schuldner die Genehmigung nicht erklärt hat, ist die zur Einziehung gegebene Forderung nicht erfüllt (...). Dies wäre nur dann anders, wenn die dem Gläubiger nach Einlösung der Lastschrift durch die Zahlstelle erteilte Gutschrift als durch die Widerspruchsmöglichkeit des Schuldners auflösend bedingt anzusehen wäre (...). Die Annahme einer auflösenden Bedingung ist jedoch mit der vom Bundesgerichtshof in stän-

---

81 *Canaris* in: Staub, Großkomm, HGB, 4. Auflage, 10. Lieferung: Bankvertragsrecht, Erster Teil, Stand: 1. 4. 1988, Rn 636.

82 *Canaris* in: Staub, Großkomm, HGB, 4. Auflage, 10. Lieferung: Bankvertragsrecht, Erster Teil, Stand: 1. 4. 1988, Rn 635 f.

83 Soweit zu Recht *Canaris* in: Staub, Großkomm, HGB, Auflage, 10. Lieferung: Bankvertragsrecht, Erster Teil, Stand: 1. 4. 1988, Rn 661.

84 Vgl. *Häuser* WM 1991, 1 f.

diger Rechtsprechung vertretenen (...) Genehmigungstheorie nicht vereinbar. Danach wird die Belastung des Schuldnerkontos erst durch die Genehmigung des Schuldners wirksam (...).“[85]

Diese Schlußfolgerung des IX. Zivilsenats überzeugt schon deshalb wenig, wenn man sich das hierzu angeführte Zitat[86] anschaut. Nach van Gelder soll die Leistung endgültig im Sinne des Erfüllungsgrundsatzes erst dann erfolgt sein, wenn der Schuldner sie dem Gläubiger nicht mehr durch Widerspruch entziehen kann.[87] Die Möglichkeit des Schuldners, Belastungsbuchungen aufgrund einer Einzugsermächtigungslastschrift zu widersprechen und damit dem Zahlungsempfänger das bereits Erlangte wieder zu nehmen, besteht unabhängig von der zivilrechtlichen Einordnung der Einzugsermächtigung. Nach jeder der oben ausgeführten Auffassungen wäre demzufolge die Leistung erst endgültig, wenn ein Widerspruch des Schuldners nicht mehr erfolgen kann.

h) Zwischenergebnis

Es besteht also kein Grund, von dem bisherigen Abwägungsergebnis abzuweichen. Der Genehmigungstheorie ist der Vorzug zu geben. Nur wenn die Zahlstelle allein aufgrund einer Weisung der Zwischenbank oder ersten Inkassostelle die Lastschrift einlöst, läßt sich überzeugend die Widerspruchsmöglichkeit des Schuldners gegen die Belastungsbuchung erklären. In dieser Buchung liegt mangels Weisung des Schuldners eine unberechtigte Geschäftsführung der Zahlstelle ohne Auftrag. Ein Aufwendungsersatzanspruch der Zahlstelle gemäß §§ 684 S. 2, 683 S. 1, 670 BGB entsteht somit erst dann, wenn der Lastschriftschuldner die Belastungsbuchung genehmigt. Widerspricht der Schuldner, so ist darin die Verweigerung der Genehmigung zu sehen. Darüber hinaus entspricht diese zivilrechtliche Einordnung sowohl der Interessenlage der beteiligten Banken als auch des Gläubigers, der mit Risikofreiheit für eine Erteilung der Einzugsermächtigung wirbt, und den Interessen des Schuldners, der dem Gläubiger nicht das Recht einräumen will, über sein Konto zu verfügen.

2. Rechtsverhältnisse zwischen den Beteiligten

Im folgenden soll auf die einzelnen Rechtsverhältnisse zwischen den am Einzugsermächtigungsverfahren beteiligten Personen eingegangen werden.[88]

---

[85] BGH, Urt. v. 4. 11. 2004 – IX ZR 22/03 = WM 2004, 2482, 2484.

[86] *van Gelder* in: Bankrechts-Handbuch, 2. Auflage, 2001, § 58 Rn 172, 175.

[87] *van Gelder* in: Bankrechts-Handbuch, 2. Auflage, 2001, § 58 Rn 175.

[88] Als Übersicht hierzu ist der Untersuchung in Anhang 4 ein Schaubild beigefügt.

a) Lastschriftabrede zwischen Gläubiger und Schuldner

Voraussetzung für den Lastschrifteinzug ist eine entsprechende Lastschriftabrede zwischen den Parteien des Grundverhältnisses.

Als Entstehungstatbestand des Valutaverhältnisses kommen die verschiedensten Vertragstypen in Betracht. Häufig handelt es sich um Schuldverhältnisse, aufgrund derer der Schuldner wiederholt Geldzahlungen für Sach- und Dienstleistungen schuldet, wie dies bei Dauerschuldverhältnissen der Fall ist. Als Beispiele können Versicherungsverträge, Stromlieferungsverträge, Miet- und Pachtverträge sowie Telekommunikationsverträge genannt werden. In Betracht kommen aber auch Schuldverhältnisse, bei denen der Schuldner nur einmalig zur Zahlung verpflichtet ist, wie z. B. Kaufverträge.

Der Schuldner, der eine Zahlungspflicht zu erfüllen hat, schuldet nach dem Leitbild des BGB die Übereignung von Bargeld. Die Lastschriftabrede, die eine unselbständige Nebenabrede zu dem betreffenden Schuldvertrag ist,[89] ändert dieses gesetzliche Leitbild. Dem Gläubiger wird nunmehr der Erhalt von Buchgeld in entsprechender Höhe im Einzugswege als Leistung im Sinne von § 362 Abs. 1 BGB geschuldet.[90] Darüber hinaus muß die Lastschriftabrede festlegen, ob der Einzug im Abbuchungsauftrags- oder Einzugsermächtigungsverfahren erfolgen soll. Ist das Einzugsermächtigungsverfahren vereinbart, hat der Schuldner dem Gläubiger eine entsprechende Einzugsermächtigung zu gewähren.

Die Lastschriftabrede hat außerdem zur Folge, daß die Geldschuld wegen der Umkehr der Initiative zur Holschuld wird.[91] Welche Auswirkungen sich daraus für die Pflichten- und Risikolage der Parteien des Grundverhältnisses ergeben, wird bei der Frage, wann Erfüllung der Geldschuld eintritt, in Teil C. näher erörtert.

---

89 *Canaris* in: Staub, Großkomm, HGB, 4. Auflage, 10. Lieferung: Bankvertragsrecht, Erster Teil, Stand: 1. 4. 1988, Rn 628; *Hopt* in: Baumbach/Hopt, HGB, 31. Auflage, 2003, (7) Bankgeschäfte Rn D/22; *Hadding* WM 2005, 1549, 1552; a.A. *Engel,* S. 24 f., der in der Erteilung einer Einzugsermächtigung einen Auftrag im Sinne von § 662 BGB als Bestandteil des Valutaverhältnisses sieht.

90 *Hadding* WM 2005, 1549, 1552; ders. WM 1978, 1366, 1380; *van Gelder* in: Bankrechts-Handbuch, 2. Auflage, 2001, § 58 Rn 148; *Jacob,* S. 21.

91 H.M. vgl. BGH, Urt. v. 7. 12. 1983 – VIII ZR 257/82 – WM 1984, 163, 164; OLG Köln, Urt. v. 20. 6. 1985 – 5 U 242/84 = NJW-RR 1986, 390; *Hadding* WM 1978, 1366, 1380; *Häuser* WM 1991, 1, 2; *Krepold* in: BuB, Stand: 08/2005, Rn 6/350; *van Gelder* in: Bankrechts-Handbuch, 2. Auflage, 2001, § 58 Rn 154; *Weber,* Recht des Zahlungsverkehrs, 4. Auflage, 2004, S. 166; *Schwarz* ZIP 1989, 1442, 1443; *Canaris* in: Staub, Großkomm, HGB, 4. Auflage, 10. Lieferung: Bankvertragsrecht, Erster Teil, Stand: 1. 4. 1988, Rn 629; *Krüger* in: MünchKomm, BGB, 4. Auflage, 2003, § 270 Rn 11; *Fallscheer-Schlegel,* S. 35 f.; Engel, S. 49; kritisch *Schön* AcP 198 (1998), 401, 446 f.; a. A. *Gernhuber,* Die Erfüllung und ihre Surrogate, 2. Auflage, 1994, § 2 VII.4.c), S. 48 f.

b) Inkassovereinbarung zwischen Gläubiger und Gläubigerbank

Der Girovertrag zwischen Gläubiger und Gläubigerbank verpflichtet die Bank noch nicht, den Gläubiger am Lastschriftverfahren teilnehmen zu lassen. Lastschriften werden im Gegensatz zu Schecks vom Gläubiger selbst ausgestellt. Damit besteht für die erste Inkassostelle ein erhöhtes Risiko, daß ein unredlicher Kunde das Lastschriftverfahren mißbraucht und sie den Kontoinhaber über den gutgeschriebenen Betrag hat verfügen lassen.[92] Deshalb wird nach eingehender Bonitätsprüfung zwischen Gläubiger und Gläubigerbank eine schriftliche Inkassovereinbarung[93] geschlossen, in der die Bedingungen geregelt sind, unter denen der Gläubiger am Lastschriftverfahren teilnehmen kann. Nach dieser Vereinbarung darf der Gläubiger im Einzugsermächtigungsverfahren nur fällige Forderungen mittels Lastschrift einziehen, wenn ihm eine schriftliche und widerrufliche Einzugsermächtigung des Zahlungspflichtigen vorliegt. Die erste Inkassostelle ist jedoch nicht verpflichtet, das Vorliegen der Einzugsermächtigung zu prüfen. Dies kann zum einen der Gläubigerbank im Rahmen des Bankverkehrs nicht zugemutet[94] werden und würde zum anderen auch zu erheblichen Verzögerungen des Verfahrens führen.[95]

Reicht der Gläubiger demzufolge Lastschriften mit Sammeleinzugsauftrag ein, wird ihm der Gesamtbetrag der einzuziehenden Forderungen auf seinem Konto *„Eingang vorbehalten"* gutgeschrieben.[96] In dieser Gutschrift liegt ein Schuldversprechen (§ 780 BGB) der ersten Inkassostelle, das unter der aufschiebenden Bedingung (§ 158 Abs. 1 BGB) der Einlösung der Lastschrift durch die Zahlstelle steht.[97] Nach Eingang der Deckung in Höhe der Lastschrift fällt zwar dieser Vorbehalt hinsichtlich des Anspruchs aus der Gutschrift weg. Das in der Gutschrift zum Ausdruck kommende abstrakte Schuldversprechen steht aber unter einem weiteren Vorbehalt. Nach der Inkassovereinbarung erklärt sich der Gläubiger von Anfang an damit einverstanden, daß die Gläubigerbank Lastschriften zurückbelastet, wenn diese auf einer Einzugsermächtigung beruhen und der Zahlungspflichtige nach Belastung des Einzugsbetrages dieser widerspricht.[98] Darin ist eine

---

92 *Engel,* S. 12 f.

93 Siehe Anhang 2.

94 *Krepold* in: BuB, Stand: 08/2005, Rn 6/385.

95 BGH, Urt. v. 20. 6. 1977 – II ZR 169/75 = WM 1977, 1196, 1197.

96 Vgl. § 7 der Inkassovereinbarung, siehe Anhang 2; Nr. 9 Abs. 1 AGB-Banken, siehe Anhang 3; Nr. 9 Abs. 1 AGB-Banken entspricht Nr. 9 Abs. 1 AGB-Sparkassen, abgedruckt in: *Steppeler/Künzle,* AGB-Sparkassen Komm, 3. Auflage, 2003, S. 13 ff.

97 *Engel,* S. 31; *Falscheer-Schlegel,* S. 30; *Sandberger* JZ 1977, 285, 287; *Bauer* WM 1983, 198; *Canaris* in: Staub, Großkomm, HGB, 4. Auflage, 10. Lieferung: Bankvertragsrecht, Erster Teil, Stand: 1. 4. 1988, Rn 570; *Hadding/Häuser* in: MünchKomm, HGB, 2001, ZahlungsV Rn C 125; *Kümpel,* Bank- und Kapitalmarktrecht, 3. Auflage, 2004, Rn 4.432; *van Gelder* in: Bankrechts-Handbuch, 2. Auflage, 2001, § 58 Rn 166; *Hopt* in: Baumbach/Hopt, HGB, 31. Auflage, 2003, (7) BankGesch Rn D/13.

98 Vgl. § 8 Nr. 1 der Inkassovereinbarung, siehe Anhang 2.

auflösende Bedingung (§ 158 Abs. 2 BGB) der zuvor erteilten Gutschrift zu sehen.[99] Die Bedingung besteht aber nicht schon in der Ausübung der Widerspruchsmöglichkeit durch den Schuldner, sondern erst in der Vermögenseinbuße, die der ersten Inkassostelle bei einer Wiedervergütungspflicht in Höhe des Lastschriftbetrags gegenüber der Zwischenbank oder der Schuldnerbank entsteht.[100] Mit Eintritt der Bedingung entfällt der Anspruch des Gläubigers aus der Gutschrift rückwirkend auf den Zeitpunkt der Wertstellung der Gutschrift.[101] Eine zeitliche Begrenzung der Rückbelastungsmöglichkeit der Gläubigerbank besteht nicht.

Die Gläubigerbank läßt den Gläubiger regelmäßig bereits nach Gutschrift der Lastschriftbeträge hierüber verfügen. Anderenfalls entstünde dem Gläubiger ein Liquiditätsverlust. Das Lastschriftverfahren würde an Attraktivität verlieren.[102] Das Risiko, das die erste Inkassostelle damit eingeht, verwirklicht sich, wenn der Gläubiger zwischenzeitlich insolvent geworden ist. Die Gläubigerbank fällt dann unter Umständen in Höhe des Betrages aus, den sie der Schuldnerbank oder einer Zwischenbank rückvergüten muß. Zur Abmilderung dieses Risikos werden der ersten Inkassostelle gemäß Nr. 15 Abs. 2 S. 2 AGB-Banken[103] mit Einreichen der Lastschriften die zugrundeliegenden Forderungen gegen die Zahlungsverpflichteten sicherungshalber abgetreten.

c) Interbankenverhältnis

Das Lastschriftabkommen, das zwischen den Spitzenverbänden des Kreditgewerbes in Vollmacht der ihnen angehörenden Institute geschlossen wurde, regelt die Abwicklung des Lastschriftverkehrs im Interbankenverhältnis.

aa) Abwicklungsmöglichkeiten

Besteht zwischen erster Inkassostelle und Zahlstelle eine unmittelbare Kontoverbindung, so kann die Gläubigerbank die Lastschrift an die Schuldnerbank weiterleiten und ihr die girovertragliche Weisung erteilen, den Lastschriftbetrag einzuziehen. Das Konto der Zahlstelle bei der ersten Inkassostelle wird entspre-

---

99 *Häuser* WM 1991, 1, 4; *Canaris* in: Staub, Großkomm, HGB, 4. Auflage, 10. Lieferung: Bankvertragsrecht, Erster Teil, Stand: 1. 4. 1988, Rn 577; *Weber,* Recht des Zahlungsverkehrs, 4. Auflage, 2004, S. 177; *Hadding* WM 1978, 1366, 1377; *van Gelder* in: Bankrechts-Handbuch, 2. Auflage, 2001, § 58 Rn 17.

100 Vgl. *Canaris* in: Staub, Großkomm, HGB, 4. Auflage, 10. Lieferung: Bankvertragsrecht, Erster Teil, Stand: 1. 4. 1988, Rn 577, der hierfür auf das Entstehen eines Rückvergütungs- oder Schadensersatzanspruchs abstellt.

101 Vgl. § 8 Nr. 1 der Inkassovereinbarung, siehe Anhang 2.

102 *van Gelder* in: Bankrechts-Handbuch, 2. Auflage, 2001, § 58 Rn 14.

103 Siehe Anhang 3; Nr. 15 Abs. 2 S. 2 AGB-Banken entspricht Nr. 25 Abs. 2 AGB-Sparkassen, abgedruckt in: *Steppeler/Künzle,* AGB-Sparkassen Komm, 3. Auflage, 2003, S. 13 ff.

chend belastet. Auf dem Konto der ersten Inkassostelle bei der Zahlstelle erfolgt die korrespondierende Gutschrift. Der Anspruch aus dieser Gutschrift wird vorbehaltlos, wenn die Zahlstelle die entsprechende Belastung mit Einlösungswillen auf dem Konto des Zahlungspflichtigen vorgenommen hat. Die Lastschrift ist eingelöst.[104]

Wird eine Zwischenbank in die Girokette eingeschaltet, zu der sowohl die erste Inkassostelle als auch die Zahlstelle einen Girovertrag unterhalten, gilt entsprechendes. Die erste Inkassostelle erteilt der Zwischenbank und diese wiederum der Zahlstelle die Weisung zum Lastschrifteinzug.[105]

Die Abwicklung des Lastschriftverkehrs kann auch durch Teilnahme am Abrechnungsverkehr bei den örtlichen Abrechnungsstellen oder über die Deutsche Bundesbank im Wege des *„vereinfachten Lastschrifteinzugs"* stattfinden. In beiden Fällen verbleibt es jedoch bei den unmittelbaren Vertragsbeziehungen zwischen erster Inkassostelle und Zahlstelle. Sowohl die örtlichen Abrechnungsstellen, die als Zweiganstalten der Deutschen Bundesbank bei den Landeszentralbanken errichtet sind, als auch die Deutsche Bundesbank im Rahmen des *„vereinfachten Lastschrifteinzugs"* werden nur als Boten tätig.[106]

bb) Rückgabe von Lastschriften

Einen Schwerpunkt des Lastschriftabkommens bilden die Regelungen zur Rückgabe von Lastschriften. Eine Lastschrift kann zurückgegeben werden, wenn sie entweder nicht von der Zahlstelle eingelöst wurde oder wenn nach der Einlösung einer Einzugsermächtigungslastschrift der Zahlungspflichtige der Belastungsbuchung widersprochen hat.

(1) Nicht eingelöste Lastschriften

Nach Abschnitt II Nr. 1 des Lastschriftabkommens können Lastschriften nicht eingelöst werden, wenn sie unanbringlich sind, wenn auf dem Konto des Zahlungspflichtigen keine Deckung vorhanden ist oder wenn bei Abbuchungsauftragslastschriften der Zahlstelle kein Abbuchungsauftrag vorliegt. Die Lastschrift ist dann spätestens an dem auf den Tag des Eingangs folgenden Geschäftstag an die erste Inkassostelle zurückzugeben.[107] Unanbringlich ist eine Lastschrift, wenn die enthaltenen Angaben, wie z. B. Kontonummer und Name des Zahlungspflichtigen, nicht übereinstimmen. Weist das Konto des Zahlungspflichtigen nicht genügend

---

104 *van Gelder* in: Bankrechts-Handuch, 2. Auflage, 2001, § 58 Rn 118 f.

105 Aus Gründen der Vereinfachung wird im Rahmen dieser Ausarbeitung von einer unmittelbaren Kontoverbindung zwischen erster Inkassostelle und Zahlstelle ausgegangen.

106 *van Gelder* in: Bankrechts-Handuch, 2. Auflage, 2001, § 58 Rn 121 ff.

107 Vgl. Abschnitt II Nr. 1 S. 1 a. E. i.V. m. Abschnitt I Nr. 8 LSA, siehe Anhang 1.

Guthaben oder keinen ausreichenden Kreditrahmen aus, geschieht die Rückgabe mangels Deckung.[108] Die Zahlstelle ist dem Zahlungspflichtigen gegenüber nicht verpflichtet, die Lastschrift trotz unzureichender Deckung einzulösen. Dies ergibt sich auf dem Boden der Genehmigungstheorie bereits daraus, daß die Zahlstelle die Einlösung allein auf Weisung der ersten Inkassostelle vornimmt.[109]

(2) Widersprochene Lastschriften

Hat die Zahlstelle die Einzugsermächtigungslastschrift eingelöst, so kann sie diese im Falle eines Widerspruchs des Zahlungspflichtigen grundsätzlich an die erste Inkassostelle zurückgeben und Wiedervergütung verlangen.[110] Es ist allerdings die zeitliche Begrenzung dieser Rückgabemöglichkeit zu beachten. Gemäß Abschnitt III Nr. 2 S. 1 des Lastschriftabkommens sind die Rückgabe und Rückrechnung ausgeschlossen, wenn der Zahlungspflichtige nicht binnen sechs Wochen nach der Belastung widerspricht. Geschieht der Widerspruch zu einem späteren Zeitpunkt, ist also die erste Inkassostelle grundsätzlich nicht mehr verpflichtet, die Lastschrift von der Zahlstelle zurückzunehmen und wiederzuvergüten. Eine besondere Regelung besteht dann, wenn es sich um eine unberechtigt eingereichte Einzugsermächtigungslastschrift handelt. Nach Abschnitt I Nr. 5 des Lastschriftabkommens[111] haftet die erste Inkassostelle der Zahlstelle für jeden Schaden, der dieser durch unberechtigt eingereichte Lastschriften[112] entsteht.

(a) Ausgleichsansprüche der Zahlstelle bei berechtigt widersprochenen Lastschriften nach Ablauf von sechs Wochen seit der Belastungsbuchung

Fraglich ist, welche Möglichkeiten die Zahlstelle hat, eine Wiedervergütung für widersprochene Lastschriftbelastungen zu erhalten, wenn zum einen die Rückgabe und Rückrechnung nach Abschnitt III Nr. 2 des Lastschriftabkommens wegen Ablaufs der Frist von sechs Wochen ausgeschlossen sind und zum anderen auch kein unberechtigter Lastschrifteinzug vorliegt, so daß ein Schadensersatzanspruch der Zahlstelle gegen die erste Inkassostelle gemäß Abschnitt I Nr. 5 des Lastschriftabkommens nicht in Betracht kommt.

---

108 *Krepold* in: BuB, Stand: 08/2005, Rn 6/466.

109 Ähnlich *Krepold* in: BuB, Stand: 08/2005, Rn 6/467, der darauf abstellt, daß ein Recht zur Einlösung auf Kredit nicht besteht.

110 Vgl. Abschnitt III Nr. 1 LSA, siehe Anhang 1.

111 Siehe Anhang 1.

112 Auf die Frage, wann es sich um eine unberechtigt eingereichte Lastschrift handelt, wird im Rahmen der Ausführungen in Teil D. eingegangen.

(aa) Anspruch gegen Gläubiger

Der Zahlstelle könnte geholfen sein, wenn ihr ein direkter Kondiktionsanspruch (§ 812 Abs. 1 S. 1 Fall 2 BGB) gegen den Gläubiger zusteht.[113] Hierfür spricht, daß die Zahlstelle bei Einlösung der Lastschrift nur aufgrund einer Weisung der ersten Inkassostelle gehandelt hat, ihr also eine entsprechende Weisung seitens des Schuldners fehlte.[114] Aus der Sicht des Gläubigers hingegen wird sich die Einlösung der Einzugsermächtigungslastschrift als zurechenbare Leistung des Schuldners darstellen. Dies wird zumindest dann angenommen werden können, wenn sich der Gläubiger ordnungsgemäß verhalten hat. Es besteht zwischen Gläubiger und Schuldner ein wirksames Grundverhältnis, und der Schuldner hat dem Gläubiger aufgrund der Lastschriftabrede eine wirksame Einzugsermächtigung erteilt.[115] Die darin enthaltene Tilgungsbestimmung macht die (mittelbare) Zuwendung zur Leistung im Valutaverhältnis. Ein Anspruch der Zahlstelle gemäß § 812 Abs. 1 S. 1 Fall 2 BGB scheitert dann am Vorrang der Leistungskondiktion. Darüber hinaus würde es zu unbilligen Ergebnissen führen, wenn der Zahlstelle dennoch ein Direktanspruch gegen den Gläubiger zustünde. Der Gläubiger, der die Lastschrift ordnungsgemäß zum Einzug gebracht hat, sähe sich einem Anspruch der Zahlstelle ausgesetzt, obwohl er zu ihr keine Vertragsbeziehung unterhält. Die Zahlstelle, die lediglich auf Weisung der ersten Inkassostelle handelte, wäre mit dem Insolvenzrisiko eines ihr zunächst unbekannten Dritten konfrontiert.[116]

(bb) Anspruch gegen erste Inkassostelle

Statt eines Kondiktionsanspruchs gegen den Gläubiger könnte auch an einen solchen gegen die erste Inkassostelle gedacht werden. Gemäß Abschnitt II Nr. 3 des Lastschriftabkommens[117] ist die erste Inkassostelle grundsätzlich verpflichtet, wegen Widerspruchs zurückgegebene Lastschriften aufzunehmen und wiederzuvergüten. Dieser Verpflichtung könnte entnommen werden, daß die erste Inkassostelle jedenfalls im Verhältnis zur Zahlstelle als bereicherungsrechtlich selbständiger Empfänger anzusehen sei.[118] Die erste Inkassostelle wird jedoch, obgleich sie die Weisung zur Einlösung an die Zahlstelle erteilt, lediglich als Leistungsmittler tätig. Die Zahlstelle will ihrerseits als Leistungsmittler eine Leistung des Schuldners an den Gläubiger, nicht aber an die erste Inkassostelle erbringen.[119]

---

113 So *van Gelder* in: Bankrechts-Handbuch, 2. Auflage, 2001, § 58 Rn 146 unter Verweis auf *Denck* ZHR 147 (1983), 544, 560.

114 So auch *Canaris* in: Staub, Großkomm, HGB, 4. Auflage, 10. Lieferung: Bankvertragsrecht, Erster Teil, Stand: 1. 4. 1988, Rn 627.

115 Ebenso *Weber*, Recht des Zahlungsverkehrs, 4. Auflage, 2004, S. 194 ff.; *Lorenz* in: Staudinger, BGB, Stand: 04/1999, § 812 Rn 51; *Lieb* in: MünchKomm, BGB, 4. Auflage, 2004, § 812 Rn 104.

116 Vgl. auch *Lieb* in: MünchKomm, BGB, 4. Auflage, 2004, § 812 Rn 101.

117 Siehe Anhang 1.

118 Vgl. auch *Lieb* in: MünchKomm, BGB, 4. Auflage, 2004, § 812 Rn 101.

Möglicherweise steht der Zahlstelle gegen die erste Inkassostelle ein Aufwendungsersatzanspruch analog §§ 675 Abs. 1, 670 BGB zu, denn die Schuldnerbank hat mit der Einlösung der Lastschrift eine Weisung der Gläubigerbank ausgeführt, die zu ihrer Aufwendung führte.[120] Sollte jedoch in der Regelung, daß die erste Inkassostelle nur dann zum Schadensersatz verpflichtet ist, wenn es sich um unberechtigt eingereichte Lastschriften handelt, eine abschließende Vereinbarung liegen, spricht dies gegen eine analoge Anwendung von §§ 675 Abs. 1, 670 BGB. Eine unbegrenzte Ersatzpflicht der ersten Inkassostelle auch für berechtigte Lastschrifteinzüge würde die zeitliche Begrenzung der Lastschriftrückgabe auf sechs Wochen nach Belastungsbuchung aushöhlen. Es wird deshalb eher von einer abschließenden Schadensersatzregelung in Abschnitt I Nr. 5 des Lastschriftabkommens auszugehen sein.

Zuzustimmen ist der Auffassung, das Lastschriftabkommen begründe ein Vertrauensverhältnis zwischen Gläubiger- und Schuldnerbank.[121] Davon ausgehend wird teilweise angenommen, die Zahlstelle habe einen Anspruch gegen die erste Inkassostelle auf Wiedervergütung.[122] Diese Ansicht würde allerdings ebenso zu einer Umgehung der zeitlich begrenzten Rückgabemöglichkeit führen.

Auch die Ansicht, die Zahlstelle habe einen Anspruch auf Abtretung des Anspruchs der Gläubigerbank gegen den Gläubiger auf unbefristete Rückbelastung gemäß der Inkassovereinbarung,[123] ist aus den bereits dargelegten Gründen zweifelhaft. Der Gläubiger wäre trotz korrekten Lastschrifteinzugs Ansprüchen der Zahlstelle ausgesetzt, zu der er keine vertraglichen Beziehungen unterhält. Die Zahlstelle würde wiederum mit dem Insolvenzrisiko des Gläubigers konfrontiert werden. Für diese Auffassung spricht zwar, daß sie in der Tat der Risikoverteilung im Lastschriftverfahren entspricht. Die Zahlstelle, die während des Zahlungsvorgangs die geringsten Kontrollmöglichkeiten hat, soll auch die geringsten Ausfallrisiken tragen.[124] Ihr kann jedoch aus einem anderen Grund nicht gefolgt werden. Es handelt sich genaugenommen nicht um einen Anspruch der ersten Inkassostelle auf Rückbelastung des Lastschriftbetrags. Vielmehr steht der Anspruch des Gläubigers aus der Gutschrift des Lastschriftbetrags unter einer auflösenden Bedingung. Der Gläubiger ist dem Wortlaut der Inkassovereinbarung[125] zufolge mit der Rückbelastung von vornherein einverstanden. Die auflösende Bedingung tritt aber nicht schon mit der Widerspruchserklärung des Schuldners ein, wie der Wortlaut der Inkassovereinbarung vermuten läßt. Die erste Inkassostelle hätte ansonsten eine

119 BGH, Urt. v. 20. 6. 1977 – II ZR 169/75 = WM 1977, 1196, 1197; *Weber,* Recht des Zahlungsverkehrs, 4. Auflage, 2004, S. 194 f.

120 *van Gelder* in: Bankrechts-Handbuch, 2. Auflage, 2001, § 58 Rn 146.

121 *Krepold* in: BuB, Stand: 08/2005, Rn 6/478; *Jungmann* NZI 2005, 84, 88.

122 *Krepold* in: BuB, Stand: 08/2005, Rn 6/478.

123 *Jungmann* NZI 2005, 84, 88.

124 *Jungmann* NZI 2005, 84, 88.

125 Vgl. § 8 Nr. 1 der Inkassovereinbarung, siehe Anhang 2.

Rückbelastungsmöglichkeit auch in den Fällen, in denen sie der Zahlstelle keine Rückvergütung oder keinen Schadensersatz schuldet, ihr also gar kein Aufwand entstehen würde. Gemäß § 157 BGB kann deshalb von einem Eintritt der auflösenden Bedingung erst dann ausgegangen werden, wenn der ersten Inkassostelle ihrerseits eine Vermögenseinbuße in Form einer Rückvergütungs- oder Schadensersatzpflicht entsteht.[126] Ohne eine solche Vermögenseinbuße hat die Gläubigerbank keine Rückbelastungsmöglichkeit dem Gläubiger gegenüber, die abgetreten werden könnte. Auch die Abtretung eines Aufwendungsersatzanspruchs der ersten Inkassostelle gegen den Lastschriftgläubiger aufgrund des Geschäftsbesorgungsvertrags scheitert, wenn die erste Inkassostelle ihrerseits nicht zur Rückvergütung oder zum Schadensersatz verpflichtet ist. Es besteht mangels Aufwendungen kein entsprechender Ersatzanspruch.

(cc) Einvernehmliche Einigung mit erster Inkassostelle und Schadensersatzanspruch gegen Schuldner

Abgesehen von diesen wenig überzeugenden Auffassungen, wie die Zahlstelle Ersatz ihrer Aufwendungen erlangen kann, bleiben der Zahlstelle nur noch zwei Möglichkeiten, um einen Schadenseintritt zu vermeiden.

Zum einen kann sie versuchen, mit der ersten Inkassostelle außerhalb des Lastschriftabkommens zu einer Einigung zu gelangen.[127] Dies wird jedoch maßgeblich von dem Willen und der Interessenlage der ersten Inkassostelle abhängen. Läßt sich die Gläubigerbank darauf ein, kann sie ihrerseits von dem unbefristeten Rückbelastungsanspruch gemäß der Inkassovereinbarung Gebrauch machen.[128]

Die andere Möglichkeit, die der Zahlstelle verbleibt, ist ein Schadensersatzanspruch gegen den Zahlungspflichtigen. Gemäß Nr. 11 Abs. 4 AGB-Banken[129] hat der Kunde Kontoauszüge auf deren Richtigkeit und Vollständigkeit unverzüglich zu überprüfen und etwaige Einwendungen unverzüglich zu erheben. Erlangt der Zahlungspflichtige also mit Erhalt der Kontoauszüge Kenntnis von der Kontobelastung infolge einer Einzugsermächtigungslastschrift und will er diese Belastung nicht akzeptieren, so hat er den Widerspruch ohne schuldhaftes Zögern (§ 121 Abs. 1 S. 1 BGB) der Zahlstelle mitzuteilen. Eine Verletzung dieser Pflicht kann zu einem Schadensersatzanspruch der Zahlstelle führen.[130]

---

126 *Canaris* in: Staub, Großkomm, HGB, 4. Auflage, 10. Lieferung: Bankvertragsrecht, Erster Teil, Stand: 1. 4. 1988, Rn 577.

127 So schon *Terpitz* Sparkasse 1982, 256, 260.

128 Vgl. § 8 Nr. 1 der Inkassovereinbarung, siehe Anhang 2.

129 Siehe Anhang 3; Nr. 11 Abs. 4 AGB-Banken entspricht Nr. 20 Abs. 1 lit. g AGB-Sparkassen, abgedruckt in: *Steppeler/Künzle*, AGB-Sparkassen Komm, 3. Auflage, 2003, S. 13 ff.

130 BGH, Urt. v. 6. 6. 2000 – XI ZR 258/99 = WM 2000, 1577, 1579; *Sonnenhol* WM 2002, 1259, 1264.

(b) Zwischenergebnis

Das Ausfallrisiko der Zahlstelle infolge der Einlösung der berechtigten Lastschrift und des Widerspruchs des Zahlungspflichtigen später als sechs Wochen nach der Belastungsbuchung läßt sich zwar mit Hilfe der dargelegten Möglichkeiten minimieren, aber nicht ganz ausschließen. Ist die erste Inkassostelle nicht zu einer einvernehmlichen Einigung außerhalb des Lastschriftabkommens bereit und scheitert auch ein Schadensersatzanspruch gegen den Zahlungspflichtigen, etwa weil ihm die Verzögerung nicht vorwerfbar ist, wird die Zahlstelle den ihr entstandenen Schaden zu tragen haben.[131]

Dieses bisher sehr begrenzte Risiko der Zahlstelle könnte sich aufgrund der Rechtsprechung des BGH vom 4. 11. 2004 erhöhen, wenn nunmehr der vorläufige Insolvenzverwalter berechtigt sein soll, die Genehmigung von Belastungsbuchungen im Einzugsermächtigungsverfahren pauschal zu verhindern, auch wenn sachliche Einwendungen gegen die eingezogenen Forderungen nicht erhoben werden.[132] Darauf wird im Rahmen der Ausführungen in Teil D. noch einzugehen sein.

d) Verhältnis zwischen Zahlstelle und Schuldner

Nach der Genehmigungstheorie löst die Zahlstelle die Lastschrift nur aufgrund der Weisung der ersten Inkassostelle ein. Die Belastungsbuchung auf dem Konto des Lastschriftschuldners geschieht zunächst unberechtigt.[133]

Der Zeitpunkt der Belastungsbuchung ist aber nicht unbedingt identisch mit dem Zeitpunkt der Einlösung. Zusätzlich zu dem rein technischen Buchungsvorgang muß der Einlösungswille der Zahlstelle hinzutreten.[134] Erst dann entfällt auch der Vorbehalt des Eingangs in bezug auf den Anspruch des Gläubigers aus der Gutschrift.[135] Nach Nr. 9 Abs. 2 AGB-Banken[136] ist eine Lastschrift eingelöst, wenn die Belastungsbuchung nicht spätestens am zweiten Bankarbeitstag nach ihrer Vornahme rückgängig gemacht wird. Lastschriften, die über eine Abrechnungsstelle einer Landeszentralbank vorgelegt werden, sind eingelöst, wenn sie nicht bis zu dem von der Landeszentralbank festgesetzten Zeitpunkt an die Ab-

---

131 Im Ergebnis ebenso *Krepold* in: BuB, Stand: 08/2005, Rn 6/479; *Terpitz* Sparkasse 1982, 256, 260.

132 BGH, Urt. v. 4. 11. 2004 – IX ZR 22/03 = WM 2004, 2482 ff.; IX ZR 82/03 = ZInsO 2005, 40 ff.; IX ZR 28/04 = EWiR 2005, 227 (Leitsatz).

133 Siehe Ausführungen unter 1.g).

134 *Krepold* in: BuB, Stand: 08/2005, Rn 6/450; BGH, Urt. v. 13. 6. 1988 – II ZR 324/87 = WM 1988, 1325, 1326; BGH, Urt. v. 2. 2. 1970 – II ZR 80/69 = WM 1970, 490, 491 für die Scheckeinlösung.

135 Siehe Ausführungen unter b).

136 Siehe Anhang 3; Nr. 9 Abs. 2 AGB-Banken entspricht Nr. 9 Abs. 2 AGB-Sparkassen, abgedruckt in: *Steppeler/Künzle,* AGB-Sparkassen Komm, 3. Auflage, 2003, S. 13 ff.

rechnungsstelle zurückgegeben werden. Die Zahlstelle hat somit ihren Einlösungswillen bereits in den Allgemeinen Geschäftsbedingungen zum Ausdruck gebracht.[137] Dieser Wille steht allerdings noch unter der Bedingung der Rückgängigmachung der Belastungsbuchung. Ermöglicht wird der Zahlstelle damit eine Nachdisposition der rein technischen Belastungsbuchung, um festzustellen, ob das Konto des Lastschriftschuldners ausreichend Deckung oder einen ausreichenden Kreditrahmen ausweist. Läßt die Zahlstelle die Bedingung der Rückgängigmachung nicht eintreten, ist die Lastschrift eingelöst.[138]

Da die Zahlstelle die Lastschrift einlöst, ohne dazu dem Lastschriftschuldner gegenüber berechtigt zu sein, kann der Lastschriftschuldner der Belastungsbuchung widersprechen. Der Kontoinhaber hat aufgrund des Girovertrages mit der Zahlstelle einen Anspruch auf Berichtigung des ausgewiesenen Kontostands.[139] Gleichzeitig verweigert der Lastschriftschuldner mit dem Widerspruch die Genehmigung der Belastungsbuchung im Sinne von § 684 S. 2 BGB. Der Widerspruch ist damit für die Zahlstelle grundsätzlich immer verbindlich.[140] Die Zahlstelle prüft zum Zeitpunkt der Widerspruchserklärung nicht, ob der Widerspruch des Schuldners im Verhältnis zum Gläubiger berechtigt ist oder nicht.[141] Deshalb braucht der Schuldner den Widerspruch auch nicht zu begründen.[142] Ein Widerruf des Widerspruchs ist nicht möglich.[143] Die Widerspruchsmöglichkeit des Schuldners besteht nach h. M. zeitlich unbegrenzt. Sie erlischt erst, wenn der Lastschriftschuldner die Belastungsbuchung wirksam genehmigt hat.[144] Soweit vertreten wurde, daß ein

---

137 *Gößmann* in: Gößmann / Wagner-Wieduwilt / Weber, Allgemeine Geschäftsbedingungen der Banken, 1993, Rn 1 / 257; *Krepold* in: BuB, Stand: 08 / 2005, Rn 6 / 451; a. A. *van Gelder* in: Bankrechts-Handbuch, 2. Auflage, 2001, § 58 Rn 42; *Hadding / Häuser* in: MünchKomm, HGB, 2001, ZahlungsV Rn C 75 unter Bezugnahme auf BGH, Urt. v. 15. 12. 1980 – II ZR 53 / 80 = WM 1981, 450 ff.

138 *Krepold* in: BuB, Stand: 08 / 2005, Rn 6 / 450 ff.

139 Siehe auch Ausführungen unter 1.g).

140 BGH, Urt. v. 28. 5. 1979 – II ZR 85 / 78 = WM 1979, 689, 690; BGH, Urt. v. 24. 06. 1985 – II ZR 277 / 84 = WM 1985, 905; dazu *Hadding / Häuser* WuB I D 2. Lastschriftverkehr 6.85; BGH, Urt. v. 15. 6. 1987 – II ZR 301 / 86 = WM 1987, 895, 896; BGH, Urt. v. 6. 6. 2000 – XI ZR 258 / 99 = WM 2000, 1577, 1579; *van Gelder* in: Bankrechts-Handbuch, 2. Auflage, 2001, § 58 Rn 57 f.; *Bauer* WM 1981, 1186, 1187.

141 BGH, Urt. v. 28. 05. 1979 – II ZR 219 / 77 = WM 1979, 828, 829.

142 BGH, Urt. v. 10. 01. 1996 – XI ZR 271 / 94 = WM 1996, 335, 337; dazu Pfeiffer WuB I D 2. Lastschriftverkehr 2.96.

143 BGH, Urt. v. 14. 02. 1989 – XI ZR 141 / 88 = WM 1989, 520 f.; *van Gelder* WM 2001, Sonderbeilage Nr. 7, S. 2, 8; a. A. *Hadding / Häuser* in: MünchKomm, HGB, 2001, ZahlungsV Rn C 47.

144 BGH, Urt. v. 6. 6. 2000 – XI ZR 258 / 99 = WM 2000, 1577, 1579; BGH, Urt. v. 10. 1. 1996 – XII ZR 271 / 94 = WM 1996, 335, 337; vgl. auch OLG Nürnberg, Urt. v. 4. 4. 1995 – 3 U 4115 / 94 = WM 1995, 1307; OLG Hamm, Urt. v. 26. 4. 1984 – 2 U 131 / 83 = WM 1984, 829, 833; *Krepold* in: BuB, Stand: 08 / 2005, Rn 6 / 477; *Weber,* Recht des Zahlungsverkehrs, 4. Auflage, 2004, S. 184; *van Gelder* in: Bankrecht-Handbuch, 2. Auflage, 2001, § 58 Rn 70; *Pönisch* WuB I D 2. Lastschriftverkehr 1.97; *Häuser* WM 1991, 1, 5 f.; *Bundschuh* in: FS

Widerspruch des Lastschriftschuldners nur binnen sechs Wochen nach Belastungsbuchung zulässig sei,[145] steht diese Auffassung nicht im Einklang mit der Genehmigungstheorie. Der Lastschriftschuldner unterliegt keinen Beschränkungen bei der Entscheidung darüber, ob und warum er einer Belastungsbuchung widerspricht.[146] Teilweise wurde angenommen, die Widerspruchsmöglichkeit ende dann, wenn der Lastschriftschuldner seiner Pflicht nach Nr. 11 Abs. 4 AGB-Banken[147] nicht unverzüglich nachkomme, jedenfalls aber, wenn er keine berechtigten Gründe für die Verzögerung hat oder der Lastschrifteinzug nach dem Valutaverhältnis berechtigt war.[148] Gegen diese Auffassung spricht jedoch, daß in dem bloßen Schweigen auf einen zugegangenen Tageskontoauszug keine schlüssige rechtsgeschäftliche Erklärung liegen kann.[149]

Die Genehmigung einer Belastungsbuchung infolge einer Einzugsermächtigungslastschrift kann ausdrücklich, konkludent oder durch den Eintritt der Genehmigung gemäß Nr. 7 Abs. 3 AGB-Banken[150] erfolgen. Einzelheiten hierzu und die Frage, ob diese Möglichkeiten auch dann noch uneingeschränkt bestehen, wenn hinsichtlich des Vermögens des Lastschriftschuldners ein Antrag zur Eröffnung des Insolvenzverfahrens gestellt und später das Insolvenzverfahren eröffnet wurde, sind Gegenstand der Erörterungen des folgenden Teils C.

Stimpel, 1985, 1039, 1044 ff.; *Hadding* Sparkasse 1986, 48, 50; *Bauer* WM 1981, 1186, 1189; *Denck* ZHR 147 (1983), 544, 554; a. A. *Jacob,* S. 53, 56, der den Widerspruch auch noch nach Genehmigung beachten will.

145 OLG München, Urt. v. 20. 3. 1996 – 20 U 2437/95 = WM 1996. 1038, 1039; OLG Hamm, Urt. v. 27. 9. 1983 – 27 U 270/82 = WM 1984, 300, 301; *Canaris* in: Staub, Großkomm. HGB, 4. Auflage, 10. Lieferung: Bankvertragsrecht, Erster Teil, Stand: 1. 4. 1988, Rn 559, 590; *Skrotzki* KTS, 1974, 136, 138; *Franke* DB 1973, 1055, 1056.

146 BGH, Urt. v. 6. 6. 2000 – XI ZR 258/99 = WM 2000, 1577, 1579.

147 Siehe Anhang 3.

148 *Engel,* S. 42; *Falscheer-Schlegel,* S. 28 ff.

149 BGH, Urt. v. 6. 6. 2000 – XI ZR 258/99 = WM 2000, 1577, 1579; BGH, Urt. v. 12. 6. 1997 – IX ZR 110/96 = WM 1997, 1658, 1660; BGH, Urt. v. 24. 6. 1985 – II ZR 277/84 = WM 1985, 905, 906; BGH, Urt. v. 29. 1. 1979 – II ZR 148/77 = WM 1979, 417, 419.

150 Siehe Anhang 3.

C. Möglichkeiten der Genehmigung der Belastungsbuchung im Zusammenhang mit der Insolvenz des Lastschriftschuldners

Wie in Teil B. ausgeführt, kann der Lastschriftschuldner einer Belastungsbuchung infolge einer Einzugsermächtigungslastschrift nach h. M. nur bis zu deren Genehmigung widersprechen.[151] Die Zahlstelle löst die Lastschrift nur auf Weisung der ersten Inkassostelle im Rahmen des zwischen den Banken bestehenden Giroverhältnisses ein. Die Belastung des Girokontos des Schuldners findet daher zunächst unberechtigt statt. Deshalb steht der Zahlstelle der mit der Belastungsbuchung geltend gemachte Aufwendungsersatzanspruch gemäß §§ 684 S. 2, 683 S. 1, 670 BGB erst zu, wenn der Lastschriftschuldner die Belastungsbuchung gegenüber der Zahlstelle genehmigt hat.[152]

I. Möglichkeiten der Genehmigung

Die Genehmigung einer Belastungsbuchung im Einzugsermächtigungsverfahren kann ausdrücklich oder konkludent durch den Zahlungspflichtigen erklärt werden.

1. Ausdrückliche Genehmigung

Eine ausdrückliche Genehmigung gegenüber der Schuldnerbank wird es in der Praxis eher selten geben.[153] Vorstellbar ist aber, daß es zu vermehrten ausdrücklichen Genehmigungen dann kommen kann, wenn die Zahlstelle ihr Kreditengagement mit dem Lastschriftschuldner intensiv überwacht. Eine solche Spezialbetreuung eines Schuldners wird vor allem stattfinden, wenn er sich bereits in einer wirtschaftlichen Krise befindet und die Höhe der ausgereichten Darlehen dies gebietet. Die Zahlstelle könnte dazu übergehen, in regelmäßigen Abständen die ausdrückliche Genehmigung der Belastungsbuchungen zu erlangen. Dies wird jedoch an dem Einzelfallcharakter einer ausdrücklichen Genehmigung nichts ändern.

---

151 Siehe Ausführungen unter B.II.2.d).

152 Siehe Ausführungen unter B.II.1.e), f), g) und 2.d).

153 *Jungmann* NZI 2005, 84, 88; *van Gelder* in: FS Kümpel, 2003, 131, 134.

2. Genehmigung durch Schweigen und Genehmigung durch konkludentes Verhalten

Im Regelfall wird die Belastungsbuchung durch das in Nr. 7 Abs. 3 AGB-Banken[154] vorgesehene Schweigen als genehmigt angesehen werden können. Es besteht aber auch die Möglichkeit, daß die Belastungsbuchung bereits durch schlüssiges Verhalten des Lastschriftschuldners genehmigt wurde.

a) Genehmigung gemäß Nr. 7 Abs. 3 AGB-Banken[155]

Nr. 7 Abs. 3 AGB-Banken regelt, wann eine Belastungsbuchung als genehmigt gelten soll, wenn der Lastschriftschuldner es unterlassen hat, Einwendungen gegen die entsprechende Buchung der Bank mitzuteilen. Nr. 7 Abs. 3 AGB-Banken hat folgenden Wortlaut:

„(3) Genehmigung von Belastungen aus Lastschriften

Hat der Kunde eine Belastungsbuchung aus einer Lastschrift, für die er dem Gläubiger eine Einzugsermächtigung erteilt hat, nicht schon genehmigt, so hat er Einwendungen gegen diese im Saldo des nächsten Rechnungsabschlusses enthaltene Belastungsbuchung spätestens vor Ablauf von sechs Wochen nach Zugang des Rechnungsabschlusses zu erheben. Macht er seine Einwendungen schriftlich geltend, genügt die Absendung innerhalb der Sechs-Wochen-Frist. Das Unterlassen rechtzeitiger Einwendungen gilt als Genehmigung der Belastung. Auf diese Folge wird die Bank bei Erteilung des Rechnungsabschlusses besonders hinweisen."

aa) Motivation zur Einführung von Nr. 7 Abs. 3 AGB-Banken

In Kraft getreten ist diese Klausel in den Allgemeinen Geschäftsbedingungen zum 1. 4. 2002.[156] Sie läßt sich auf die Rechtsprechung des BGH zurückführen, nach der die Widerspruchsmöglichkeit des Schuldners zeitlich unbegrenzt ist bis zu einer wirksamen Genehmigung der Belastungsbuchung.[157]

Bis zum 1. 4. 2002 enthielten die AGB-Banken in Nr. 7 Abs. 2[158] lediglich eine Genehmigung durch Unterlassen hinsichtlich der Rechnungsabschlüsse. Danach sind Rechnungsabschlüsse als genehmigt anzusehen, wenn ihnen nicht binnen sechs

154 Siehe Anhang 3.

155 Siehe Anhang 3.

156 Vgl. *Sonnenhol* WM 2002, 1259 ff.

157 BGH, Urt. v. 6. 6. 2000 – XI ZR 258/99 = WM 2000, 1577 ff.

158 Siehe Anhang 3; Nr. 7 Abs. 2 AGB-Banken entspricht Nr. 7 Abs. 3 AGB-Sparkassen, abgedruckt in: *Steppeler/Künzle*, AGB-Sparkassen Komm, 3. Auflage, 2003, S. 13 ff.

Wochen[159] nach Zugang widersprochen und der Schuldner bei Erteilung des Rechnungsabschlusses auf diese Rechtsfolge hingewiesen wurde.

Der BGH ist der Ansicht, daß diese Bestimmung zwar den Anforderungen von § 10 Nr. 5 AGBG (§ 308 Nr. 5 BGB) zum Abschluß eines Anerkenntnisvertrages über den Saldo nach Rechnungsabschluß entspricht. Allerdings könne in dieser angenommenen Genehmigung des Rechnungsabschlusses nicht gleichzeitig die rechtsgeschäftliche Genehmigung aller dem Rechnungsabschluß zugrundeliegenden Buchungen gesehen werden.[160] Im einzelnen führt der BGH hierzu aus:

„... Belastungsbuchungen, denen keine Forderung der Sparkasse entspricht, werden durch das Schuldanerkenntnis weder rechtmäßig noch ohne weiteres genehmigt (...) Etwas anderes könnte nur dann gelten, wenn das Schweigen des Kunden aus der Sicht des Kreditinstituts über die Anerkennung des Saldos hinaus den Erklärungswert einer geschäftsbesorgungsrechtlichen Genehmigung der Kontobelastungen aufgrund Einzugsermächtigungslastschriften hätte. Dazu bedürfte es aber einer darauf zu beziehenden (und zu beschränkenden) weiteren Bestimmung etwa in Allgemeinen Geschäftsbedingungen, daß die Anerkennung des Saldos auch eine Genehmigung der darin enthaltenen Belastungen aufgrund Einzugsermächtigungslastschriften umfaßt, sowie eines entsprechenden Hinweises an die Kunden bei Erteilung des Rechnungsabschlusses ...“[161]

Diese Ausführungen in der Urteilsbegründung waren die wesentliche Motivation zur Einführung von Nr. 7 Abs. 3 AGB-Banken.[162]

bb) Wirksamkeit von Nr. 7 Abs. 3 AGB-Banken

Bei Abschluß des Girovertrags werden die Allgemeinen Geschäftsverbindungen nach Maßgabe von § 305 Abs. 2 BGB Vertragsbestandteil. Dem Schweigen des Lastschriftschuldners auf Belastungsbuchungen in einem Rechnungsabschluß kommt damit ein Erklärungswert zu.

---

159 Seit 1. 1. 2000 wurde die Frist von vier auf sechs Wochen verlängert. Grund hierfür ist die Rechtsprechung des BGH zu einer Bedingungsanpassungsklausel einer Rechtsschutzversicherung. Danach ist zweifelhaft, ob der BGH eine Widerspruchsfrist von einem Monat als angemessen betrachtet. Das Freizeitverhalten der Kunden habe sich verändert. Der BGH führte dazu den heute üblichen dreiwöchigen Urlaub an. (BGH, Urt. v. 17. 3. 1999 – IV ZR 218/97 = WM 1999, 1367, 1369) Die Sechswochenfrist orientiert sich an einer Entscheidung des BGH zur Wirksamkeit von Kündigungsklauseln in Kreditkartenverträgen. Die sechswöchige Kündigungsfrist für Kreditkartenverträge ergibt sich nach Ansicht des BGH aus dem gesetzlichen Leitbild in § 621 Nr. 4 BGB (BGH, Urt. v. 29. 3. 1994 – XI ZR 69/93 = WM 1994, 832, 834; dazu *Sonnenhol* WM 2000, 853, 854 f.).

160 BGH, Urt. v. 18. 10. 1994 – XI ZR 194/93 = WM 1994, 2273, 2274; ebenso *van Gelder* in: FS Kümpel, 2003, 131, 138; *Schimansky* in: Bankrechts-Handbuch, 2. Auflage, 2001, § 47 Rn 51; *Wolf* in: Wolf/Horn/Lindacher, AGBG, 4. Auflage, 1999, § 10 Nr. 5 Rn 30 und 16; *Denck* ZHR 147 (1983), 544, 552 f.; a. A. *Langenbucher,* 2001, S. 203 ff.

161 BGH, Urt. v. 6. 6. 2000 – XI ZR 258/99 = WM 2000, 1577, 1579.

162 *Sonnenhol* WM 2002, 1259, 1262.

(1) Keine Unwirksamkeit gemäß § 308 Nr. 5 BGB

Vereinzelten Zweifeln an der Wirksamkeit von Nr. 7 Abs. 3 AGB-Banken kann nicht gefolgt werden. Insbesondere verstößt die Klausel nicht gegen § 308 Nr. 5 BGB.[163] Nach § 308 Nr. 5 BGB sind Bestimmungen in Allgemeinen Geschäftsbedingungen unwirksam, wonach eine Erklärung des Vertragspartners des Verwenders durch Unterlassen einer bestimmten Handlung angenommen werden soll, es sei denn, daß dem Vertragspartner eine angemessene Frist zur Abgabe einer ausdrücklichen Erklärung eingeräumt ist und der Verwender sich verpflichtet, den Vertragspartner bei Beginn der Frist auf die vorgesehene Bedeutung seines Verhaltens besonders hinzuweisen.

Die Bank als Verwender von Allgemeinen Geschäftsbedingungen muß dem Kunden gegenüber die in § 308 Nr. 5 BGB umschriebene Hinweispflicht bereits in den Allgemeinen Geschäftsbedingungen eingehen.[164] In Nr. 7 Abs. 3 S. 4 AGB-Banken ist eine entsprechende Pflicht der Bank enthalten. Für eine wirksame Klauselfassung in bezug auf diese Hinweispflicht genügt die Übernahme des gesetzlichen Wortlauts.[165]

Nach § 308 Nr. 5 BGB hat der Hinweis auf die Vereinbarungswirkung zum Zeitpunkt des Fristbeginns zu erfolgen. Die Frist, nach deren Ablauf die Genehmigung eintreten soll, beginnt gemäß Nr. 7 Abs. 3 AGB-Banken nicht bereits mit der Belastungsbuchung, sondern erst mit Zugang des Rechnungsabschlusses. Die Auffassung, der Schuldner müsse bei jeder Belastungsbuchung auf die Folgen seines Schweigens hingewiesen werden,[166] ist somit nicht nachvollziehbar.[167]

Der erforderliche Hinweis auf die Bedeutung des Schweigens muß dem Vertragspartner klar vor Augen führen, welche Folgen sein Verhalten hat, das heißt, welche Erklärung als abgegeben oder nicht abgegeben gilt.[168] Er hat in einer Form zu geschehen, die unter normalen Umständen Kenntnisnahme verbürgt.[169] Diesen Anforderungen entspricht die Bank, wenn sie den Rechnungsabschluß mit einem entsprechenden Hinweis auf die mit Zugang des Rechnungsabschlusses beginnende Sechswochenfrist versieht und dem Schuldner mitteilt, daß Belastungsbuchungen aufgrund von Einzugsermächtigungslastschriften als genehmigt gelten,

---

163 So aber *Rattunde/Berner* DZWIR 2003, 185, 189; sich dieser Auffassung anschließend *Fehl* DZWIR 2004, 257.

164 Vgl. *Schmidt* in: Ulmer / Brandner / Hensen, AGB-Gesetz, 9. Auflage, 2001, § 10 Nr. 5 Rn 14; *Wolf* in: Wolf / Horn / Lindacher, AGB-Gesetz, 4. Auflage, 1999, § 10 Nr. 5 Rn 27.

165 *Schmidt* in: Ulmer / Brandner / Hensen, AGB-Gesetz, 9. Auflage, 2001, § 10 Nr. 5 Rn 14.

166 So aber *Rattunde / Berner* DZWIR 2003, 185, 189 ohne weitere Begründung.

167 Ebenso Knees / Fischer ZInsO 2004, 5, 6.

168 BGH, Urt. v. 4. 10. 1984 – III ZR 119/83 = WM 1985, 8, 9 f.; *Wolf* in: Wolf / Horn / Lindacher AGB-Gesetz, 4. Auflage, 1999, § 10 Nr. 5 Rn 25; *Schmidt* in: Ulmer / Brandner / Hensen, AGB-Gesetz, 9. Auflage, 2001, § 10 Nr. 5 Rn 14.

169 BGH, Urt. v. 4. 10. 1984 – III ZR 119/83 = WM 1985, 8, 10.

wenn der Kontoinhaber es unterläßt, Einwendungen dagegen rechtzeitig seiner Bank mitzuteilen.

(2) Keine Unwirksamkeit gemäß § 307 BGB

Ebenso kann Nr. 7 Abs. 3 AGB-Banken nicht unter dem Aspekt der Unangemessenheit gemäß § 307 Abs. 1 BGB verworfen werden. Dies käme dann aber in Betracht, wenn das Insolvenzrisiko des Zahlungsempfängers bei unberechtigten Lastschriften auf den Kunden der Zahlstelle abgewälzt würde.[170] Unberechtigt ist der Lastschrifteinzug dann, wenn dem Zahlungsempfänger keine oder jedenfalls keine die vorliegende Lastschrift deckende Einzugsermächtigung des Schuldners vorliegt oder weil der Zahlungsempfänger nach dem Valutaverhältnis nicht zum Einzug berechtigt war.[171] Gegen diesen Gedankengang spricht jedoch bereits, daß die Zahlstelle bei der Belastung des Kontos weder das Vorliegen einer Einzugsermächtigung prüfen kann noch ihr die Feststellung gelingen wird, ob der Lastschrifteinzug des Zahlungsempfängers im Verhältnis zum Zahlungspflichtigen berechtigt war.[172] Dennoch gilt die Genehmigung gemäß Nr. 7 Abs. 3 AGB-Banken nur für solche Belastungsbuchungen, für die der Kunde dem Gläubiger eine Einzugsermächtigung erteilt hat. Fehlt die Einzugsermächtigung oder wird deren Umfang überschritten,[173] kann demzufolge der Lastschriftschuldner zeitlich unbegrenzt widersprechen. Die Widerspruchsmöglichkeit des Lastschriftschuldners endet in solchen Fällen jedenfalls nicht mit der Genehmigung gemäß Nr. 7 Abs. 3 AGB Banken. Diese Differenzierung begrenzt in angemessenem Umfang das Risiko des Lastschriftschuldners, Kontobelastungen aufgrund unberechtigter Einzugsermächtigungslastschriften ausgesetzt zu sein.[174]

b) Konkludente Genehmigung durch widerspruchsloses Fortsetzen des Zahlungsverkehrs

Die Bank erteilt ihrem Kunden regelmäßig zum Ende eines jeden Kalenderquartals einen Rechnungsabschluß.[175] Deshalb können teilweise mehr als vier Monate vergehen, bevor eine Belastungsbuchung aufgrund einer Einzugsermäch-

---

170 *van Gelder* WM 2001, Sonderbeilage Nr. 7, S. 2, 10.

171 *van Gelder* WM 2001, Sonderbeilage Nr. 7, S. 2, 10.

172 So auch *Sonnenhol* WM 2002, 1259, 1263 Fn 53.

173 Dies entspricht dem Verständnis einer unberechtigten Lastschrift im Sinne von Abschnitt III Nr. 2 LSA. siehe Erläuterungen der Spitzenverbände der Kreditwirtschaft, abgedruckt bei *Krepold* in: BuB, Stand: 08/2005, Rn 6/315.

174 I. E. ebenso *Sonnenhol* WM 2002, 1259, 1263; siehe auch *Koller* EWiR 2000, 959, 960 a. E.

175 Vgl. Nr. 7 Abs. 1 AGB-Banken, siehe Anhang 3; Nr. 7 Abs. 1 AGB-Banken entspricht Nr. 7 Abs. 1 und Abs. 2 AGB-Sparkassen, abgedruckt in: *Steppeler/Künzle,* AGB-Sparkassen Komm, 3. Auflage, 2003, S. 13 ff.

tigungslastschrift gemäß Nr. 7 Abs. 3 AGB-Banken als genehmigt anzusehen ist.[176] Der Genehmigung bedarf es jedoch nicht mehr, wenn bereits zuvor die Belastungsbuchung durch konkludentes Verhalten des Lastschriftschuldners genehmigt wurde.[177]

Fraglich ist, unter welchen Umständen die Zahlstelle eine konkludente Genehmigung annehmen kann. Hat der Lastschriftschuldner von einer Belastungsbuchung aufgrund einer Einzugsermächtigungslastschrift Kenntnis erlangt und nimmt er daraufhin z. B. Auszahlungen, Einzahlungen und Überweisungen vor, könnte in seiner aktiven Fortsetzung des Zahlungsverkehrs eine Genehmigung durch schlüssiges Handeln liegen.

aa) Rechtsprechung des BGH

Der BGH hatte die Frage im Urteil vom 6. 6. 2000 ausdrücklich offengelassen,[178] in Fortführung seiner ständigen Rechtsprechung aber betont, daß in dem bloßen Schweigen auf einen zugegangenen Tageskontoauszug keine schlüssige rechtsgeschäftliche Erklärung, geschweige denn eine Genehmigung der von der Schuldnerbank vorgenommenen Belastungsbuchung gesehen werden kann.[179] Diesen Grundsatz gilt es bei der Auslegung des Verhaltens des Lastschriftschuldners stets zu beachten. Es müssen über das Schweigen hinausgehende Anhaltspunkte hinzukommen, die auf eine konkludente Genehmigung der Belastungsbuchung schließen lassen.

So hatte der BGH etwa zur Frage eines konkludenten Saldenanerkenntnisses entschieden, daß in dem Schweigen auf die während eines längeren Zeitraums übersandten periodischen Rechnungsabschlüsse und in der Fortsetzung der Geschäftverbindung auf der Basis dieser Abrechnungen ein *„stillschweigendes"* Anerkenntnis der Salden gesehen werden könne.[180]

Bereits in einem älteren Urteil war der BGH im Wege der Auslegung zu dem Ergebnis gekommen, daß eine konkludent erteilte Einzugsermächtigung des Schuldners an den Gläubiger vorliege, weil der Schuldner den Lastschrifteinzug monatelang geduldet und für jede Lastschrift einen vordatierten Scheck entgegengenommen hatte.[181]

---

176 Erfolgte die Belastungsbuchung z. B. am 3. 1. 2005 und ging der Rechnungsabschluß für das erste Kalendervierteljahr dem Kunden am 1. 4. 2005 zu, so wird diese Belastungsbuchung erst am 13. 5. 2005 gemäß Nr. 7 Abs. 3 AGB-Banken als genehmigt angesehen.

177 Insofern lediglich klarstellend Nr. 7 Abs. 3 S. 1 AGB-Banken.

178 BGH, Urt. v. 6. 6. 2000 – XI ZR 258/99 = WM 2000, 1577 ff.

179 BGH, Urt. v. 6. 6. 2000 – XI ZR 258/99 = WM 2000, 1577, 1579; BGH, Urt. v. 12. 6. 1997 – IX ZR 110/96 = WM 1997, 1658, 1660; BGH, Urt. v. 24. 6. 1985 – II ZR 277/84 = WM 1985, 905, 906; BGH, Urt. v. 29. 1. 1979 – II ZR 148/77 = WM 1979, 417, 419.

180 BGH, Urt. v. 18. 6. 1991 – XI ZR 159/90 = WM 1991, 1630 f.

181 BGH, Urt. v. 25. 6. 1979 – II ZR 253/78 = WM 1979, 994, 995.

bb) Auffassungen im Schrifttum

Beide Entscheidungen des BGH beziehen sich zwar nicht auf die Frage, wann eine konkludente Genehmigung der Belastungsbuchung vorliegt. Die ihnen zugrundeliegenden Wertungen werden aber von einigen Vertretern im Schrifttum – freilich nicht ohne kritische Stimmen anderer[182] – für die Auffassung herangezogen, daß eine konkludente Genehmigung von Belastungsbuchungen immer dann in Betracht komme, wenn der Kontoinhaber in Kenntnis der Buchungen und über einen längeren Zeitraum weiterhin Zahlungen über sein Konto abwickele und dadurch zu erkennen gebe, er wolle die Belastungsbuchung gegen sich gelten lassen.[183]

cc) Stellungnahme

Dieser Meinung kann im Ergebnis zugestimmt werden. Die Genehmigung einer Belastungsbuchung im Sinne von § 684 S. 2 BGB ist eine empfangsbedürftige Willenserklärung.[184] Empfangsbedürftige Willenserklärungen sind so auszulegen, wie sie der Erklärungsempfänger nach Treu und Glauben unter Berücksichtigung der Verkehrssitte verstehen mußte.[185] Voraussetzung jeder Auslegung von Willenserklärungen ist zunächst die Feststellung des konkreten Erklärungsakts.[186] Nutzt der Schuldner wiederholt sein Girokonto für den Zahlungsverkehr in Kenntnis der Belastungsbuchungen, so liegt darin nicht nur der *„ureigenste Zweck des Girokontos“*,[187] sondern auch ein Verhalten, dem Erklärungswert zukommt. Sofern der Handelnde nicht an einen solchen Erklärungswert gedacht hat, spielt dies zunächst keine Rolle. Das Erklärungsbewußtsein ist nach h. M. kein notwendiger Bestandteil einer Willenserklärung.[188] Voraussetzung ist allerdings, daß der Handelnde bei Anwendung pflichtgemäßer Sorgfalt hätte erkennen können, daß sein Verhalten als Willenserklärung aufgefaßt werden durfte und der andere Teil es auch tatsächlich so verstanden hat.[189] Die Beantwortung dieser Frage hängt von den Begleitumstän-

---

182 *Ganter* WM 2005, 1557, 1562; *Spliedt* ZIP 2005, 126, 1262.

183 *Krepold* in: BuB, Stand: 08/2005 Rn 6/441; *van Gelder* in: FS Kümpel, 2003, 131, 136; *Weber*, Recht des Zahlungsverkehrs, 4. Auflage, 2004, S. 184; *Reyher/Terpitz*, Der Lastschriftverkehr, 1982, S. 75; zögernd *Jungmann* NZI 2005, 84, 88; *Grundmann* in: Ebenroth/Boujong/Joost, HGB, 2001, BankR II Rn 152.

184 *Beuthien* in: Soergel, BGB, 12. Auflage, 2000, § 684 Rn 4; *Heinrichs* in: Palandt, BGB, 64. Auflage, 2005, § 684 Rn 2 i.V.m. Einf v § 182 Rn 1; *Wittmann* in: Staudinger, BGB, Stand: 06/1994, § 684 Rn 7.

185 *Heinrichs* in: Palandt, BGB, 64. Auflage, 2005, § 133 Rn 9.

186 *Heinrichs* in: Palandt, BGB, 64. Auflage, 2005, § 133 Rn 5.

187 *Spliedt* ZIP 2005, 1260, 1262.

188 BGH, Urt. v. 2. 11. 1989 – IX ZR 197/88 = WM 1990, 161, 163; BGH, Urt. v. 7. 6. 1984 – IX ZR 66/83 = WM 1984, 1018, 1019 f.; *Larenz/Wolf*, Allgemeiner Teil des Bürgerlichen Rechts, 9. Auflage, 2004, § 24 Rn 8, S. 437; *Heinrichs* in: Palandt, BGB, 64. Auflage, 2005, § 133 Rn 11 i.V.m. Einf v § 116 Rn 17; a. A. *Canaris* NJW 1984, 2281 f.

189 BGH, Urt. v. 29. 11. 1994 – XI ZR 175/93 = WM 1995, 536, 537.

den des jeweiligen Einzelfalls ab. Erlangt der Kontoinhaber durch den Tagesauszug Kenntnis von den Belastungsbuchungen und begrenzt er aufgrund des dort ausgewiesenen Saldos weitere Zahlungen, so bringt er damit die Billigung der Belastungsbuchungen zum Ausdruck. Die Zahlstelle wird dieses Verhalten jedenfalls dann als Genehmigung verstehen dürfen, wenn sie erkennen kann, daß der Kontoinhaber aufgrund des ausgewiesenen Saldos weitere Dispositionen vornimmt oder unterläßt. Bittet der Kontoinhaber in Kenntnis der Belastungsbuchungen gar darum, bestimmte Zahlungsaufträge in der Erwartung eingehender Gutschriften erst später auszuführen, kann die Zahlstelle darin erst recht auf eine Genehmigung der Belastungsbuchungen schließen.[190] Aber auch sonstige Umstände können aus der Sicht der Zahlstelle die Genehmigung von Belastungsbuchungen nahelegen. So entschied das LG Hannover,[191] es könne gerade im Hinblick auf die Anzahl der Belastungsbuchungen, die nicht unerhebliche Höhe dieser Buchungen und die teilweise aufgrund der Belastungsbuchungen entstandenen Sollsalden als ausgeschlossen angesehen werden, daß diese Lastschriftbuchungen dem ehemaligen Geschäftsführer der Kontoinhaberin bei seiner laufenden Prüfung der Kontobewegungen entgangen sind. Der widerspruchslosen Hinnahme dieser Belastungsbuchungen hat das Gericht *„indizielle Bedeutung für einen Billigungswillen"*[192] beigemessen. Verfügt nun der Schuldner in Kenntnis solcher Belastungsbuchungen über sein Konto, indem er beispielsweise Überweisungen, Ein- und Auszahlungen vornimmt, und erfolgen diese Dispositionen nicht nur einmalig, sondern über einen längeren Zeitraum,[193] so kommt aus der Sicht der Zahlstelle darin der Wille des Schuldners zum Ausdruck, die Belastungsbuchungen zu genehmigen. Zumindest bei Kunden im kaufmännischen Bereich, die häufig täglich Kenntnis von den einzelnen Belastungsbuchungen und Gutschriften nehmen, wird die Zahlstelle bei weiterer Benutzung des Kontos zum Zahlungsverkehr durch den Kontoinhaber eine Genehmigung der Belastungsbuchungen annehmen dürfen.

II. Die Genehmigung von Belastungsbuchungen im Zusammenhang mit dem Insolvenzantragsverfahren

Es stellt sich die Frage, welche Auswirkungen die Insolvenz des Lastschriftschuldners auf die bereits eingelöste Lastschrift hat, wenn die Belastungsbuchung aber noch nicht genehmigt wurde. Dabei ist zu berücksichtigen, in welchem Ver-

---

190 So auch *Spliedt* ZIP 2005, 1260, 1262; für eine konkludente Genehmigung, wenn der Kontoinhaber einen baldigen Kontoausgleich ankündigt OLG München, Urt. v. 23. 6. 2005 – 23 U 5681/04 = ZIP 2005, 2102 f.

191 LG Hannover, Urt. v. 29. 12. 2004 – 23 O 7/04 = WM 2005, 1319 ff.

192 LG Hannover, Urt. v. 29. 12. 2004 – 23 O 7/04 = WM 2005, 1319, 1320, das aufgrund der besonderen Fallumstände eine Genehmigung der Belastungsbuchungen annahm, ohne auf die Fortsetzung des Zahlungsverkehrs abzustellen.

193 Vgl. *Schebesta,* Die AGB der Volksbanken und Raiffeisenbanken, 2002, Rn 260, der einen Zeitraum von acht bis zehn Wochen nach Belastungsbuchung annimmt.

fahrensstadium der Schuldner sich befindet. Es gilt zu unterscheiden zwischen Insolvenzantragsverfahren und eröffnetem Insolvenzverfahren über das Vermögen des Zahlungspflichtigen.

1. Vorläufiger Insolvenzverwalter ohne Anordnung einer Verfügungsbeschränkung

Im Zeitraum zwischen dem Zugang des zulässigen Insolvenzeröffnungsantrags (§§ 13, 14 InsO) beim zuständigen Insolvenzgericht (§§ 2, 3 InsO) und dessen Zurückweisung, Rücknahme oder der Verfahrenseröffnung kann das Gericht Sicherungsmaßnahmen im Sinne von §§ 21, 22 InsO anordnen.[194] Die Auswahl dieser Maßnahmen hat das Gericht nach pflichtgemäßem Ermessen zu treffen.[195] Als geringstmöglichen Eingriff kann das Gericht einen vorläufigen Insolvenzverwalter bestellen (§ 21 Abs. 2 S. 1 Nr. 1 InsO), ohne ein allgemeines oder besonderes Verfügungsverbot für den Schuldner zu erlassen (§ 21 Abs. 2 S. 1 Nr. 2 Fall 1 InsO) und ohne die Wirksamkeit von Verfügungen des Schuldners von der Zustimmung des vorläufigen Insolvenzverwalters abhängig zu machen (§ 21 Abs. 2 S. 1 Nr. 2 Fall 2).[196] Der Schuldner bleibt infolge einer solchen Maßnahme weiterhin verwaltungs- und verfügungsbefugt.[197] Demzufolge kann der Lastschriftschuldner nach wie vor Belastungsbuchungen aufgrund von Einzugsermächtigungslastschriften ausdrücklich genehmigen. Wird das Giroverhältnis zwischen Lastschriftschuldner und Zahlstelle fortgesetzt, kommt eine Genehmigung auch durch schlüssiges Verhalten in Betracht. Jedenfalls kann die Belastungsbuchung bei Vorliegen der Voraussetzungen von Nr. 7 Abs. 3 AGB-Banken als genehmigt angesehen werden.[198]

2. Vorläufiger Insolvenzverwalter mit Anordnung eines Zustimmungsvorbehalts

Die Bestellung eines vorläufigen Insolvenzverwalters ohne jede weitere Anordnung einer Maßnahme wird in der Praxis eher selten vorkommen.[199] Häufiger ist, daß das Insolvenzgericht einen vorläufigen Insolvenzverwalter bestellt und einen sogenannten Zustimmungsvorbehalt anordnet.[200] Verfügungen des Schuldners sind dann nur mit Zustimmung des vorläufigen Verwalters wirksam (§ 21 Abs. 2 S. 1

194 *Kirchhof* in: HK, InsO, 3. Auflage, 2003, § 21 Rn 3.

195 *Kirchhof* in: HK, InsO, 3. Auflage, 2003, § 21 Rn 9.

196 *Haarmeyer* in: MünchKomm, InsO, 2001, § 22 Rn 30.

197 *Haarmeyer* in: MünchKomm, InsO, 2001, § 22 Rn 30; zweifelnd an Wert und Wirkung eines solchen Beschlusses *Pape* in: Kübler / Prütting, InsO, Stand: 05 / 2005, § 22 Rn 33.

198 Ebenso *Stritz* DZWIR 2005, 18, 21.

199 *Haarmeyer* in: MünchKomm, InsO, 2001, § 22 Rn 30 a. E.

200 *Haarmeyer* in: MünchKomm, InsO, 2001, § 22 Rn 32.

Nr. 2 Fall 2 InsO). Der vorläufige Insolvenzverwalter hat in erster Linie Aufsichts- und Sicherungsfunktionen zu erfüllen, ohne daß er in die Rechtsposition des Schuldners einrückt.[201] Der Schuldner bleibt verwaltungs- und verfügungsbefugt.[202] Der vorläufige Insolvenzverwalter mit Zustimmungsvorbehalt ist rechtlich nicht in der Lage, gegen den Willen des Schuldners zu handeln.[203]

Deshalb kann der Lastschriftschuldner eine Belastungsbuchung infolge einer Einzugsermächtigungslastschrift weiterhin genehmigen, sei es ausdrücklich oder durch schlüssiges Verhalten im Rahmen eines bestehenden Giroverhältnisses. Ebenso ist es möglich, daß die Belastungsbuchung nach Nr. 7 Abs. 3 AGB-Banken als genehmigt gilt, wenn der Lastschriftschuldner es unterlassen hat, rechtzeitig Einwendungen vorzubringen.

a) Zustimmungserfordernis für die Genehmigung der Belastungsbuchung

Fraglich ist aber, ob die Genehmigung der Belastungsbuchung der Zustimmung des vorläufigen Insolvenzverwalters bedarf. Dies hängt zunächst von der Ausgestaltung der gerichtlichen Anordnung eines Zustimmungsvorbehalts ab.[204] Fällt demnach die Genehmigung einer Belastungsbuchung in die zustimmungspflichtigen Bereiche, ist weitere Voraussetzung für das Zustimmungserfordernis, daß die Genehmigung der Belastungsbuchung als Verfügung im Sinne von § 21 Abs. 2 S. 1 Nr. 2 Fall 2 InsO zu qualifizieren ist. Der Begriff Verfügung ist im zivilrechtlichen Sinne zu verstehen.[205] Verfügungen sind Rechtsgeschäfte, die unmittelbar darauf gerichtet sind, auf ein bestehendes Recht einzuwirken, d. h. es zu verändern, zu belasten, zu übertragen oder aufzuheben.[206]

Die Genehmigung einer Belastungsbuchung durch den Lastschriftschuldner hat gegenüber der Zahlstelle die Wirkung, daß die unberechtigte Geschäftsführung

---

201 *Haarmeyer* in: MünchKomm, InsO, 2001, § 22 Rn 32.

202 *Haarmeyer* in: MünchKomm, InsO, 2001, § 22 Rn 32; *Kirchhof* in: HK, InsO, 3. Auflage, 2003, § 22 Rn 46.

203 BGH, Urt. v. 18. 7. 2002 – IX ZR 195/01 = WM 2002, 1888, 1890; *Pape* in: Kübler/Prütting, InsO, Stand: 02/2005, § 22 Rn 35.

204 Streitig ist, ob das Gericht die zustimmungspflichtigen Rechtshandlungen und die Pflichten des vorläufigen Insolvenzverwalters konkret im Beschluß festzulegen hat. Teilweise wird deshalb vertreten, daß ein allgemeiner uneingeschränkter Zustimmungsvorbehalt unzulässig sei. So *Blersch* in: BK, InsO, Stand: 04/2005, § 21 Rn 31; a. A. *Pohlmann,* 1998, Rn 217; *Kirchhof* in: HK, InsO. 3. Auflage, 2003, § 21 Rn 14; *Schmerbach* in: FK, InsO, 3. Auflage, 2002; § 21 Rn 92; *Kind* in: Braun, InsO, 2. Auflage, 2004, § 21 Rn 18; *Haarmeyer* in: MünchKomm, InsO, 2001, § 21 Rn 65; *Mönning* in: Nerlich/Römermann, InsO, Stand: 03/2005, § 21 Rn 55, 57; *Pape* in: Kübler/Prütting, InsO, Stand: 05/2005, § 23 Rn 2.

205 *Kirchhof* in: HK, InsO, 3. Auflage, 2003, § 24 Rn 5.

206 BGH, Urt. v. 4. 5. 1987 – II ZR 211/86 = WM 1987, 1220; BGH, Urt. v. 15. 3. 1951 – IV ZR 9/50 = BGHZ 1, 294, 304.

ohne Auftrag zu einer berechtigten wird. Der Zahlstelle steht nunmehr ein Aufwendungsersatzanspruch gemäß §§ 684 S. 2, 683 S. 1, 670 BGB zu. Mit der Genehmigung wurde also der schuldrechtliche Anspruch der Zahlstelle begründet.

Die Verfügung über den Aufwendungsersatzanspruch ist an sich schon in der Kontokorrentabrede angelegt. Aufgrund dieser Abrede können die beiderseitigen Forderungen nicht mehr selbständig geltend gemacht und getilgt werden. Sie sind zur Verrechnung zu stellen. Der Kontokorrentabrede kommt damit eine unmittelbare Wirkung auf den Inhalt der zukünftig zwischen den Vertragsparteien entstehenden Forderungen zu. Die Kontokorrentabrede ist ein antizipierter Verfügungsvertrag.[207] Die dingliche Wirkung tritt zwar erst mit Entstehen der Forderung ein.[208] Jedoch ließe sich aufgrund der bereits geschlossenen Kontokorrentabrede argumentieren, daß die Genehmigung der Belastungsbuchung keine Verfügung im Sinne von § 21 Abs. 2 S. 1 Nr. 2 Fall 2 InsO ist. Unmittelbar entsteht durch sie nur der Aufwendungsersatzanspruch der Zahlstelle.

Allerdings löste die Zahlstelle die Lastschrift bereits ein. In dieser Einlösung ist eine Art Einziehung der Guthabenforderung oder des Darlehensauszahlungsanspruchs des Schuldners zu sehen, der Verfügungswirkung zuzusprechen ist.[209] Zu einer solchen Verfügung war die Zahlstelle gegenüber dem Lastschriftschuldner jedoch noch nicht berechtigt. Die Genehmigung des Lastschriftschuldners erschöpft sich also nicht darin, daß durch sie der Aufwendungsersatzanspruch der Zahlstelle entsteht. Vielmehr wird mit ihr auch die zunächst unwirksame Verfügung eines Nichtberechtigten wirksam (§ 185 Abs. 2 S. 1 Fall 1 BGB). Der Genehmigung kommt insofern Verfügungscharakter zu.[210] Sie bedarf demzufolge der Zustimmung des vorläufigen Insolvenzverwalters gemäß § 21 Abs. 2 S. 1 Nr. 2 Fall 2 InsO. Der Verstoß gegen diese Verfügungsbeschränkung führt zur absoluten Unwirksamkeit der Verfügungshandlung (§§ 24 Abs. 1, 81 Abs. 1 S. 1 InsO).[211]

---

207 BGH, Urt. v. 4. 5. 1979 – I ZR 127/77 = WM 1979, 719, 720; *Canaris* in: Staub, Großkomm, HGB, 4. Auflage, Stand: 01/2001, § 355 Rn 14; *Hefermehl* in: Schlegelberger, HGB, 5. Auflage, 1976, § 355 Rn 31; *Horn* in: Heymann, HGB, 1990, § 355 Rn 10; *Schwintowski/Schäfer,* Bankrecht, 2. Auflage, 2004, § 7 Rn 68.

208 So für die Abtretung zukünftiger Forderungen BGH, Urt. v. 16. 3. 1995 – IX ZR 72/94 = WM 1995, 995, 999; *Heinrichs* in: Palandt, BGB, 64. Auflage, 2005, § 398 Rn 11; *Roth* in: MünchKomm, 4. Auflage, 2003, § 398 Rn 79.

209 *Obermüller,* Insolvenzrecht in der Bankpraxis, 6. Auflage, 2002, Rn 3.461; *Wegener* in: FK, InsO, 3. Auflage, 2002, § 116 Rn 50; *Bork,* Zahlungsverkehr in der Insolvenz, 2002, Rn 279; OLG Karlsruhe, Urt. v. 10. 7. 1985 – 6 U 206/84 = NJW 1986, 63.

210 *Heinrichs* in: Palandt, BGB, 64. Auflage, 2005, Überbl v § 104 Rn 16; *Palm* in: Erman, BGB, 11. Auflage, 2004, Einl § 104 Rn 19.

211 Begründung RegE zu § 92 entspricht § 81 InsO abgedruckt in: *Balz/Landfermann,* Die neuen Insolvenzgesetze, 1995; *Blersch* in: BK, InsO, Stand: 04/2005, § 24 Rn 3; Handbuch, InsO, 3. Auflage, Kap. 3, Rn 262; *Pape* in: Kübler/Prütting, InsO, Stand: 02/2005, § 24 Rn 1; *Kirchhof* in: HK, 3. Auflage, 2003, § 24 Rn 3; *Schmerbach* in: FK, InsO, 3. Auflage, 2002, § 24 Rn 4; *Mönning* in: Nerlich/Römermann, InsO, Stand: 03/2005, § 24 Rn 8; *Obermüller,* Insolvenzrecht in der Bankpraxis, 6. Auflage, 2002, Rn 1.224.

b) Zustimmungshindernis wegen des Gläubigergleichbehandlungsgrundsatzes

Wurde festgestellt, daß die Genehmigung der Belastungsbuchung ohne Zustimmung des vorläufigen Insolvenzverwalters nicht wirksam ist, stellt sich im Anschluß daran die Frage, ob der Insolvenzverwalter die Zustimmung erteilen kann. Ein Hindernisgrund könnte für ihn dann bestehen, wenn erst mit der Genehmigung der Belastungsbuchung die Geldschuld des Zahlungspflichtigen aus dem Grundverhältnis mit dem Zahlungsempfänger erfüllt wird. Dies würde dem Insolvenzzweck zuwiderlaufen, der auf eine gleichmäßige Gläubigerbefriedigung ausgerichtet ist.[212] Die Erfüllung von Forderungen einzelner Insolvenzschuldner wäre damit nicht vereinbar.[213]

So führte denn auch der BGH in seinen Entscheidungen vom 4. 11. 2004[214] aus, daß nach Insolvenzeröffnung eine Zahlung, die bis dahin noch nicht erfolgt ist, nicht mehr wirksam werden kann (§ 81 Abs. 1 S. 1 InsO). Der Insolvenzverwalter könne deshalb grundsätzlich keine Belastungsbuchungen mehr genehmigen. Er habe die Masse zu sichern und zu erhalten. Es sei nicht seine Sache, eine vor dem Eröffnungsantrag unvollständig erfüllte Verbindlichkeit des Schuldners vollständig zu erfüllen oder einer Erfüllungshandlung des Schuldners durch seine Zustimmung Wirksamkeit zu verleihen, falls dies nicht im Interesse aller Gläubiger liege. Der vorläufige Verwalter dürfe vielmehr – so der BGH – die Rechtsfolge des § 81 Abs. 1 S. 1 InsO durch einen Widerspruch oder die Verweigerung der Zustimmung zu einer Genehmigung des Schuldners vorwegnehmen.[215]

Deshalb muß die Frage geklärt werden, welche Wirkung die Genehmigung im Valutaverhältnis zwischen Schuldner und Gläubiger hat und wann Erfüllung der Geldschuld eintritt.

aa) Wirkung der Genehmigung im Valutaverhältnis

Nach Einreichen der Lastschriften erhält der Gläubiger zunächst eine Gutschrift in Höhe der Lastschriftbeträge unter Vorbehalt des Eingangs der Deckung. Das in der Gutschrift zum Ausdruck kommende Schuldversprechen der ersten Inkassostelle steht unter der aufschiebenden Bedingung des Eingangs der Deckung (§§ 158 Abs. 1, 780 BGB).[216] Unstreitig ist, daß zu diesem Zeitpunkt noch keine Erfüllung

---

212 *Prütting* in: Kübler / Prütting, InsO, Stand: 05 / 2005, Einleitung Rn 74.

213 *Fischer* in: FS Gerhardt, 2004, 223, 231.

214 BGH, Urt. v. 4. 11. 2004 – IX ZR 22 / 03 = WM 2004, 2482 ff.; IX ZR 82 / 03 = ZInsO 2005, 40 ff.; IX ZR 28 / 04 = EWiR 2005, 227 (Leitsatz).

215 BGH, Urt. v. 4. 11. 2004 – IX ZR 22 / 03 = WM 2004, 2482, 2484 f.; ebenso *Fischer* in: FS Gerhardt, 2004, 223, 231 f.; *Canaris* in: Staub, Großkomm, HGB, 4. Auflage, 10. Lieferung: Bankvertragsrecht, Erster Teil, Stand: 1. 4. 1988, Rn 661.

216 Siehe Ausführungen unter B.II.2.b).

der Geldschuld im Valutaverhältnis eintreten kann, da der Gläubiger noch nichts erhalten hat.[217]

Mit der Einlösung der Lastschrift erhält der Gläubiger gegen seine Bank einen Anspruch auf Herausgabe des eingegangenen Lastschriftbetrages, den die Gläubigerbank mit der nunmehr vorbehaltlosen Gutschrift erfüllt. Gleichwohl steht aber das Schuldversprechen, das in der vorbehaltlosen Gutschrift zum Ausdruck kommt, zusätzlich noch unter einer auflösenden Bedingung. Widerspricht der Lastschriftschuldner der Belastungsbuchung und hat demzufolge die erste Inkassostelle den Lastschriftbetrag zurückzuvergüten, entfällt der Anspruch des Gläubigers aus dem Schuldversprechen.[218] Zwar kann der Gläubiger nach Einlösung der Lastschrift uneingeschränkt über die Gutschrift verfügen, es besteht aber noch die Gefahr, daß ihm die Gutschrift aufgrund eines Widerspruchs des Schuldners wieder entzogen wird. Fraglich ist nun, ob mit dem auflösend bedingten Schuldversprechen der Gläubigerbank die Geldschuld des Schuldners aus dem Valutaverhältnis gemäß § 362 Abs. 1 BGB erfüllt wurde. Hierzu werden zwei Auffassungen vertreten:

(1) Erfüllung erst mit Genehmigung

Der BGH ist der Ansicht, daß die zur Einziehung gegebene Forderung erst dann erfüllt ist, wenn der Schuldner die Genehmigung der Belastungsbuchung erklärt hat. Die Annahme, die Erfüllung könne auflösend bedingt bereits mit Einlösung der Lastschrift durch die Zahlstelle eintreten, lehnt der BGH als unvereinbar mit der in ständiger Rechtsprechung vertretenen Genehmigungstheorie ab.[219]

Vertreter im Schrifttum teilen diese Auffassung des BGH im Ergebnis und verwerfen ebenso eine Erfüllung unter einer auflösenden Bedingung.[220] Als Ausgangspunkt hierfür wird zumeist die Rechtsprechung des BGH zu § 362 BGB angeführt, wonach für die Erfüllung gemäß § 362 Abs. 1 BGB die geschuldete Leistung endgültig bewirkt sein muß und dies bei einer Geldschuld erst dann der Fall ist, wenn der Gläubiger den Geldbetrag zur freien Verfügung erhält und behalten darf.[221] Mit der Einlösung der Lastschrift durch die Schuldnerbank könne demzufolge der Erhalt des wirtschaftlichen Werts nicht als gesichert angesehen werden, da der Schuldner noch die Möglichkeit des Widerspruchs habe. Erst die Genehmigung bewirke, daß dem Gläubiger die Gutschrift nicht mehr entzogen werden kann.[222]

---

217 *Häuser* WM 1991, 1, 3; *Hadding/Häuser* in: MünchKomm, HGB, 2001, ZahlungsV Rn C 123; *van Gelder* in: Bankrechts-Handbuch, 2. Auflage, 2001, § 58 Rn 166; *Rinze* JuS 1991, 202, 207.

218 Siehe Ausführungen unter B.II.2.b).

219 BGH, Urt. v. 4. 11. 2004 – IX ZR 22/03 = ZInsO 2004, 1353.

220 *van Gelder* in: Bankrechts-Handbuch, 2. Auflage, 2001, § 58 Rn 165 ff.; *Hadding/Häuser* in: MünchKomm, HGB, 2001, ZahlungsV Rn C 127 ff.; offengelassen *Bundschuh* in: FS Stimpel, 1985, 1039, 1043 ff.

221 BGH, Beschl. v. 23. 1. 1996 – I ZR 75/9 = WM 1996, 438, 439.

Darüber hinaus wird ausgehend von der Genehmigungstheorie argumentiert, der Zahlungsvorgang sei eben erst abgeschlossen, wenn der Schuldner die Kontobelastung genehmigt habe. Erst dann könne auch Erfüllung der Geldschuld im Valutaverhältnis nach § 362 Abs. 1 BGB eintreten.[223] Nach Einlösung der Lastschrift durch die Schuldnerbank passe sich deshalb der Zahlungsanspruch des Gläubigers an. Der Gläubiger habe nunmehr einen Anspruch auf Genehmigung der Belastungsbuchung im Sinne des § 684 S. 2 BGB.[224]

Schließlich wird zur Unterstützung dieser Auffassung die Auslegung des Parteiwillens herangezogen. Danach kann es insoweit nicht zweifelhaft sein, daß der Gläubiger eine Leistung, die der Schuldner ihm wieder zu entziehen vermag, noch nicht als Erfüllung und damit als Erlöschensgrund für seine Forderung akzeptieren würde.[225]

(2) Erfüllung bereits mit Einlösung der Lastschrift

Die Vertreter im Schrifttum, die eine auflösend bedingte Erfüllung im Zeitpunkt der Einlösung der Lastschrift annehmen, argumentieren teilweise mit der Rechtssicherheit, da der Einlösungszeitpunkt leicht zu ermitteln sei. Es stehe dann für alle Beteiligten klar erkennbar fest, wann bei der Forderung des Gläubigers aus dem Valutaverhältnis Erfüllung eintrete.[226] Nach Nr. 9 Abs. 2 AGB-Banken ist eine Lastschrift eingelöst, wenn die Belastungsbuchung nicht spätestens am zweiten Bankarbeitstag nach ihrer Vornahme rückgängig gemacht wird. Für den Fall, daß Lastschriften über die Abrechnungsstelle einer Landeszentralbank vorgelegt werden, sind diese eingelöst, wenn sie nicht bis zu dem von der Landeszentralbank festgesetzten Zeitpunkt an die Abrechnungsstelle zurückgegeben werden.[227]

Ebenso wie von den Vertretern, die erst mit der Genehmigung der Belastungsbuchung die Geldschuld als erfüllt ansehen, wird auch für die Erfüllung bereits bei Einlösung der Lastschrift mit dem Willen der Parteien argumentiert, allerdings mit einem anderen Auslegungsergebnis. Wenn ein Schuldner mit seinem Gläubiger vereinbart habe, daß dieser sich den geschuldeten Betrag bei der Schuldnerbank im Lastschriftwege holen solle, dann werden beide Parteien davon ausgehen, die Forderung sei erfüllt, wenn das Geld beim Gläubiger angekommen ist.[228] Der Schuldner habe das Gefühl, *„gezahlt"* zu haben, wenn das Geld von seinem Konto abge-

---

222 *Fischer* ZIP 2004, 1679, 1681 f.; *van Gelder* in: Bankrechts-Handbuch, 2. Auflage, 2001, § 58 Rn 175; *ders.* WM 2001, Sonderbeilage Nr. 7, S. 2, 17; *Hadding/Häuser* in: MünchKomm, HGB, 2001, ZahlungsV Rn C 127 ff.

223 *Häuser* WM 1991, 1, 5; *Kreifels*, 1983, S. 35 f.

224 *Häuser* WM 1991, 1, 6.

225 *Häuser* WM 1991, 1, 5; *Fischer* in: FS Gerhardt, 2004, 223, 228.

226 *Bork* in: FS Gerhardt, 2004, 69, 74 f.; vgl. Ausführungen unter B.II.2.d).

227 *Krepold* in: BuB, Stand: 08/2005, Rn 6/450 f.

228 *Bork* in: FS Gerhardt, 2004, 69, 75.

bucht wurde, der Gläubiger nehme an, befriedigt worden zu sein, wenn die Lastschrift eingelöst und der Lastschriftbetrag damit insoweit vorbehaltlos seinem Konto gutgeschrieben wurde.[229] Von Bork wird dazu anschaulich das Beispiel der monatlichen Mietzahlung per Lastschrifteinzug angeführt. Die Vorstellung, daß bei Einzug der Miete für Januar zum ersten des Monats die Erfüllung mangels vorherigen Widerspruchs erst eintreten würde, wenn der Mieter sechs Wochen lang auf den ihm am nächsten Quartalsende zugesandten Kontoauszug schweigt, gehe am vernünftigen Parteiwillen vorbei.[230]

Auch Meder ist der Auffassung, daß sich der Gläubiger mit einer Erfüllung unter dem Vorbehalt des Widerspruchs einverstanden erklärt habe, weil er die Vorteile des Verfahrens nutzen möchte.[231]

Freilich wird die Ansicht einer auflösend bedingten Erfüllung der Geldschuld von den Vertretern, die erst mit Genehmigung der Belastungsbuchung die Geldschuld als erfüllt ansehen, kritisiert. Wenn mit Einlösung der Lastschrift bereits Erfüllung eintreten würde, wäre eine Schuld in einem Zeitpunkt bereits getilgt, ohne daß der Schuldner vom Boden der Genehmigungstheorie aus etwas aufgewandt habe.[232] Hiergegen wird – ohne die Genehmigungstheorie zu verwerfen – eingewandt, daß immerhin die Gläubigerbank etwas aufgewendet und damit sogar das Insolvenzrisiko des Gläubigers übernommen habe. Auf die Frage, ob die Bank als Dritte im Sinne von § 267 BGB oder als Leistungsmittlerin handle, komme es nicht an.[233]

Weiter wird kritisch angemerkt, die Konstruktion einer auflösend bedingten Erfüllung[234] sei schon mit deren Rechtsqualität eines realen Tilgungsakts unvereinbar.[235] Dem wird entgegengehalten, daß dies allenfalls für Realakte als Erfüllungshandlungen gelten könne, hier aber die Gutschrift der Gläubigerbank unter eine auflösende Bedingung gestellt werde. Es liege innerhalb der Grenzen der Privatautonomie, dies als Erfüllung genügen zu lassen. Es sei daher nicht zu fragen, ob das zulässig, sondern nur, ob es gewollt sei.[236]

(3) Stellungnahme

Die Auffassung, die bereits mit der Einlösung der Lastschrift die Erfüllung der Geldschuld annimmt, verdient den Vorzug.

---

229 *Jungmann* NZI 2005, 84, 87.

230 *Bork* ZIP 2004, 2446 f.

231 *Meder* NJW 2005, 637, 638.

232 *Häuser* WM 1991, 1, 5.

233 *Bork* in: FS Gerhardt, 2004, 69, 75.

234 Vgl. BGH, Urt. v. 26. 1. 1987 – II ZR 121/86 = WM 1987, 400, 401 für Abrechnung im Scheckverkehr.

235 *van Gelder* in: Bankrechts-Handbuch, 2. Aufl., 2001, § 58 Rn 170 ff.

236 *Bork* in: FS Gerhardt, 2004, 69, 76.

Wann Erfüllung eintritt, hängt zunächst nur bedingt von den Theorien ab, die zur Erklärung des Einzugsermächtigungsverfahrens entwickelt worden sind. Sowohl die Genehmigungstheorie als auch die Ermächtigungstheorie gehen von einer Widerspruchsmöglichkeit des Schuldners gegen die Belastungsbuchung aus.[237] Auch wenn die Genehmigungstheorie für vorzugswürdig gehalten wird, ist damit nicht zwingend die Schlußfolgerung verbunden, Erfüllung im Valutaverhältnis könne erst mit Genehmigung eintreten. Richtig ist lediglich die Aussage, daß der Zahlungsvorgang erst mit der Genehmigung abgeschlossen ist. Der Gläubiger hat aber bereits ein Schuldversprechen der Gläubigerbank erlangt in Gestalt der Gutschrift auf seinem Konto. Über diese Gutschrift kann er frei verfügen. Nur wenn die Gläubigerbank aufgrund eines Widerspruchs des Schuldners der Schuldnerbank den Lastschriftbetrag zurückvergütet, erlischt das Schuldversprechen rückwirkend. Aus der Sicht des Gläubigers kommt es also nicht auf die Genehmigung der Belastungsbuchung durch den Schuldner, sondern auf den Widerspruch an.[238]

Gegen eine auflösend bedingte Erfüllung wird teilweise eingewandt, es sei nicht erklärbar, wie bei Eintritt der Bedingung, die zum Wegfall der Erfüllung führt, der ursprüngliche Zahlungsanspruch wiederaufleben könne. Was erloschen sei, könne rechtsgeschäftlich neu begründet werden, auch mit der Wirkung, als wäre es nicht erloschen. Es könne aber nicht ohne einen solchen rechtsgeschäftlichen Begründungstatbestand einfach eo ipso neu entstehen.[239] Diese Kritik überzeugt nicht. Zum einen kennt das Gesetz Fälle, in denen bereits erloschene Forderungen wiederaufleben, wenn der Erlöschensgrund kraft gesetzlicher Fiktion rückwirkend entfällt, z. B. §§ 142 Abs. 1, 1976, 2377 S. 1 BGB, § 144 Abs. 1 InsO. Zum anderen ist es möglich, daß bei Rückgabe eines bereits getilgten Schuldbetrages die Schuld bei entsprechendem Parteiwillen wieder aufleben kann.[240] Es ist also die Frage, ob ein solcher Parteiwille bei Gläubiger und Schuldner vorliegt. Sofern für die Geldschuld akzessorische Sicherungsrechte vereinbart wurden, kommt es darauf an, ob die Sicherungsabrede so ausgelegt werden kann, daß sie sich auch auf wieder auflebende Ansprüche bezieht.[241]

Entscheidende Bedeutung für die Frage, wann der Zahlungsanspruch des Gläubigers erfüllt ist, kommt dem Willen der Vertragsparteien zu, wenn sie vereinbart haben, die Tilgung einer Geldschuld im Wege des Einzugsermächtigungsverfahrens vorzunehmen. An einer ausdrücklichen Abrede hinsichtlich des Erfüllungszeitpunkts fehlt es regelmäßig bei Vereinbarung des Lastschrifteinzugs. Es ist also im Wege der Auslegung zu ermitteln, was die Parteien in Hinblick auf die Erfül-

---

237 Siehe Ausführungen unter B.II.1.g)ff).

238 So auch *Bork* in: FS Gerhardt, 2004, 69, 76.

239 *van Gelder* in: Bankrechts-Handbuch, 2. Auflage, 2001, § 58 Rn 169.

240 BAG, Urt. v. 10. 2. 1972 – 5 AZR 393/71 = DB 1972, 782; *Wenzel* in: MünchKomm, BGB, 4. Auflage, 2003, Vor § 362 Rn 9.

241 Wie hier *Denck* ZHR 147 (1983) 544, 556 f.; dies übersehen *van Gelder* in: Bankrechts-Handbuch, 2001, § 58 Rn 169; *Häuser* WM 1991, 1, 4.

lung gewollt haben. Insoweit stimmen die Auffassungen unter 1. und 2. überein. So enthält auch der Beschluß des BGH zu der Frage, wann Erfüllung einer Geldschuld im Sinne von § 362 Abs. 1 BGB eintritt, den Vorbehalt einer anderen Vereinbarung. Bei einer Geldschuld könne der Leistungserfolg *„mangels anderer Vereinbarung"* nur dann erzielt werden, wenn der Gläubiger den Geldbetrag, den er beanspruchen kann, endgültig zur freien Verfügung übereignet oder überwiesen bekomme.[242] Diese mögliche andere Vereinbarung gilt es zu suchen.

Im Zusammenhang damit ist es keineswegs ausreichend zu behaupten, der Gläubiger werde eine Leistung, die ihm der Schuldner wieder entziehen könne, nicht als Erfüllung und damit als Erlöschensgrund für seine Forderung akzeptieren. Wenn danach erst die Genehmigung der Belastungsbuchung die Geldschuld erfüllen soll, läßt sich dem schon entgegenhalten, daß es auch nicht im Interesse des Gläubigers liegen kann, erst bei Eintritt einer Rechtshandlung, die in den ganz überwiegenden Fällen in der Genehmigung gemäß Nr. 7 Abs. 3 AGB-Banken liegen wird, Erfüllung seiner Forderung zu erlangen. Weder hat er Einfluß auf die Genehmigung noch erlangt er Kenntnis von ihrem Eintritt.

Abgesehen von dieser Unsicherheit hinsichtlich des Erfüllungszeitpunkts würde es bei einem Abstellen auf die Genehmigung der Belastungsbuchung zu einer zeitlichen Verzögerung kommen, die weder Gläubiger noch Schuldner gewollt haben. Das von Bork aufgezeigte Beispiel der monatlichen Mietzahlungen ließe sich um zahlreiche weitere Beispiele ergänzen, in denen Gläubiger und Schuldner Zahlung per Lastschrifteinzug vereinbart haben. Besonders störend wäre eine Zeitverzögerung der Erfüllung von bis zu viereinhalb Monaten bei Geschäften des täglichen Lebens, bei denen die Begleichung des Kaufpreises im Wege der Zahlung per Lastschrift mit EC-Karte ohne Benutzung der persönlichen Geheimzahl erfolgt. Auch dabei handelt es sich um die Zahlung des Kaufpreises im Wege des Einzugsermächtigungsverfahrens. Der Käufer erteilt dem Verkäufer eine Einzugsermächtigung hinsichtlich des Kaufpreises.[243] Es erscheint in der Tat lebensfremd anzunehmen, daß sowohl Käufer als auch Verkäufer erst im Zeitpunkt der Genehmigung der Belastungsbuchung durch den Käufer den Kaufpreisanspruch des Verkäufers erfüllen wollen, was gegebenenfalls erst durch die Genehmigung gemäß Nr. 7 Abs. 3 AGB-Banken viereinhalb Monate nach dem Kaufvertragsschluß eintreten kann.

Aus der Sicht des Zahlungspflichtigen spricht aber noch ein weiterer Grund dagegen, daß die Geldschuld erst im Zeitpunkt der Genehmigung erfüllt sein soll.

Die Erfüllung nach § 362 Abs. 1 BGB erfordert ein Bewirken der geschuldeten Leistung.[244] Der Gegenstand der geschuldeten Leistung bestimmt sich nach dem konkreten Inhalt des Schuldverhältnisses.[245] Bei der Geldschuld handelt es sich

242 BGH, Beschluß v. 23. 1. 1996 – XI ZR 75 / 95 = WM 1996, 438, 439.

243 *Nobbe* in: Bankrechts-Handbuch, 2. Auflage, 2001, § 63 Rn 4.

244 *Olzen* in: Staudinger, BGB, Stand: 01 / 2000, § 362 Rn 11.

245 *Olzen* in: Staudinger, BGB, Stand: 01 / 2000, § 362 Rn 13.

gemäß § 270 Abs. 1 BGB im Zweifel um eine sogenannte qualifizierte Schickschuld, das heißt, der Schuldner hat den Geldbetrag dem Gläubiger auf eigene Gefahr und auf eigene Kosten zu übermitteln. Wird zur Tilgung einer Geldschuld der Einzug per Lastschrift vereinbart, so wird die Geldschuld nach ganz h. M. zur Holschuld.[246] Der Gläubiger ist dann gehalten, von der Ermächtigung zum Einzug rechtzeitig Gebrauch zu machen. Der Schuldner hat das seinerseits Erforderliche getan und damit die Leistungshandlung vorgenommen, wenn der Lastschriftbetrag bei Fälligkeit von seinem Konto abgebucht werden kann. Zu einer weiteren Leistungshandlung ist der Schuldner an sich nicht verpflichtet.[247]

Wenn nun der Schuldner gegenüber dem Gläubiger nach Belastung seines Kontos zur Genehmigung dieser Buchung verpflichtet sein soll, um seine Geldschuld zum Erlöschen zu bringen, kann sich die geschuldete Leistungshandlung des Schuldners nicht darin erschöpfen, für ausreichende Kontodeckung zu sorgen. Vielmehr müßte dem Schuldner darüber hinaus aufgrund seiner *„angepaßten"*[248] Zahlungsverpflichtung nach Einlösung der Lastschrift die Pflicht obliegen, die Belastung seines Kontos nach Kenntnisnahme hiervon zu genehmigen. Dies würde letztlich aber in eine Pflicht des Schuldners zur aktiven Vornahme einer Genehmigungserklärung münden, und der Schuldner käme bei nicht rechtzeitiger Vornahme der Leistungshandlung in Schuldnerverzug (§§ 286, 287 BGB). Denn vielfach wird das Einzugsermächtigungsverfahren für regelmäßig wiederkehrende Zahlungsverpflichtungen genutzt, für die eine Zeit nach dem Kalender bestimmt ist. Einer Mahnung bedarf es dann gemäß § 286 Abs. 2 Nr. 1 BGB nicht. Zieht nun der Gläubiger den entsprechenden Betrag vom Konto des Schuldners ein und würde diese Belastungsbuchung durch Unterlassen eines Widerspruchs seitens des Schuldners erst sechs Wochen nach Erhalt des nächsten Rechnungsabschlusses als genehmigt gelten, so würde sich der Schuldner einer kalendermäßig bestimmten Zahlungsverpflichtung bis dahin in Zahlungsverzug befinden, wenn ihm eine ausdrückliche Genehmigung bereits zuvor aufgrund der Kenntnis von der Belastungsbuchung möglich war. Das entspricht nicht dem Willen des Schuldners, der mit dem Gläubiger eine Lastschriftabrede getroffen hat.

Es kann also weder davon ausgegangen werden, daß der Gläubiger aufgrund der Lastschriftabrede bis zum Eintritt der Genehmigung zuwarten wolle, um Erfüllung der Geldschuld zu erlangen, noch kann angenommen werden, der Schuldner wolle gegebenenfalls in Zahlungsverzug geraten.

---

246 Siehe Ausführungen unter B.II.2.a).

247 BGH, Urt. v. 30. 1. 1985 – IVa ZR 91/83 = WM 1985, 461, 462; *Häuser* WM 1991, 1, 2; *Schwarz* ZIP 1989, 1442, 1444.

248 *Häuser* WM 1991, 1, 6: „Der Anspruch des Gläubigers gegen den Schuldner auf Bewirken der Geldleistung muß sich dieser Lage dadurch anpassen, daß der Gläubiger nunmehr von dem Schuldner verlangen kann, die durch seine Bank vorgenommene Einlösung der ‚begründet' ausgestellten Lastschrift im Sinne des § 684 S. 2 BGB gegenüber der Zahlstelle zu genehmigen."

Ein Vorteil des Einzugsermächtigungsverfahrens liegt darin, daß der Schuldner nicht im Sinne eines aktiven Tuns tätig werden muß, wenn der Lastschrifteinzug berechtigt war. Müßte nun wegen der Pflicht des Schuldners zur Genehmigung der Belastungsbuchung gegenüber dem Gläubiger eine aktive Handlung des Schuldners erfolgen, um die negativen Folgen eines möglichen Zahlungsverzugs zu vermeiden, wäre das Einzugsermächtigungsverfahren nicht mehr praktikabel.

Es hat also dabei zu bleiben, daß die geschuldete Leistungshandlung des Zahlungspflichtigen lediglich darin besteht, rechtzeitig für eine ausreichende Kontodeckung zu sorgen.[249] Die Genehmigung der Belastungsbuchung ist keine Leistungshandlung, auf deren Vornahme es für die Erfüllung der Geldschuld ankommt. Sie hat allein im Verhältnis zwischen Schuldner und Schuldnerbank ihre Wirkung.[250] Durch sie entsteht der Aufwendungsersatzanspruch der Zahlstelle gegen den Lastschriftschuldner gemäß §§ 684 S. 2, 683 S. 1, 670 BGB. Im Verhältnis zum Gläubiger steht mit der Genehmigung lediglich fest, daß kein Widerspruch mehr erhoben werden kann. Die Erfüllung der Geldschuld kann nicht wieder entfallen.[251]

bb) Zwischenergebnis

Der Parteiwillen von Gläubiger und Schuldner einer im Einzugsermächtigungsverfahren zu begleichenden Geldschuld ist dahin gehend auszulegen, daß Erfüllung der Geldschuld bereits im Zeitpunkt der Einlösung der Lastschrift – auflösend bedingt durch eine etwaige Rückabwicklung infolge des Widerspruchs des Schuldners – eintritt. Bewirkt aber die Genehmigung der Belastungsbuchung keine Erfüllung im Valutaverhältnis, verstößt der vorläufige Insolvenzverwalter, der einer Genehmigung zustimmt, nicht gegen den Grundsatz einer gleichmäßigen Gläubigerbefriedigung.[252]

c) Rechtsfolge bei Nichterteilung der Zustimmung

Im Anschluß daran fragt es sich, welche Konsequenzen sich ergeben, wenn der vorläufige Insolvenzverwalter die Zustimmung zu bereits im Antragsverfahren genehmigten Belastungsbuchungen versagt. Zunächst wird damit die bis dahin

---

249 Für den Verzug des Schuldners im Sinne von § 286 BGB fehlt es dann bereits am Merkmal des *„Nichtleistens"*. So zu Recht auch *Schwarz* ZIP 1989, 1442, 1444.

250 So auch *Bork* in: FS Gerhardt, 2004, 69, 75.

251 Für die Zukunft könnte daran gedacht werden, daß die Parteien des Grundverhältnisses die Lastschriftabrede um eine klarstellende Formulierung ergänzen, wann die Zahlungsverpflichtung erfüllt sein soll. Dafür auch *Bork* ZIP 2004, 2446, 2448; *Meder* NJW 2005, 637, 638.

252 Der vorläufige Insolvenzverwalter kann auch aufgrund wirtschaftlicher Erwägungen bestimmten Belastungsbuchungen zustimmen, wenn die Zahlungen z. B. für Lieferungen erfolgten, die für die Fortführung des Betriebs notwendig sind.

schwebend unwirksame Genehmigung des Lastschriftschuldners gemäß §§ 24 Abs. 1, 81 InsO endgültig unwirksam.[253] Aus Sicht der Zahlstelle kommt das einem Widerspruch gleich. Sie hat demzufolge das Konto des Lastschriftschuldners hinsichtlich des Lastschriftbetrags zu korrigieren. Die Zahlstelle wird hiermit nicht bis zur Eröffnung des Insolvenzverfahrens zuwarten können,[254] zumal keine Gewißheit besteht, daß das Insolvenzverfahren eröffnet wird.

Stimmt der vorläufige Insolvenzverwalter der Genehmigung der Belastungsbuchung nicht zu und erfolgt eine Rückbelastung der Lastschrift, so führt dies im Verhältnis zum Lastschriftgläubiger zum Eintritt der auflösenden Bedingung. Die Zahlungsforderung des Gläubigers gegen den Schuldner lebt wieder auf.[255] Eine andere Frage ist es, ob der vorläufige Insolvenzverwalter dem Zahlungsempfänger gegenüber berechtigt war, die Zustimmung zu versagen. Diese Frage wird in Teil D. erörtert.

d) Geltung der Genehmigung gemäß Nr. 7 Abs. 3 AGB-Banken

Genehmigt der Lastschriftschuldner weder ausdrücklich noch durch schlüssiges Verhalten die Belastungsbuchung im Antragsverfahren, so können die Belastungsbuchungen dann als genehmigt anzusehen sein, wenn die Sechswochenfrist nach Nr. 7 Abs. 3 AGB-Banken abgelaufen ist, ohne daß der Lastschriftschuldner Einwendungen geltend gemacht hat. Fraglich ist nun, ob der vorläufige Insolvenzverwalter nach Ablauf dieser Frist noch die Zustimmung verweigern kann oder ob er ebenso an diese Vertragsregelung mit der Zahlstelle gebunden ist wie der Zahlungspflichtige.

aa) Rechtsprechung

In der Rechtsprechung spielte die Frage, soweit ersichtlich, noch keine Rolle, was wohl in erster Linie auf die Einführung der Klausel erst zum 1. 4. 2002 zurückzuführen ist.[256] So ließ denn auch der BGH in seinen Entscheidungen vom 4. 11. 2004[257] offen, wie die Genehmigung nach Nr. 7 Abs. 3 AGB-Banken die Rolle des vorläufigen Insolvenzverwalters beeinflußt. Nr. 7 Abs. 3 AGB-Banken war nicht anwendbar.[258]

---

253 Siehe auch Ausführungen unter a) a. E.

254 So aber *Knees/Fischer* ZInsO 2004, 5, 8.

255 Siehe Ausführungen unter b)aa)(3).

256 Vgl. *Sonnenhol* WM 2002, 1259 ff.

257 BGH, Urt. v. 4. 11. 2004 – IX ZR 22/03 = WM 2004, 2482 ff.; IX ZR 82/03 = ZInsO 2005, 40 ff.; IX ZR 28/04 = EWiR 2005, 227 (Leitsatz).

258 BGH, Urt. v. 4. 11. 2004 – IX ZR 22/03 = WM 2004, 2482, 2484; im Falle des OLG Dresden, Urt. v. 27. 10. 2005 – 10 U 455/05 war zwar Nr. 7 Abs. 3 AGB-Banken anwendbar, jedoch verweigerte der vorläufige Insolvenzverwalter mit Zustimmungsvorbehalt die Zustimmung am letzten Tag der Sechswochenfrist.

bb) Auffassungen im Schrifttum

Im Schrifttum sind die Auffassungen geteilt. So wird vertreten, die Wirkung der Genehmigung nach Nr. 7 Abs. 3 AGB-Banken trete nicht ein, solange der vorläufige Verwalter seine Zustimmung nicht erklärt habe. Als Begründung wird auf die Rechtsmacht des Verwalters verwiesen, die ausschließlich auf einer besonderen hoheitlichen Ermächtigung beruhe. Jedenfalls sei der vorläufige Verwalter aufgrund der ihm übertragenen Befugnis berechtigt und verpflichtet, der Zahlstelle zu erklären, daß er einer noch ausstehenden Genehmigung von Lastschriften durch den Schuldner seine Zustimmung versage, sofern er nicht ausnahmsweise die Erfüllung der Forderung als mit dem Insolvenzzweck vereinbar ansehen dürfe.[259] Aufgabe des vorläufigen Insolvenzverwalters ist es, die Insolvenzmasse zu sichern. Trete aber nach Ablauf der Sechswochenfrist Erfüllung durch eine konkludente Genehmigung ein, so sei darin ein insolvenzzweckwidriges Verhalten zu sehen, das auch dem vorläufigen Insolvenzverwalter versagt sein müsse. Die gleichmäßige Befriedigung der Gläubiger ist bereits ab Antragstellung Ziel des Verfahrens. Dies gehe auch den noch bestehenden Pflichten aus dem Girovertrag vor.[260]

Teilweise wird auch vertreten, der vorläufige Insolvenzverwalter könne sich nicht darauf berufen, daß die Genehmigungsfiktion ihm gegenüber nicht gelte, da ihm eine Berechtigung, noch ausstehende Genehmigungen von Lastschriftbelastungen zu versagen, nur im gleichen Umfang zustehe, wie dem Schuldner selbst. Die mit diesem vereinbarte Genehmigungsfiktion sei auch vom vorläufigen Insolvenzverwalter zu beachten.[261]

cc) Stellungnahme

Es ist eine Frage, ob der vorläufige Verwalter berechtigt ist, seine Zustimmung zu den Genehmigungen zu versagen. Dies ist maßgeblich für das Verhältnis zwischen Schuldner und Gläubiger.[262] Es ist grundsätzlich eine andere Frage, ob der vorläufige Verwalter nach Ablauf der Sechswochenfrist im Sinne von Nr. 7 Abs. 3 AGB-Banken noch die Genehmigung der Zahlstelle gegenüber ablehnen kann.

Sicherlich entspricht es den Interessen der Zahlstelle, wenn nach Ablauf der Sechswochenfrist die dann vorliegende Genehmigung in bezug auf die Belastungsbuchungen nicht mehr zerstört werden könnte. Ihrem Bedürfnis nach Rechtssicherheit wäre Genüge getan. Ansonsten würde der Schwebezustand, ob die Genehmigung wirksam ist oder nicht, über die Sechswochenfrist hinaus bis zu einer Reaktion des vorläufigen Insolvenzverwalters andauern. Hinzu käme für die Zahl-

---

259 *Fischer* in: FS Gerhardt, 2004, 223, 233 f.; *Dahl* NZI 2005, 102; *Spliedt* ZIP 2005, 1260, 1263; *Ganter* WM 2005, 1557, 1562.

260 *Rattunde/Berner* DZWIR 2003, 185, 190.

261 *Knees/Fischer* ZInsO 2004, 5, 8.

262 Siehe Ausführungen unter D.

stelle die Gefahr, daß mit zunehmender Dauer des Schwebezustands sie zunehmend auch – zumindest mittelbar – das Risiko der Insolvenz des Lastschriftgläubigers tragen würde. Wie bereits ausgeführt, besteht für die Zahlstelle nach Ablauf der sechswöchigen Rückgabefrist im Interbankenverhältnis die Möglichkeit, sich mit der ersten Inkassostelle hinsichtlich einer Rücknahme einer berechtigten Lastschrift zu einigen. Die Bereitschaft der ersten Inkassostelle dazu wird nicht bestehen, wenn sie ihrerseits keine Rückvergütung vom mittlerweile insolventen Lastschriftgläubiger mehr erhalten kann.[263]

Dem ließe sich entgegenhalten, die Zahlstelle könne diesen Schwebezustand, der im übrigen auch nach einer ausdrücklichen oder konkludenten Genehmigung[264] bestehen würde, dadurch beenden, daß sie den vorläufigen Insolvenzverwalter auffordert, sich hinsichtlich einer Zustimmung zur Genehmigung der Belastungsbuchung zu erklären. Zu beantworten wäre dann aber zugleich die Frage, was im Falle eines Schweigens des vorläufigen Insolvenzverwalters gelten soll. Eine analoge Anwendung von § 103 Abs. 2 S. 3 InsO mit der Folge, daß das Schweigen als Verweigerung der Zustimmung zur Genehmigung der Belastungsbuchung zu werten sei,[265] stößt auf Bedenken. Die Regelung in § 103 Abs. 2 S. 3 InsO enthält eine Erklärungsobliegenheit des Insolvenzverwalters[266] in bezug auf sein Wahlrecht nach § 103 Abs. 1 InsO. Von diesem kann der Insolvenzverwalter nur im eröffneten Insolvenzverfahren Gebrauch machen. Es handelt sich dabei um eine Ausnahmeregelung.[267] Eine analoge Anwendung der Vorschrift im Hinblick auf die Erklärungsobliegenheit könnte schon aus diesem Grund zweifelhaft sein.[268]

Anderseits kann allein das Interesse der Zahlstelle an einem rechtssicheren Zustand nicht ausreichen, dem vorläufigen Insolvenzverwalter nach Ablauf der Sechswochenfrist gemäß Nr. 7 Abs. 3 AGB-Banken die Möglichkeit abzusprechen, seine Zustimmung zur Genehmigung der Belastungsbuchung zu versagen.

In diesem Zusammenhang lediglich auf die hoheitlich angeordnete Zustimmungsbefugnis des vorläufigen Insolvenzverwalters zu verweisen, ist aber ebensowenig eine ausreichende Begründung dafür, daß der vorläufige Verwalter nicht an den Ablauf der Sechswochenfrist nach Nr. 7 Abs. 3 AGB-Banken gebunden sein soll. Die Anordnung eines Zustimmungsvorbehalts ist lediglich ein milderes Mittel im Vergleich zu einem allgemeinen Verfügungsverbot nach § 21 Abs. 2 S. 1 Nr. 2 Fall 1 InsO.[269] Bei beiden Maßnahmen handelt es sich um Verfügungsbeschrän-

---

263 Siehe auch Ausführungen unter B.II.2.c)bb)(2).

264 Obwohl es sich dabei eher um Ausnahmefälle handeln wird.

265 Für eine analoge Anwendung von § 103 Abs. 2 S. 3 InsO nach Verfahrenseröffnung *Rattunde / Berner* DZWIR 2003, 185, 190.

266 *Tintelnot* in: Kübler / Ptütting, InsO, Stand: 05 / 2005, § 103 Rn 69.

267 BGH, Urt. v. 6. 5. 1965 – II ZR 217 / 62 = BGHZ 44, 1, 4 noch für § 17 KO.

268 Zur Frage, ob eine Ausnahmevorschrift analogiefähig ist, vgl. *Larenz,* Methodenlehre der Rechtswissenschaft, 6. Auflage, 1991, S. 355 f.

269 *Blersch* in: BK, InsO, Stand: 04 / 2005, § 21 Rn 30.

kungen für den Schuldner, die hinsichtlich eines Verstoßes in der Rechtsfolge gleich behandelt werden, wie § 24 Abs. 1 InsO verdeutlicht. Zudem wird damit der Rechtszustand nach Verfahrenseröffnung in das Eröffnungsstadium bei Anordnung von Verfügungsbeschränkungen nahezu uneingeschränkt vorverlagert.[270] Der endgültige Insolvenzverwalter tritt zwar in die Rechte und Pflichten des Schuldners ein, er kann aber grundsätzlich für die Masse nicht mehr und keine anderen Rechte ausüben, als dem Schuldner zustehen. Lasten und Beschränkungen des Vermögens des Schuldners sind der Verwaltungs- und Verfügungsbefugnis des Insolvenzverwalters vorgegeben und grenzen sie ein. Auch schuldrechtliche Bindungen, die der spätere Insolvenzschuldner mit Dritten begründet hatte, treffen den Verwalter, desgleichen Einwendungen oder Einreden gegen Forderungen des Insolvenzschuldners.[271] Dieser Grundsatz gilt auch für den vorläufigen Insolvenzverwalter, wenn ein allgemeines Verfügungsverbot angeordnet wurde, da dessen Stellung der des Verwalters im eröffneten Verfahren gleichkommt.[272] Der Grundsatz, daß der Insolvenzverwalter nicht mehr und keine anderen Rechte ausüben kann, als sie dem Schuldner zustehen, muß erst recht für den vorläufigen Verwalter gelten, der nur mit einer Zustimmungsbefugnis ausgestattet wurde. Insofern handelt es sich lediglich um eine schwächere Form der Verfügungsbeschränkung.[273] Würde dem vorläufigen Insolvenzverwalter, dem nur eine Zustimmungsbefugnis zukommt, zugestanden werden, auch noch nach Ablauf der Frist gemäß Nr. 7 Abs. 3 AGB-Banken seine Zustimmung zu verweigern, hätte er weitergehende Befugnisse als der vorläufige Verwalter mit Verwaltungs- und Verfügungsbefugnis. Darüber hinaus ist zweifelhaft, ob ein Unterlassen von Einwendungen seitens des Lastschriftschuldners überhaupt der Zustimmung des vorläufigen Verwalters zugänglich ist. Die Wirkung dieses Unterlassens beruht letztlich auf einer Vereinbarung, die bereits zu Beginn der Geschäftsbeziehung zwischen Kunde und Bank und bereits vor Antragstellung geschlossen wurde. Als solche ist sie jedenfalls einem Zustimmungserfordernis des vorläufigen Verwalters entzogen.

Demzufolge läßt sich zunächst rechtfertigen, daß die Vereinbarung zwischen Zahlstelle und Zahlungspflichtigem, wann eine Belastungsbuchung als genehmigt gelten soll, auch für den vorläufigen Insolvenzverwalter bindend ist. Etwas anderes könnte dann gelten, wenn der vorläufige Insolvenzverwalter nach Ablauf der Sechswochenfrist die Zustimmung zur Genehmigung der Belastungsbuchung nicht mehr versagen kann, sich damit aber insolvenzzweckwidrig verhalten würde. Dies könnte angenommen werden, wenn erst mit Genehmigung der Belastungsbuchung

---

270 *Blersch* in: BK, InsO, Stand: 04/2005, § 24 Rn 1.

271 BGH, Urt. v. 4. 11. 2004 – IX ZR 22/03 = WM 2004, 2482, 2484; BGH, Urt. v. 6. 5. 1965 – II ZR 217/62 = BGHZ 44, 1, 4; OLG Hamm, Urt. v. 22. 1. 1985 – 27 U 156/84 = WM 1985, 1139, 1141; OLG Hamm, Urt. v. 11. 12. 2003 – 27 U 130/03 = ZIP 2004, 814, 815; *Ott* in: MünchKomm, InsO, 2001, § 80 Rn 43; *Blersch/v. Olshausen* in: BK, InsO, Stand: 04/2005, § 80 Rn 15.

272 *Blersch* in: BK, InsO, Stand: 04/2005, § 22 Rn 4.

273 *Gerhardt* in: Jaeger, InsO, 2004, § 21 Rn 14, 24.

die Geldschuld aus dem Grundverhältnis als erfüllt anzusehen ist. Die Zahlungsforderung des Lastschriftgläubigers wurde aber – wie dargelegt – bereits mit Einlösung der Lastschrift erfüllt. Ein Verstoß gegen das Prinzip der Gläubigergleichbehandlung liegt deshalb nicht vor.

dd) Zwischenergebnis

Der vorläufige Insolvenzverwalter ist an die Genehmigung nach Nr. 7 Abs. 3 AGB-Banken ebenso gebunden wie der Schuldner. Er kann nicht nach Ablauf der Sechswochenfrist die Zustimmung zur Genehmigung der Belastungsbuchung verweigern. Will der vorläufige Insolvenzverwalter verhindern, daß die im letzten Rechnungsabschluß enthaltenen Belastungsbuchungen als genehmigt anzusehen sind, so ist er verpflichtet, die Verweigerung seiner Zustimmung rechtzeitig der Zahlstelle mitzuteilen.[274]

3. Vorläufiger Insolvenzverwalter mit Verwaltungs- und Verfügungsbefugnis

Bestellt das Gericht einen vorläufigen Insolvenzverwalter und ordnet es ein allgemeines Verfügungsverbot für den Schuldner an, so geht gemäß § 22 Abs. 1 S. 1 InsO die Verwaltungs- und Verfügungsbefugnis über das Vermögen des Schuldners auf den vorläufigen Insolvenzverwalter über. Vor allem wegen der Begründung von Masseverbindlichkeiten (§ 55 Abs. 2 InsO) und der damit verbundenen möglichen Haftung des Verwalters (§ 61 InsO) ist diese Form der Sicherungsanordnung eher der Ausnahmefall.[275]

Kommt sie dennoch zur Anwendung, so kann nur noch der vorläufige Insolvenzverwalter eine Belastungsbuchung genehmigen. Eine Genehmigung des Lastschriftschuldners wäre unbeachtlich.[276] Der vorläufige Insolvenzverwalter hat jedoch die Vereinbarung einer Genehmigung nach Nr. 7 Abs. 3 AGB-Banken im Rahmen eines nicht gekündigten Girovertrags zu beachten. Läßt er die Sechswochenfrist verstreichen, ohne daß er gegen die Belastungsbuchungen Einwendungen erhebt, gelten die Belastungsbuchungen als genehmigt. Der vorläufige Verwalter ist – wie bereits unter 2.d) ausgeführt – an die vereinbarte Genehmigung gemäß Nr. 7 Abs. 3 AGB-Banken gebunden.[277]

---

274 So auch *Knees/Fischer* ZInsO 2004, 5, 8.

275 *Pape* in: Kübler/Prütting, InsO, Stand: 05/2005, § 21 Rn 23.

276 *Knees/Fischer* ZInsO 2004, 5, 12.

277 I. E. ebenso *Ganter* WM 2005, 1557, 1562 als Mitglied des IX. Zivilsenats des BGH; a. A. *Rattunde/Berner* DZWIR 2003, 185, 190; *Spliedt* ZIP 2005, 1260, 1263.

III. Die Genehmigung von Belastungsbuchungen im eröffneten Insolvenzverfahren

Mit Eröffnung des Insolvenzverfahrens geht das Recht des Schuldners, das zur Insolvenzmasse gehörende Vermögen zu verwalten und darüber zu verfügen, auf den Insolvenzverwalter über (§ 80 InsO). Die Belastungsbuchung, die zwar auf einer bereits vor dem Antragsverfahren eingelösten Lastschrift beruht, aber noch nicht genehmigt wurde, kann demzufolge nur der Insolvenzverwalter genehmigen. Diese Genehmigung kann ausdrücklich erfolgen. In Betracht zu ziehen ist aber auch die Genehmigung nach Nr. 7 Abs. 3 AGB-Banken. Zwar wird es nur selten vorkommen, daß die Dauer des Antragsverfahrens kürzer ist als die Zeit bis zum Ablauf der Sechswochenfrist seit dem letzten Rechnungsabschluß. Auszuschließen ist es aber nicht.[278]

1. Genehmigungshindernis wegen Begründung einer Masseverbindlichkeit

Wird die Belastungsbuchung genehmigt, steht der Zahlstelle ein Aufwendungsersatzanspruch gemäß §§ 684 S. 2, 683 S. 1, 670 BGB zu. Fraglich ist jedoch, ob der Insolvenzverwalter mit der Genehmigung eine Masseverbindlichkeit begründet, so daß diese gemäß §§ 55 Abs. 1 Nr. 1, 53 InsO vorweg zu berichtigen wäre. Dies könnte einer Genehmigung durch den Insolvenzverwalter entgegenstehen. Entstünde mit der Genehmigung lediglich eine Insolvenzforderung der Zahlstelle im Sinne von § 38 InsO, würde sich die Frage anschließen, ob die Zahlstelle mit dieser Insolvenzforderung gegen einen Anspruch des Insolvenzschuldners, geltend gemacht durch den Insolvenzverwalter, aufrechnen könnte oder ob ihr dies wegen eines insolvenzrechtlichen Aufrechnungsverbots (§§ 95 Abs. 1 S. 3, 96 InsO) verwehrt wäre.

Die Beantwortung beider Fragen hängt davon ab, ob der Aufwendungsersatzanspruch der Zahlstelle bereits mit der Einlösung schon rechtlich als ein auflösend bedingter Anspruch existiert, der mit Verweigerung der Genehmigung wieder entfällt, oder ob der Aufwendungsersatzanspruch aufschiebend bedingt erst mit der Genehmigung zur Entstehung gelangt. Schließlich könnte der Aufwendungsersatzanspruch auch erst im Zeitpunkt der Genehmigung mit rückwirkender Kraft auf den Zeitpunkt der Belastungsbuchung als entstanden anzusehen sein.

a) Rechtsprechung

In der Rechtsprechung ist diese Frage, soweit ersichtlich, bisher nicht eingehender behandelt worden. Lediglich auf instanzgerichtlicher Ebene hatte sowohl das

[278] *Rattunde/Berner* DZWIR 2003, 185, 190.

LG München[279] als auch das LG Regensburg[280] ausgeführt, daß die Belastung des Schuldnerkontos im Einzugsermächtigungsverfahren erst mit Wegfall der auflösenden Bedingung des sechswöchigen Widerspruchsrechts wirksam sei.[281]

Die Urteilsgründe enthalten keine näheren Ausführungen dazu, ob damit auch der Aufwendungsersatzanspruch der Zahlstelle bereits unter einer auflösenden Bedingung stand.

b) Auffassungen im Schrifttum

Im Schrifttum sind die Auffassungen geteilt. So wird zum einen vertreten, daß der Aufwendungsersatzanspruch bereits mit Einlösung der Lastschrift unter der auflösenden Bedingung der Verweigerung der Genehmigung entstehe.[282]

Zur Begründung wird teilweise angeführt, die Verweigerung der Genehmigung müsse die Verfügbarkeit des ursprünglich vorhanden gewesenen Guthabens unmittelbar und automatisch wiederherstellen. Ein bloßer Anspruch auf Stornierung genüge nicht. Die Belastungsbuchung soll demnach ipso iure wegfallen, was konstruktiv nur durch Annahme einer rückwirkend auflösenden Bedingung zu erreichen sei.[283] Es könne nicht angenommen werden, daß der Aufwendungsersatzanspruch unter der aufschiebenden Bedingung einer Genehmigung stehe. Anders als bei einer Gutschrift unter Vorbehalt des Eingangs, bei der das darin zum Ausdruck kommende Schuldversprechen unter einer aufschiebenden Bedingung steht, löse die Bank die Lastschrift vorbehaltlos ein, und es obliege dem Schuldner, die Belastungsbuchung durch Verweigerung der Genehmigung wieder rückgängig zu machen. Dieser Unterschied spreche für eine auflösende Bedingung.[284]

Demgegenüber wird auch die Auffassung vertreten, der Aufwendungsersatzanspruch der Zahlstelle stehe weder unter einer auflösenden noch unter einer aufschiebenden Bedingung.[285] Ausgehend von der Genehmigungstheorie, wird die zunächst unberechtigte Geschäftsführung ohne Auftrag mit der Genehmigung zu einer berechtigten. Diese Rechtsfolge trete gemäß § 184 Abs. 1 BGB mit rückwirkender Kraft zum Zeitpunkt der Vornahme der Rechtshandlung in Gestalt der Belastungsbuchung ein. Der Aufwendungsersatzanspruch werde dann als schon vor Verfah-

---

279 LG München, Urt. v. 22. 11. 1979 – 8 S 1027/79 = KTS 1980, 165 f.

280 LG Regensburg, Urt. v. 5. 8. 1991 – 1 O 50/91 = WM 1992, 1678 f.

281 LG München, Urt. v. 22. 11. 1979 – 8 S 1027/79 = KTS 1980, 165, 166; LG Regensburg, Urt. v. 5. 8. 1991 – 1 O 50/91 = WM 1992, 1678, 1679.

282 *Spliedt* ZIP 2005, 1260, 1264; *Obermüller*, Insolvenzrecht in der Bankpraxis, 6. Auflage, 2002, Rn 3.440; *Schwintowski/Schäfer*, Bankrecht, 2. Auflage, 2004, § 8 Rn 39; *Bauer* WM 1981, 1186, 1188; *Canaris* WM 1980, 516; *Fallscheer-Schlegel*, S. 22 f.

283 *Fallscheer-Schlegel*, S. 22 f.

284 *Obermüller*, Insolvenzrecht in der Bankpraxis, 6. Auflage, 2002, Rn 3.441.

285 *Bork*, Zahlungsverkehr in der Insolvenz, 2002, Rn 262 f.

renseröffnung entstanden behandelt und stelle somit eine einfache Insolvenzforderung dar, die bereits bei Verfahrenseröffnung verrechnet werden könne.[286]

c) Stellungnahme

Der letztgenannten Auffassung ist zuzustimmen. Der Aufwendungsersatzanspruch der Zahlstelle steht weder unter einer aufschiebenden noch unter einer auflösenden Bedingung.

aa) Bedingung im Rechtssinne und Rechtsbedingung

Es ist zwischen einer Bedingung im Rechtssinne und sonstigen bedingungsähnlichen Klauseln zu unterscheiden.

Unter einer Bedingung im Rechtssinne (§§ 158 ff. BGB) ist die einem Rechtsgeschäft eingefügte Bestimmung zu verstehen, die eine Rechtswirkung des Geschäfts von einem zukünftigen ungewissen Ereignis abhängig macht.[287] Während bei einer aufschiebenden Bedingung die Rechtswirkung erst mit dem Bedingungsfall einsetzt (§ 158 Abs. 1 BGB), tritt die Rechtswirkung bei einer auflösenden Bedingung sofort mit Vornahme der Rechtshandlung ein (§ 158 Abs. 2 BGB).[288] Ob eine aufschiebende oder eine auflösende Bedingung vorliegt, wird von den Parteien durch Vereinbarung bestimmt. Fehlt eine solche Vereinbarung, ist durch Auslegung zu ermitteln, welche der beiden Grundformen die Parteien vereinbart haben.[289]

Dem gegenüber stehen die bedingungsähnlichen Klauseln, zu denen auch die sogenannten Rechtsbedingungen zählen.[290] Unter einer Rechtsbedingung ist ein zukünftiger ungewisser Umstand zu verstehen, von dessen Vorliegen die Wirksamkeit oder der Bestand eines Rechtsgeschäfts nach seiner Natur, seinem Gegenstand oder kraft besonderer Rechtsvorschriften abhängt.[291] Rechtsbedingungen sind Wirksamkeitsvoraussetzungen, die ebenso wie Bedingungen im Rechtssinne die Rechtswirkung in der Schwebe halten. Für diesen Schwebezustand gelten jedoch Sonderbestimmungen wie z. B. §§ 184, 185 Abs. 2 BGB.[292]

---

286 *Bork,* Zahlungsverkehr in der Insolvenz, 2002, Rn 262 f.

287 *Wolf* in: Soergel, BGB, 13. Auflage, 1999, Vor § 158 Rn 2; *Bork* in: Staudinger, BGB, Stand: 01 / 2003, § 158 Rn 1.

288 *Wolf* in: Soergel, BGB, 13. Auflage, 1999, Vor § 158 Rn 3.

289 *Wolf* in: Soergel, BGB, 13. Auflage, 1999, § 158 Rn 4.

290 *Wolf* in: Soergel, BGB, 13. Auflage, 1999 Vor § 158 Rn 7.

291 *Wolf* in: Soergel, BGB, 13. Auflage, 1999 Vor § 158 Rn 7.

292 *Wolf* in: Soergel, BGB, 13. Auflage, 1999 Vor § 158 Rn 8; *Heinrichs* in: Palandt, BGB, 64. Auflage, 2005, Einf v § 158 Rn 5.

bb) Genehmigung als Rechtsbedingung

Dies vorangestellt, könnte von einem auflösend bedingten Aufwendungsersatzanspruch der Zahlstelle nur dann ausgegangen werden, wenn die Einzugsermächtigung im Sinne der Ermächtigungstheorie oder Vollmachtstheorie einzuordnen wäre. Nach beiden Erklärungsvarianten nimmt die Zahlstelle grundsätzlich die Belastungsbuchung berechtigterweise vor, entweder aufgrund einer wirksamen Ermächtigung oder einer wirksamen Bevollmächtigung.[293] Der Aufwendungsersatzanspruch der Zahlstelle würde also schon mit der Einlösung begründet werden und wieder entfallen, wenn der Zahlungspflichtige widerspricht.

Es ist jedoch der Genehmigungstheorie zu folgen.[294] Die Zahlstelle löst die Lastschrift allein aufgrund einer Weisung der ersten Inkassostelle ein. Im Verhältnis zum Zahlungspflichtigen liegt in der Einlösung eine zunächst unberechtigte Geschäftsführung ohne Auftrag. Erst wenn der Schuldner diese gemäß § 684 S. 2 BGB genehmigt, entsteht der Aufwendungsersatzanspruch gemäß §§ 684 S. 2, 683 S. 1, 670 BGB.[295] Die Genehmigung ist damit Entstehungsvoraussetzung für den Aufwendungsersatzanspruch und demzufolge Rechtsbedingung. Als solche kommt ihr rückwirkende Kraft zu (§ 184 Abs. 1 BGB).[296] Mit der Genehmigung steht fest, daß die Geschäftsführung ohne Auftrag dem Willen des Geschäftsherrn entsprochen hat. Die Genehmigung macht die zunächst unberechtigte Geschäftsführung rückwirkend in vollem Umfang zu einer berechtigten Geschäftsführung ohne Auftrag.[297] Der Aufwendungsersatzanspruch wird demzufolge so behandelt, als ob er der Zahlstelle von Anfang an zustand.[298] Konsequenterweise muß der Aufwendungsersatzanspruch auch als bereits vor Eröffnung des Insolvenzverfahrens entstanden anzusehen sein. Die Zahlstelle hat damit eine Insolvenzforderung im Sinne von § 38 InsO; eine Masseverbindlichkeit gemäß § 55 Abs. 1 Nr. 1 InsO wurde mit der Genehmigung nicht begründet.[299]

---

293 Siehe Ausführungen unter B.II.1.b), d).

294 Siehe Ausführungen unter B.II.1.e), f), g).

295 Siehe Ausführungen unter B.II.1.e), f), g, und 2.d).

296 *Wittmann* in: Staudinger, BGB, Stand: 06/1994, § 684 Rn 10; *Ehmann* in: Erman, BGB, 11. Auflage, 2004, § 684 Rn 4; für eine sinngemäße Anwendung von §§ 182 ff. BGB *Sprau* in: Palandt, BGB, 64. Auflage, 2005, § 684 Rn 2; *Beuthien* in: Soergel, BGB, 12. Auflage, 2000, § 684 Rn 4.

297 *Wittmann* in: Staudinger, BGB, Stand: 06/1994, § 684 Rn 10.

298 Ebenso *Bork,* Zahlungsverkehr in der Insolvenz, 2002, Rn 263; *Leptien* in: Soergel, BGB, 13. Auflage, 1999, § 184 Rn 5.

299 Ebenso für einen vor Verfahrenseröffnung begründeten Aufwendungsersatzanspruch *Hefermehl* in: MünchKomm, InsO, 2001, § 55 Rn 66; *Pape* in: Kübler/Prütting, InsO, Stand: 05/2005, § 55 Rn 29.

cc) Aufrechnungsverbot

Zu klären bleibt demnach noch, ob einer Aufrechnung der Zahlstelle mit dieser Insolvenzforderung ein insolvenzrechtliches Aufrechnungsverbot entgegensteht. In Betracht zu ziehen ist das Aufrechnungsverbot gemäß § 95 Abs. 1 S. 3 InsO. Danach ist die Aufrechnung ausgeschlossen, wenn die Forderung, gegen die aufgerechnet werden soll, unbedingt und fällig wird, bevor die Aufrechnung erfolgen kann. Würde also die Forderung der Zahlstelle zeitlich nach einer etwaigen Forderung des Insolvenzschuldners entstehen, wäre eine Aufrechnung ausgeschlossen. Als Forderung des Insolvenzschuldners ist der Anspruch auf Auszahlung eines Saldos zugunsten des Insolvenzschuldners denkbar, der infolge eines außerordentlichen Saldenabschlusses zum Zeitpunkt der Eröffnung des Insolvenzverfahrens entsteht.[300] Mit der hier vertretenen Auffassung ist jedoch der Aufwendungsersatzanspruch als bereits vor Verfahrenseröffnung entstanden anzusehen, so daß schon aus diesem Grund das Aufrechnungsverbot nach § 95 Abs. 1 S. 3 InsO nicht eingreifen kann.

d) Zwischenergebnis

Die Genehmigung der Belastungsbuchung durch den Insolvenzverwalter führt zu einem Aufwendungsersatzanspruch der Zahlstelle rückwirkend auf den Zeitpunkt der Belastungsbuchung. Der Zahlstelle steht damit lediglich eine Insolvenzforderung zu, deren Verrechnung zum Zeitpunkt der Verfahrenseröffnung nicht an § 95 Abs. 1 S. 3 InsO scheitert.

Begründet der Insolvenzverwalter mithin keine Masseverbindlichkeit, wenn er eine Belastungsbuchung genehmigt, so kann in der Genehmigung auch keine Bevorzugung der Zahlstelle gesehen werden.

Auch werden mit einer Genehmigung keine anderen Gläubiger entgegen §§ 87, 174 ff. InsO befriedigt,[301] da nicht erst die Genehmigung der Belastungsbuchung die Erfüllung der Geldschuld des Zahlungspflichtigen herbeiführt. Diese ist bereits nach der hier vertretenen Auffassung mit Einlösung der Lastschrift eingetreten.[302] Ein insolvenzzweckwidriges Verhalten des Insolvenzverwalters kann jedenfalls aus diesen Gründen nicht angenommen werden.[303]

---

300 *Obermüller,* Insolvenzrecht in der Bankpraxis, 6. Auflage, 2001, Rn 2.55, 2.60; *Goetsch* in: BK, InsO, Stand: 04/2005, § 116 Rn 21; *Tintelnot* in: Kübler/Prütting, InsO, Stand: 05/2005, §§ 115, 116 Rn 22; *Hefermehl* in: MünchKomm, HGB, 2001, § 355 Rn 109; *Bork,* Zahlungsverkehr in der Insolvenz, 2002, Rn 62; *Ott* in: MünchKomm, InsO, 2001, § 116 Rn 39 a. E.; *Wegener* in: FK, InsO, 3. Auflage, 2002, § 116 Rn 34 f.; *Kießner* in: Nerlich/Römermann, InsO, Stand: 03/2005, § 116 Rn 18; OLG Stuttgart, Urt. v. 30. 12. 1993 – 2 U 78/93 = WM 1994, 1140, 1142.

301 So aber *Fischer* in: FS Gerhardt, 2004, 223, 231; BGH, Urt. v. 4. 11. 2004 – IX ZR 22/03 = WM 2004, 2482, 2484.

302 Siehe Ausführungen unter II.2.b)aa)(3).

2. Geltung der Genehmigung gemäß Nr. 7 Abs. 3 AGB-Banken

Fraglich ist nun, ob die Belastungsbuchungen innerhalb des letzten ordnungsgemäßen Rechnungsabschlusses[304] gemäß Nr. 7 Abs. 3 AGB-Banken als genehmigt gelten können, wenn der Insolvenzverwalter die Sechswochenfrist verstreichen läßt, ohne Einwendungen zu erheben. Zunächst kann auf die Ausführungen unter II.2.d)cc) verwiesen werden. Der Insolvenzverwalter ist an die vom Schuldner getroffenen Abreden gebunden. Er tritt in die bei Verfahrenseröffnung bestehende Rechtslage ein. Dies spricht für eine Anwendbarkeit von Nr. 7 Abs. 3 AGB-Banken auch im eröffneten Verfahren. Etwas anderes könnte jedoch gelten, wenn das Vertragsverhältnis zwischen Zahlstelle und Insolvenzschuldner mit Verfahreneröffnung erloschen ist. Es ist also zunächst zu erörtern, welche Auswirkungen die Eröffnung des Insolvenzverfahrens auf die vertraglichen Schuldverhältnisse mit der Zahlstelle hat und ob diese gegebenenfalls erlöschen. Hierbei ist zu differenzieren zwischen Giroverhältnis und Kontokorrentverhältnis.

a) Giroverhältnis

Der Girovertrag zwischen Kunde und Bank ist die Rechtsgrundlage für die Teilnahme am bargeldlosen Zahlungsverkehr.[305] Der Inhalt dieses Vertrags ergibt sich zunächst aus § 676f BGB. Danach ist das Kreditinstitut durch den Girovertrag verpflichtet, für den Kunden ein Konto einzurichten, eingehende Zahlungen auf dem Konto gutzuschreiben und abgeschlossene Überweisungsverträge zu Lasten dieses Kontos abzuwickeln. Darüber hinaus enthält das Girovertragsverhältnis weitere Abreden, die sich z. B. aus den AGB-Banken ergeben. Als konkludente Nebenabrede sind in der Regel auch die Verpflichtung der Bank zur Einziehung der vom Kunden zu diesem Zweck eingereichten Schecks sowie die Verpflichtung der Bank zur Einlösung von Lastschriften im Abbuchungsauftragsverfahren zu sehen.[306] Der Girovertrag ist Geschäftsbesorgungsvertrag mit Dienstvertragscharakter und wegen seines auf Dauer angelegten Inhalts als Entstehungstatbestand eines Dauerschuldverhältnisses zu charakterisieren.[307] Mit Eröffnung des Insolvenzverfahrens erlischt das Giroverhältnis gemäß §§ 116 S. 1, 115 InsO.[308]

---

303 A. A. *Rattunde/Berner* DZWIR 2003, 185, 190; *Kling* DZWIR 2004, 54, 55; die jedoch darauf abstellen, daß die Erfüllung der Zahlungsforderung erst mit Genehmigung der Belastungsbuchung eintritt.

304 Davon zu unterscheiden ist der außerordentliche Saldenabschluß bei Verfahrenseröffnung und den in diesem Abschluß enthaltenen Belastungsbuchungen.

305 *Schimansky* in: Bankrechts-Handbuch, 2. Auflage, 2001, § 47 Rn 1.

306 *Schimansky* in: Bankrechts-Handbuch, 2. Auflage, 2001, § 47 Rn 4.

307 BGH, Urt. v. 24. 9. 2002 – XI ZR 345/01 = WM 2002, 2281, 2282; *Sprau* in: Palandt, BGB, 64. Auflage, 2005, § 676f Rn 1.

b) Kontokorrentvertrag

Neben dem Girovertrag wird regelmäßig ein Kontokorrentvertrag im Sinne von § 355 HGB abgeschlossen,[309] der sich aus dem Geschäftsvertrag und der Kontokorrentabrede zusammensetzt.[310]

aa) Geschäftsvertrag

Der Geschäftsvertrag ist ein obligatorischer Vertrag ohne Verfügungscharakter. Er bildet die Grundlage für die beiderseitigen Pflichten und Rechte und wird nach h. M. mit der nach § 355 Abs. 1 HGB erforderlichen Geschäftverbindung gleichgesetzt.[311] Im Bankverkehr entspricht dieser Geschäftsverbindung der Girovertrag.[312] Aufgrund dieser Identität erlischt der Geschäftsvertrag in Gestalt des Girovertrags mit Eröffnung des Insolvenzverfahrens gemäß §§ 115 Abs. 1, 116 S. 1 InsO.[313]

bb) Kontokorrentabrede

Davon zu unterscheiden ist die ebenso im Kontokorrentvertrag enthaltene Kontokorrentabrede. Sie beinhaltet, daß die beiderseitigen künftigen Forderungen und Leistungen aus der Geschäftsverbindung zunächst nur in Rechnung zu stellen sind und erst in regelmäßigen Zeitabschnitten unter Feststellung eines Saldos verrechnet werden.[314] Die einzelnen Forderungen werden infolge des Inrechnungstellens

---

308 BGH, Urt. v. 13. 11. 1990 – XI ZR 217/89 – WM 1991, 60, 61; *Obermüller,* Insolvenzrecht in der Bankpraxis, 6. Auflage, 2002, Rn 3.20; *Häuser* in: MünchKomm, HGB, 2001, ZahlungsV Rn B 393; *Wegener* in: FK, InsO, 3. Auflage, 2002, § 116 Rn 34; *Ott* in: MünchKomm, InsO, 2002, § 116 Rn 37; *Berscheid* in: Uhlenbruck, InsO, 12. Auflage, 2003, §§ 115, 116 Rn 17; a. A. *Marotzke* in: HK, InsO, 3. Auflage, 2003, § 115 Rn 4 ff., § 116 Rn 4 Demnach erlösche gemäß §§ 115, 116 InsO nicht der gesamte Vertrag, sondern lediglich die Geschäftsführungsbefugnis. Die vorgeschlagene analoge Anwendung von § 103 InsO auf Geschäftsbesorgungsverträge dürfte jedoch angesichts der §§ 115, 116 InsO an einer ungewollten Regelungslücke scheitern.

309 *Gößmann* in: BuB, Stand: 08/2005, Rn 2/91.

310 *Canaris* in: Staub, Großkomm, HGB, 4. Auflage, 20. Lieferung: §§ 343–357, Stand: 1. 1. 2001, § 355 Rn 13; *Hefermehl* in: MünchKomm, HGB, 2001, § 355 Rn 5; *Gößmann* in: BuB, Stand: 08/2005, Rn 2/91.

311 So ausdrücklich *Hefermehl* in: MünchKomm, HGB, 2001, § 355 Rn 13; *Schimansky* in: Bankrechts-Handbuch, 2. Auflage, 2001, § 47 Rn 20; *Hadding/Häuser* in: MünchKomm, HGB, 2001, ZahlungsV Rn A 200; a. A. *Canaris* in: Staub, Großkomm, HGB, 4. Auflage, 20. Lieferung: §§ 343–357, Stand: 1. 1. 2001, § 355 Rn 18 Der Geschäftsvertrag stelle einen Vertrag sui generis dar.

312 *Hefermehl* in: MünchKomm, HGB, 2001, § 355 Rn 13.

313 Siehe Fn 308.

314 *Hefermehl* in: MünchKomm, HGB, 2001, § 355 Rn 13; *Hadding/Häuser* in: MünchKomm, HGB, 2001, ZahlungsV Rn A 204.

bloße Rechnungsposten. Sie können nicht mehr selbständig geltend gemacht oder abgetreten werden und gelten als gestundet bis zum Eintritt der Verrechnung. Die Verrechnung[315] wiederum beruht auf dem Verrechnungsvertrag als Teil der Kontokorrentabrede[316] und ist dahin gehend zu verstehen, daß sie sich am Ende der Rechnungsperiode von selbst vollzieht, wie dies in § 355 Abs. 3 HGB für den Fall der Beendigung des Kontokorrents durch Kündigung ausdrücklich bestimmt ist.[317] Dem Charakter nach handelt es sich also bei der Kontokorrentabrede um eine antizipierte Verfügungsvereinbarung.[318]

Bei Eröffnung des Insolvenzverfahrens verliert deshalb die Kontokorrentabrede ihre Wirkung. Nach § 91 InsO können Rechte an Gegenständen der Insolvenzmasse nach Verfahrenseröffnung nicht mehr wirksam erworben werden. Dazu würde es im Widerspruch stehen, wenn die antizipierte Verfügungsvereinbarung über den Zeitpunkt der Verfahrenseröffnung hinaus weiterbesteht. Die Verfügungsvereinbarung erlischt.[319]

---

315 Streitig ist die Methode der Verrechnung für eine verhältnismäßige Gesamtaufrechnung: RG, Urt. v. 30. 5. 1911 – II 669/10 = RGZ 76, 330, 333; RG, Urt. v. 7. 1. 1916 – II 386/15 = RGZ 87, 434, 438; BGH, Urt. v. 10. 7. 1961 – II ZR 222/59 = WM 1961, 1046, 1047; BGH, Urt. v. 11. 6. 1980 – VIII ZR 164/79 = WM 1980, 863, 864; BGH, Urt. v. 13. 12. 1990 – IX ZR 33/90 = WM 1991, 495, 497; BGH, Urt. v. 4. 2. 1992 – XI ZR 32/91 = WM 1992, 479, 480 f.; *Hadding/Häuser* in: MünchKomm, HGB, 2001, ZahlungsV Rn A 221; *Koller* in: Koller/Roth/Morck, HGB, 5. Auflage, 2005; § 355 Rn 9; für eine analoge Anwendung von §§ 396, 366 BGB hingegen: *Canaris* in: Staub, Großkomm, HGB, 4. Auflage, 20. Lieferung: §§ 343–357, Stand: 1. 1. 2001, § 355 Rn 153 ff.; *Schmidt,* Handelsrecht, 5. Auflage, 1999, § 21 IV 2, S. 625; *Hefermehl* in: Schlegelberger, HGB, 5. Auflage, 1976, § 355 Rn 56; *Horn* in: Heymann, HGB, 1990, § 355 Rn 24.

316 *Hefermehl* in: MünchKomm, HGB, 2001, § 355 Rn 13; *Hadding/Häuser* in: MünchKomm, HGB, 2001, ZahlungsV Rn A 217; *Schimansky* in: Bankrechts-Handbuch, 2. Auflage, 2001, § 47 Rn 44; a. A. *Canaris* in: Staub, Großkomm, HGB, 4. Auflage, 20. Lieferung: §§ 343–357, Stand: 1. 1. 2001, § 355 Rn 15 demzufolge der Verrechnungsvertrag von der Kontokorrentabrede getrennt zu sehen ist.

317 BGH, Urt. v. 4. 5. 1979 – I ZR 127/77 = WM 1979, 719, 720; *Hadding/Häuser* in: MünchKomm, HGB, 2001, ZahlungsV Rn A 204; das Bankkontokorrent ist ein Periodenkontokorrent, das heißt, die Verrechnung findet nach Ablauf einer Rechnungsperiode statt und nicht bereits dann, wenn sich die beiderseitigen Forderungen und Leistungen als Soll- und Habenposten verrechnungsfähig gegenüberstehen (BGH, Urt. v. 9. 12. 1971 – III ZR 58/69 = WM 1972, 283, 284; *Gößmann* in: BuB, Stand: 08/2005, Rn 2/95).

318 BGH, Urt. v. 4. 5. 1979 – I ZR 127/77 = WM 1979, 719, 720.

319 BGH, Urt. v. 4. 5. 1979 – I ZR 127/77 = WM 1979, 719, 720; OLG Celle, Urt. v. 6. 1. 1999 – 14a (6) U 48/97 = NZI 2000, 181; OLG Köln, Urt. v. 19. 4. 2004 – 2 U 187/03 = ZInsO 2004, 683, 686; *Häuser* in: MünchKomm, HGB, 2001, ZahlungsV Rn B 394; *Canaris* in: Staub, Großkomm, HGB, 4. Auflage, 20. Lieferung: §§ 343–357, Stand: 1. 1. 2001, § 355 Rn 243 ff.; *Berscheid* in: Uhlenbruck, InsO, 12. Auflage, 2003, §§ 115, 116 Rn 18; a. A. *Schwahn,* 2003, S. 56 ff. und 112 ff.

cc) Außerordentlicher Saldenabschluß

Mit der Beendigung des Kontokorrentvertrags ist ein außerordentlicher Saldenabschluß analog § 355 Abs. 3 HGB durchzuführen.[320] Der infolge *„automatischer“*[321] Verrechnung entstehende Überschuß bildet den kausalen Saldo und ist sofort fällig.[322]

c) Fortgeltung Allgemeiner Geschäftsbedingungen

Enden also der Girovertrag und die Kontokorrentabrede[323] im Zeitpunkt der Insolvenzeröffnung, so ist fraglich, ob die Genehmigung nach Nr. 7 Abs. 3 AGB-Banken auf den letzten ordnungsgemäßen Rechnungsabschluß überhaupt noch Anwendung finden kann.

Dagegen spricht, daß mit Vertragsbeendigung auch die in den Vertrag einbezogenen Allgemeinen Geschäftsbedingungen an sich nicht mehr gelten können. Zudem ist in den AGB-Banken die bis zum Jahre 1993 in Nr. 18 Abs. 2 AGB-Banken(alt) enthaltene Klausel, die eine Fortgeltung der Allgemeinen Geschäftsbedingungen für die Abwicklung einer Geschäftsbeziehung vorsah, nicht wieder aufgenommen worden.[324] Der Wegfall dieser Klausel ist auf die Rechtsprechung des BGH zurückzuführen, nach der die Bank nach Vertragsbeendigung nicht mehr die vertraglichen Überziehungszinsen verlangen kann, die sich aus Allgemeinen Geschäftsbedingungen ergeben.[325]

---

320 *Obermüller,* Insolvenzrecht in der Bankpraxis, 6. Auflage, 2002, Rn 2.55; *Canaris* in: Staub, Großkomm, HGB, 4. Auflage, 20. Lieferung: §§ 343–357, Stand: 1. 1. 2001, § 355 Rn 245; *Hefermehl* in: MünchKomm, HGB, 2001, § 355 Rn 112; *Häuser* in: MünchKomm, HGB, 2001, ZahlungsV Rn B 394; *Schimansky* in: Bankrechts-Handbuch, 2. Auflage, 2001, § 47 Rn 57 f.

321 BGH, Urt. v. 4. 5. 1979 – I ZR 127 / 77 = WM 1979, 719, 720.

322 OLG Stuttgart, Urt. v. 30. 12. 1993 – 2 U 78 / 93 = WM 1994, 1140, 1142; *Canaris* in: Staub, Großkomm, HGB, 4. Auflage, 20. Lieferung: §§ 343–357, Stand: 1. 1. 2001, § 355 Rn 245; Hefermehl in: MünchKomm, HGB, 2001, § 355 Rn 112; *Häuser* in: MünchKomm, HGB, 2001, ZahlungsV Rn B 394; *Schimansky* in: Bankrechts-Handbuch, 2. Auflage, 2001, § 47 Rn 57 f.

323 Dies würde auch dann zu gelten haben, wenn mit *Canaris* der Geschäftsvertrag als Vertrag sui generis anzusehen wäre. Erlischt der Girovertrag, so erlischt analog § 139 BGB auch das Kontokorrent (BGH, Urt. v. 4. 5. 1979 – I ZR 127 / 77 = WM 1979, 719, 720). Dies würde ebenso für den Geschäftsvertrag sui generis gelten.

324 Die Klausel in Nr. 18 Abs. 2 AGB-Banken (alt) lautete: *„Die Allgemeinen Geschäftsbedingungen gelten auch nach Beendigung der Geschäftsverbindung im ganzen oder einzelner, auf Dauer angelegter Geschäftsbeziehungen für deren Abwicklung bis zur vollständigen Beendigung weiter.“* abgedruckt in: *Krebs,* Komm AGB der Sparkassen und privaten Banken, 3. Auflage, 1989, S. 315.

325 BGH, Urt. v. 7. 11. 1985 – III ZR 128 / 84 = WM 1986, 8, 10; BGH, Urt. v. 28. 4. 1988 – III ZR 57 / 87 = WM 1988, 929, 930 f.; BGH, Urt. v. 28. 4. 1988 – III ZR 120 / 87 = WM 1988, 1044 f.; *Gößmann* in: BuB, Stand: 08 / 2005, Rn 1 / 527 ff.

Allerdings beziehen sich diese Entscheidungen lediglich auf vertragliche Ansprüche nach Vertragsbeendigung. Davon zu unterscheiden ist die Frage, nach welchen Vorschriften sich ein etwaiges Abwicklungsverhältnis richtet. Nach Eröffnung des Insolvenzverfahrens ist der Girovertrag mit Kontokorrentabrede beendet, und es entfallen mit Wirkung für die Zukunft die beiderseitigen Rechte und Pflichten der Vertragsparteien. Eine vollständige Beendigung des Rechtsverhältnisses ist damit aber nicht notwendigerweise verbunden. So bleibt beispielsweise die Bank auch nach Verfahrenseröffnung berechtigt, eine irrtümliche Buchung wieder richtigzustellen.[326] Für eine Fortgeltung der Genehmigung nach Nr. 7 Abs. 3 AGB-Banken spricht schließlich, daß ihr Tatbestand bereits vor Eröffnung des Insolvenzverfahrens zu entstehen begonnen hat, wenn dem Insolvenzschuldner ein regulärer Rechnungsabschluß zugegangen ist. Der Schwebezustand hinsichtlich der Belastungsbuchungen, die in diesem Rechnungsabschluß enthalten waren, wird damit wie ursprünglich vereinbart beendet. Nr. 7 Abs. 3 AGB-Banken kommt deshalb eine nachvertragliche Wirkung für bereits vor Insolvenzeröffnung erlassene reguläre Rechnungsabschlüsse im Sinne von Nr. 7 Abs. 1 AGB-Banken zu.[327]

Für einen außerordentlichen Saldoabschluß nach Beendigung der Geschäftsbeziehung sind die soeben dargestellten Erwägungen nicht einschlägig.[328] Soweit also Belastungsbuchungen infolge von Einzugsermächtigungslastschriften nach dem letzten regulären Rechnungsabschluß vorgenommen wurden und im außerordentlichen Saldenausgleich enthalten sind, muß der Insolvenzverwalter der Zahlstelle gegenüber ausdrücklich erklären, ob er diese genehmigt oder nicht. Der Insolvenzverwalter wird aber Einwendungen gegen Belastungsbuchungen, die im letzten Rechnungsabschluß enthalten sind, unverzüglich zu erheben haben. Außerhalb des Insolvenzverfahrens ist der Kontoinhaber gemäß Nr. 11 Abs. 4 AGB-Banken verpflichtet, die Kontoauszüge unverzüglich zu überprüfen und Einwendungen zu erheben. Diese Prüfungs- und Mitteilungspflicht ergibt sich aus §§ 242, 254 BGB und ist während der Geschäftsbeziehung deklaratorisch in Nr. 11 Abs. 4 AGB-Banken konkretisiert.[329] Nach Beendigung der Geschäftsbeziehung besteht diese Pflicht des Kunden fort, wie auch das Kreditinstitut nach Beendigung der Geschäftsbeziehung z. B. zur Wahrung des Bankgeheimnisses verpflichtet bleibt.[330] Der Insolvenzverwalter hat diese nachvertragliche Pflicht

326 BGH, Urt. v. 9. 10. 1974 – VIII ZR 190/73 = WM 1974, 1127, 1129; *Sonnenhol* in: BuB, Stand: 08/2005, Rn 1/217 b; *Hopt* in: Baumbach/Hopt, HGB, 31. Auflage, 2003, (8) AGB-Banken 8 Rn 5.

327 Für eine Geltung der Allgemeinen Geschäftsbedingungen bis zur völligen Beendigung auch *Hopt* in: Baumbach/Hopt, HGB, 31. Auflage, 2003, (8) AGB-Banken 19 Rn 10; *Canaris* in: Staub, Großkomm, HGB, 4. Auflage, 10. Lieferung: Bankvertragsrecht, Erster Teil, Stand: 1. 4. 1988, Rn 453; a. A. *Gößmann* in: BuB, Stand: 08/2005, Rn 1/529.

328 I. E. ebenso *Knees/Fischer* ZInsO 2004, 5, 8 f.

329 Vgl. *Sonnenhol* in: BuB, Stand: 08/2005, Rn 1/308.

330 *Bunte* in: Bankrechts-Handbuch, 2. Auflage, 2001, § 7 Rn 9.

ebenso wie der Insolvenzschuldner zu beachten. Er tritt in die Rechte und Pflichten des Schuldners ein.[331]

IV. Anfechtung nach §§ 129 ff. InsO im Zusammenhang mit genehmigten Belastungsbuchungen

Im eröffneten Insolvenzverfahren stellt sich für den Insolvenzverwalter außerdem die Frage, ob er bereits eingelöste Lastschriften, bei denen die Belastungsbuchung vor Verfahrenseröffnung genehmigt wurde, nach §§ 129 ff. InsO anfechten kann.

Die Insolvenzmasse, mit der der Insolvenzschuldner seinen Gläubigern haftet, besteht nur aus den Vermögenswerten, die dem Schuldner zum Zeitpunkt der Eröffnung des Insolvenzverfahrens gehören.[332] Werte, die der Insolvenzschuldner zuvor veräußert hat, fallen grundsätzlich nicht darunter. Es besteht jedoch für den Insolvenzverwalter die Möglichkeit, solche Werte wieder in die Insolvenzmasse zurückzuholen. Die Voraussetzungen hierfür finden sich in §§ 129 ff. InsO und beziehen sich auf Vermögenswerte, die aus dem Schuldnervermögen in zeitlicher Nähe zur Verfahrenseröffnung oder unter Bedingungen ausgeschieden sind, die es rechtfertigen, diese Vermögenswerte haftungsrechtlich den Gläubigern als Gesamtheit zur Befriedigung zuzuweisen.[333] Die Vorschriften zur Insolvenzanfechtung haben damit den Sinn und Zweck, die Insolvenzmasse zugunsten aller Gläubiger anzureichern.[334]

1. Anfechtbare Rechtshandlung

Gemäß § 129 InsO kann der Insolvenzverwalter nach Maßgabe der §§ 130 bis 146 InsO Rechtshandlungen anfechten, die vor Eröffnung des Insolvenzverfahrens vorgenommen worden sind und eine für die Insolvenzgläubiger benachteiligende Wirkung haben. Der Begriff der Rechtshandlung in diesem Sinne hat eine sehr weite Bedeutung und setzt lediglich eine von einem Willen getragene Verhaltensweise voraus, die in irgendeiner Weise Rechtswirkungen entfalten kann. Der Wille muß nicht auf deren Eintritt gerichtet sein.[335] Demnach zählen zu den anfechtbaren

---

331 Siehe auch Ausführungen unter II.2.d)cc).

332 *Bork,* Einführung in das Insolvenzrecht, 4. Auflage, 2005, Rn 204.

333 *Bork,* Einführung in das Insolvenzrecht, 4. Auflage, 2005, Rn 204.

334 *Paulus* in: Kübler/Prütting, InsO, Stand: 05/2005, § 129 Rn 2; *Breutigam* in: BK, InsO, Stand: 04/2005, § 129 Rn 1; *Hirte* in: Uhlenbruck, InsO, 12. Auflage, 2003, § 129 Rn 2; *Nerlich* in: Nerlich/Römermann, InsO, Stand: 03/2005, § 129 Rn 1; *Kirchhof* in: MünchKomm, InsO, 2002, vor §§ 129 bis 147 Rn 3.

335 BGH, Urt. 15. 10. 1975 – VIII ZR 62/74 = WM 1975, 1182, 1184; *Paulus* in: Kübler/Prütting, InsO, Stand: 05/2005, § 129 Rn 11; *Breutigam* in: BK, InsO, Stand: 04/2005, § 129 Rn 4; *Hirte* in: Uhlenbruck, InsO, 12. Auflage, 2003, § 129 Rn 62; *Kirchhof* in: MünchKomm, InsO, 2002, § 129 Rn 7.

Rechtshandlungen unter anderem Willenserklärungen[336] sowie jegliche Erfüllungshandlungen im Sinne von § 362 BGB.[337]

Wird also eine Forderung mittels Lastschrifteinzugs im Einzugsermächtigungsverfahren beglichen, so kommt als anfechtbare Rechtshandlung zum einen die Genehmigung gegenüber der Zahlstelle in Betracht. Sofern die Genehmigung durch Unterlassen von Einwendungen im Sinne von Nr. 7 Abs. 3 AGB-Banken eingetreten ist, steht dies gemäß § 129 Abs. 2 InsO einer Rechtshandlung gleich. Zum anderen könnte gegenüber dem Zahlungsempfänger die Erfüllung seiner Forderung angefochten werden, die nach der hier vertretenen Auffassung bereits mit Einlösung der Lastschrift erfolgte und nach Genehmigung der Belastungsbuchung nicht mehr rückgängig zu machen ist.

2. Anfechtung gegenüber der Zahlstelle

Es ist zunächst zu untersuchen, ob die Genehmigung gegenüber der Zahlstelle angefochten werden kann. Die Zahlstelle hätte dann im Falle einer Verrechnung des Aufwendungsersatzanspruchs gemäß § 143 Abs. 1 InsO diesen Betrag zur Insolvenzmasse zurückzugewähren.

a) Gläubigerbenachteiligung

Es stellen sich zwei Fragen. Zum einen müßte die Genehmigung der Belastungsbuchung überhaupt zu einer Gläubigerbenachteiligung geführt haben, und falls dies gegeben sein sollte, schließt sich die Frage an, ob die Zahlstelle der richtige Anfechtungsgegner ist.

Eine Gläubigerbenachteiligung liegt immer dann vor, wenn die Befriedigungsmöglichkeit der Insolvenzgläubiger objektiv geschmälert wurde.[338] Das ist z. B. bei Verminderung der Aktivmasse[339] oder Vermehrung der Passivmasse[340] der

---

336 *Breutigam* in: BK, InsO, Stand: 04/2005, § 129 Rn 5.

337 *Paulus* in: Kübler/Prütting, InsO, Stand: 05/2005, § 129 Rn 12.

338 *Kirchhof* in: MünchKomm, InsO, 2002, § 129 Rn 76; *Paulus* in: Kübler/Prütting, InsO, Stand: 05/2005, § 129 Rn 20; BGH, Urt. v. 19. 3. 1992 – IX ZR 14/91 = WM 1992, 1199, 1200 für die Gläubigerbenachteiligung im Sinne von § 3 AnfG.

339 BGH, Urt. v. 11. 11. 1993 – IX ZR 257/92 = WM 1994, 171, 172; BGH, Urt. v. 11. 6. 1992 – IX ZR 147/91 = WM 1992, 1334, 1336; *Kilger/Schmidt,* KO/VglO/GesO, 17. Auflage, 1997, § 29 Anm. 13; *Kirchhof* in: MünchKomm, InsO, 2002, § 129 Rn 100; *Kreft* in: HK, InsO, 3. Auflage, 2003, § 129 Rn 36.

340 RG, Urt. v. 6. 2. 1896 – VI. 278/95 = RGZ 36, 161, 166 f.; BGH, Urt. v. 11. 7. 1991 – IX ZR 230/90 = WM 1991, 1570, 1575; *Kilger/Schmidt,* KO/VglO/GesO, 17. Auflage, 1997, § 29 Anm. 13; *Marotzke* EWiR 1986, 279, 280 a. E.; *Kirchhof* in: MünchKomm, InsO, 2002, § 129 Rn 100; *Kreft* in: HK, InsO, 3. Auflage, 2003, § 129 Rn 36.

Fall.[341] Keine Gläubigerbenachteiligung liegt hingegen vor, wenn lediglich ein Auswechseln eines Insolvenzgläubigers mit einem anderen gleichrangigen stattgefunden hat.[342]

aa) Debitorisch und kreditorisch geführtes Konto

Mit der Genehmigung der Belastungsbuchung steht der Zahlstelle gemäß §§ 684 S. 2, 683 S. 1, 670 BGB gegen den Insolvenzschuldner ein Aufwendungsersatzanspruch rückwirkend auf den Zeitpunkt der Vornahme der Belastungsbuchung zu.

Wird das Konto des Lastschriftschuldners ohnehin bereits debitorisch geführt, so erhöht der Aufwendungsersatzanspruch der Zahlstelle diesen Kontostand des Schuldners. Die Genehmigung der Belastungsbuchung führt also zunächst zu einer Vermehrung der Verbindlichkeiten des Insolvenzschuldners. Zu beachten ist jedoch, daß der Schuldner mit der Einlösung der Lastschrift durch die Zahlstelle von seiner Verbindlichkeit dem Gläubiger gegenüber befreit wurde. Statt des Gläubigers ist nunmehr die Zahlstelle Inhaberin einer Insolvenzforderung. Weder die Aktivmasse noch die Passivmasse des Schuldners hat sich dadurch geändert. Insoweit fehlt es also an einer Gläubigerbenachteiligung.[343]

Etwas anderes könnte gelten, wenn der Lastschriftschuldner gemäß § 488 Abs. 1 S. 1 BGB einen Anspruch auf Darlehensgewährung gegen seine Bank hatte und dieser Anspruch infolge der genehmigten Lastschrifteinlösung reduziert wurde. Ohne die Genehmigung wäre die Insolvenzmasse zwar mit der Forderung des Lastschriftgläubigers belastet gewesen, der spätere Insolvenzschuldner hätte aber andererseits noch von seinem Anspruch auf Darlehensgewährung Gebrauch machen können. Der Insolvenzmasse geht dieser Anspruch durch die Genehmigung verloren. Die übrigen Insolvenzgläubiger werden insofern benachteiligt.

Entsprechendes kann gelten, wenn die Zahlstelle für die genehmigte Lastschrifteinlösung eine Sicherheit aus dem Vermögen des Schuldners erhalten hat, der Lastschriftgläubiger hingegen nicht der Zahlstelle vergleichbar gesichert war. Die übrigen Insolvenzgläubiger sind benachteiligt, weil die Zahlstelle sich nicht wie der Lastschriftgläubiger mit der Insolvenzquote zufriedengeben muß.[344] Der Vermögenswert der gewährten Sicherheiten stünde den Gläubigern ohne Genehmigung noch zur Verfügung.[345]

---

341 BGH, Urt. v. 2. 6. 2005 – IX ZR 263/03 = ZIP 2005, 1521, 1523.

342 *Kirchhof* in: MünchKomm, InsO, 2002, § 129 Rn 108; *Hirte* in: Uhlenbruck, InsO, 12. Auflage, 2003, § 129 Rn 120.

343 RG, Urt. v. 30. 4. 1901 – VII. 75/01 = RGZ 48, 148, 151; BGH, Urt. v. 4. 11. 2004 – IX 22/03 = WM 2004, 2482, 2486; *Bork,* Zahlungsverkehr in der Insolvenz, 2002, Rn 270.

344 RG, Urt. v. 20. 12. 1912 – VII. 406/12 = RGZ 81, 144, 146; *Bork,* Zahlungsverkehr in der Insolvenz, 2002, Rn 270; *Hirte* in: Uhlenbruck, InsO, 12. Auflage, 2003, § 129 Rn 84.

Wird das Konto des Schuldners auf Guthabenbasis geführt und verringert demzufolge der Aufwendungsersatzanspruch der Zahlstelle den Anspruch des Schuldners auf Auszahlung des Guthabens, so bewirkt die Genehmigung der Belastungsbuchung eine Benachteiligung der übrigen Insolvenzgläubiger. Die Aktivmasse des Insolvenzschuldners wird reduziert.

bb) Bargeschäft

Trotz der vorliegenden Gläubigerbenachteiligung bei kreditorisch und debitorisch geführtem Konto unter den soeben genannten Voraussetzungen könnte die Anfechtung der Genehmigung nur eingeschränkt in Betracht kommen, wenn ein sogenanntes Bargeschäft im Sinne von § 142 InsO vorliegen würde. Ein solches ist gegeben, wenn für die Leistung des Schuldners unmittelbar eine gleichwertige Gegenleistung in das Vermögen des Schuldners gelangt ist, so daß es an einer unmittelbaren Gläubigerbenachteiligung fehlt. Zwar reicht eine mittelbare Gläubigerbenachteiligung für die Anfechtungstatbestände nach §§ 130, 131, 132 Abs. 2 InsO aus. Wären aber alle vom Schuldner abgeschlossenen wertäquivalenten Rechtsgeschäfte wegen Kenntnis einer wirtschaftlichen Krise anfechtbar, würde dies bedeuten, daß der Schuldner während der Krise praktisch vom Geschäftsverkehr ausgeschlossen ist. Sinn und Zweck der Regelung von § 142 InsO besteht also darin, die Anfechtbarkeit solcher wertäquivalenten Geschäfte zu begrenzen.[346]

Die Leistung des Lastschriftschuldners im Sinne von § 142 InsO könnte in der Genehmigung der Belastungsbuchung und dem daraufhin rückwirkend entstandenen Aufwendungsersatzanspruch der Zahlstelle gesehen werden. Die Gegenleistung der Zahlstelle bestünde dann möglicherweise in der Einlösung der Lastschrift.[347]

Zweifelhaft ist aber, ob diese Gegenleistung der Leistung des Schuldners gleichwertig ist.[348] Die anfechtungsrechtliche Begünstigung des Bargeschäfts ist deshalb gerechtfertigt, weil ein ausgleichender Gegenwert in das Vermögen des Schuldners gelangt und damit keine Vermögensverschiebung zu Lasten des Insolvenzschuldners, sondern eine bloße Vermögensumschichtung stattfindet.[349] Als eine bloße

---

345 Eine hiervon zu trennende Frage ist, ob die Sicherheitengewährung der Zahlstelle gegenüber anfechtbar ist. siehe *Obermüller,* Insolvenzrecht in der Bankpraxis, 6. Auflage, 2002, Rn 3.457.

346 Begründung RegE zu § 161 entspricht § 142 InsO, abgedruckt in: *Balz/Landfermann,* Die neuen Insolvenzgesetze, 1995, S. 248 f.; BGH, Beschl. v. 27. 9. 1984 – IX ZR 3/84 = WM 1984, 1430; BGH, Urt. v. 30. 9. 1993 – IX ZR 227/92 = WM 1993, 2099, 2100; *Kirchhof* in: MünchKomm, InsO, 2002, § 142 Rn 1; *Paulus* in: Kübler/Prütting, InsO, Stand: 05/2005, § 142 Rn 1; *Kreft* in: HK, InsO, 3. Auflage, 2003, § 142 Rn 2.

347 So *Bork* in: FS Gerhardt, 2004, S. 69, 85.

348 A. A. *van Gelder* in: Bankrechts-Handbuch, 2. Auflage, 2001, § 59 Rn 2; *Bork,* Zahlungsverkehr in der Insolvenz, 2002, Rn 269; *ders.* in: FS Gerhardt, 2004, S. 69, 85.

349 BGH, Urt. v. 26. 1. 1977 – VIII ZR 122/75 = WM 1977, 254, 255; BGH, Urt. v. 21. 5. 1980 – VIII ZR 40/79 = WM 1980, 779; BGH, Urt. v. 30. 9. 1993 – IX ZR 227/92 = WM

Vermögensumschichtung stellt es sich aber nicht dar, wenn der Schuldner für seine Leistung aus seinem Vermögen lediglich von einer Verbindlichkeit befreit wird. Geht der Aufwendungsersatzanspruch zu Lasten eines kreditorisch geführten Kontos, liegt dies besonders deutlich auf der Hand. Für die Reduzierung der Aktivmasse erfolgt kein gleichwertiger Ausgleich, sondern lediglich die entsprechende Reduzierung der Passivmasse.

Darüber hinaus erfordert die Annahme eines Bargeschäfts auch, daß Leistung und Gegenleistung unmittelbar, das bedeutet in einem engen zeitlichen Zusammenhang, ausgetauscht werden. Daran könnte es ebenso fehlen, wenn zwischen Einlösung der Lastschrift, die nach der hier vertretenen Auffassung bereits zur Erfüllung der Forderung des Gläubigers führt, und Genehmigung der Belastungsbuchung mehrere Wochen oder Monate liegen.[350] Für einen unmittelbaren zeitlichen Zusammenhang spricht immerhin, daß mit der Genehmigung der Aufwendungsersatzanspruch der Zahlstelle gemäß § 184 Abs. 1 BGB rückwirkend auf den Zeitpunkt der Belastungsbuchung entsteht. Regelmäßig wird dazu in zeitlich enger Abfolge die Erfüllungswirkung beim Gläubiger infolge der Einlösung eingetreten sein.[351] Die Frage, welche Zeitspanne zwischen Leistung und Gegenleistung liegen darf, um das Kriterium der Unmittelbarkeit noch zu erfüllen, muß schließlich anhand von Sinn und Zweck der Norm beantwortet werden. Ein Bargeschäft im Sinne von § 142 InsO ist abzulehnen, wenn das Rechtsgeschäft nach der Verkehrsanschauung nicht mehr als einheitliche Bardeckung, sondern schon als Kreditgewährung im weiteren Sinne zu beurteilen wäre.[352] Für eine Wertung als Kreditgeschäft spricht zunächst, daß die Zahlstelle mit Einlösung der Lastschrift und der damit verbundenen Erfüllungswirkung beim Schuldner erst einmal in „Vorleistung" für den Schuldner getreten ist. Die Leistung hierfür ist der Zahlstelle jedoch erst im Zeitpunkt der Genehmigung – wenn auch rückwirkend – zugeflossen. Gegen die Qualifizierung als Kreditgeschäft läßt sich aber anführen, daß die „Vorleistung" der Zahlstelle ohne eine Vereinbarung mit dem Lastschriftschuldner erfolgte. Die Zahlstelle war zur Vornahme der Belastungsbuchung im Verhältnis zum Schuldner nicht berechtigt. Deshalb ist der Lastschriftschuldner gegenüber der Zahlstelle frei in seiner Entscheidung, ob er die Belastungsbuchung genehmigt oder die Genehmigung verweigert.[353] Erbringt jedoch der Schuldner eine Leistung, zu der er ohne die angefochtene Rechtshandlung überhaupt nicht verpflichtet

---

1993, 2099, 2100; *Zeuner* in: Smid, InsO, 2. Auflage, 2001, § 142 Rn 2; *Kreft* in: HK, InsO, 3. Auflage, 2003, § 142 Rn 7.

350 Nach der Auffassung, die die Erfüllung der Geldschuld erst mit Genehmigung der Belastungsbuchung eintreten lassen will, ist der unmittelbare zeitliche Zusammenhang gegeben.

351 So auch *Bork* in: FS Gerhardt, 2004, S. 69, 85.

352 BGH, Urt. v. 18. 7. 2002 – IX ZR 480/00 = WM 2002, 1808, 1809; *Kirchhof* in: MünchKomm, InsO, 2002, § 142 Rn 15; *Paulus* in: Kübler/Prütting, InsO, Stand: 05/2005, § 142 Rn 5.

353 *van Gelder* in: Bankrechts-Handbuch, 2. Auflage, 2001, § 58 Rn 57; siehe auch Ausführungen unter B.II.2.d).

war, so ist die Annahme eines Bargeschäfts im Sinne von § 142 InsO generell ausgeschlossen.[354]

Die Beschränkung der Anfechtungsmöglichkeit nach § 142 InsO scheidet demzufolge aus.

b) Richtiger Anfechtungsgegner

Die Ablehnung eines Bargeschäfts im Sinne von § 142 InsO bedeutet aber nicht, daß damit die Genehmigung der Belastungsbuchung der Zahlstelle gegenüber anfechtbar ist, wenn eine Gläubigerbenachteiligung vorliegt. Es muß vielmehr der Frage nachgegangen werden, ob die Zahlstelle überhaupt als richtiger Anfechtungsgegner in Betracht kommt.

aa) Zahlstelle als Zwischenperson vergleichbar den Anweisungsfällen

Die Zahlstelle vermittelt mit der Gutschrift zugunsten der ersten Inkassostelle letztlich eine Leistung des Lastschriftschuldners an den Lastschriftgläubiger. Als Bank des Schuldners wird sie zwar nur auf Weisung der ersten Inkassostelle tätig, dennoch will die Zahlstelle nicht an die erste Inkassostelle leisten. Diese ist lediglich als Leistungsmittlerin tätig.[355] Wird die Belastungsbuchung genehmigt, steht fest, daß die Lastschrifteinlösung durch die Zahlstelle im Interesse des Lastschriftschuldners erfolgte. Die Zahlstelle erhält rückwirkend für ihre Aufwendungen, die sie mit der Gutschrift an die erste Inkassostelle oder Zwischenbank erbracht hat, einen Ersatzanspruch. Das Tätigwerden als Zahlstelle beim Lastschrifteinzug hat also der Bank des Insolvenzschuldners keinen wirtschaftlichen Vorteil gebracht. Vielmehr ist der wirtschaftliche Wert aus dem Vermögen des Lastschriftschuldners dem Lastschriftgläubiger zugeflossen, denn durch die Genehmigung der Lastschrifteinlösung wurde die Gutschrift für den Gläubiger endgültig und dadurch seine Forderung gegen den Schuldner endgültig erfüllt.

Es ist deshalb gerechtfertigt, die Zahlstelle einer Zwischenperson gleichzustellen, die mit einer einheitlichen Handlung sowohl eine Leistung des Lastschriftschuldners an den Lastschriftgläubiger vermittelt als auch die Minderung des Schuldnervermögens bewirkt hat. Diesem Ablauf beim Lastschrifteinzug sind die sogenannten Anweisungsfälle vergleichbar. Ebenso wie die Zahlstelle wird das Kreditinstitut eines Schuldners, das in dessen Auftrag und für dessen Rechnung eine Überweisung an einen Dritten vornimmt, lediglich als Zwischenperson tätig.[356] Das gleiche gilt für einen Käufer, der aufgrund einer Vereinbarung mit dem späteren

---

[354] *Kirchhof* in: MünchKomm, InsO, 2002, § 142 Rn 6; *Zeuner* in: Smid, InsO, 2. Auflage, 2001, § 142 Rn 5.

[355] BGH, Urt. v. 20. 6. 1977 – II ZR 169/75 = WM 1977, 1196, 1197; *Weber*, Recht des Zahlungsverkehrs, 4. Auflage, 2004, S. 194 f.

[356] *Paulus* in: Kübler/Prütting, InsO, Stand: 05/2005, § 130 Rn 16 f.

Insolvenzschuldner und Verkäufer den Kaufpreis nicht an diesen, sondern an dessen Gläubiger zahlt.[357] Anfechtungsrechtlich wird in all diesen Fällen die Leistung der Zwischenperson als eine eigene Leistung des Insolvenzschuldners an den Dritten angesehen mit der Folge, daß eine Anfechtung der ausgeführten Leistung durch den Insolvenzverwalter nur gegen den Dritten in Betracht kommt.[358] Das hat auch für den Lastschrifteinzug im Einzugsermächtigungsverfahren zu gelten. Da nicht der Insolvenzschuldner selbst, sondern eine Zwischenperson die Leistung an den Empfänger erbringt, spricht man auch von mittelbaren Zuwendungen.[359]

bb) Parallele zum Bereicherungsausgleich im Dreipersonenverhältnis

Die Frage nach dem richtigen Begünstigten einer Rechtshandlung im anfechtungsrechtlichen Sinne weist daher erkennbare Parallelen zu der bereicherungsrechtlichen Frage im Dreipersonenverhältnis auf, ob und an wen eine Zuwendung als Leistung im Sinne einer bewußten, zweckgerichteten Mehrung fremden Vermögens[360] anzusehen ist.[361] Wird dieser bereicherungsrechtlichen Frage nachgegangen, so läßt sich – wie bereits ausgeführt – feststellen, daß die Zahlstelle mit der Einlösung der Lastschrift eine Leistung des Lastschriftschuldners an dessen Gläubiger erbringt und aus der Sicht des Lastschriftgläubigers dies auch erkennbar ist. Die Besonderheit des Einzugsermächtigungsverfahrens, daß die Zahlstelle die Einlösung der Lastschrift zunächst ohne Berechtigung dem Schuldner gegenüber vornimmt, ändert daran nichts. Hat der Lastschriftschuldner dem Gläubiger eine Einzugsermächtigung aufgrund einer wirksamen Abrede im Grundverhältnis erteilt, ist dem Schuldner die Zahlung seiner Bank als seine Leistung an den Lastschriftgläubiger zurechenbar.[362] Im bereicherungsrechtlichen Sinne ist also grundsätzlich der Lastschriftgläubiger als Leistungsempfänger anzusehen. Dieses Ergebnis rechtfertigt sich auch, wenn die beim Bereicherungsausgleich in den Anweisungsfällen zu beachtenden Grundsätze herangezogen werden: Jeder Partei eines fehlerhaften Kausalverhältnisses sollen die Einwendungen gegen die jeweils andere Partei erhalten bleiben. Jede Partei soll vor Einwendungen aus fremden

---

[357] BGH, Urt. v. 16. 9. 1999 – IX ZR 204/98 = WM 1999, 2179, 2181.

[358] BGH, Urt. v. 16. 9. 1999 – IX ZR 204/98 = WM 1999, 2179, 2181; *Kirchhof* in: MünchKomm, InsO, 2002, § 129 Rn 49.

[359] BGH, Urt. v. 16. 9. 1999 – IX ZR 204/98 = WM 1999, 2179, 2181; *Lüke* ZIP 2001, 1, 2; *Paulus* in: Kübler/Prütting, InsO, Stand: 05/2005, § 129 Rn 23; differenzierend *Kirchhof* in: MünchKomm, InsO, 2002, § 129 Rn 53.

[360] BGH, 31. 10. 1963 – VII ZR 285/61 = WM 1964, 85, 86; *Lieb* in: MünchKomm, BGB, 4. Auflage, 2004, § 812 Rn 26.

[361] Die Zuordnungskriterien entsprechen denen des Leistungsbegriffs im bereicherungsrechtlichen Sinne. so ausdrücklich BGH, Urt. v. 16. 9. 1999 – IX ZR 204/98 = WM 1999, 2179, 2180; *Kirchhof* in: MünchKomm, InsO, 2002, § 129 Rn 49.

[362] *Weber,* Recht des Zahlungsverkehrs, 4. Auflage, 2004, S. 194 f.; *Lieb* in: MünchKomm, BGB, 4. Auflage, 2004, § 812 Rn 104; siehe auch Ausführungen unter B.II.2.c)bb)(2)(aa).

gestörten Leistungsverhältnissen, die den Vertragspartner mit Dritten verbinden, geschützt sein. Das Insolvenzrisiko soll angemessen so verteilt werden, daß jede Partei nur die Folgen der Zahlungsunfähigkeit desjenigen zu tragen hat, den sie sich selbst als Partner ausgesucht hat.[363] Insbesondere die Frage nach der Verteilung des Insolvenzrisikos spricht dafür, daß zwischen Lastschriftschuldner und Lastschriftgläubiger bei Zahlung mittels Lastschrift eine Leistung vorliegt. Denn wäre die Zahlstelle auf einen Anspruch gegen den Lastschriftgläubiger verwiesen, hätte sie dessen Insolvenzrisiko zu tragen, obwohl der Lastschriftschuldner es war, der sich den Gläubiger ausgesucht hat. Die Zahlstelle kann sich von dessen Bonität regelmäßig keinen Eindruck verschaffen.

Wird also die Frage nach dem richtigen Anfechtungsgegner mit Hilfe des Bereicherungsrechts im Dreipersonenverhältnis beantwortet, so ist der Lastschriftgläubiger als Leistungsempfänger im bereicherungsrechtlichen Sinne auch der richtige Anfechtungsgegner bei mittelbaren Zuwendungen im Wege des Lastschrifteinzugs.

Gegen ein Heranziehen des Bereicherungsrechts im Dreipersonenverhältnis könnte nun angeführt werden, das Anfechtungsrecht nach §§ 129 ff. InsO kenne keinen Vorrang der Leistungskondiktion.[364] Das würde bedeuten, daß zwar die Erfüllung der Forderung gegenüber dem Lastschriftempfänger angefochten werden kann. Damit wäre aber noch nicht die Anfechtung der Genehmigung gegenüber der Zahlstelle ausgeschlossen. Letztlich spricht ein Vergleich der beiden möglichen Anfechtungsgegner dafür, daß nur der Lastschriftgläubiger als solcher in Betracht kommt. Die Zahlstelle erlangt durch die genehmigte Einlösung einen Aufwendungsersatzanspruch. In derselben Höhe wird sie von einem Auszahlungsanspruch oder Kreditgewährungsanspruch des Lastschriftschuldners befreit. Hierfür leistet sie die Gutschrift. Hingegen erhält der Lastschriftgläubiger den Vermögenswert, der ihm durch den Verlust desselben für die Masse geleistet wurde.[365] Es entspricht dem Schutzzweck der insolvenzrechtlichen Anfechtungsnormen, daß der Insolvenzverwalter Rückgewähr regelmäßig nur von demjenigen verlangen kann, dem der Vorteil, der bei wirtschaftlicher Betrachtungsweise die Masseschmälerung ausmacht, auch zugeflossen ist.[366]

Könnte der Insolvenzverwalter die Genehmigung der Belastungsbuchung gegenüber der Zahlstelle anfechten und den Wert des Aufwendungsersatzanspruchs zur Masse verlangen, so liefe dies zusätzlich auf eine unzulässige Massebereicherung[367]

363 *Lieb* in: MünchKomm, BGB, 4. Auflage, 2004, § 812 Rn 40.

364 *Lüke* ZIP 2001, 1, 8; ähnlich auch *Henckel* in: Jaeger, KO, 9. Auflage, 1997, § 30 Rn 149 der statt dessen auf den Rechtsgedanken von § 816 Abs. 2 BGB verweist, aber zum selben Ergebnis gelangt.

365 I.E. ebenso *Lüke* ZIP 2001, 1, 8; *Henckel* in: Jaeger, KO, 9. Auflage, 1997, § 30 Rn 151; *Kirchhof* in: MünchKomm, InsO, 2002, § 129 Rn 147, 49, 144.

366 Vgl. auch BGH, Urt. v. 16. 9. 1999 – IX ZR 204/98 = WM 1999, 2179, 2181.

367 BGH, Urt. v. 16. 9. 1999 – IX ZR 204/98 = WM 1999, 2179, 2181.

hinaus. Denn die Masse bliebe von der Forderung des Lastschriftgläubigers befreit. Diese Forderung wurde durch die Lastschrifteinlösung seitens der Zahlstelle bereits erfüllt.

c) Zwischenergebnis

Die Anfechtung der Genehmigung einer Belastungsbuchung gegenüber der Zahlstelle nach Maßgabe der §§ 129 ff. InsO scheidet aus. Die Zahlstelle ist bei der Begleichung einer Zahlungsforderung im Wege des Einzugsermächtigungsverfahrens nicht der richtige Anfechtungsgegner.

3. Anfechtung gegenüber dem Lastschriftgläubiger

Dem Insolvenzverwalter bleibt demzufolge nur die Möglichkeit, dem Lastschriftgläubiger gegenüber die infolge der Einlösung der Lastschrift eingetretene Erfüllung seiner Forderung anzufechten.

a) Gläubigerbenachteiligung

Die übrigen Insolvenzgläubiger werden durch die Erfüllung der Forderung des Lastschriftgläubigers nur dann benachteiligt, wenn die Einlösung der Lastschrift genehmigt wurde und der Aufwendungsersatzanspruch der Zahlstelle zu Lasten eines kreditorischen Kontos des Insolvenzschuldners ging. Bei einem debitorisch geführten Konto bewirkt die genehmigte Lastschrifteinlösung zunächst einen bloßen Forderungstausch. Statt des Lastschriftgläubigers ist nunmehr die Zahlstelle Forderungsinhaberin. Eine Gläubigerbenachteiligung kann aber dann vorliegen, wenn der Zahlstelle für die Lastschrifteinlösung Sicherheiten bestellt worden sind oder durch die genehmigte Einlösung ein Darlehensgewährungsanspruch des Lastschriftschuldners reduziert wurde. Insofern gilt also das bereits zur Anfechtung gegenüber der Zahlstelle Gesagte.[368]

Der Lastschriftgläubiger hat die Erfüllung zwar nicht unmittelbar aus dem Vermögen des Schuldners erhalten. Es handelt sich vielmehr um eine mittelbare Zuwendung des Zahlungspflichtigen an den Zahlungsempfänger, indem die Zahlstelle im Interesse ihres Kunden die Lastschrift einlöste.[369] Soweit in einem früheren Urteil des BGH[370] vertreten wurde, der Lastschriftgläubiger habe nichts aus dem Vermögen des Gemeinschuldners erlangt, kann dem nicht gefolgt werden. In den Urteilsgründen findet sich dazu die Aussage, der Zahlungsempfänger habe den Gegenwert für seine Forderungen gegen den Zahlungspflichtigen bereits durch Kre-

---

368 Siehe Ausführungen unter IV.2.a)aa).

369 Siehe Ausführungen unter IV.2.b).

370 BGH, Urt. v. 12. 5. 1980 – VIII ZR 170/79 = WM 1980, 738 f.

ditgewährung der ersten Inkassostelle erhalten. Die Abdeckung dieses Kredits sei dann dadurch erfolgt, daß die Zahlstelle die Lastschriften eingelöst habe.[371] Diese Argumentation verkennt, daß der Lastschriftschuldner durch seine Bank nicht an die Bank des Lastschriftgläubigers leistet, sondern an diesen selbst. Die erste Inkassostelle ist lediglich Zahlungsmittlerin und nicht Zahlungsempfängerin.[372]

b) Zeitpunkt der Vornahme der Rechtshandlung

Erfolgte der Lastschrifteinzug aufgrund einer fälligen und wirksamen Forderung des Zahlungsempfängers, so wird als besonderer Anfechtungstatbestand in erster Linie § 130 InsO in Betracht kommen. Hatte der Lastschriftgläubiger den Lastschriftbetrag vom Lastschriftschuldner gar nicht zu beanspruchen, war die Forderung, die mittels Lastschrift eingezogen wurde, noch nicht fällig oder hatte der Schuldner dem Gläubiger keine Einzugsermächtigung erteilt, so ist in dem Erhalt des Lastschriftbetrages eine inkongruente Deckung im Sinne von § 131 InsO zu sehen.[373]

Für die Anfechtung einer Rechtshandlung, die zu einer kongruenten Befriedigung des Gläubigers geführt hat, kommt es nach § 130 InsO darauf an, wann die Rechtshandlung vorgenommen wurde. Je nach dem, ob die Rechtshandlung innerhalb der letzten drei Monate vor dem Antrag auf Eröffnung des Insolvenzverfahrens oder danach erfolgte, knüpft das Gesetz daran weitere unterschiedliche objektive und subjektive Tatbestandsmerkmale, deren Vorliegen eine Frage des Einzelfalls ist.

In allen diesen Fällen stellt sich aber die Frage, zu welchem Zeitpunkt bei einem Lastschrifteinzug im Einzugsermächtigungsverfahren die anzufechtende Rechtshandlung als vorgenommen gilt. Dazu bestimmt zunächst § 140 Abs. 1 InsO, daß es auf den Eintritt der rechtlichen Wirkungen der Rechtshandlung ankommt. Fraglich ist aber, welche rechtlichen Wirkungen der Rechtshandlung gemeint sind. So könnte zum einen auf die bloße Erfüllungswirkung beim Lastschriftgläubiger abgestellt werden, die nach hier vertretener Auffassung bereits mit Einlösung der Lastschrift eintritt. Als zweite Möglichkeit kommt der Zeitpunkt in Betracht, in dem die vermögensschmälernde Wirkung der Rechtshandlung beim Schuldner eintritt. Dies wäre beim Einzugsermächtigungsverfahren der Zeitpunkt der Belastungsgenehmigung.

---

371 BGH, Urt. v. 12. 5. 1980 – VIII ZR 170/79 = WM 1980, 738.

372 *Canaris* ZIP 1980, 516, 517; Kilger, KO, 15. Auflage, 1987, § 30 Anm. 14; OLG Düsseldorf, Urt. v. 20. 12. 1980 – 12 U 206/89 = ZIP 1991, 330, 331 f. Die spätere Entscheidung des BGH zur Anfechtbarkeit der Erfüllung gegenüber dem Zahlungsempfänger thematisiert die Frage, ob der Empfänger etwas aus dem Schuldnervermögen erlangt hat, nicht mehr (BGH, Urt. v. 19. 12. 2002 – IX ZR 377/99 – WM 2003, 524 ff.).

373 Regelmäßig wird es dann aber nicht zu einer Genehmigung der Belastungsbuchung, sondern zu einem Widerspruch kommen.

aa) Auffassung im Schrifttum

Im Schrifttum wird vertreten, daß für die Anfechtung einer Zahlung im Wege des Einzugsermächtigungsverfahrens der Moment der Genehmigung der Belastungsbuchung entscheidend für das Vorliegen der weiteren Anfechtungsvoraussetzungen sei.[374] Die Begründungen unterscheiden sich allerdings. Zum einen wird mehr darauf abgestellt, wann die Forderung beim Gläubiger erfüllt ist und daß die Erfüllungswirkung im Valutaverhältnis eben erst bei Genehmigung eintrete.[375]

Zum anderen wird verstärkt auf die vermögensschmälernde Wirkung der Rechtshandlung abgestellt und darauf verwiesen, daß es ohne Genehmigung auch keine Belastung des Schuldnervermögens gebe.[376]

bb) Rechtsprechung des BGH

Der BGH[377] scheint für den anfechtungsrelevanten Zeitpunkt einer Zahlung im Einzugsermächtigungsverfahren darauf abzustellen, wann die gläubigerbenachteiligende Wirkung eintritt. Noch unter der Geltung der Konkursordnung entschied das Gericht, daß eine Verkürzung des Schuldnervermögens noch nicht unvermeidlich eingetreten sei, solange einer im Einzugsermächtigungsverfahren erfolgten Lastschrift noch widersprochen werden könne. Demzufolge komme es auf den Zeitpunkt der Genehmigung an.[378] Ausdrücklich offen ließ der Senat die Frage, welche anfechtungsrechtliche Wirkung es hätte, wenn man die Gutschrift beim Lastschriftgläubiger nach der Einlösung durch die Zahlstelle als auflösend bedingt ansähe. Eine § 140 Abs. 3 InsO vergleichbare Regelung kenne die Konkursordnung nicht.[379]

cc) Eigene Auffassung

Die Forderung des Lastschriftgläubigers, die er im Wege des Einzugsermächtigungsverfahrens einzieht, ist bereits mit Einlösung der Lastschrift durch die Zahlstelle erfüllt, wenn auch auflösend bedingt durch Rückbelastung infolge eines Widerspruchs des Lastschriftschuldners.[380] Es handelt sich dennoch nicht um einen Anwendungsfall von § 140 Abs. 3 InsO, der zur Folge hätte, daß für die weiteren Anfechtungsvoraussetzungen der frühere Zeitpunkt der Lastschriftein-

---

374 *Bork* in: FS Gerhardt, 2004, 69, 87; *Kirchhof* in: MünchKomm, InsO, 2002, § 140 Rn 9; *Fischer* ZIP 2004, 1679, 1681 f.

375 *Kirchhof* in: MünchKomm, InsO, 2002, § 140 Rn 9; *Fischer* ZIP 2004, 1679, 1681 f.

376 *Bork* in: FS Gerhardt, 2004, 69, 87.

377 BGH, Urt. v. 19. 12. 2003 – IX ZR 377 / 99 = WM 2003, 524 ff.

378 BGH, Urt. v. 19. 12. 2003 – IX ZR 377 / 99 = WM 2003, 524, 526.

379 BGH, Urt. v. 19. 12. 2003 – IX ZR 377 / 99 = WM 2003, 524, 526.

380 Siehe Ausführungen unter II.2.b).

lösung maßgebend wäre. Nach § 140 Abs. 3 InsO bleibt bei bedingten Rechtshandlungen der Eintritt der Bedingung für die Bestimmung des maßgeblichen Zeitpunkts der Vornahme der Rechtshandlung außer Betracht.[381] Wird die eingelöste Lastschrift nach Genehmigung der Belastungsbuchung angefochten, ist die Erfüllungswirkung beim Lastschriftgläubiger bereits endgültig. Sie steht nicht mehr unter einer auflösenden Bedingung. Nach § 140 Abs. 3 InsO soll der Eintritt der Bedingung, nicht aber der Wegfall der Bedingtheit unberücksichtigt bleiben. Infolgedessen ist für die Bestimmung des maßgeblichen Zeitpunkts der Vornahme der Rechtshandlung auf die Grundregel in § 140 Abs. 1 InsO zurückzugreifen.

Fraglich ist deshalb, was unter dem Begriff *„rechtliche Wirkungen"* in § 140 Abs. 1 InsO zu verstehen ist. Beziehen sich die rechtlichen Wirkungen nur auf die Rechtshandlung, wofür das Wort *„ihre"* im Gesetzestext spricht, so wäre die Rechtshandlung immer schon dann vorgenommen, wenn sie wirksam mit dem letzten Teilakt vollendet ist. Versteht man hingegen § 140 InsO als Ergänzung zu § 129 InsO,[382] so könnte die Rechtshandlung erst zu dem Zeitpunkt als vorgenommen anzusehen sein, wenn die Vermögensverkürzung beim Schuldner unvermeidlich geworden ist.

Die Begründung des Gesetzgebers legt eher die Auslegung nahe, es komme für die Bestimmung des Zeitpunkts, wann eine Rechtshandlung im anfechtungsrechtlichen Sinne vorgenommen wurde, nicht auf eine Vermögensverkürzung an. Gemeinsamer Grundgedanke der Regelung der verschiedenen Absätze in § 140 InsO sei es, daß der Zeitpunkt entscheidet, in dem durch die Rechtshandlung eine Rechtsposition begründet worden ist, die im Falle der Eröffnung eines Insolvenzverfahrens beachtet werden müßte. Bei einer Rechtshandlung, die aus mehreren Teilakten besteht, komme es darauf an, wann der letzte zur Wirksamkeit erforderliche Teilakt erfolge.[383] Das Kriterium der Wirksamkeit bezieht sich ganz offensichtlich auf die Rechtshandlung.[384] Ein Bezug zu einer Minderung des Schuldnervermögens läßt sich der Gesetzesbegründung nicht entnehmen.

Die systematische Stellung der Norm im Abschnitt der Insolvenzanfechtung spricht eher dafür, daß bei der Auslegung von § 140 Abs. 1 InsO auch der Zeitpunkt der Vermögensverkürzung berücksichtigt werden muß. Denn nach § 129 InsO sind nur Rechtshandlungen anfechtbar, die zu einer Gläubigerbenachteiligung geführt haben.

Für diese Sichtweise kann auch der Sinn und Zweck der gesamten Anfechtungsnormen angeführt werden. Mit Hilfe des Anfechtungsrechts sollen nicht bloße

381 Siehe auch *Gerhardt* EWiR 2003, 427, 428.

382 So *Kirchhof* in: MünchKomm, InsO, 2002, § 140 Rn 3.

383 Begründung RegE zu § 159 entspricht § 140 InsO, abgedruckt in: *Balz/Landfermann*, Die neuen Insolvenzgesetze, 1995, S. 246 f.

384 Es ist zudem mißverständlich, denn die Wirksamkeit der Vermögensübertragung ist keine zwingende Voraussetzung für die Anfechtbarkeit. Vgl. *Paulus* in: Kübler/Prütting, InsO, Stand: 05/2005, § 140 Rn 3.

Handlungen rückgängig gemacht, sondern gläubigerbenachteiligende Wirkungen beseitigt werden.[385]

Darüber hinaus handelt es sich bei der Zahlung im Wege des Einzugsermächtigungsverfahrens um eine mittelbare Zuwendung an den Lastschriftgläubiger und nicht um ein aus mehreren Rechtsakten bestehendes Rechtsgeschäft. Bei einem zusammengesetzten Rechtsgeschäft, wie z. B. der Abtretung zukünftiger Forderungen, tritt die Vermögensverschiebung erst mit dem zweiten Akt, im Beispielsfall mit dem Entstehen der abgetretenen Forderungen,[386] ein, während bei einer mittelbaren Vermögenszuwendung regelmäßig schon der sie einleitende Akt zu einer Verminderung des Schuldnervermögens führt.[387] Die Zahlung mittels Einzugsermächtigungslastschrift weist nun die Besonderheit auf, daß der vermögensmindernde Akt erst durch das später hinzutretende Ereignis der Genehmigungserklärung oder Genehmigung nach Nr. 7 Abs. 3 AGB-Banken erfolgt. Zuvor ist der zwischengeschalteten Zahlstelle noch kein Anspruch entstanden. Auf diesen Zeitpunkt der Vermögensschmälerung beim Schuldner kommt es für das Vorliegen der weiteren Anfechtungsvoraussetzungen an.[388]

c) Unanfechtbarkeit wegen Genehmigung durch vorläufigen Insolvenzverwalter

Es stellt sich allerdings die Frage, ob der Insolvenzverwalter auch solche Zahlungen anfechten kann, bei denen zwar die Lastschrifteinlösung bereits vor Antragstellung erfolgte, aber erst der vorläufige Insolvenzverwalter die Zustimmung zur Genehmigung der Belastungsbuchung oder die Genehmigung selbst erteilt hat, weil auf ihn die Verwaltungs- und Verfügungsbefugnis für das Schuldnervermögen gemäß § 22 Abs. S. 1 InsO übergegangen ist. Insofern könnte es sich um widersprüchliches Verhalten handeln, so daß eine Zahlungsanfechtung des Insolvenzverwalters als mißbräuchlich und damit unwirksam im Sinne von § 242 BGB angesehen werden könnte.[389] Nach allgemeinen Grundsätzen ist ein widersprüchliches Verhalten aber nur dann mißbräuchlich, wenn für den anderen Teil ein Vertrauenstatbestand geschaffen worden ist oder andere besondere Umstände die Rechtsausübung als treuwidrig erscheinen lassen.[390]

---

385 *Henckel* in: Kölner Schrift, 2. Auflage, 2000, 813, 847.

386 BGH, Urt. v. 30. 6. 1959 – VIII ZR 11/59 = WM 1959, 944; *Paulus* in: Kübler/Prütting, InsO, Stand: 05/2005, § 140 Rn 4.

387 *Kuhn* KTS 1963, 65, 77.

388 Im Ergebnis ebenso für mittelbare Zuwendungen *Hirte* in: Uhlenbruck, 12. Auflage, 2003, § 129 Rn 88; *Kirchhof* in: MünchKomm, InsO, 2002, § 140 Rn 22; *Kilger/Schmidt*, KO/VglO/GesO, 17. Auflage, 1997, § 29 KO Anm. 13.

389 *Kirchhof* ZInsO 2000, 297, 299.

390 BGH, Urt. v. 20. 3. 1986 – III ZR 236/84 = WM 1986, 608, 610; BGH, Urt. v. 5. 12. 1991 – IX ZR 271/90 = WM 1992, 411, 412; BGH, Urt. v. 5. 6. 1997 – X ZR 73/95 = NJW 1997, 3377, 3379; *Heinrichs* in: Palandt, BGB, 64. Auflage, 2005, § 242 Rn 55.

Bei der Anfechtung von Rechtshandlungen, an denen der vorläufige Insolvenzverwalter mitgewirkt hat, ist zu unterscheiden, ob es sich um einen vorläufigen Verwalter mit Verwaltungs- und Verfügungsbefugnis gemäß § 22 Abs. 1 S. 1 InsO gehandelt hat oder ob ein vorläufiger Verwalter zwar bestellt, aber lediglich ein Zustimmungsvorbehalt gemäß § 21 Abs. 2 S. 1 Nr. 2 Fall 2 InsO angeordnet wurde.

aa) Vorläufiger Insolvenzverwalter mit Verwaltungs- und Verfügungsbefugnis

Die Stellung des vorläufigen Insolvenzverwalters mit Verwaltungs- und Verfügungsbefugnis entspricht nahezu derjenigen des endgültigen Insolvenzverwalters.[391] Dies kommt insbesondere darin zum Ausdruck, daß gemäß § 55 Abs. 2 InsO Verbindlichkeiten, die der vorläufige Insolvenzverwalter mit Verwaltungs- und Verfügungsbefugnis begründet, nach Verfahrenseröffnung als Masseverbindlichkeiten gelten. Nach § 53 InsO werden diese Verbindlichkeiten vorweg berichtigt. Dem Gesetz ist demzufolge die Wertung zu entnehmen, daß Rechtshandlungen, die Masseverbindlichkeiten wirksam entstehen lassen, nach Eröffnung des Insolvenzverfahrens nicht wieder mit Hilfe der Anfechtung rückgängig gemacht werden können.[392] Es ist also danach zu fragen, ob ein vorläufiger Insolvenzverwalter mit Verwaltungs- und Verfügungsbefugnis, der eine Belastungsbuchung genehmigt, eine Masseverbindlichkeit begründet hat. Mit der Belastungsbuchung macht die Zahlstelle einen Anspruch auf Aufwendungsersatz für eine Geschäftsführung ohne Auftrag geltend, die in der Einlösung der Lastschrift zu sehen ist. Diese Tätigkeit hat bei den hier zu betrachtenden Fällen vor Bestellung des vorläufigen Insolvenzverwalters stattgefunden. Bringt der vorläufige Verwalter nun mit seiner Genehmigung zum Ausdruck, daß die bereits stattgefundene Geschäftsführung im Interesse der Insolvenzmasse war, so wird dadurch keine neue Verbindlichkeit im Sinne von § 55 Abs. 2 InsO begründet.[393] § 55 Abs. 2 InsO dient dem Schutz der Personen, die Geschäfte mit einem vorläufigen Insolvenzverwalter während des Antragsverfahrens abschließen.[394] Die nachträgliche Zustimmung des vorläufigen Insolvenzverwalters zu einer schon vorgenommenen Geschäftsführung kann dem nicht gleichgestellt werden. Eine Masseverbindlichkeit ist demzufolge mit der Genehmigung nicht entstanden. Die Zahlung kann angefochten werden.

---

391 *Uhlenbruck/Berscheid* in: Uhlenbruck, InsO, 12. Auflage, 2003 § 55 Rn 80.

392 *Kirchhof* ZInsO 2000, 297; *Henckel* in: Jaeger, InsO, 2004, § 55 Rn 90.

393 Vgl. *Hefermehl* in: MünchKomm, InsO, 2001, § 55 Rn 66 für die Genehmigung einer Geschäftsführung ohne Auftrag nach Eröffnung des Insolvenzverfahrens.

394 Begründung RegE zu § 64 entspricht § 55 Abs. 1 und Abs. 2 InsO, abgedruckt in: *Balz/Lanfermann,* Die neuen Insolvenzgesetze, 1995, S. 133.

bb) Vorläufiger Insolvenzverwalter mit Anordnung eines Zustimmungsvorbehalts

Für den vorläufigen Insolvenzverwalter, der lediglich mit einem Zustimmungsvorbehalt gemäß § 22 Abs. 2 S. 1 Nr. 2 Fall 2 InsO ausgestattet war, ist § 55 Abs. 2 InsO nicht anwendbar.[395] Demzufolge kann die Frage nach der Begründung von Masseverbindlichkeiten kein taugliches Abgrenzungskriterium sein, wenn zu klären ist, ob der Insolvenzverwalter eine Rechtshandlung anfechten kann, zu der der vorläufige Insolvenzverwalter seine Zustimmung erteilt hat. Es kann jedoch auf die allgemeinen Grundsätze des Vertrauensschutzes zurückgegriffen werden. Demgemäß müßte der Leistungsempfänger zunächst auf die Rechtsbeständigkeit des Verhaltens des vorläufigen Insolvenzverwalters vertraut haben, und dieses Vertrauen müßte auch als schutzwürdig anzusehen sein.[396] Stimmt der vorläufige Insolvenzverwalter der Genehmigung einer Belastungsbuchung zu, so ist schon fraglich, ob der Lastschriftgläubiger hiervon überhaupt Kenntnis erlangt. Ohne Kenntnis der Handlung des vorläufigen Insolvenzverwalters kann ein Vertrauenstatbestand schwer begründet werden. Jedenfalls wäre ein Vertrauen des Lastschriftgläubigers in die Zustimmung des Verwalters nicht schutzwürdig. Die Genehmigung der Belastungsbuchung bezieht sich auf eine Geschäftsführung, die schon vor Bestellung des vorläufigen Insolvenzverwalters stattgefunden hat. Die Zahlstelle löste die Lastschrift ein. Einem neuen schutzwürdigen Vertragsschluß[397] zwischen Lastschriftgläubiger und Lastschriftschuldner, dem der vorläufige Verwalter zustimmt, kommt dies nicht gleich.

Der endgültige Insolvenzverwalter kann also die Zahlung an den Lastschriftgläubiger im Wege des Einzugsermächtigungsverfahrens nach Maßgabe der §§ 129 ff. InsO anfechten. Hat der vorläufige Insolvenzverwalter seine Zustimmung zur Genehmigung einer Belastungsbuchung erteilt oder sie gar selbst genehmigt, weil auf ihn die Verwaltungs- und Verfügungsbefugnis übergegangen ist, schränkt dies die Anfechtbarkeit des Leistungsempfangs nicht ein.

---

395 H. M. BGH, Urt. v. 18. 7. 2002 – IX ZR 195/01 = WM 2002, 1888, 1889 ff.; BGH, Urt. v. 13. 3. 2003 – IX ZR 64/02 = WM 2003, 893, 894; *Hefermehl* in: MünchKomm, InsO, 2001, § 55 Rn 216; *Eickmann* in: HK, 3. Auflage, 2003, § 55 Rn 27; *Henckel* in: Jaeger, InsO, 2004, § 55 Rn 88; *Pape* in: Kübler/Prütting, InsO, Stand: 05/2005, § 22 Rn 89; a. A. *Bork* ZIP, 1999 781, 785 f. für eine analoge Anwendung von § 55 Abs. 2 InsO.

396 BGH, Urt. v. 9. 12. 2004 – IX ZR 108/04 = WM 2005, 240, 242; BGH, Urt. v. 11. 6. 1992 – IX ZR 255/91 = WM 1992, 1331, 1334; *Ganter* in: FS Gerhardt, 2004, 237, 254; *Gundlach/Schirrmeister* DZWIR 2003, 293, 294; kritisch *de Bra* LMK 2003, 135; *Franke/Böhme* DZWIR 2003, 494, 495.

397 Vgl. BGH, Urt. v. 9. 12. 2004 – IX ZR 108/04 = WM 2005, 240, 242; BGH, Urt. v. 15. 12. 2005 – IX ZR 156/04 = WM 2006, 537 ff.

V. Zusammenfassung

Die Genehmigung der Belastungsbuchung erfolgt durch den Lastschriftschuldner ausdrücklich oder durch konkludentes Verhalten. Ein konkludentes Verhalten kann zumindest dann, wenn es sich bei dem Lastschriftschuldner um einen Kaufmann handelt, bei einer Fortsetzung des Zahlungsverkehrs in Kenntnis der Belastungsbuchung angenommen werden. Die Belastungsbuchung gilt als genehmigt, wenn der Lastschriftschuldner nicht gemäß Nr. 7 Abs. 3 AGB-Banken innerhalb von sechs Wochen nach Zugang des Rechnungsabschlusses Einwendungen erhebt. Nr. 7 Abs. 3 AGB-Banken enthält eine wirksame Klausel, die weder gegen § 308 Nr. 5 BGB verstößt noch im Sinne von § 307 Abs. 1 und Abs. 2 BGB zu einer entgegen den Grundsätzen von Treu und Glauben unangemessenen Benachteiligung des Bankkunden führt.

Bestellt das Insolvenzgericht im Antragsverfahren zwar einen vorläufigen Insolvenzverwalter, unterbleibt aber die Anordnung einer verfügungsbeschränkenden Maßnahme, kann der Lastschriftschuldner nach wie vor die Belastungsbuchung genehmigen oder durch Unterlassen von Einwendungen gegen den Rechnungsabschluß nach Nr. 7 Abs. 3 AGB-Banken als genehmigt gelten lassen.

Hat das Gericht einen vorläufigen Insolvenzverwalter bestellt und einen Zustimmungsvorbehalt im Sinne von § 21 Abs. 2 S. 1 Nr. 2 Fall 2 InsO angeordnet, so bedarf die Genehmigung einer Belastungsbuchung wegen ihres verfügenden Charakters einer Zustimmung des vorläufigen Verwalters, um wirksam zu sein. An einer Zustimmung ist der vorläufige Insolvenzverwalter nicht schon deshalb gehindert, weil mit der Genehmigung die Geldschuld zwischen Gläubiger und Schuldner entgegen dem Zweck des Insolvenzverfahrens erfüllt wird. Der Parteiwille von Gläubiger und Schuldner einer im Einzugsermächtigungsverfahren zu begleichenden Geldschuld ist dahin gehend auszulegen, daß Erfüllung der Geldschuld entgegen der Auffassung des BGH[398] auch vom Boden der Genehmigungstheorie aus bereits mit Einlösung der Lastschrift durch die Zahlstelle eintritt. Die Erfüllung steht unter der auflösenden Bedingung einer Rückbelastung infolge des Widerspruchs des Lastschriftschuldners. Ist die Sechswochenfrist nach Nr. 7 Abs. 3 AGB-Banken abgelaufen, ohne daß der Lastschriftschuldner Einwendungen erhoben hat, gilt die Belastungsbuchung als genehmigt. An diese vertragliche Vereinbarung zwischen Lastschriftschuldner und Zahlstelle ist auch der vorläufige Insolvenzverwalter gebunden. Er kann seine Zustimmung nach Fristablauf nicht mehr verweigern.

Hat das Insolvenzgericht einen vorläufigen Insolvenzverwalter bestellt, auf den wegen eines allgemeinen Verfügungsverbots die Verwaltungs- und Verfügungsbefugnis hinsichtlich des Vermögens des Schuldners übergegangen ist, so kann nur noch der vorläufige Verwalter die Belastungsbuchung genehmigen. An die bereits

398 BGH, Urt. v. 4. 11. 2004 – IX 22/03 = WM 2004, 2482, 2484

zu Beginn der Geschäftsbeziehung geschlossene Vereinbarung zwischen Zahlstelle und Schuldner, wann nach Nr. 7 Abs. 3 AGB-Banken die Genehmigung als erteilt gilt, ist der vorläufige Insolvenzverwalter gebunden.

Nach Eröffnung des Insolvenzverfahrens über das Vermögen des Schuldners besteht ausschließlich für den endgültigen Insolvenzverwalter die Möglichkeit, Belastungsbuchungen zu genehmigen. Durch die Genehmigung wird weder die Geldschuld im Grundverhältnis zwischen Lastschriftgläubiger und Insolvenzschuldner erfüllt noch begründet der Insolvenzverwalter mit der Genehmigung eine Masseverbindlichkeit. Der Aufwendungsersatzanspruch der Zahlstelle infolge der Genehmigung entsteht rückwirkend auf den Zeitpunkt der Vornahme der Belastungsbuchung. Eine Aufrechnung mit diesem Anspruch kann die Zahlstelle vornehmen. Das Aufrechnungsverbot nach § 95 Abs. 1 S. 3 InsO steht dem nicht entgegen. Mit Eröffnung des Insolvenzverfahrens sind sowohl das Giroverhältnis als auch das Kontokorrentverhältnis beendet. Der Vereinbarung der Genehmigung nach Nr. 7 Abs. 3 AGB-Banken kommt eine nachvertragliche Wirkung zu, wenn seit dem letzten regulären Rechnungsabschluß die Sechswochenfrist zum Zeitpunkt der Eröffnung des Insolvenzverfahrens noch nicht abgelaufen sein sollte. Für den außerordentlichen Saldenabschluß analog § 355 Abs. 2 HGB gilt die Genehmigung nach Nr. 7 Abs. 3 AGB-Banken nicht.

Der endgültige Insolvenzverwalter kann die Genehmigung der Belastungsbuchung nicht nach §§ 129 ff. InsO der Zahlstelle gegenüber anfechten. Zwar führte die Genehmigung unter Umständen zu einer Gläubigerbenachteiligung. Die Zahlstelle ist jedoch nach wirtschaftlicher Betrachtungsweise nicht der richtige Anfechtungsgegner. Die Zahlung mittels Einzugsermächtigungslastschrift stellt sich als eine mittelbare Zuwendung dar. Die Zahlstelle wird lediglich als Zwischenperson tätig.

Für den endgültigen Insolvenzverwalter besteht aber die Möglichkeit, die Zahlung mittels Lastschrift beim Lastschriftgläubiger nach §§ 129 ff. InsO anzufechten. Der Zeitpunkt, in dem die angefochtene Rechtshandlung im Sinne von § 140 Abs. 1 InsO vorgenommen wurde, entspricht dem Zeitpunkt der Genehmigung der Belastungsbuchung. Wurde der Genehmigung der Belastungsbuchung durch einen vorläufigen Insolvenzverwalter zugestimmt oder hat ein vorläufiger Insolvenzverwalter mit Verwaltungs- und Verfügungsbefugnis die Belastungsbuchung genehmigt, beschränkt dies die Anfechtbarkeit der Zahlung nicht.

D. Widersprüche gegen Belastungsbuchungen im Zusammenhang mit der Insolvenz des Lastschriftschuldners

Die Zahlstelle löst im Einzugsermächtigungsverfahren die Lastschrift lediglich auf Weisung der ersten Inkassostelle ein. Deshalb ist die Belastungsbuchung im Verhältnis zum Lastschriftschuldner zunächst unberechtigt. Widerspricht der Schuldner einer Belastungsbuchung, verweigert er die Genehmigung und begehrt gleichzeitig die Korrektur seines Kontostandes.[399]

Diese Möglichkeit zum Widerspruch hat der Schuldner nur, solange die Belastungsbuchung noch nicht genehmigt wurde. Im folgenden soll nun erörtert werden, ob der Widerspruchsausübung durch den Lastschriftschuldner weitere Grenzen gesetzt sind und ob diese Grenzen auch in der Insolvenz des Lastschriftschuldners Bestand haben.

I. Grenzen der Widerspruchsmöglichkeit

Zur Beantwortung der Frage, aus welchen Gründen der Lastschriftschuldner veranlaßt sein könnte, den Widerspruch gegen eine Belastungsbuchung zu unterlassen, muß zwischen dem Verhältnis des Lastschriftschuldners zur Zahlstelle und dem Verhältnis des Schuldners zum Gläubiger und zur Gläubigerbank unterschieden werden.

1. Widerspruch im Verhältnis zwischen Lastschriftschuldner und Zahlstelle

Im Verhältnis zur Zahlstelle hat der Lastschriftschuldner bis zur Genehmigung der Belastungsbuchung immer die Möglichkeit zu widersprechen. Der Zahlstelle steht der Aufwendungsersatzanspruch, den sie mit der Belastungsbuchung geltend macht, bis zum Genehmigungszeitpunkt noch nicht zu. Der Lastschriftschuldner kann über sein Konto frei verfügen. Er unterliegt seiner Bank gegenüber keinerlei Beschränkungen, ob und aus welchem Grund er widerspricht. Deshalb ist der Widerspruch für die Zahlstelle grundsätzlich immer verbindlich.[400] Die Wider-

---

399 Siehe Ausführungen unter B.II.2.d).

400 BGH, Urt. v. 24. 06. 1985 – II ZR 277/84 = WM 1985, 905; dazu *Hadding/Häuser* WuB I D 2. Lastschriftverkehr 6.85; BGH, Urt. v. 15. 06. 1987 – II ZR 301/86 = WM 1987,

spruchsmöglichkeit ist für den Lastschriftschuldner im Verhältnis zur Zahlstelle das Korrektiv der unberechtigten Kontobelastung.[401]

Die Widerspruchsmöglichkeit des Lastschriftschuldners gegenüber der Zahlstelle findet also ihre Begrenzung nur in zeitlicher Hinsicht durch die Genehmigung der Belastungsbuchung. Ist die Widerspruchsmöglichkeit im Verhältnis zur ersten Inkassostelle oder zum Zahlungsempfänger eingeschränkt, könnte sich dies auch auf die Position der Zahlstelle auswirken.

2. Auswirkungen eines Widerspruchs im Verhältnis zwischen Lastschriftschuldner und Lastschriftgläubiger und im Verhältnis zwischen Lastschriftschuldner und erster Inkassostelle

Widerspricht der Lastschriftschuldner einer Belastungsbuchung, so ist die Lastschrift auf dem umgekehrten Inkassoweg abzuwickeln. Die erste Inkassostelle hat die Lastschrift nach Maßgabe des Lastschriftabkommens zurückzunehmen und der Zahlstelle wiederzuvergüten.[402] Die erste Inkassostelle kann ihrerseits den Lastschriftbetrag dem Lastschriftgläubiger aufgrund der Inkassovereinbarung unbefristet zurückbelasten.[403]

a) Unberechtigter Lastschrifteinzug

Nach den von der Rechtsprechung des BGH entwickelten Grundsätzen kann die Ausübung des Widerspruchs sowohl der ersten Inkassostelle als auch dem Zahlungsempfänger gegenüber eine Schadensersatzpflicht des Zahlungspflichtigen auslösen.[404]

Ausgangspunkt der höchstrichterlichen Rechtsprechung hierfür ist der Zweck der Widerspruchsmöglichkeit. In erster Linie soll sich der Lastschriftschuldner, dessen Konto belastet wurde, vor einem Mißbrauch des Verfahrens durch den Lastschriftgläubiger schützen können. Dem Lastschriftschuldner muß es möglich sein,

---

895, 896; BGH, Urt. v. 06. 06. 2000 – XI ZR 258/99 = WM 2000, 1577, 1579; siehe auch Ausführungen unter B.II.2.d).

401 *van Gelder* in: Bankrechts-Handbuch, 2. Auflage, 2001, § 58 Rn 57; siehe Ausführungen unter B.II.1.g)cc), 2.d).

402 Siehe Ausführungen unter B.II.2.c)bb))2).

403 Siehe Ausführungen unter B.II.2.d).

404 BGH, Urt. v. 28. 5. 1979 – II ZR 85/78 = WM 1979, 689 ff.; BGH, Urt. v. 28. 5. 1979 – II ZR 219/77 = WM 1979, 828 f.; BGH, Urt. v. 18. 6. 1979 – II ZR 84/78 = WM 1979, 830 f.; BGH, Urt. v. 18. 6. 1979 – II ZR 160/78 = WM 1979, 831 f.; BGH, Urt. v. 27. 11. 1984 – II ZR 294/83 = WM 1985, 82 ff.; BGH, Urt. v. 15. 6. 1987 – II ZR 301/86 = WM 1987, 895 ff.; BGH, Urt. v. 4. 11. 2004 – IX ZR 22/03 = WM 2004, 2482 ff.

die Einziehung zu verhindern, wenn er dem vermeintlichen Gläubiger überhaupt keine Einzugsermächtigung erteilt hat oder eine generelle Ermächtigung dem Lastschriftgläubiger zwar vorliegt, aber der Lastschriftschuldner den eingezogenen Betrag gar nicht schuldet.[405] Widerspricht der Lastschriftschuldner einem solchen unberechtigten[406] Lastschrifteinzug, so liegt darin kein zweckwidriges Ausnutzen der Widerspruchsmöglichkeit. Fällt die erste Inkassostelle mit ihrer Rückbelastungsmöglichkeit bei ihrem Kunden aus, weil dieser insolvent ist, und entsteht ihr deshalb ein Schaden, muß sie diesen tragen. Es verwirklicht sich dann das Risiko, das sie mit der Zulassung des Lastschriftgläubigers zum Lastschrifteinzug eingegangen ist und das andererseits dem Schutz des Lastschriftschuldners im Einzugsermächtigungsverfahren Rechnung trägt.[407] Der Lastschriftgläubiger hat bei unberechtigtem Lastschrifteinzug die Rückbelastung durch seine Bank infolge des Widerspruchs hinzunehmen.

b) Berechtigter Lastschrifteinzug

Auch im Falle eines berechtigten Lastschrifteinzugs kann der Widerspruch des Lastschriftschuldners noch im Rahmen des Widerspruchszwecks liegen, wenn ihm *„anerkennenswerte Gründe"* zur Seite stehen. Wann solche Gründe vorliegen, ist mit der Rechtsprechung des BGH nach den Umständen des Einzelfalls zu entscheiden. Dies ist grundsätzlich zu bejahen, wenn der Schuldner im Zeitpunkt, in dem er von der Belastungsbuchung durch Erhalt des Kontoauszugs Kenntnis erlangt, Leistungsverweigerungsrechte, Zurückbehaltungsrechte oder auch Aufrechnungsrechte geltend machen will und deshalb nach angemessener Überlegungsfrist der Belastungsbuchung widerspricht.[408]

Es stellt sich die Frage, ob diese Erwägungen mit der hier vertretenen Auffassung vereinbar sind, daß die Geldschuld des Zahlungspflichtigen bereits mit Einlösung der Lastschrift durch die Zahlstelle erfüllt ist. Daran könnte gezweifelt werden. Denn Leistungsverweigerungs-, Zurückbehaltungs- oder Aufrechnungsrechte

---

405 BGH, Urt. v. 28. 5. 1979 – II ZR 85/78 = WM 1979, 689, 690; BGH, Urt. v. 28. 5. 1979 – II ZR 219/77 = WM 1979, 828, 829; BGH, Urt. v. 18. 6. 1979 – II ZR 84/78 = WM 1979, 830, 831; BGH, Urt. v. 18. 6. 1979 – II ZR 160/78 = WM 1979, 831, 832; BGH, Urt. v. 27. 11. 1984 – II ZR 294/83 = WM 1985, 82, 83 f.; BGH, Urt. v. 15. 6. 1987 – II ZR 301/86 = WM 1987, 895, 896; BGH, Urt. v. 4. 11. 2004 – IX ZR 22/03 = WM 2004, 2482, 2483.

406 BGH, Urt. v. 15. 6. 1987 – II ZR 301/86 = WM 1987, 895, 896; *Hadding* WM 2005, 1549, 1550; *van Gelder* in: Bankrechts-Handbuch, 2. Auflage, 2001, § 58 Rn 88.

407 Vgl. BGH, Urt. v. 28. 5. 1979 – II ZR 85/78 = WM 1979, 689, 690.

408 BGH, Urt. v. 28. 5. 1979 – II ZR 85/78 = WM 1979, 689, 690; zustimmend *Hadding/Häuser* in: MünchKomm, HGB, 2001, ZahlungsV Rn C 55; *Krepold* in: BuB, Stand: 08/2005, Rn 6/420 a; *van Gelder* in: Bankrechts-Handbuch, 2. Auflage, 2001, § 58 Rn 92; einschränkend *Canaris* in: Staub, Großkomm, HGB, 4. Auflage, 10. Lieferung: Bankvertragsrecht, Erster Teil, Stand: 1. 4. 1988, Rn 605.

setzen das Bestehen der Geldschuld voraus.[409] Für die Widerspruchserhebung kommt es zunächst nur darauf an, daß der Schuldner Gegenrechte geltend machen will. Der Schuldner erreicht mit einem Widerspruch also die Verschiebung des Klagerisikos auf den Gläubiger oder die erste Inkassostelle. Auf die Frage, ob die Gegenrechte wirklich bestehen oder nicht, könnte es deshalb gar nicht ankommen.[410] Die Frage, wer die Darlegungs- und Beweislast sowie das Prozeßrisiko trägt, vermag jedoch wenig befriedigend zu erklären, weshalb bei erloschener Forderung noch Gegenrechte geltend gemacht werden können. Mit der hier vertretenen Auffassung lebt aber die Zahlungsforderung des Gläubigers gegen den Schuldner wieder auf, wenn der Schuldner der Belastungsbuchung widerspricht und infolgedessen das Konto des Gläubigers mit dem Lastschriftbetrag rückbelastet wird. Verlangt der Gläubiger dann vom Schuldner Erfüllung seiner Forderung, kann der Schuldner Einwendungen entgegenhalten. Der Widerspruch wird allerdings dem Gläubiger gegenüber nur dann *„anerkennenswert"* sein, wenn die Gegenrechte dem Grunde nach bereits zum Zeitpunkt der Einlösung der Lastschrift durch die Zahlstelle bestanden. Denn es ist danach zu fragen, ob der Schuldner zu diesem Zeitpunkt in Kenntnis aller Umstände seine vereinbarte Leistungshandlung erbracht hätte.[411] Diese besteht bei der Vereinbarung des Einzugs einer Forderung im Wege des Einzugsermächtigungsverfahrens darin, daß der Schuldner zum Zeitpunkt der vorgesehenen Abbuchung für ein ausreichendes Kontoguthaben oder einen ausreichenden Kreditrahmen sorgt.

c) Schadensersatzpflicht des Lastschriftschuldners

Widerspricht der Zahlungspflichtige einer Belastungsbuchung, obwohl es sich um einen berechtigten Lastschrifteinzug handelt und dem Zahlungspflichtigen auch keine Leistungsverweigerungs-, Zurückbehaltungs- oder Aufrechnungsrechte gegenüber dem Zahlungsempfänger zur Seite stehen, nutzt er damit seine Widerspruchsmöglichkeit zweckfremd aus.[412]

Wenn der Lastschriftschuldner mit einem solchen Widerspruch das Ausfallrisiko der ersten Inkassostelle vorsätzlich zuschiebt, handelt er sittenwidrig.[413] Die erste Inkassostelle kann dann bei Vorliegen eines Schadens vom Zahlungspflichtigen Schadensersatz gemäß § 826 BGB verlangen.[414]

---

409 So *Häuser* WuB I D 2. Lastschriftverkehr 7.85.

410 So *Canaris* in: Staub, Großkomm, HGB, 4. Auflage, 10. Lieferung: Bankvertragsrecht, Erster Teil, Stand: 1. 4. 1988, Rn 638.

411 Im Ergebnis ähnlich *Rottnauer* WM 1995, 272, 279; van Gelder in: Bankrechts-Handbuch, 2. Auflage, 2001, § 58 Rn 92 allerdings abstellend auf den Zeitpunkt der Belastungsbuchung.

412 BGH, Urt. v. 28. 05. 1979 – II ZR 85 / 78 = WM 1979, 689, 690.

413 BGH, Urt. v. 28. 05. 1979 – II ZR 85 / 78 = WM 1979, 689, 690.

414 BGH, Urt. v. 28. 05. 1979 – II ZR 85 / 78 = WM 1979, 689.

Erleidet der Zahlungsempfänger aufgrund eines solchen zweckfremden Widerspruchs einen Schaden, kann er diesen vom Zahlungspflichtigen ersetzt verlangen. Aus der Lastschriftabrede folgt für den Zahlungspflichtigen die Pflicht, einen Widerspruch gegen einen berechtigten Lastschrifteinzug, dem eine einwendungs- und einredefreie Forderung zugrunde liegt, zu unterlassen.[415] Verletzt der Zahlungspflichtige diese vertragliche Pflicht, steht dem Gläubiger gemäß § 280 BGB ein Schadensersatzanspruch zu. Ebenso kommt als Anspruchsgrundlage § 826 BGB in Betracht, wenn der Schuldner vorsätzlich handelte.[416]

Auch im Falle eines unberechtigten Lastschrifteinzugs kann der Widerspruch des Zahlungspflichtigen einen Schadensersatzanspruch der ersten Inkassostelle nach § 826 BGB begründen. Dies ist in Fällen der sogenannten Lastschriftreiterei gegeben, wenn Zahlungspflichtiger und Zahlungsempfänger gegenseitig Lastschriften ohne bestehende Forderungen zu Lasten ihrer Konten einreichen, um sich vorübergehend Kredit zu verschaffen und infolge des Widerspruchs des Zahlungspflichtigen das Ausfallrisiko auf die erste Inkassostelle verlagert wird.[417]

Ebenso kann der ersten Inkassostelle ein Schadensersatzanspruch gegen den Zahlungspflichtigen wegen sittenwidriger Schädigung zustehen, wenn dieser das Lastschriftverfahren dazu mißbraucht, dem Zahlungsempfänger risikolos Darlehen zur Verfügung zu stellen. Gewährt der Zahlungspflichtige dem Zahlungsempfänger ein Darlehen nebst Erteilung einer Einzugsermächtigung und widerspricht der Zahlungspflichtige der Belastungsbuchung, um das Insolvenzrisiko seines Kreditnehmers auf die erste Inkassostelle abzuwälzen, ist dies mit Sinn und Zweck des Lastschriftverfahrens nicht vereinbar. Die erste Inkassostelle würde, ohne es zu wissen, innerhalb der Sechswochenfrist des Lastschriftabkommens die Funktion eines Bürgen für ihren Kunden übernehmen. Das ist mit dem Lastschriftverfahren nicht gewollt. Der Zahlungspflichtige gebraucht deshalb die Widerspruchsmöglichkeit hier in sittenwidriger Weise.[418]

d) Konsequenzen für die Zahlstelle

Aus Sicht des Zahlungspflichtigen führt also die Gefahr, sich gegenüber dem Zahlungsempfänger oder gegenüber der ersten Inkassostelle schadensersatzpflichtig zu machen, zu einer Begrenzung, die Möglichkeit zu Lastschriftwidersprüchen auszuüben. Dies wirkt sich auch auf die Zahlstelle aus. Im Falle von Belastungsbuchungen aufgrund von Einzugsermächtigungslastschriften, die nicht älter als

---

415 *Hadding* WM 2005, 1549, 1553.

416 *Hadding* WuB I D 2. Lastschriftverkehr 3.87; *van Gelder* in: Bankrechts-Handbuch, 2. Auflage, 2001, § 58 Rn 97.

417 BGH, Urt. v. 28. 5. 1979 – II ZR 219/77 = WM 1979, 828, 829; *Krepold* in: BuB, Stand: 08/2005, Rn 6/422; vgl. auch zur Strafbarkeit des Zahlungsempfängers BGH, Urt. v. 15. 6. 2005 – 2 StR 30/05 = ZIP 2005, 1496 ff.

418 BGH, Urt. v. 28. 05. 1979 – II ZR 85/78 = WM 1979, 689, 691.

sechs Wochen sind und denen widersprochen wurde, kann die Zahlstelle von der ersten Inkassostelle nach Abschnitt III Nr. 1 des Lastschriftabkommens Rücknahme und Rückrechnung der Lastschriften verlangen. Sind bereits mehr als sechs Wochen seit der Belastungsbuchung vergangen, und wird dieser nun widersprochen, sind die Rückgabe an die erste Inkassostelle und eine entsprechende Rückrechnung gemäß Abschnitt III Nr. 2 des Lastschriftabkommens ausgeschlossen. Nur wenn es sich um einen unberechtigten Lastschrifteinzug handelte, hat die Zahlstelle gemäß Abschnitt III Nr. 2 S. 1 i.V. m. Abschnitt I Nr. 5 des Lastschriftabkommens die Möglichkeit, ihre Aufwendungen als Schadensersatz von der ersten Inkassostelle auch dann zu verlangen, wenn die Belastungsbuchung im Zeitpunkt des Widerspruchs älter als sechs Wochen war.

Die Gefahr einer Schadensersatzpflicht des Lastschriftschuldners im Zusammenhang mit Widersprüchen gegen berechtigte Lastschrifteinzüge reduziert die Anzahl der Widersprüche. Damit verringert sich auch das Risiko der Zahlstelle, mit ihren Aufwendungen für Lastschrifteinlösungen auszufallen, weil ihr weder ein Anspruch gegen die erste Inkassostelle noch gegen den Lastschriftschuldner zusteht.[419]

II. Widerspruchsmöglichkeit in der Phase nach Eintritt des Insolvenzgrunds bis zum Antrag auf Eröffnung des Insolvenzverfahrens über das Vermögen des Lastschriftschuldners

Während sich die bisherigen Ausführungen auf eine Begrenzung der Widerspruchsmöglichkeit ohne Berücksichtigung der Insolvenz des Schuldners beziehen, gilt es nun zu untersuchen, wie sich die Schuldnerinsolvenz auf die Widerspruchsmöglichkeit auswirkt. Dabei muß unterschieden werden zwischen der Phase nach Eintritt eines Insolvenzgrunds und dem Antrag auf Eröffnung des Insolvenzverfahrens über das Vermögen des Lastschriftschuldners, dem Zeitraum des Antragsverfahrens und dem eröffneten Insolvenzverfahren.

Ist eine Gesellschaft mit beschränkter Haftung oder eine Aktiengesellschaft zahlungsunfähig oder überschuldet, dürfen sowohl der Geschäftsführer der GmbH gemäß § 64 Abs. 2 S. 1 GmbHG als auch der Vorstand der AG gemäß § 92 Abs. 3 S. 1 AktG keine Zahlungen mehr leisten. Verletzen die Organe dieses Zahlungsverbot, hat die Gesellschaft einen Anspruch auf Ersatz der geleisteten Zahlungen (§ 64 Abs. 2 S. 1 GmbHG, § 93 Abs. 3 Nr. 6 AktG).

Es stellt sich die Frage, ob sich aus dem Zahlungsverbot ein weiterer „anerkennenswerter“ Grund für die Ausübung der Widerspruchsmöglichkeit noch nicht genehmigter Belastungsbuchungen seitens der Geschäftsführer und Vorstände her-

---

419 Vgl. auch Ausführungen unter B.II.2.c)bb)(2)(a).

leiten läßt. Dies könnte zur Folge haben, daß Belastungsbuchungen aufgrund berechtigter Lastschrifteinzüge gegenüber der ersten Inkassostelle und gegenüber dem Lastschriftgläubiger auch dann widersprochen werden darf, wenn der GmbH oder AG als Lastschriftschuldnerin keine Einwendungen oder Einreden gegen die zugrundeliegende Forderung zur Seite stehen. Der ersten Inkassostelle gegenüber würde es an einer sittenwidrigen Handlung des Organs der Gesellschaft fehlen, so daß eine Schadensersatzpflicht der GmbH oder AG nach § 826 BGB i.V.m. § 31 BGB analog nicht in Betracht käme. Dem Lastschriftgläubiger gegenüber wäre die derart motivierte Ausübung der Widerspruchsmöglichkeit zwar noch eine Verletzung der vertraglichen Unterlassungspflicht aus der Lastschriftabrede, jedoch würde es an der Rechtswidrigkeit der Handlung des Organs fehlen und demzufolge ein Schadensersatzanspruch nach § 280 BGB i.V.m. § 31 BGB analog ausscheiden. Ein Schadensersatzanspruch nach § 826 BGB i.V.m. § 31 BGB analog käme mangels sittenwidriger Handlung ebenfalls nicht in Betracht.

1. Rechtsprechung

Eine höchstrichterliche Klärung dieser Frage hat bisher noch nicht stattgefunden.[420]

Auf instanzgerichtlicher Ebene sind die hierzu ergangenen Entscheidungen im Ergebnis unterschiedlich. So hatte das OLG Schleswig[421] über den Vortrag der beklagten Geschäftsführerin einer insolventen GmbH zu entscheiden, sie habe mit dem Widerspruch gegen Belastungsbuchungen sicherstellen wollen, daß Lastschriftgläubiger im anstehenden Konkursverfahren nicht ungerechtfertigt bessergestellt werden als die sonstigen Gläubiger der GmbH. Das Gericht sah diese Einlassung nach allgemeiner Lebenserfahrung als wenig glaubhaft an. Mit dem Widerspruch habe die Beklagte als Geschäftsführerin der GmbH, die konkursreif war, in erster Linie den Zweck verfolgt, ihre persönliche Inanspruchnahme aus den der Bank gestellten Sicherheiten so gering wie möglich zu halten. Der Widerspruch sei deshalb allein aus eigennützigen Motiven heraus erklärt woden.[422]

Im Gegensatz dazu hatte bereits zuvor das LG Köln[423] entschieden, ein Geschäftsführer verstoße gegen § 64 Abs. 2 GmbHG, wenn er eine Belastungsbuchung nicht beanstande, die noch nach Konkursantragsstellung erfolgte. Das vorwerfbare Verhalten sah das Gericht in dem unterlassenen Widerspruch gegen die Belastungsbuchung.[424]

---

420 Ausdrücklich offengelassen in BGH, Urt. v. 04. 11. 2004 – IX ZR 22/03 = WM 2004, 2482, 2483.

421 OLG Schleswig, Urt. v. 13. 3. 2001 – 3 U 174/99 = NZI 2001, 428 ff.; ebenso OLG Saarbrücken, Urt. v. 28. 10. 2004 – 8 U 694/03-84/04 = WM 2005, 1660, 1662.

422 OLG Schleswig, Urt. v. 13. 3. 2001 – 3 U 174/99 = NZI 2001, 428, 429.

423 LG Köln, Urt. v. 12. 7. 1989 – 9 S 43/89 = WM 1990, 411 ff.

424 LG Köln, Urt. v. 12. 7. 1989 – 9 S 43/89 = WM 1990, 411, 413.

Das OLG Hamm[425] vertritt hingegen die Auffassung, daß für den Umfang der Berechtigung zum Widerspruch gegenüber dem Gläubiger § 64 Abs. 2 GmbHG keine Bedeutung habe, da der Regelungsgegenstand nur das Innenverhältnis zwischen Geschäftsführer und Gesellschaft betreffe. Selbst wenn daraus intern eine Verpflichtung des Geschäftsführers zu folgern sei, erteilte Einzugsermächtigungen für die Zukunft zu widerrufen, rechtfertige dies aber nicht, Zahlungen aufgrund noch nicht widerrufener Einzugsermächtigungen beim Empfänger zurückzuholen.[426]

2. Auffassungen im Schrifttum

Vertreter im Schrifttum befürworten entweder die Ansicht des OLG Schleswig[427] oder schließen sich der Auffassung des LG Köln an.[428]

Im Anschluß an die Rechtsprechung des BGH vom 4. 11. 2004[429] wird teilweise vertreten, das Zahlungsverbot nach § 64 Abs. 2 GmbHG, § 92 Abs. 3 AktG führe zu einer Pflicht des organschaftlichen Vertreters, Belastungsbuchungen nach Insolvenzreife zu widersprechen. Dieser Widerspruch könne sich nicht als sittenwidrig gegenüber dem Gläubiger darstellen. Das ergebe sich aus einer Abwägung der Interessen der einzelnen Lastschriftgläubiger mit den Interessen der Gläubigergesamtheit. Zu berücksichtigen sei dabei auch, daß nach der Rechtsprechung des BGH[430] die Forderungen der einzelnen Gläubiger im Lastschriftverfahren erst mit der Genehmigung des Schuldners erfüllt werden.[431]

3. Stellungnahme

Zur Beantwortung der Frage, ob das Zahlungsverbot nach § 64 Abs. 2 S. 1 GmbHG, § 92 Abs. 3 S. 2 AktG das Organ berechtigt oder gar verpflichtet, noch nicht genehmigten Belastungsbuchungen zu widersprechen, kommt es darauf an, was unter dem Begriff „*Zahlungen*" nach Sinn und Zweck dieser Normen zu verstehen ist.

---

425 OLG Hamm, Urt. v. 11. 12. 2003 – 27 U 130/03 = ZIP 2004, 814 ff.

426 OLG Hamm, Urt. v. 11. 12. 2003 – 27 U 130/03 = ZIP 2004, 814, 816.

427 *Obermüller*, Insolvenzrecht in der Bankpraxis, 6. Auflage, 2002, Rn 3.452 a. E.

428 *Soehring* WuB II C. § 64 GmbHG 2.90; *Nerlich* in: Michalski, GmbHG, 2002, § 64 Rn 41; differenzierend *Hegmanns* EWiR 1989, 1107, 1108.

429 BGH, Urt. v. 4. 11. 2004 – IX ZR 22/03 = WM 2004, 2482 ff.; IX ZR 82/03 = ZInsO 2005, 40 ff.; IX ZR 28/04 = EWiR 2005, 227 (Leitsatz).

430 BGH, Urt. v. 4. 11. 2004 – IX ZR 22/03 = WM 2004, 2482 ff.; IX ZR 82/03 = ZInsO 2005, 40 ff.; IX ZR 28/04 = EWiR 2005, 227 (Leitsatz).

431 *Dahl* NZI 2005, 102, 103; *Streit/Schiermeyer* EWiR 2005, 123, 124; zustimmend *Ganter* WM 2005, 1557, 1558 Fn 7; a. A. *Hucklenbruch* FLF 2005, 78, 80.

Mit dem Zahlungsverbot soll die verteilungsfähige Vermögensmasse einer insolvenzreifen Gesellschaft im Interesse der Gesamtheit ihrer Gläubiger erhalten und eine zu ihrem Nachteil gehende bevorzugte Befriedigung einzelner Gläubiger verhindert werden.[432] Deshalb sind unter dem Begriff Zahlungen in erster Linie sowohl bare als auch unbare Geldleistungen zu verstehen, die der Geschäftsführer oder Vorstand nach Eintritt der Insolvenzreife bewirkt.[433] Aber auch weitere Leistungen sonstiger Gegenstände des Gesellschaftsvermögens, wie die Lieferung von Waren, die Erbringung von Dienstleistungen oder die Einreichung eines Kundenschecks auf ein debitorisches Konto der Gesellschaft zum Zwecke des Einzugs des Scheckbetrags,[434] sind als Zahlungen im Sinne von § 64 Abs. 2 S. 1 GmbHG, § 92 Abs. 3 S. 1 AktG anzusehen.[435]

Es liegt deshalb nahe, den Einzug einer Forderung im Wege des Einzugsermächtigungsverfahrens als Zahlung zu deuten.[436] Denn schließlich wird erst mit der Genehmigung der Belastungsbuchung auch die Disposition der Zahlstelle über das Konto des Zahlungspflichtigen wirksam.[437] Eine Vermögensschmälerung tritt zwar mit der Genehmigung rückwirkend auf den Zeitpunkt der Vornahme der Belastungsbuchung ein; auslösend hierfür ist jedoch die Genehmigung der Belastungsbuchung oder das Eintreten der Genehmigung gemäß Nr. 7 Abs. 3 AGB-Banken hinsichtlich der Belastungsbuchung. Es könnte also eine Pflicht des Schuldners vor dem Hintergrund des Schutzes der späteren Insolvenzgläubiger bestehen, eine noch zur Verfügung stehende Widerspruchsmöglichkeit auszuüben.

Bedenken gegen diese Betrachtung ergeben sich aber daraus, daß dann der Schuldner die Widerspruchsmöglichkeit über deren eigentlichen Zweck hinaus, nämlich dem Schutz vor Mißbrauch des Einzugsermächtigungsverfahrens durch den Gläubiger, gebraucht. Die Widerspruchsmöglichkeit, die als Korrektiv der besonderen Risikoverteilung im Einzugsermächtigungsverfahren dient, würde hiervon losgelöst und für einen Zweck eingesetzt, der mit der eigentlichen Bestimmung der Widerspruchsmöglichkeit nichts gemein hat. Dagegen ließe sich freilich einwenden, daß im Rahmen von § 64 Abs. 2 S. 1 GmbHG, § 92 Abs. 3 S. 1 AktG solche Erwägungen keine Rolle spielen können. Das Verhalten des Gesellschafts-

---

432 BGH, Urt. v. 18. 4. 2005 – II ZR 61/03 = WM 2005, 1180, 1182; BGH, Urt. v. 8. 1. 2001 – II ZR 88/99 = WM 2001, 317, 320; BGH, Urt. v. 29. 11. 1999 – II ZR 273/98 = WM 2000, 242, 243; *Goette* ZInsO 2005, 1, 4; *Habersack* in: Großkomm, AktG, 4. Auflage, 11. Lieferung: §§ 92–94, Stand: 1. 1. 1999, § 92 Rn 90 ff.

433 *K.Schmidt* in: Scholz, GmbHG, 8. Auflage, 1995, § 64 Rn 24; *Ulmer* in: Hachenburg, GmbHG, 8. Auflage, 1997, § 64 Rn 39 f.; *Schulze-Osterloh* in: Baumbach/Hueck, GmbHG, 17. Auflage, 2000, § 64 Rn 71.

434 BGH, Urt. v. 29. 11. 1999 – II ZR 273/98 = WM 2000, 242, 243; *Bitter* WuB II C. § 64 GmbHG 1.01.

435 *Lutter/Kleindiek* in: Lutter/Hommelhoff, GmbHG, 16. Auflage, 2004 § 64 Rn 59; *Hefermehl/Spindler* in: MünchKomm, AktG, 2. Auflage, 2004, § 92 Rn 43.

436 *Soehring* WuB II C. § 64 GmbHG 2.90.

437 Siehe Ausführungen unter C.II.2.a).

organs ab Eintritt der Insolvenzreife habe sich nun einmal an dem insolvenzrechtlichen Schutzziel zu orientieren, alle Gläubiger ranggerecht und gleichmäßig zu befriedigen.[438]

Zu berücksichtigen ist jedoch, daß Sinn und Zweck des Zahlungsverbots zwei Aspekte beinhalten. Es soll eine Schmälerung des Gesellschaftsvermögens durch eine bevorzugte Befriedigung eines einzelnen Gläubigers verhindert werden. Hat der Geschäftsführer oder der Vorstand eine Belastungsbuchung ab Insolvenzreife noch nicht genehmigt, so ist zwar die Vermögensschmälerung noch nicht eingetreten, die Zahlstelle hat aber die Lastschrift bereits eingelöst. Erfolgte die Einlösung vor Insolvenzreife, wurde der Lastschriftgläubiger nach der hier vertretenen Auffassung auch vor Insolvenzreife befriedigt. Die Zahlung im Sinne von § 64 Abs. 2 S. 1 GmbHG, § 92 Abs. 3 S. 1 AktG hat also schon vor Eintritt der Insolvenzreife begonnen. Es ist zweifelhaft, ob das Zahlungsverbot es rechtfertigt, einen derart in Gang gesetzten Zahlungsvorgang wieder rückgängig zu machen. In dieser Hinsicht unterscheidet sich auch beispielsweise eine Barzahlung zu einer Zeit, zu der die Gesellschaft schon insolvenzreif war, von der Zahlung mittels Lastschrift. Denn die Vermögensschmälerung tritt bei Barzahlung gleichzeitig mit der vorrangigen Befriedigung eines Gesellschaftsgläubigers ein.

Darüber hinaus erfordern eine Barzahlung, eine Überweisung oder eine Scheckeinreichung auf ein debitorisches Konto als typische Formen von Zahlungen im Sinne von § 64 Abs. 2 S. 1 GmbHG, § 92 Abs. 3 S. 1 AktG die Vornahme einer Handlung seitens des Geschäftsführers oder des Vorstandes. Deshalb ist die Masseerhaltungspflicht, die in dem Zahlungsverbot nach § 64 Abs. 2 S. 1 GmbHG, § 92 Abs. 3 S. 1 AktG zum Ausdruck kommt, auch auf Unterlassen solcher Handlungen gerichtet.[439] Demgegenüber führt die Belastungsbuchung im Regelfall im Wege bloßen Fristablaufs durch den Eintritt der Genehmigung nach Nr. 7 Abs. 3 AGB-Banken zu einer Minderung des Gesellschaftsvermögens.[440] Es bedarf hierfür also gar keiner aktiven Handlung, die es zu unterlassen gilt. Das geschäftsführende Organ kann deshalb einer Pflicht zur Masseerhaltung durch Unterlassen einer Zahlungshandlung dann gar nicht nachkommen. Vielmehr müßte eine verbotene Zahlung im Sinne von § 64 Abs. 2 S. 1 GmbHG, § 92 Abs. 3 S. 1 AktG auch durch

---

438 *Goette* ZInsO 2005, 1, 3.

439 *Habersack* in: Großkomm, AktG, 4. Auflage, 11. Lieferung: §§ 92–94, Stand: 1. 1. 1999, § 92 Rn 92.

440 Die Frage nach einem Zahlungsverbot stellt sich nicht, wenn die genehmigte Belastungsbuchung lediglich zu einem Gläubigertausch geführt hat und das Gesellschaftsvermögen nicht geschmälert wurde oder der Einzug der Forderung im Einzugsermächtigungsverfahren im Interesse aller Gläubiger ist, weil hierdurch größere Nachteile für die Masse abgewendet wurden. Es fehlt dann an dem erforderlichen Verschulden des Organs gemäß § 64 Abs. 2 S. 2 GmbHG, § 92 Abs. 3 S. 2 AktG. Vgl. BGH, Urt. v. 8. 1. 2001 – II ZR 88/99 = WM 2001, 317, 320 f.; *Schulze-Osterloh* in: FS für Bezzenberger, 2000, 415, 424 f.; i. E. ebenso *Altmeppen* ZIP 2001, 2201, 2206; *Henze/Bauer* in: Kölner Schrift zur InsO, 2. Auflage, 2000, 1311, 1312.

Unterlassen vorgenommen werden können. Dies ist abzulehnen. Es fehlt an einer Regelung, die wie § 129 Abs. 2 InsO eine Zahlung durch Unterlassen einer Zahlung im Sinne von § 64 Abs. 2 S. 1 GmbHG, § 92 Abs. 3 S. 1 AktG gleichstellt.

Aus dem Zahlungsverbot gemäß § 64 Abs. 2 S. 1 GmbHG und § 92 Abs. 3 S. 1 AktG läßt sich demzufolge kein weiterer *„anerkennenswerter Grund"* für die Ausübung der Widerspruchsmöglichkeit noch nicht genehmigter Belastungsbuchungen herleiten. Der Geschäftsführer und das Vorstandsmitglied setzten sich und die Gesellschaft, die sie vertreten, der Gefahr einer Schadensersatzpflicht aus, wenn sie einer noch nicht genehmigten Belastungsbuchung widersprechen, obwohl es sich um einen berechtigten Lastschrifteinzug handelt und der eingezogenen Forderung keine Einwendungen und Einreden entgegengehalten werden können.

III. Widerspruchsmöglichkeit im Insolvenzantragsverfahren

1. Vorläufiger Insolvenzverwalter ohne Anordnung einer Verfügungsbeschränkung

Für die Frage, welche Auswirkungen sich im Insolvenzantragsverfahren auf die Widerspruchsmöglichkeit des Schuldners ergeben, kommt es auf die jeweils angeordnete Sicherungsmaßnahme an.

Hat das Insolvenzgericht einen vorläufigen Insolvenzverwalter gemäß § 21 Abs. 2 S. 1 Nr. 1 InsO bestellt, aber dem Schuldner keine Verfügungsbeschränkung nach § 21 Abs. 2 S. 1 Nr. 2 InsO auferlegt, so verbleibt die Verwaltungs- und Verfügungsbefugnis unbeschränkt beim Schuldner. Ihm obliegt es demzufolge nach wie vor, einer noch nicht genehmigten Belastungsbuchung der Zahlstelle gegenüber zu widersprechen. Übt der Schuldner die Widerspruchsmöglichkeit aus, obwohl es sich um einen berechtigten Lastschrifteinzug handelt und ihm auch keine Einwendungen oder Einreden gegenüber dem Gläubiger der eingezogenen Forderung zustehen, setzt er sich wie vor Eintritt der Insolvenzreife einem möglichen Schadensersatzanspruch der Gläubigerbank oder des Gläubigers aus.[441]

2. Vorläufiger Insolvenzverwalter mit Anordnung eines Zustimmungsvorbehalts

Bei der Verwaltungs- und Verfügungsbefugnis des Schuldners bleibt es auch dann, wenn das Insolvenzgericht einen vorläufigen Insolvenzverwalter bestellt und gemäß § 21 Abs. 2 S. 1 Nr. 2 Fall 2 InsO anordnet, daß Verfügungen des Schuldners nur mit Zustimmung des vorläufigen Verwalters wirksam sind. Der vorläufige

441 Vgl. I.2.a) – c).

Verwalter ist rechtlich nicht in der Lage, gegen den Willen des Schuldners zu handeln.[442] Demzufolge kann grundsätzlich nur der Lastschriftschuldner der noch nicht genehmigten Belastungsbuchung der Zahlstelle gegenüber widersprechen.[443]

a) Zustimmungserfordernis für die Widerspruchserklärung

Fraglich ist, ob die Widerspruchserklärung der Zustimmung des vorläufigen Insolvenzverwalters bedarf, um wirksam zu sein. Dann müßte es sich bei dem Widerspruch gegen eine Belastungsbuchung um eine Verfügung im Sinne von § 21 Abs. 2 S. 1 Nr. 2 Fall 2 InsO handeln.[444]

Widerspricht der Schuldner, so bringt er gegenüber der Zahlstelle lediglich zum Ausdruck, daß er die Genehmigung der Belastungsbuchung im Sinne von § 684 S. 2 BGB verweigert. Gleichzeitig begehrt er die Rückgängigmachung der Belastung durch Wiedergutschrift.[445] Auf ein bestehendes Recht der Zahlstelle wird nicht eingewirkt. Dem Widerspruch kommt also im Verhältnis des Schuldners zur Schuldnerbank kein Verfügungscharakter zu.

Belastet die erste Inkassostelle das Konto des Lastschriftgläubigers infolge des Widerspruchs mit dem Lastschriftbetrag, ist die auflösende Bedingung, unter der das Schuldversprechen der Gläubigerbank in Form der Gutschrift des Lastschriftbetrages stand, mit rückwirkender Kraft eingetreten. Die Erfüllung der Forderung des Gläubigers gegen den Schuldner fällt dementsprechend weg, die Forderung des Gläubigers lebt wieder auf.[446] Eine Verfügung kann darin nicht gesehen werden, vielmehr wird die ursprüngliche Forderung schuldrechtlich wieder begründet. Verpflichtungsgeschäfte kann aber der vorläufige Insolvenzverwalter nicht verhindern.[447] Der Widerspruch durch den Schuldner bedarf somit keiner Zustimmung des vorläufigen Insolvenzverwalters.[448]

---

442 BGH, Urt. v. 18. 7. 2002 – IX ZR 195/01 = WM 2002, 1888, 1890; *Pape* in: Kübler/Prütting, InsO, Stand: 05/2005, § 22 Rn 35.

443 Der Schuldner könnte den vorläufigen Insolvenzverwalter bevollmächtigen, in seinem Namen die Widerspruchserklärung gegenüber der Zahlstelle abzugeben. Vgl. *Obermüller,* Insolvenzrecht in der Bankpraxis, 6. Auflage, 2002, Rn 3.445; *Bork* EWiR 2004, 237, 238.

444 Vgl. auch Ausführungen unter C.II.2.a).

445 *van Gelder* in: Bankrechts-Handbuch, 2. Auflage, 2001, § 58 Rn 57; *Kreifels,* 1983, S. 108 f.; *Reyher/Terpitz,* Der Lastschriftverkehr, 1982, S. 73 f.

446 Siehe Ausführungen unter C.II.2.b)aa)(3).

447 BGH, Urt. v. 18. 7. 2002 – IX ZR 195/01 = WM 2002, 1888, 1890.

448 I. E. ebenso *Obermüller,* Insolvenzrecht in der Bankpraxis, 6. Auflage, 2002, Rn 3.445; *Bork* EWiR 2004, 237, 238; *Ganter* WM 2005, 1557, 1558.

b) Rechtsmißbräuchlichkeit des Widerspruchs

Davon ausgehend sind in bezug auf die Rechtsmißbräuchlichkeit von Widersprüchen gegen noch nicht genehmigte Belastungsbuchungen im Antragsverfahren drei Fallgestaltungen zu unterscheiden. Zum einen kann der Schuldner Belastungsbuchungen widersprechen, ohne daß es hierfür einer Absprache oder gar eines Einverständnisses des vorläufigen Insolvenzverwalters mit Zustimmungsvorbehalt bedarf. Zum andern besteht die Möglichkeit, daß der Lastschriftschuldner während des vorläufigen Insolvenzverfahrens hinsichtlich der Belastungsbuchungen gar nicht tätig wird, der vorläufige Insolvenzverwalter aber gegenüber der Zahlstelle ausdrücklich seine Zustimmung zur Genehmigung von Belastungsbuchungen verweigert. Schließlich ist es auch denkbar, daß der Schuldner Widersprüche gegen Belastungsbuchungen im Einverständnis mit dem vorläufigen Insolvenzverwalter oder gar auf dessen Anregung hin vornimmt.

aa) Widerspruch des Schuldners ohne Absprache mit dem vorläufigen Insolvenzverwalter

Soweit der Schuldner noch nicht genehmigten Belastungsbuchungen widerspricht, gelten für ihn dieselben Restriktionen wie außerhalb der Insolvenz. Handelte es sich um einen berechtigten Lastschrifteinzug und stehen dem Schuldner keine Einwendungen oder Einreden gegen die eingezogene Forderung zu, kann der Schuldner sich gegenüber dem Gläubiger oder der Gläubigerbank schadensersatzpflichtig machen. Gläubiger oder Gläubigerbank wären mit diesem Schadensersatzanspruch Insolvenzgläubiger im Sinne von § 38 InsO.[449] Hat der Schuldner, z. B. eine GmbH, bei der Widerspruchshandlung durch einen Dritten, z. B. durch den Geschäftsführer, gehandelt, kann sich dieser selbst neben dem Lastschriftschuldner gemäß § 826 BGB schadensersatzpflichtig gemacht haben.

bb) Verweigerung der Zustimmung zur Genehmigung durch den vorläufigen Insolvenzverwalter ohne Tätigwerden des Schuldners

Bleibt der Schuldner während des Antragsverfahrens untätig, könnte hinsichtlich der noch nicht genehmigten Belastungsbuchungen die Genehmigung nach Nr. 7 Abs. 3 AGB-Banken eintreten. Teilt der vorläufige Insolvenzverwalter der Zahlstelle mit, daß er einer solchen Verfügungswirkung nicht zustimmt, kommt dies einer Verweigerung der Genehmigung gleich. Die Zahlstelle wird die Belastungsbuchung wegen Widerspruchs im Konto des Schuldners korrigieren. Gleichzeitig wird die Zahlstelle die Lastschrift an die erste Inkassostelle zurückgeben und Wiedervergütung gemäß Abschnitt III Nr. 1 LSA verlangen.[450]

---

449 So auch *Knees/Fischer* ZInsO 2004, 5, 9.

450 *Knees/Fischer* ZInsO 2004, 5, 9.

Es stellt sich nun die Frage, ob der vorläufige Insolvenzverwalter sich ebenso wie der Schuldner schadensersatzpflichtig macht, wenn er die Zustimmung zur Genehmigung der Belastungsbuchungen verweigert und damit diesen Buchungen faktisch widerspricht, obwohl es sich um berechtigte Lastschrifteinzüge handelt und den eingezogenen Forderungen auch keine Einwendungen oder Einreden entgegengehalten werden können.

(1) Bisherige h. M.

Bis zu den Entscheidungen des IX. Zivilsenats des BGH vom 4. 11. 2004[451] hatte sich in der Rechtsprechung der Instanzgerichte und im Schrifttum die h. M. herausgebildet, daß der vorläufige Insolvenzverwalter die Zustimmung zur Genehmigung von Belastungsbuchungen nur in dem Umfang verweigern kann, in dem der Schuldner zum Widerspruch dem Gläubiger gegenüber berechtigt sei.

Noch unter Geltung der Konkursordnung hatte das OLG Hamm[452] entschieden, der Konkursverwalter, der mit Übernahme des Amtes in die Rechte und Pflichten des Gemeinschuldners eintritt, könne grundsätzlich für die Masse nicht mehr und keine anderen Rechte beanspruchen, als dem Gemeinschuldner zustehen. Er habe infolgedessen auch die sich aus dem von ihm verwalteten Vermögen ergebenden Lasten und Beschränkungen zu beachten, sofern nicht etwas anderes, insbesondere in der Konkursordnung, bestimmt sei. Weder aus den Vorschriften der Konkursordnung noch aus den Regeln des Lastschriftverfahrens lasse sich ein weitergehendes Widerspruchsrecht für den Konkursverwalter entnehmen. Auch er müsse den Zweck des Widerspruchs, nur vor unberechtigten Belastungen zu schützen, beachten. Widerspreche der Konkursverwalter einer berechtigten Lastschrift, so nutze er lediglich eine formale Rechtsstellung zum Nachteil des Zahlungsempfängers aus. Das könne eine rechtsmißbräuchliche Schädigung bedeuten und nicht vom Konkurszweck, der Masse im Interesse aller Gläubiger möglichst viele Werte zu erhalten, gerechtfertigt werden.[453] Der Grundsatz der Gleichbehandlung der Gläubiger führe nicht dazu, dem Konkursverwalter zusätzliche Rechte zu verschaffen.[454]

Diese Auffassung teilen auch zahlreiche Autoren im Schrifttum.[455] Das insolvenzrechtliche Gleichbehandlungsgebot rechtfertige nicht eine Korrektur von Ver-

---

451 BGH, Urt. v. 4. 11. 2004 – IX ZR 22/03 = WM 2004, 2482 ff.; IX ZR 82/03 = ZInsO 2005, 40 ff.; IX ZR 28/04 = EWiR 2005, 227 (Leitsatz).

452 OLG Hamm, Urt. v. 22. 1. 1985 – 27 U 156/84 = WM 1985, 1139 ff.

453 OLG Hamm, Urt. v. 22. 1. 1985 – 27 U 156/84 = WM 1985, 1139, 1141.

454 OLG Hamm, Urt. v. 11. 12. 2003 – 27 U 130/03 = ZIP 2004, 814, 815; i. E. ebenso LG Erfurt, Urt. v. 20. 8. 2002 – 10 O 1105/02 = WM 2003, 1857 ff.

455 *Knees/Fischer* ZInsO 2004, 5, 11; *Kling* DZWIR, 2004, 54 ff.; *Weber,* Recht des Zahlungsverkehrs, 4. Auflage, 2004, S. 328 ff.; *Obermüller,* Insolvenzrecht in der Bankpraxis, 6. Auflage, 2002, Rn 3.451 ff.; *Cartano* WuB I D 2. Lastschriftverkehr 1.04; *Ott* in: MünchKomm, InsO, 2001, § 82 Rn 25; *van Gelder* in: Bankrechts-Handbuch, 2. Auflage, 2001, § 59

mögensverschiebungen allein deshalb, weil formal gesehen die Endgültigkeit der Kapitalbewegung noch unter dem Vorbehalt einer Potestativbedingung stehe und dieser Umstand einen massemehrenden Eingriff ermögliche.[456] Schließlich sei dem Verwalter mit Rücksicht auf die Schutzwürdigkeit des Zahlungsempfängers, der berechtigterweise auf eine Endgültigkeit der erteilten Gutschrift vertrauen dürfe, unter dem Gesichtpunkt des § 242 BGB eine Maßnahme verwehrt, die diesem eine verfestigte Rechtsposition wieder entziehen würde. Demzufolge habe der Verwalter wie der Zahlungspflichtige das Valutaverhältnis zu beachten, und er dürfe nur nach dessen Maßgabe Widerspruch erheben. Der Umstand der Insolvenz entbinde davon nicht.[457]

(2) Bisherige Minderheitsmeinung

Demgegenüber waren einige Vertreter im Schrifttum der Auffassung, der Verwalter müsse alle nur verwertbaren Rechte im Interesse der Gesamtgläubigerschaft heranziehen und verwerten, wozu auch der Widerspruch und die Herbeiführung einer Wiedergutschrift nach vorangegangenem Lastschrifteinzug gehöre, soweit der Widerspruch noch möglich sei.[458] Die Benachteiligung eines Gläubigers im Interesse der Gläubigergesamtheit sei dem Gesetz nicht fremd. So habe der Verwalter bei zweiseitigen, beiderseits noch nicht vollständig erfüllten Verträgen ein Wahlrecht (§ 103 InsO). Wähle er im Interesse der Gläubigergesamtheit Nichterfüllung, stehe dem Gläubiger ein Schadensersatzanspruch wegen Nichterfüllung lediglich als Insolvenzforderung zu. Die Ausübung des Wahlrechts könne also zu erheblichen Verlusten des Gläubigers führen. Dann sei aber nicht einzusehen, weshalb der Verwalter nicht auch zum Schaden des Gläubigers widersprechen dürfe.[459]

Darüber hinaus werde die eingezogene Forderung erst dann erfüllt, wenn die Belastungsbuchung genehmigt werde. Zuvor erlange der Lastschriftgläubiger keine gesicherte Rechtsposition. Der Widerspruch des Insolvenzverwalters führe daher nicht zu einer unzulässigen Benachteiligung des Lastschriftgläubigers zugunsten der Insolvenzmasse.[460] Der widersprechende Insolvenzverwalter hole nichts zurück. Er reichere nicht die Masse an, sondern verhindere den insolvenzrechtlich nicht gerechtfertigten Abfluß von Vermögenswerten des Schuldners.[461]

Rn 11 ff.; *K. Bauer*, S. 131 f.; *Rottnauer* WM 1995, 272 ff.; *Häuser* WuB I D 2. Lastschriftverkehr 7.85; *Bauer* WM 1981, 1186 ff.; *Remmerbach*, S. 156; *Westermann* in: FS Hübner, 1984, 697, 706 f.; *Buck* KTS 1980, 97 ff.; *Sandberger* JZ 1977, 285 ff.

456 *Rottnauer* WM 1995, 272, 278.

457 *Häuser* WuB I D 2. Lastschriftverkehr 7.85.

458 *Skrotzki* KTS 1974, 136, 138; *Kuhn/Uhlenbruck*, KO, 11. Auflage, 1994, § 23 Anm. 5; *Denck* ZHR 144 (1980), 171, 189 ff.

459 *Denck* ZHR 144 (1980), 171, 190.

460 *Rattunde/Berner* DZWIR 2003, 185, 188 ff.

461 *Fischer* in: FS Gerhardt, 2004, 223, 231.

Der endgültige wie der vorläufige Insolvenzverwalter würden sich vielmehr insolvenzzweckwidrig verhalten, wenn sie Belastungsbuchungen nicht widersprechen und statt dessen bloße Insolvenzforderungen der Lastschriftgläubiger genehmigen und damit erfüllen würden.[462] Auf die Frage, ob im Valutaverhältnis ein berechtigter Lastschrifteinzug vorliege oder ob dem Schuldner Einwendungen oder Einreden gegen die eingezogene Forderung zustehen, komme es demnach aus der Sicht des Insolvenzverwalters gar nicht an.[463] Der Insolvenzverwalter könne deshalb auch pauschal und ohne vorherige rechtliche Prüfung widersprechen. Eine Prüfung der Lastschriftbelastung müsse der Verwalter nicht vornehmen, da er zur Sicherung und Vergrößerung der Masse verpflichtet sei, sofort zu handeln.[464] Einige instanzgerichtliche Entscheidungen folgten dieser Argumentation.[465]

(3) Rechtsprechung des BGH

Der IX. Zivilsenat des BGH hat sich nun in seinen Entscheidungen vom 4. 11. 2004[466] der letztgenannten Auffassung angeschlossen. Der vorläufige Insolvenzverwalter mit Zustimmungsvorbehalt sei berechtigt, die Genehmigung von Belastungsbuchungen im Einzugsermächtigungsverfahren zu verhindern, auch wenn sachliche Einwendungen gegen die eingezogene Forderung nicht erhoben würden.[467]

(a) Genehmigungstheorie – Erfüllung erst mit Genehmigung der Belastungsbuchung

Der BGH geht in seiner Begründung von der Genehmigungstheorie aus und ist der Ansicht, daß die zur Einziehung gegebene Forderung erst dann erfüllt sei,

---

462 *Rattunde/Berner* DZWIR 2003, 185, 188 ff.; *Fischer* in: FS Gerhardt, 2004, 223, 231; *Fehl* DZWIR 2004, 257, 259; *Rendels* INDat-Report 2004, 18; wohl auch *Streit/Wittmann* EWiR 2004, 811, 812.

463 *Rattunde/Berner* DZWIR 2003, 185, 191.

464 *Rattunde/Berner* DZWIR 2003, 185, 188 ff.

465 LG Berlin, Urt. v. 27. 01. 2004 – 19 O 398/03 = DZWIR 2004, 255 ff.; AG Charlottenburg, Urt. v. 19. 10. 2004 – 214 C 228/04 = DZWIR 2005, 39.

466 BGH, Urt. v. 4. 11. 2004 – IX ZR 22/03 = WM 2004, 2482 ff.; IX ZR 82/03 = ZInsO 2005, 40 ff.; IX ZR 28/04 = EWiR 2005, 227 (Leitsatz).

467 Den Urteilen lagen Sachverhalte zugrunde, in denen entweder der jeweilige Schuldner mit Zustimmung des vorläufigen Insolvenzverwalters (IX ZR 22/03, IX ZR 28/04) oder der vorläufige Insolvenzverwalter selbst (IX ZR 82/03) pauschal gegen alle noch nicht genehmigten Belastungsbuchungen der letzten sechs Wochen der Zahlstelle gegenüber Widerspruch erhoben hatte. Kläger waren jeweils hiervon betroffene Lastschriftgläubiger, die aufgrund der Rückbelastung in Höhe ihrer Lastschriftbeträge einen Schaden erlitten und deshalb den Insolvenzverwalter nach § 826 BGB und nach § 60 InsO persönlich in Anspruch nahmen. Bei den eingereichten Lastschriften handelte es sich um berechtigte Lastschrifteinzüge. Einwendungen und Einreden gegen die jeweiligen eingezogenen Forderungen wurden nicht erhoben.

wenn der Schuldner die Genehmigung der Belastungsbuchung erklärt hat. Eine andere Sichtweise im Hinblick auf den Zeitpunkt der Erfüllung komme wegen der in ständiger Rechtsprechung des XI. Zivilsenats vertretenen Genehmigungstheorie nicht in Betracht. Der Gläubiger habe also auch nach Gutschrift des Lastschriftbetrags auf seinem Konto und der Belastungsbuchung beim Schuldner nur einen schuldrechtlichen Anspruch auf Erfüllung seiner Forderung, der nunmehr darauf gerichtet sei, daß der Schuldner die Belastungsbuchung genehmigt.[468]

Davon ausgehend könne – so der BGH – nach Insolvenzeröffnung eine bis dahin noch nicht erfolgte Zahlung nicht mehr wirksam werden (§ 81 Abs. 1 InsO). Da dem Lastschriftgläubiger nur eine ungesicherte Insolvenzforderung zustehe, dürfe der Insolvenzverwalter nicht deren Erfüllung bewirken, indem er die Belastungsbuchung genehmigt. Dies sei ebenso insolvenzweckwidrig wie die Zahlung an einen einzelnen Insolvenzgläubiger außerhalb des gesetzlich vorgeschriebenen Verteilungsverfahrens.[469]

Diese Erwägungen für den endgültigen Insolvenzverwalter überträgt der BGH anschließend auf den vorläufigen. Für den vorläufigen Insolvenzverwalter mit Verfügungs- und Verwaltungsbefugnis (§ 22 Abs. 1 S. 1 InsO) oder mit Anordnung eines Zustimmungsvorbehalts (§ 21 Abs. 2 S. 1 Nr. 2 Fall 2 InsO) könne nichts anderes gelten. Der vorläufige Insolvenzverwalter habe die Masse zu sichern und zu erhalten. Es gehöre daher nicht zu seinen Aufgaben, eine vor dem Eröffnungsantrag unvollständig erfüllte Verbindlichkeit des Schuldners vollständig zu erfüllen oder einer Erfüllungshandlung des Schuldners durch Zustimmung Wirksamkeit zu verleihen, falls dies nicht im Interesse aller Gläubiger liege.[470]

(b) Billigkeitserwägungen

In Abwägung von Billigkeitsgesichtspunkten führt der BGH weiter aus, daß es mit der Schwäche seiner Position als Lastschriftgläubiger zusammenhänge, wenn der Lastschriftgläubiger durch einen Widerspruch des (vorläufigen) Insolvenzverwalters in der Stellung eines bloßen Insolvenzgläubigers verbleibe. Für eine Entlastung des Gläubigers vom Insolvenzrisiko des Schuldners biete das Einzugsermächtigungsverfahren eben keinen Anhaltspunkt. Durch die berechtigte Einziehung sei dem Gläubiger noch keine insolvenzfeste Rechtsstellung zugewachsen. Andererseits biete das Lastschriftverfahren dem Lastschriftgläubiger große Vorteile, da ihm die Initiative zum Einzug überlassen bleibe und er somit sich Liquiditätsvorteile sichern und die Zahlungsüberwachung vereinfachen könne.[471]

---

468 BGH, Urt. v. 4. 11. 2004 – IX ZR 22 / 03 = WM 2004, 2482, 2484.

469 BGH, Urt. v. 4. 11. 2004 – IX ZR 22 / 03 = WM 2004, 2482, 2484.

470 BGH, Urt. v. 4. 11. 2004 – IX ZR 22 / 03 = WM 2004, 2482, 2484.

471 BGH, Urt. v. 4. 11. 2004 – IX ZR 22 / 03 = WM 2004, 2482, 2485.

(c) Pauschalwiderspruch

Die Frage, ob der Widerspruch des vorläufigen Insolvenzverwalters dann sittenwidrig sei, wenn der Insolvenzmasse dadurch keinerlei Vorteil verschafft wurde, ließ der BGH dahinstehen. Denn der vorläufige Insolvenzverwalter, der sein Amt antrete und sich erst einen Überblick über die erfahrungsgemäß oft ungeordneten rechtlichen und wirtschaftlichen Schuldnerverhältnisse verschaffen müsse, habe ein rechtlich geschütztes Interesse daran, zunächst jegliche Veränderung zu unterbinden und den *„status quo"* zu wahren. Dazu gehöre auch, daß er noch nicht wirksam erfolgte Zahlungen des Schuldners *„einfriert"*. Außerdem seien Abflüsse vom Schuldnerkonto, um Forderungen von Altgläubigern zu befriedigen, in mehrfacher Hinsicht nachteilig. Zum einen werde die Liquidität des Schuldnerunternehmens geschmälert. Zum anderen könne der Widerspruch zur Freigabe von Sicherheiten führen, was wiederum die Sanierungsaussichten des Schuldnerunternehmens verbessern würde.[472]

(4) Stellungnahme

(a) Erfüllung mit Einlösung – gesicherte Rechtsposition

Der Auffassung der Rechtsprechung des IX. Zivilsenats, die dem Insolvenzverwalter – auch dem vorläufigen – eine undifferenziertes *„Widerspruchsrecht"*[473] in bezug auf alle noch nicht genehmigten Belastungsbuchungen zubilligen will, kann nicht gefolgt werden. Bereits die Ausgangsüberlegung steht nicht in Einklang mit der hier vertretenen Auffassung: Die durch eine Lastschrift eingezogene Forderung des Gläubigers ist bereits dann erfüllt, wenn die Zahlstelle die Lastschrift einlöst.[474] Die Erfüllung steht unter der auflösenden Bedingung einer Rückbelastung infolge eines Widerspruchs gegen die Belastungsbuchung durch den Lastschriftschuldner.[475] Davon ausgehend ist auch die Schlußfolgerung des Senats, der Gläubiger habe vor Genehmigung der Belastungsbuchung keine *„verfestigte Rechtsposition"* erlangt,[476] nicht nachvollziehbar. Die Erfüllung der Forderung zum Zeitpunkt der Lastschrifteinlösung versetzt den Gläubiger in eine Rechtsstellung, die ihm nicht ohne besondere Rechtfertigung wieder genommen werden darf.[477]

Bei der Frage, in welchem Umfang der vorläufige Insolvenzverwalter mit Zustimmungsvorbehalt die Genehmigung von Belastungsbuchungen verhindern kann,

---

472 BGH, Urt. v. 4. 11. 2004 – IX ZR 22/03 = WM 2004, 2482, 2485 f.

473 BGH ,Urt. v. 4. 11. 2004 – IX ZR 22/03 = WM 2004, 2482, 2483; zur Bedenklichkeit dieser Terminologie siehe zu Recht *Hadding* WM 2005, 1549, 1551 f.

474 A. A. aber BGH, Urt. v. 4. 11. 2004 – IX ZR 22/03 = WM 2004, 2482, 2484.

475 Siehe Ausführungen unter C.II.2.b)aa)(3), bb).

476 BGH, Urt. v. 4. 11. 2004 – IX ZR 22/03 = WM 2004, 2482, 2484.

477 So schon *Rottnauer* WM 1995, 272, 279.

sind zwei gegensätzliche Aspekte zu berücksichtigen:[478] Der Gläubiger, dessen eingereichte Lastschrift bereits vor Antragstellung durch die Zahlstelle eingelöst wurde, hat infolge der Erfüllung der Forderung ein schutzwürdiges Interesse daran, daß ihm das Schuldversprechen seiner Bank, das in der Gutschrift zum Ausdruck kommt, nicht mehr entzogen wird – es sei denn, der Gläubiger veranlaßte den Lastschrifteinzug unberechtigt oder der Schuldner will Einwendungen oder Einreden gegen die eingezogene Forderung erheben.[479] Dem gegenüber steht die Aufgabe des vorläufigen Insolvenzverwalters, die Masse zu sichern. Dazu gehört es auch zu verhindern, daß eine Belastungsbuchung genehmigt wird und somit der Aufwendungsersatzanspruch der Zahlstelle gegen den Schuldner rückwirkend entstehen kann. Dem Abfluß von Vermögenswerten des Schuldners hat der vorläufige Insolvenzverwalter entgegenzuwirken. Kann dies aber nur durch ein Verhalten des vorläufigen Insolvenzverwalters geschehen, das dem Gläubiger eine bereits erfüllte Forderung wieder entzieht, bedarf es für diesen Eingriff in die verfassungsrechtlich geschützte Eigentümerstellung einer weitergehenden Begründung als die Massesicherungspflicht des vorläufigen Verwalters.

Unter welchen Voraussetzungen und in welchem Umfang Zahlungen, die noch vor der Verfahrenseröffnung an Gläubiger geflossen sind, im Interesse der Insolvenzmasse an diese zurückzugewähren sind, ist in den Anfechtungsvorschriften der §§ 129 ff. InsO abschließend geregelt.[480] Der Gesetzgeber hat mit den Anfechtungsnormen einen Ausgleich der involvierten Interessen sowohl der Insolvenzgläubiger, des Anfechtungsgegners als auch des Insolvenzschuldners kodifiziert.[481] Diese Wertungen des Gesetzgebers, die z. B. bei Vorliegen eines Bargeschäfts gemäß § 142 InsO von einer stark eingeschränkten Anfechtungsmöglichkeit der Zahlung an den Gläubiger ausgehen, würde der vorläufige Insolvenzverwalter umgehen, wenn er mit der Rechtsprechung des BGH die Zustimmung zur Genehmigung von Belastungsbuchungen auch dann verweigern könnte, wenn es sich um einen berechtigten Lastschrifteinzug handelt und in bezug auf die Forderung keine Einwendungen oder Einreden erhoben werden. Dies liefe schließlich auf eine Befugnis des Insolvenzverwalters ohne ausreichende gesetzliche Rechtfertigung hinaus. Jedoch hat der vorläufige Insolvenzverwalter im Rahmen seiner Massesicherungspflicht auch zu berücksichtigen, ob dem Gläubiger die bereits erfüllte Forderung wieder genommen werden darf. Er kann also seine Zustimmung zur Genehmigung der Belastungsbuchung immer dann versagen, wenn die Zahlung an den Gläubiger nach §§ 129 ff. InsO anfechtbar wäre.[482] In den übrigen Fällen besteht

---

478 Es geht eben nicht ausschließlich darum, eine bisher noch nicht erbrachte Leistung aus dem Schuldnervermögen zu verhindern (so aber *Ganter* WM 2005, 1557, 1561).

479 Vgl. auch *Bork* ZIP 2004, 2446, 2447.

480 OLG Hamm, Urt. v. 11. 12. 2003 – 27 U 130/03 = ZIP 2004, 814, 816; *Bork* ZIP 2004, 2446, 2447; *Hadding* WM 2005, 1549, 1555.

481 Vgl. hierzu *Paulus* in: Kübler/Prütting, InsO, Stand: 05/2005, § 129 Rn 4 ff.; *ders.* ZInsO 1999, 242.

482 I. E. ebenso *Bork* ZIP 2004, 2446, 2447.

für ihn die Möglichkeit, in den gleichen Grenzen, wie der Schuldner selbst zum Widerspruch dem Gläubiger gegenüber berechtigt ist, die Zustimmung zur Genehmigung der Belastungsbuchung zu verweigern. Ansonsten setzt er sich einer Schadensersatzpflicht nach § 826 BGB aus.

(b) Auskunftspflicht des Schuldners

Zweifelhaft ist auch die Ansicht des BGH, der vorläufige Verwalter habe ein rechtlich geschütztes Interesse, wenn er noch nicht wirksam erfolgte Zahlungen *„einfriert"*, weil er nicht in der Lage sei, zeitnah die Berechtigung der Belastungsbuchungen zu prüfen.[483] Unberücksichtigt bleibt dabei, daß der vorläufige Insolvenzverwalter sich des Schuldners zur Prüfung der Ansprüche bedienen könnte. Gemäß §§ 22 Abs. 3 S. 3, 97, 101 Abs. 1 S. 1 und 2 InsO sind Schuldner auch im Eröffnungsverfahren dem Verwalter gegenüber zur Auskunft verpflichtet.[484] Zudem wird oftmals bereits aus den angegebenen Verwendungszwecken der Belastungsbuchungen auf den Tagesauszügen erkennbar, um welche Zahlungen es sich handelt. Regelmäßige Verpflichtungen, wie z. B. gegenüber Stromversorgern und Telekommunikationsunternehmen, dürften deshalb ohne weiteres als gegebenenfalls berechtigt erkennbar sein.

(c) Wertungswiderspruch in bezug auf Schadensersatzanspruch des Gläubigers

Darüber hinaus führt die Rechtsprechung des BGH zu einem Wertungswiderspruch im Hinblick auf den Schaden, der dem Lastschriftgläubiger infolge einer zurückgegebenen Lastschrift entstehen kann. Neben der Forderung des Gläubigers aus dem Valutaverhältnis kommen weitere Schadenspositionen in Betracht, wie z. B. erhöhte Sollzinsen, die er seiner Bank infolge der Rückbelastung zu zahlen hat.

Widerspricht der Schuldner einer Belastungsbuchung außerhalb der Insolvenz, kann der Gläubiger den gesamten Schaden vom Schuldner nach § 280 BGB oder § 826 BGB verlangen, wenn es sich um einen berechtigten Lastschrifteinzug handelte und der Schuldner keine Einwendungen oder Einreden gegen die Forderung erhebt. Einen etwaigen Schaden könnte der Gläubiger auch dann geltend machen, wenn erst der endgültige Insolvenzverwalter bei Ausübung seines Wahlrechts nach § 103 Abs. 2 InsO einer noch nicht genehmigten Belastungsbuchung widerspricht und damit die Erfüllung des gegenseitigen Vertrags verweigert. Die Forderung des Gläubigers wegen Nichterfüllung im Sinne von § 103 Abs. 2 S. 1 InsO umfaßt auch Folgeschäden.[485]

---

483 BGH, Urt. v. 4. 11. 2004 – IX ZR 22/03 = WM 2004, 2482, 2486.

484 Siehe auch Meder NJW 2005, 637, 638.

485 *Berscheid* in: Uhlenbruck, InsO, 12. Auflage, 2003, § 103 Rn 87.

Wenn aber im Antragsverfahren nicht der Schuldner widerspricht, sondern nur der vorläufige Insolvenzverwalter die Zustimmung zur Genehmigung von Belastungsbuchungen verweigert, ginge dem Gläubiger, dem die bereits geleistete Zahlung wieder entzogen wird, der Anspruch auf Ersatz der über den Forderungsbetrag hinausgehenden Schadensposition wegen unberechtigten Widerspruchs verloren. Die Handlung des vorläufigen Insolvenzverwalters wäre nach der Rechtsprechung des BGH nicht pflichtwidrig oder gar sittenwidrig,[486] weshalb dem Schuldner das Verhalten des Verwalters analog § 31 BGB auch nicht zugerechnet werden kann. Mit welcher Rechtfertigung dem Gläubiger infolge der Rechtsprechung des *BGH* der Ersatzanspruch hinsichtlich eines weitergehenden Schadens wegen eines Widerspruchs genommen werden soll, ist nicht erklärbar, wenn der Lastschrifteinzug berechtigt war und der Forderung auch keine Einwendungen oder Einreden entgegengehalten werden.

(d) Mangelnde Berücksichtigung der Konsequenzen für die Zahlstelle

Der BGH geht in seiner Begründung im Rahmen einer Interessenabwägung auch auf die Rolle der ersten Inkassostelle ein und stellt berechtigterweise fest, daß das Insolvenzrisiko der ersten Inkassostelle im Verhältnis zum Lastschrifteinreicher aufgrund der befristeten Rückgabemöglichkeit widersprochener Lastschriften im Interbankenverhältnis begrenzt ist. Welche Auswirkungen dies aber im Zusammenhang mit der Auffassung des Senats auf die Zahlstelle hat, wird nicht erwähnt. Dafür bestand kein Anlaß. In zwei der entschiedenen Fälle hatte jeweils die Insolvenzschuldnerin einmal auf Anraten des vorläufigen Insolvenzverwalters[487] und einmal mit Zustimmung des vorläufigen Insolvenzverwalters nur Belastungsbuchungen der letzten sechs Wochen widersprochen.[488] Im dritten Fall hatte der vorläufige Insolvenzverwalter selbst allen Belastungsbuchungen, die innerhalb der letzten sechs Wochen vor dem Datum seiner Bestellung erfolgten, die Genehmigung verweigert.[489] Die Gefahr, daß die Zahlstelle für Rücklastschriften, die älter als sechs Wochen sind, nach dem LSA von der ersten Inkassostelle keine Rückvergütung erlangt, lag also in den getroffenen Entscheidungen des BGH nicht unmittelbar auf der Hand. Dennoch hätte sie in der Interessenabwägung des BGH berücksichtigt werden müssen, denn die Entscheidungsgründe lassen keine Differenzierung zwischen Belastungsbuchungen der letzten sechs Wochen und solchen, die älter als sechs Wochen sind, erkennen. Die Zahlstelle, die im Einzugsermächtigungsverfahren die geringsten Vorteile im Vergleich zu den anderen Beteiligten hat, ist von der Rechtsprechung des BGH aber am stärksten betroffen. Sie hat alle Belastungsbuchungen, deren Genehmigung der vorläufige

486 Darauf weist auch *Hadding* WM 2005, 1549, 1554 re. Spalte hin.

487 BGH, Urt. v. 4. 11. 2004 – IX ZR 28/04 = EWiR 2005, 227 (Leitsatz).

488 BGH, Urt. v. 4. 11. 2004 – IX ZR 22/03 = WM 2004, 2482 ff.

489 BGH, Urt. v. 4. 11. 2004 – IX ZR 82/03 = ZInsO 2005, 40 ff.

Insolvenzverwalter nicht zustimmt, rückgängig zu machen. Ihr Risiko, mit Rücklastschriften auszufallen, nimmt zu, wenn pauschal allen noch nicht genehmigten Belastungsbuchungen widersprochen wird. Dies gilt vor allem für Belastungsbuchungen, die älter als sechs Wochen sind und die auf einem berechtigten Lastschrifteinzug beruhen, so daß der Zahlstelle kein Anspruch gegen die erste Inkassostelle auf Rückvergütung mehr zusteht. Außerhalb der Insolvenz hat die Zahlstelle zwei Möglichkeiten, ihr Ausfallrisiko zu minimieren. Zum einen besteht die Möglichkeit, sich mit der ersten Inkassostelle trotz Überschreitens der Sechswochenfrist auf eine Rückvergütung zu einigen. Scheitert dieser Versuch, bleibt der Zahlstelle zum anderen noch die Möglichkeit, den Schuldner auf Schadensersatz in Anspruch zu nehmen, wenn dieser seine Pflicht nach Nr. 11 Abs. 4 AGB-Banken schuldhaft verletzt hat. Danach hat der Schuldner seine Kontoauszüge unverzüglich auf Richtigkeit zu überprüfen und unverzüglich Einwendungen zu erheben.[490] Nach der Rechtsprechung des BGH hätte nun der vorläufige Insolvenzverwalter die Befugnis, der noch ausstehenden Genehmigung der Belastungsbuchung die Zustimmung zu versagen, auch wenn dem Schuldner selbst die Belastungsbuchung schon seit längerem bekannt war. Es würde demzufolge bereits an einer pflichtwidrigen Handlung des vorläufigen Insolvenzverwalters fehlen. Infolgedessen kann dem Schuldner auch keine analog § 31 BGB schadensersatzauslösende pflichtwidrige Handlung des vorläufigen Verwalters zugerechnet werden. Der Zahlstelle ginge mit der Rechtsprechung des BGH die Schadensersatzmöglichkeit verloren, die ihr außerhalb der Schuldnerinsolvenz das Ausfallrisiko mindert.

(e) Zwischenergebnis

Die Auffassung des BGH und einiger Vertreter im Schrifttum, der vorläufige Insolvenzverwalter mit Zustimmungsvorbehalt sei berechtigt, die Genehmigung von Belastungsbuchungen zu verhindern, auch wenn sachliche Einwendungen gegen die Forderung nicht erhoben würden, ist mit den zuvor genannten Argumenten abzulehnen. Die Befugnis des vorläufigen Insolvenzverwalters, Belastungsbuchungen auf dem einen oder anderen Weg zu widersprechen, kann nur aus den gleichen Gründen folgen, aus denen auch der Schuldner selbst zum Widerspruch dem Gläubiger gegenüber berechtigt ist. Darüber hinaus kann allerdings der vorläufige Insolvenzverwalter die Genehmigung einer Belastungsbuchung auch dann verhindern, wenn die Zahlung an den Gläubiger nach §§ 129 ff. InsO anfechtbar wäre. Beachtet der vorläufige Verwalter diese Grenzen nicht, macht er sich nach § 826 BGB schadensersatzpflichtig.

---

490 Siehe Ausführungen unter B.II.2.c)bb)(2)(cc).

cc) Verweigerung der Zustimmung zur Genehmigung durch den vorläufigen Insolvenzverwalter und Tätigwerden des Schuldners

Die Rechtsprechung des BGH[491] gibt Anlaß zu unterscheiden, ob der Schuldner selbst die Widersprüche gegen noch nicht genehmigte Belastungsbuchungen erhoben hat oder ob der Schuldner untätig geblieben ist und statt dessen der vorläufige Insolvenzverwalter dergestalt widersprochen hat, indem er die Zustimmung zur Genehmigung der Belastungsbuchungen gegenüber der Zahlstelle verweigerte.[492]

Widerspricht der Schuldner selbst noch nicht genehmigten Belastungsbuchungen, macht er sich gegebenenfalls seinem Gläubiger oder der ersten Inkassostelle gegenüber schadensersatzpflichtig. Es gelten für ihn während des Antragsverfahrens, wenn ein vorläufiger Insolvenzverwalter mit Zustimmungsvorbehalt bestellt wurde, dieselben Grenzen wie außerhalb der Insolvenz.[493] Daran kann sich auch dann nichts ändern, wenn die Widersprüche mit Zustimmung des vorläufigen Insolvenzverwalters[494] oder auf dessen Anraten erfolgt sind.[495] Eine weitergehende Befugnis des vorläufigen Insolvenzverwalters zum Widerspruch gegen noch nicht genehmigte Belastungsbuchungen rechtfertigt nicht die Widersprüche des Lastschriftschuldners gegenüber dem Lastschriftgläubiger oder der ersten Inkassostelle, die ansonsten rechtswidrig gewesen wären.[496] Die Widersprüche des Schuldners bedürfen zu ihrer Wirksamkeit nicht der Zustimmung des Verwalters.[497] Dann kann die weitergehende Befugnis des vorläufigen Insolvenzverwalters zum so oder so erhobenen Widerspruch, wenn die Zahlung an den Gläubiger nach §§ 129 ff. InsO anfechtbar wäre, den Verwalter auch nicht dazu berechtigen, den Schuldner aufzufordern, der Zahlstelle gegenüber Widerspruch zu erheben. Der vorläufige Verwalter hat sich vielmehr darauf zu beschränken, der Zahlstelle gegenüber seine Zustimmung zur Genehmigung von Belastungsbuchungen zu verweigern. Stiftet er dennoch den Lastschriftschuldner zu einem Widerspruch an oder leistet er Beihilfe hierzu, so ist der vorläufige Insolvenzverwalter nach §§ 830 Abs. 2, 826 BGB schadensersatzpflichtig, wenn es sich um berechtigte Lastschrifteinzüge handelt und keine Einwendungen aus dem Valutaverhältnis erhoben werden.

Diese Erwägungen je nach Sachverhaltsgestaltung fehlen in den Entscheidungsgründen des BGH.[498] Der Senat gelangt deshalb ohne die gebotene Differenzierung zu dem Ergebnis, daß die von ihm angenommene weitergehende Befugnis

---

491 BGH, Urt. v. 4. 11. 2004 – IX ZR 22/03 = WM 2004, 2482 ff.; IX ZR 82/03 = ZInsO 2005, 40 ff.; IX ZR 28/04 = EWiR 2005, 227 (Leitsatz).

492 Vgl. Ausführungen unter bb).

493 Siehe auch Ausführungen unter aa).

494 Vgl. Tatbestand von BGH, Urt. v. 4. 11. 2004 – IX ZR 22/03 = WM 2004, 2482 ff.

495 Vgl. Tatbestand von BGH, Urt. v. 4. 11. 2004 – IX ZR 28/04 = EWiR 2005, 227 (Leitsatz).

496 Ähnlich *Bork* ZIP 2004, 2446, 2447.

497 Siehe Ausführungen unter a).

498 BGH, Urt. v. 4. 11. 2004 – IX ZR 22/03 = WM 2004, 2482 ff.; IX ZR 28/04 = EWiR 2005, 227 (Leitsatz).

des vorläufigen Insolvenzverwalters zum Lastschriftwiderspruch automatisch zu einer weitergehenden Widerspruchsbefugnis des Schuldners führt, wenn er mit Zustimmung oder auf Anraten des Verwalters Belastungsbuchungen widerspricht. Eine sachliche Rechtfertigung hierfür ist nicht ersichtlich.

3. Vorläufiger Insolvenzverwalter mit Verwaltungs- und Verfügungsbefugnis

Hat das Insolvenzgericht einen vorläufigen Insolvenzverwalter gemäß § 21 Abs. 2 S. 1 Nr. 1 InsO bestellt und ein allgemeines Verfügungsverbot gemäß § 22 Abs. 1 InsO angeordnet, geht die Verwaltungs- und Verfügungsbefugnis über das Vermögen des Schuldners auf den vorläufigen Insolvenzverwalter über (§ 22 Abs. 1 S. 1 InsO). Demzufolge kann der vorläufige Insolvenzverwalter einer noch nicht genehmigten Belastungsbuchung widersprechen. Für die Frage, ob der vorläufige Insolvenzverwalter mit Verwaltungs- und Verfügungsbefugnis berechtigt ist, auch dann Belastungsbuchungen zu widersprechen, wenn sachliche Einwendungen gegen die eingezogenen Forderungen nicht erhoben werden, gelten die Ausführungen zum vorläufigen Insolvenzverwalter mit Zustimmungsvorbehalt entsprechend. Der vorläufige Insolvenzverwalter mit Verwaltungs- und Verfügungsbefugnis kann im gleichen Umfang, wie der Schuldner gegenüber dem Gläubiger zum Widerspruch berechtigt war, die Genehmigung der Belastungsbuchung verweigern. Zusätzlich besteht für ihn die Möglichkeit, der Belastungsbuchung zu widersprechen, wenn die Zahlung an den Gläubiger nach §§ 129 ff. InsO anfechtbar wäre. Handelt es sich darüber hinaus um einen berechtigten Lastschrifteinzug und werden auch keine Einwendungen oder Einreden gegen die eingezogene Forderung erhoben, setzt sich der vorläufige Insolvenzverwalter der Gefahr einer Schadensersatzpflicht gemäß § 826 BGB aus, wenn er von seiner formalen Widerspruchsmöglichkeit Gebrauch macht.

IV. Widerspruchsmöglichkeit im eröffneten Insolvenzverfahren

Nach Eröffnung des Insolvenzverfahrens geht die Möglichkeit, etwaigen noch nicht genehmigten Belastungsbuchungen zu widersprechen, auf den Insolvenzverwalter über. Das ist im Ergebnis unstreitig.[499] Lediglich die Begründungen hierzu

---

499 BGH, Urt. v. 6. 6. 2000 – XI ZR 258/99 = WM 2000, 1577, 1578; OLG Hamm, Urt. v. 22. 1. 1985 – 27 U 156/84 = WM 1985, 1139, 1141; *Hegel* Die Bank 1982, 74, 78; *Häuser* WuB I D 2. Lastschriftverkehr 7.85; *Canaris* in: Staub, Großkomm, HGB, 4. Auflage, 10. Lieferung: Bankvertragsrecht, Erster Teil, Stand: 1. 4. 1988, Rn 661; *Rottnauer* WM 1995, 272, 277; *van Gelder* in: Bankrechts-Handbuch, 2. Auflage, 2001, § 59 Rn 5; *Obermüller,* Insolvenzrecht in der Bankpraxis, 6. Auflage, 2002, Rn 3.447; a. A. *Falscheer-Schlegel,* S. 28.

sind unterschiedlich. Zum Teil wird argumentiert, dieser Übergang auf den Insolvenzverwalter beruhe auf einer Nachwirkung des Giroverhältnisses,[500] das mit Eröffnung des Insolvenzverfahrens gemäß §§ 115, 116 InsO erlischt. Nach der Genehmigungstheorie nimmt die Zahlstelle die Belastungsbuchung unautorisiert im Sinne einer unberechtigten Geschäftsführung vor. Demzufolge kann auch der Insolvenzverwalter eine nicht genehmigte Belastung durch einen Widerspruch gegenüber der Zahlstelle beanstanden. Auf eine Nachwirkung des Giroverhältnisses muß also nicht abgestellt werden.[501]

Der endgültige Insolvenzverwalter ist dem Gläubiger gegenüber in dem gleichen Umfang zum Widerspruch berechtigt wie der Schuldner außerhalb der Insolvenz. Darüber hinaus muß er die Genehmigung von Belastungsbuchungen verweigern, wenn die Zahlung an den Gläubiger ohnehin nach §§ 129 ff. InsO angefochten werden könnte. Eine weitergehende Befugnis zum Widerspruch besteht nicht. Insofern gelten die Erwägungen zum vorläufigen Insolvenzverwalter entsprechend.[502] Widerspricht der Insolvenzverwalter berechtigten Lastschriften, ohne der eingezogenen Forderung Einwendungen oder Einreden entgegenhalten zu wollen, macht er sich dem Gläubiger gegenüber schadensersatzpflichtig nach § 826 BGB.[503]

V. Schadensersatzpflicht der Zahlstelle im Zusammenhang mit Widersprüchen im Vorfeld der Insolvenz des Lastschriftschuldners

Die bisherigen Ausführungen befaßten sich mit den Grenzen der Widerspruchsmöglichkeit gegen Belastungsbuchungen und deren Geltung im Zusammenhang mit der Insolvenz des Lastschriftschuldners. In der Praxis kommt es im Vorfeld einer solchen Insolvenz jedoch immer wieder vor, daß die Zahlstelle versucht, den Lastschriftschuldner dazu zu bewegen, noch nicht genehmigten Belastungsbuchungen zu widersprechen.[504] Entsteht dem Lastschriftgläubiger oder der ersten Inkassostelle daraufhin ein Schaden, stellt sich die Frage, ob die Zahlstelle hierfür haftet. Der Zahlstelle könnte insofern ein sittenwidriges Verhalten vorwerfbar sein. Welche Kriterien dafür maßgebend sind, ist Gegenstand der folgenden Ausführungen.

---

500 *Hegel* Die Bank 1982, 74, 78; *Rottnauer* WM 1995, 272, 277; *Obermüller,* Insolvenzrecht in der Bankpraxis, 6. Auflage, 2002, Rn 3.447.

501 Ebenso *Häuser* WuB I D 2. Lastschriftverkehr 7.85.

502 Siehe Ausführungen unter II.2.b)bb).

503 Die Genehmigung einer Belastungsbuchung durch den endgültigen Insolvenzverwalter begründet weder eine Masseverbindlichkeit noch tritt nach der hier vertretenen Ansicht erst durch sie die Erfüllung der Geldschuld im Valutaverhältnis ein. Der Insolvenzverwalter ist deshalb nicht wegen insolvenzzweckwidriger Gründe an einer Genehmigung gehindert, wenn es sich um eine berechtigte Lastschrift handelt und keine Einwendungen oder Einreden gegen die eingezogene Forderung erhoben werden. siehe Ausführungen unter C.III.1.

504 Vgl. *Zschoche,* S. 132.

1. Rechtsprechung des BGH

Der BGH hatte sich erstmals in einer Entscheidung vom 28. 5. 1979[505] mit der Frage auseinandergesetzt, unter welchen Umständen die Zahlstelle wegen sittenwidrigen Verhaltens bei Lastschriftwidersprüchen schadensersatzpflichtig sein könnte.

In der Sache stritten sich die erste Inkassostelle und die Zahlstelle um die Rückvergütung zurückgegebener Lastschriften. Die erste Inkassostelle vertrat die Auffassung, daß die Zahlstelle die Widersprüche des Lastschriftschuldners nicht hätte beachten dürfen, weil sie zu dieser Zeit von der Lastschriftreiterei[506] zwischen Lastschriftschuldner und Lastschriftgläubiger Kenntnis erlangte. Statt dessen habe die Zahlstelle in sittenwidriger Weise ihre eigenen Interessen verfolgt und mit der Rückgabe der Lastschriften bezweckt, daß der Debetsaldo des Lastschriftschuldners verringert wurde.[507]

Der BGH führte dazu allgemein aus, ein Schadensersatzanspruch der Gläubigerbank gegen die Schuldnerbank komme wegen positiver Vertragsverletzung des Lastschriftabkommens oder nach § 826 BGB dann in Betracht, *„wenn die Schuldnerbank im eigenen Interesse den Schuldner zum Widerspruch animiert, um dessen Debet zurückzuführen, während die Gläubigerbank mit ihrem Wiedervergütungsanspruch gegen den Zahlungsempfänger wegen dessen Konkurses ausfällt."*[508]

Im Ergebnis lehnte der BGH jedoch eine Schadensersatzpflicht der Zahlstelle ab, weil sie von der Lastschriftreiterei erst nach Belastung des Kontos und bei Entgegennahme des Widerspruchs Kenntnis erhielt. Anders wäre nach Ansicht des BGH die Lage zu beurteilen gewesen, wenn die Zahlstelle bereits vor Einreichung der Lastschriften von dem sittenwidrigen Verhalten des Schuldners gewußt hätte. Dulde die Zahlstelle die laufende Abwicklung von Lastschriften, denen keine Umsatzgeschäfte zugrunde liegen, und nehme sie damit die Schädigung der Gläubigerbank in Kauf, handle die Zahlstelle sittenwidrig. Sie hafte der Gläubigerbank nach § 826 BGB.[509]

In seinem Urteil vom 15. 6. 1987[510] entschied der BGH, daß dem Lastschriftgläubiger gegen die Zahlstelle ein Schadensersatzanspruch nach §§ 31, 89, 826, 830 Abs. 2 BGB zustehe wegen Anstiftung des Lastschriftschuldners zur sittenwidrigen Schädigung des Lastschriftgläubigers durch mißbräuchlichen Gebrauch der Widerspruchsmöglichkeit im Lastschriftverfahren. Dem Tatbestand und den

---

505 BGH, Urt. v. 28. 5. 1979 – ZR 219/77 = WM 1979, 828 ff.

506 Siehe Ausführungen unter I.2.c).

507 BGH, Urt. v. 28. 5. 1979 – ZR 219/77 = WM 1979, 828.

508 BGH, Urt. v. 28. 5. 1979 – ZR 219/77 = WM 1979, 828, 829; ebenso BGH, Urt. v. 24. 6. 1985 – II ZR 277/84 = WM 1985, 905, 906.

509 BGH, Urt. v. 28. 5. 1979 – ZR 219/77 = WM 1979, 828, 829.

510 BGH, Urt. v. 15. 6. 1987 – II ZR 301/86 = WM 1987, 895 ff.

Feststellungen des Berufungsgerichts zufolge widersprach der Lastschriftschuldner einen Tag vor Konkursantragstellung allen noch nicht genehmigten Belastungsbuchungen der letzten sechs Wochen. Dazu zählten auch die von dem Lastschriftgläubiger berechtigt eingereichten Lastschriften. Die Initiative hierfür ging von einem Angestellten der Zahlstelle aus, der in Kenntnis der schlechten wirtschaftlichen Situation dem Lastschriftschuldner die vorgenommenen Widersprüche empfohlen hatte. Am Tag darauf führte die Zahlstelle einen Überweisungsauftrag des Lastschriftschuldners zugunsten eines Zwischenkreditkontos eines Kreditnehmers aus, das bei der Zahlstelle geführt wurde. Ohne diese Überweisung wäre die Zahlstelle mit ihrem Rückzahlungsanspruch gegen diesen Kreditnehmer ausgefallen.[511]

Der BGH sah es als erwiesen an, daß die Zahlstelle den Lastschriftschuldner zum Widerspruch *„verleitet"* habe, und bejahte die Haftung der Zahlstelle wegen Anstiftung zu einer vorsätzlich begangenen unerlaubten Handlung. Im Rahmen des Verschuldens der Zahlstelle wirft der BGH dann jedoch die Frage auf, ob es für eine Haftung der Zahlstelle auf ein eigenes Interesse der Zahlstelle am Widerspruch überhaupt ankomme. Der Senat ließ diese Frage schließlich offen, da im entschiedenen Fall die Zahlstelle durch die Widersprüche einen Vorteil erlangte. Ohne die Widersprüche wäre die Überweisung des Lastschriftschuldners zugunsten des Kreditnehmers der Zahlstelle nicht möglich gewesen. Sie hätte keine Rückzahlung des Zwischenkredits erlangt.[512]

In einer jüngeren Entscheidung vom 29. 5. 2001[513] bekräftigte der BGH seine Ansicht, daß der Zahlstelle sittenwidriges Verhalten dann vorzuwerfen sei, wenn sie im Rahmen eines Einzugsermächtigungsverfahrens den Zahlungspflichtigen zum Widerspruch auffordere, um sich selbst daraus Vorteile zu verschaffen.[514] Der Sache nach ging es wiederum um einen Schadensersatzanspruch der Lastschriftgläubigerin gegen die Zahlstelle, weil diese angeblich die Lastschriftschuldnerin zu Lastschriftwidersprüchen gedrängt habe. Der Senat führte im Hinblick auf die rechtliche Würdigung eines entsprechenden Verhaltens der Zahlstelle aus, daß es im Rahmen des § 826 BGB unerheblich sei, mit welchen Worten und unter welchen äußeren Umständen die Zahlstelle die Lastschriftschuldnerin veranlaßt haben soll, den Lastschriften zu widersprechen. *„Im Zusammenhang mit dem taggleich mit der Kündigung des Betriebsmittelkredits erfolgten Widerruf der Lastschriften könnte es bereits ausreichen, daß die Beklagte den Widerruf in irgendeiner Form veranlaßt hat, um sich dadurch aus Zahlungseingängen aus dem Weiterverkauf der Eigentumsvorbehaltsware der Klägerin zu befriedigen."*[515]

---

511 BGH, Urt. v. 15. 6. 1987 – II ZR 301/86 = WM 1987, 895, 896.

512 BGH, Urt. v. 15. 6. 1987 – II ZR 301/86 = WM 1987, 895, 896 f.

513 BGH, Urt. v. 29. 5. 2001 – VI ZR 114/00 = WM 2001, 1458 ff.

514 BGH, Urt. v. 29. 5. 2001 – VI ZR 114/00 = WM 2001, 1458, 1460.

515 BGH, Urt. v. 29. 5. 2001 – VI ZR 114/00 = WM 2001, 1458, 1460.

2. Rechtsprechung der Instanzgerichte

Während nach der Rechtsprechung des BGH überwiegend eine Haftung der Zahlstelle dann in Betracht kommt, wenn sie zum einen die Initiative zum Widerspruch ergreift und zum anderen damit einen eigenen Vorteil bezweckt, ist die Rechtsprechung der Instanzgerichte hierzu uneinheitlich.

Das OLG Düsseldorf hatte bereits in einer älteren Entscheidung vom 2. 8. 1976[516] das eigene Interesse und das Veranlassen zum Widerspruch als maßgebend für eine Haftung der Zahlstelle nach § 826 BGB angesehen. Die Bank handle sittenwidrig, wenn sie den Kunden im Zeitpunkt seiner Zahlungsunfähigkeit veranlasse, zu ihren Gunsten seine Gläubiger durch Widerspruch gegen sachlich gerechtfertigte Belastungen zu benachteiligen.[517]

Im Gegensatz dazu stellen sowohl die Entscheidung des OLG Frankfurt a.M. vom 16. 9. 1996[518] als auch die Entscheidung des OLG Hamm vom 21. 1. 1998[519] in erster Linie auf eine psychische Beihilfehandlung der Zahlstelle ab. Ein eigenes wirtschaftliches Interesse der Zahlstelle wird nicht mehr thematisiert.

So entschied das OLG Frankfurt a.M., daß die Zahlstelle der Lastschriftgläubigerin gegenüber schadensersatzpflichtig nach §§ 31, 89, 826, 830 Abs. 2 BGB sei, weil sie der Lastschriftschuldnerin geholfen habe, die Lastschriftgläubigerin durch Mißbrauch der Lastschriftwiderrufsmöglichkeit sittenwidrig zu schädigen. Die Lastschriftschuldnerin widersprach den Belastungsbuchungen der letzten sechs Wochen, obwohl berechtigte Lastschrifteinzüge vorlagen und gegen die zugrundeliegenden Forderungen auch keine Einwendungen oder Einreden erhoben wurden. Sie habe entsprechend ihrer vorgefaßten Absicht gehandelt und damit die Lastschriftgläubigerin zu einer unfreiwilligen Kreditierung veranlaßt.[520] Nach Auffassung des Gerichts genügte es für eine Haftung der Zahlstelle, daß sie und die Lastschriftschuldnerin das Ausschöpfen der sechswöchigen Widerspruchsmöglichkeit zu Lasten der Lastschriftgläubigerin *„wohlwollend erörterten, als der Beklagten finanziell günstige Variante akzeptierten und die Umsetzung beanstandungsfrei und zügig vollzogen."* Die Zahlstelle habe so die Haupttat zumindest psychisch gefördert, den Entschluß des Täters gestärkt und die letzten Hemmungen beseitigt.[521]

Das OLG Hamm sah ebenfalls die Zahlstelle als schadensersatzpflichtig an, da sie dem Lastschriftschuldner geholfen habe, diesmal die erste Inkassostelle durch Mißbrauch der Widerspruchsmöglichkeit sittenwidrig zu schädigen (§§ 31, 826,

---

516 OLG Düsseldorf, Urt. v. 2. 8. 1976 – 6 U 305/75 = WM 1976, 935 ff.

517 OLG Düsseldorf, Urt. v. 2. 8. 1976 – 6 U 305/75 = WM 1976, 935, 937.

518 OLG Frankfurt a.M., Urt. v. 16. 9. 1996 – 18 U 92/94 = WM 1997, 211 ff.

519 OLG Hamm, Urt. v. 21. 1. 1998 – 2 O 90/97 = OLG Report Hamm 1998, 271 ff.

520 Der Lastschriftschuldner erfüllte damit den Tatbestand des Betrugs. OLG Frankfurt a.M., Urt. v. 16. 9. 1996 – 18 U 92/94 = WM 1997, 211, 212.

521 OLG Frankfurt a.M., Urt. v. 16. 9. 1996 – 18 U 92/94 = WM 1997, 211, 212.

830 Abs. 1 S. 1, Abs. 2 BGB). Der Lastschriftschuldner war zwar dem Lastschriftgläubiger gegenüber zum Widerspruch berechtigt, weil es sich im Valutaverhältnis um einen unberechtigten Lastschrifteinzug im Rahmen einer Lastschriftreiterei handelte. Gegenüber der ersten Inkassostelle stellte sich jedoch der Widerspruch des Lastschriftschuldners als rechtsmißbräuchlich dar. Die Haftung der Zahlstelle begründete das Gericht unter Verweisung auf die Ausführungen des OLG Frankfurt a.M., führte aber zusätzlich aus, daß die tatkräftige Unterstützung der Zahlstelle sich weiterhin darin manifestiert habe, die aufwendige Ermittlung der Daten der einzelnen Lastschriften sowie die Erstellung der Widersprüche übernommen zu haben. Lediglich die Unterschrift des Lastschriftschuldners hätte noch erfolgen müssen. Zudem komme es nach Ansicht des Gerichts nicht darauf an, ob für die Zahlstelle „*Kompensationsgelüste die eigenwirtschaftliche Triebfeder für die Widersprüche nach dem Lastschriftabkommen waren.*"[522] Es reiche aus, daß die Zahlstelle die wesentlichen Tatumstände kannte und von der Lastschriftreiterei im Valutaverhältnis erfahren habe. Anknüpfungspunkt für die Haftung der Zahlstelle sei die aktive Unterstützung des Lastschriftschuldners bei der Einlegung der Widersprüche.[523] Nach Ansicht des Gerichts nahm die Zahlstelle dabei billigend das Abwälzen des Insolvenzrisikos des Lastschriftgläubigers auf die erste Inkassostelle in Kauf, um selbst des Risikos eines Ausfalls enthoben zu werden.[524]

Das OLG Saarbrücken hat sich in einer Entscheidung vom 28. 10. 2004[525] der Auffassung des *OLG Hamm* angeschlossen,[526] betont aber im Gegensatz dazu das Eigeninteresse der Zahlstelle. Nach Ansicht des Gerichts hätten bei den Widersprüchen eigennützige Motive der Zahlstelle im Vordergrund gestanden. Ihr ginge es „*zuvörderst um die Rückführung des Minus-Saldos ihres Kunden.*"[527]

Das OLG Düsseldorf lehnte in einer Entscheidung vom 24. 11. 2000[528] eine zu ausufernde Haftung der Zahlstelle im Zusammenhang mit rechtsmißbräuchlichen Widersprüchen des Lastschriftschuldners ab. Es führte aus, daß es für einen Schadensersatzanspruch des Lastschriftgläubigers gegen die Zahlstelle nicht ausreichend sei, wenn die Zahlstelle auf Wunsch des Schuldners die Widerspruchsschreiben vorbereite und die Zahlstelle die Auskunft erteile, ein Widerspruch sei nur bis sechs Wochen nach Belastung zulässig. In diesen Handlungen hatte das Gericht keine über die bloße Ausführung des Widerspruchs hinausgehende Unterstützung gesehen.[529]

---

522 OLG Hamm, Urt. v. 21. 1. 1998 – 2 O 90/97 = OLG Report Hamm 1998, 271, 273.

523 OLG Hamm, Urt. v. 21. 1. 1998 – 2 O 90/97 = OLG Report Hamm 1998, 271, 274.

524 OLG Hamm, Urt. v. 21. 1. 1998 – 2 O 90/97 = OLG Report Hamm 1998, 271, 273.

525 OLG Saarbrücken, Urt. v. 28. 10. 2004 – 8 U 694/03-84/04 = WM 2005, 1660 ff.

526 So auch schon zuvor OLG Naumburg, Urt. v. 27. 6. 2002 – 2 U 157/01 = WM 2003, 433 ff., allerdings auch unter Verweis auf BGH, Urt. v. 29. 5. 2001 – VI ZR 114/00 = WM 2001, 1458 ff.

527 OLG Saarbrücken, Urt. v. 28. 10. 2004 – 8 U 694/03-84/04 = WM 2005, 1660, 1662.

528 OLG Düsseldorf, Urt. v. 24. 11. 2000 – 22 U 94/00 = NJW-RR 2000, 557 ff.

529 OLG Düsseldorf, Urt. v. 24. 11. 2000 – 22 U 94/00 = NJW-RR 2000, 557, 558.

3. Auffassungen im Schrifttum

Die überwiegenden Stimmen im Schrifttum schließen sich der zuvor dargestellten Rechtsprechung an.[530] Teilweise wird auch in Erwägung gezogen, die Zahlstelle in Mittäterschaft haften zu lassen. Dies hätte zur Folge, daß es nicht mehr auf die Existenz der tatbestandsmäßigen Voraussetzungen von § 826 BGB zwischen Lastschriftschuldner und Geschädigtem ankäme.[531] Vereinzelt geblieben ist die Ansicht, die Schuldnerbank handle solange nicht schuldhaft, als nicht ihre Interessen am Widerspruch allein im Vordergrund stünden.[532]

4. Eigene Auffassung

Welche Kriterien für eine Haftung der Zahlstelle wegen sittenwidrigen Verhaltens im Zusammenhang mit Widersprüchen gegen Belastungsbuchungen entscheidend sind, ist im Kontext mit der Frage zu beantworten, ob die Zahlstelle selbst nach § 826 BGB haftet oder ob ihr eine Beteiligung an einer sittenwidrigen Schädigung im Sinne von §§ 830, 826 BGB vorgeworfen werden kann.

Zwischen Zahlstelle und erster Inkassostelle ergeben sich aus dem Lastschriftabkommen vertragliche Pflichten. Dazu zählt auch, daß die Zahlstelle das Recht zur Rückgabe von Lastschriften an die erste Inkassostelle nicht mißbraucht.[533] Im Verhältnis zwischen Zahlstelle und Lastschriftgläubiger fehlt es hingegen an einer unmittelbaren vertraglichen Beziehung. Vertragliche Leistungsansprüche, deren Verletzung Schadensersatzansprüche zur Folge haben können, kommen nicht in Betracht.[534] Es ist deshalb zunächst zu differenzieren, ob der Lastschriftgläubiger oder die erste Inkassostelle Schadensersatz von der Zahlstelle verlangt.

a) Sittenwidrige Schädigung des Lastschriftgläubigers

Für die Frage, wann die Zahlstelle dem Lastschriftgläubiger wegen vorsätzlicher sittenwidriger Schädigung im Zusammenhang mit Rückgaben von Lastschriften wegen Widersprüchen gegen Lastschriftbelastungen haftet, ist das Verhältnis zwi-

530 *Bauer* WM 1981, 1186, 1198 f.; *Zschoche,* S. 132 ff.; *Canaris* in: Staub, Großkomm, HGB, 4. Auflage, 10. Lieferung: Bankvertragsrecht, Erster Teil, Stand: 1. 4. 1988, Rn 618; *Hadding/Häuser* in: MünchKomm, HGB, 2001, ZahlungsV Rn C 57; *van Gelder* in: Bankrechts-Handbuch, 2. Auflage, 2001, § 58 Rn 96; *Krepold* in: BuB, Stand: 08/2005, Rn 6/424; *Hartung/Endell* EWiR 1996, 1023, 1024.

531 *Pönisch* WuB I D 2. Lastschriftverkehr 1.97; *Hüffer* EWiR 1987, 779, 780; *Hadding* WuB I D 2. Lastschriftverkehr 3.87; *Weber,* Recht des Zahlungsverkehrs, 4. Auflage, 2004, S. 188 f.

532 *Denck* ZHR 144 (1980), 171, 189.

533 Vgl. *van Gelder* in: Bankrechts-Handbuch, 2. Auflage, 2001, § 58 Rn 115 ff.

534 *van Gelder* in: Bankrechts-Handbuch, 2. Auflage, 2001, § 58 Rn 194.

schen Lastschriftgläubiger und Lastschriftschuldner in die Erörterung einzubeziehen. Denn ohne Widerspruch des Schuldners kann keine Schädigung des Gläubigers eintreten. Der Lastschriftgläubiger hat gegen den Lastschriftschuldner aufgrund der Lastschriftabrede einen Anspruch auf Unterlassen eines Widerspruchs gegen die Belastungsbuchung, wenn es sich um einen berechtigten Lastschrifteinzug handelt und der Schuldner keine Einwendungen oder Einreden gegen die Forderung, die durch Lastschrift eingezogen wurde, erheben will.[535] Widerspricht der Lastschriftschuldner dennoch solchen Belastungsbuchungen, verletzt er seine vertragliche Unterlassungspflicht.[536] Wirkt die Zahlstelle als vertragsfremde Dritte an den Ausführungshandlungen zu einer solchen Vertragsverletzung mit, kann darin grundsätzlich noch kein sittenwidriges Verhalten nach § 826 BGB liegen. Denn der Vertrag zwischen Lastschriftgläubiger und Lastschriftschuldner begründet gegenüber der Zahlstelle auch nicht eine teilweise das Sittenwidrigkeitsverdikt mitbegründende Verpflichtungswirkung.[537] Es müssen vielmehr zum einfachen Vertragsbruch besondere Umstände hinzutreten, wie beispielsweise die Verleitung des Schuldners durch den Dritten zum Vertragsbruch, ein kollusives Zusammenwirken zwischen vertraglichem Schuldner und Drittem zur bewußten Vereitelung von Gläubigerrechten[538] oder ein Ausnutzen abstrakter Rechtspositionen.[539]

aa) Verleiten zum Widerspruch

Von einem Verleiten des Lastschriftschuldners durch die Zahlstelle, berechtigten Belastungsbuchungen zu widersprechen, kann immer dann ausgegangen werden, wenn die Zahlstelle die Initiative ergreift und in besonders manipulativer Weise auf den Schuldner einwirkt. Dabei kommen insbesondere Mittel der Täuschung, der Bestechung, des Zwangs, der Drohung, das Versprechen besonderer Vorteile oder die Androhung von Nachteilen in Betracht.[540] Ist im Einzelfall ein derartiges Verhalten der Zahlstelle im Zusammenhang mit Lastschriftwidersprüchen gegeben, haftet die Zahlstelle gemäß § 826 BGB dem Lastschriftgläubiger für den Schaden, der ihm durch die Widersprüche entstanden ist.

535 Siehe Ausführungen unter I.2.

536 *Hadding* WM 2005, 1549, 1553.

537 Vgl. BGH, Urt. v. 24. 2. 1954 – II ZR 3/53 = BGHZ 12, 308, 317 ff.; *Oechsler* in: Staudinger, BGB, Stand: 11/2002, § 826 Rn 224, 226.

538 BGH, Urt. v. 24. 2. 1954 – II ZR 3/53 = BGHZ 12, 308, 317 ff.; *Oechsler* in: Staudinger, BGB, Stand: 11/2002, § 826 Rn 224.

539 *Oechsler* in: Staudinger, BGB, Stand: 11/2002, § 826 Rn 240.

540 Vgl. *Mertens* in: MünchKomm, BGB, 3. Auflage, 1997, § 826 Rn 126.

bb) Kollusives Zusammenwirken

Ein kollusives Zusammenwirken zwischen Lastschriftschuldner und Zahlstelle liegt bei einem planmäßigen Vorgehen vor, das darauf gerichtet ist, die Rechtsposition des Lastschriftgläubigers zu vereiteln.[541] Ein solches kollusives Verhalten der Zahlstelle kann beispielsweise dann angenommen werden, wenn sie gemeinsam mit dem insolvenzreifen Lastschriftschuldner gezielt im Vorfeld einer Beendigung der Geschäftsverbindung plant, daß allen Belastungsbuchungen der letzten sechs Wochen zum Beendigungszeitpunkt widersprochen und damit bewußt der Lastschriftgläubiger ohne sein Wissen zur Kreditierung des insolvenzreifen Lastschriftschuldners benutzt wird.[542] Die Zahlstelle haftet nach § 826 BGB wegen einer eigenen sittenwidrigen Schädigung. Die Haftung der Zahlstelle wegen Beihilfe zur sittenwidrigen Schädigung[543] tritt demgegenüber zurück.

cc) Ausnutzen der Widerspruchsmöglichkeit

Widerspricht der Lastschriftschuldner berechtigten Belastungsbuchungen und profitiert die Zahlstelle hierdurch, ohne daß die zuvor genannten Fallgruppen gegeben sind, ist fraglich, wann der Zahlstelle ein Vorwurf wegen sittenwidriger Schädigung gemacht werden kann. Die Kenntnis der Zahlstelle vom Mißbrauch der Widerspruchsmöglichkeit im Valutaverhältnis reicht jedenfalls nicht aus, um eine Haftung der Zahlstelle zu begründen.[544] Die Zahlstelle, die eine Belastungsbuchung zunächst unberechtigt vorgenommen hat, muß den Widerspruch des Lastschriftschuldners beachten. Der Widerspruch ist für sie grundsätzlich immer verbindlich.[545] Sie kann dem Lastschriftgläubiger gegenüber nicht zur Zurückweisung des Widerspruchs verpflichtet sein, wozu sie im Verhältnis zum Lastschriftschuldner rechtlich nicht imstande ist.[546] Vor diesem Hintergrund ist der Zahlstelle ein Verhalten nur dann im Sinne von § 826 BGB vorwerfbar, wenn es nicht mehr als bloßes Ausführen der Widersprüche gewertet werden kann. Akzeptiert die Zahl-

541 Vgl. *Oechsler* in: Staudinger, BGB, Stand: 11/2002, § 826 Rn 237.

542 Vgl. OLG Frankfurt a.M., Urt. v. 16. 9. 1996 – 18 U 92/94 = WM 1997, 211 ff.

543 So aber OLG Frankfurt a.M., Urt. v. 16. 9. 1996 – 18 U 92/94 = WM 1997, 211 ff.

544 BGH, Urt. v. 28. 5. 1979 – II ZR 219/77 = WM 1979, 828, 829.

545 BGH, Urt. v. 28. 5. 1979 – II ZR 219/77 = WM 1979, 828, 829; BGH, Urt. v. 24. 6. 1985 – II ZR 277/84 = WM 1985, 905; OLG Düsseldorf, Urt. v. 24. 11. 2000 – 22 U 94/00 = WM 1985, 557; *Weber,* Recht des Zahlungsverkehrs, 4. Auflage, 2004, S. 188; *van Gelder* in: Bankrechts-Handbuch, 2. Auflage, 2001, § 58 Rn 56; a. A. LG Münster, Urt. v. 3. 10. 1985 – 16 O 295/84 = WM 1985, 412, 413.

546 BGH, Urt. v. 28. 5. 1979 – II ZR 219/77 = WM 1979, 828, 830; BGH, Urt. v. 24. 6. 1985 – II ZR 277/84 = WM 1985, 905; *Denck* ZHR 144 (1980), 171, 188 f.; a. A. *Schröter* ZHR 151 (1987), 118, 134, der dem Lastschriftgläubiger einen vertraglichen Schadensersatzanspruch gegen die Zahlstelle wegen Verletzung einer Schutzpflicht zugunsten Dritter zubilligen will, wenn die Zahlstelle die Mißbräuchlichkeit des Widerspruchs kennt und trotzdem die Lastschrift zurückgibt.

stelle die Widersprüche, führt sie diese beanstandungsfrei und zügig aus,[547] bereitet sie auf Wunsch des Schuldners die Widerspruchsschreiben vor und gibt sie auf Nachfrage des Schuldners Auskunft über die Widerspruchsmöglichkeit,[548] verläßt sie nicht ihre Rolle als Zahlstelle, die zur Durchführung von Rückbuchungen infolge von Lastschriftwidersprüchen verpflichtet ist. Ergreift sie hingegen in Kenntnis der schlechten wirtschaftlichen Lage des Lastschriftschuldners die Initiative zum Lastschriftwiderspruch durch den Lastschriftschuldner, um sich selbst einen wirtschaftlichen Vorteil zu verschaffen,[549] haftet sie dem Lastschriftgläubiger gegenüber nach § 826 BGB.

dd) Beteiligung an sittenwidriger Schädigung

Fehlt der Zahlstelle ein eigenes Interesse an den Lastschriftwidersprüchen, kommt eine Haftung für sie nur noch wegen Beteiligung an einer sittenwidrigen Schädigung des Lastschriftgläubigers nach §§ 830, 826 BGB in Betracht. Auch insoweit muß jedoch berücksichtigt werden, daß der Zahlstelle kein Vorwurf gemacht werden kann, wenn sie Lastschriftwidersprüche des Schuldners lediglich ausführt. Ist der Zahlstelle die Widerspruchserklärung zugegangen, können Handlungen, wie das Vorbereiten der Widerspruchsschreiben, das Akzeptieren der Widersprüche und das Ausführen der Rückbuchungen, keine Beihilfe der Zahlstelle zur sittenwidrigen Schädigung des Gläubigers darstellen.[550] Die Zahlstelle muß den Widerspruch beachten. Hat sie hingegen den Entschluß des Lastschriftschuldners zum Widerspruch hervorgerufen, bevor ihr eine Widerspruchserklärung zuging, haftet sie dem Lastschriftschuldner wegen Anstiftung zur sittenwidrigen Schädigung.

b) Sittenwidrige Schädigung der ersten Inkassostelle

aa) Haftung gemäß §§ 280, 826 BGB

Für die Frage, wann die Zahlstelle der ersten Inkassostelle gegenüber wegen sittenwidriger Schädigung im Zusammenhang mit Lastschriftwidersprüchen haftet, ist das Vertragsverhältnis zwischen Zahlstelle und erster Inkassostelle zu berücksichtigen. Nach Abschnitt III Nr. 1 S. 1 des Lastschriftabkommens hat die Zahlstelle einen Anspruch auf Rückgabe und Wiedervergütung widersprochener Lastschriftbelastungen. Sinn und Zweck der Widerspruchsmöglichkeit ist es jedoch

---

547 Vgl. OLG Frankfurt a.M., Urt. v. 16. 9. 1996 – 18 U 92/94 = WM 1997, 211, 212; OLG Hamm, Urt. v. 21. 1. 1998 – 31 U 131/97 = OLG Hamm Report 1998, 271, 273.

548 OLG Düsseldorf, Urt. v. 24. 11. 2000 – 22 U 94/00 = WM 1985, 557, 558.

549 Vgl. BGH, Urt. v. 15. 6. 1987 – II ZR 301/86 = WM 1987, 895, 896.

550 A. A. OLG Frankfurt, a.M. Urt. v. 16. 9. 1996 – 18 U 92/94 = WM 1997, 211, 212; OLG Hamm, Urt. v. 21. 1. 1998 – 31 U 131/97 = OLG Hamm Report 1998, 271, 273.

nicht, daß auf die erste Inkassostelle das Insolvenzrisiko des Lastschriftgläubigers abgewälzt wird, um das Risiko der Zahlstelle, keinen Ersatz für die Lastschrifteinlösung zu erhalten, zu minimieren.[551] Der ersten Inkassostelle gegenüber ist die Zahlstelle verpflichtet, ihr Recht zur Rückgabe und Rückrechnung widersprochener Lastschriften nicht in dieser Weise zu mißbrauchen. Verletzt die Zahlstelle diese Pflicht, so haftet sie der ersten Inkassostelle nach § 280 BGB in Verbindung mit den Vertragspflichten aus dem durch das Lastschriftabkommen geprägten Giroverhältnis. Daneben kommt eine Haftung der Zahlstelle nach § 826 BGB in Betracht. Allerdings ist die Verletzung vertraglicher Pflichten im Verhältnis der Vertragsparteien erst dann als ein Sittenverstoß anzusehen, wenn der Pflichtenschuldner die Rechte des Gläubigers bewußt durchkreuzt, um diesem vorsätzlich Schaden zuzufügen.[552]

Verleitet also die Zahlstelle mit manipulativen Mitteln den Lastschriftschuldner zu pauschalen Widersprüchen, in deren Folge sie von der ersten Inkassostelle Rücknahme und Rückvergütung verlangen kann, so besteht für die erste Inkassostelle die Möglichkeit, die Zahlstelle wegen sittenwidriger Schädigung in Anspruch zu nehmen. Nicht erforderlich ist, daß der Vorsatz der Zahlstelle auf die Schädigung der ersten Inkassostelle gerichtet ist, weil es ihr in erster Linie auf den eigenen wirtschaftlichen Vorteil durch die Widersprüche ankam. Denn es reicht aus, wenn der Täter die Richtung, in der sich sein Verhalten zum Schaden anderer auswirken kann, und die Art des möglicherweise eintretenden Schadens vorausgesehen und in seinen Willen aufgenommen oder gebilligt hat.[553]

Auch ein kollusives Zusammenwirken zwischen Lastschriftschuldner und Zahlstelle bei der Widerspruchseinlegung, von dem sich die Zahlstelle eine Minimierung ihres eigenen Ausfallrisikos verspricht, ist als sittenwidrig im Sinne von § 826 BGB anzusehen.

bb) Berücksichtigung des Verhältnisses zwischen Zahlstelle und Zahlungspflichtigen

Allerdings muß bei der Frage, welches Verhalten der Zahlstelle im Verhältnis zur ersten Inkassostelle nach § 826 BGB vorwerfbar ist, wiederum das Verhältnis zwischen Zahlstelle und Zahlungspflichtigem berücksichtigt werden. Es kann nicht außer Betracht bleiben, daß für die Zahlstelle ein Widerspruch gegen eine Belastungsbuchung grundsätzlich immer verbindlich ist.[554] Handlungen, wie das Vor-

---

551 BGH, Urt. v. 28. 5. 1979 – II ZR 219/77 = WM 1979, 828, 829.

552 *Oechsler* in: Staudinger, BGB, Stand: 11/2002, § 826 Rn 180 f.; *Mertens* in: MünchKomm, BGB, 3. Auflage, 1997, § 826 Rn 121; *Hönn/Dönneweg* in: Soergel, BGB, 12. Auflage, 1999, § 826 Rn 204.

553 BGH, Urt. v. 28. 6. 1966 – VI ZR 287/64 = WM 1966, 1150, 1152; *Schiemann* in: Erman, BGB, 11. Auflage, 2004, § 826 Rn 14.

554 Siehe Ausführung unter a)cc).

bereiten des Widerspruchsschreibens im Auftrag des Lastschriftschuldners, das Erörtern der Widerspruchsmöglichkeit auf Geheiß des Schuldners, das Akzeptieren des Widerspruchs und dessen zügige Durchführung, können daher keine geeigneten Anknüpfungspunkte für eine Haftung der Zahlstelle nach § 826 BGB sein. Dies gilt unabhängig davon, ob der Widerspruch der Zahlstelle von Vorteil ist oder nicht. Erst wenn die Zahlstelle den Entschluß zum Widerspruch beim Lastschriftschuldner hervorruft, kann sie nach § 826 BGB oder mangels Eigeninteresses nach §§ 830, 826 BGB der ersten Inkassostelle gegenüber haften.

cc) Sittenwidrige Schädigung bei Lastschriftreiterei

Damit stimmen die maßgeblichen Kriterien einer Haftung der Zahlstelle wegen sittenwidriger Schädigung gegenüber der ersten Inkassostelle grundsätzlich mit denen einer Haftung der Zahlstelle gegenüber dem Lastschriftgläubiger überein.

Liegt jedoch im Verhältnis zwischen Lastschriftschuldner und Lastschriftgläubiger eine sogenannte Lastschriftreiterei vor, so sind die Widersprüche dem Lastschriftgläubiger gegenüber nicht mißbräuchlich. Der Lastschriftgläubiger hat aufgrund der nichtigen Vereinbarung zwischen ihm und dem Lastschriftschuldner keinen Anspruch auf die Einlösung solcher Lastschriften.[555] Eine Haftung der Zahlstelle nach § 826 BGB im Zusammenhang mit den Widersprüchen scheidet demzufolge dem Lastschriftgläubiger gegenüber aus.

Im Verhältnis zur ersten Inkassostelle hingegen ergibt sich eine andere Beurteilung. Die erste Inkassostelle hat ein schutzwürdiges Interesse daran, daß auf sie nicht das Risiko einer Insolvenz des Lastschriftgläubigers infolge der Lastschriftwidersprüche abgewälzt wird. Die Zahlstelle, die von der Lastschriftreiterei Kenntnis erlangte, ist ebenso daran interessiert, keinen Schaden infolge der unberechtigten Lastschrifteinzüge zu erleiden. Ihr Interesse ist an sich gleich dem der ersten Inkassostelle schutzwürdig. Duldet die Zahlstelle jedoch in Kenntnis der Lastschriftreiterei die laufende Abwicklung von Einzugsermächtigungslastschriften unter Inkaufnahme einer Schädigung der ersten Inkassostelle, so haftet sie dieser nach § 826 BGB für den Schaden, den die erste Inkassostelle erlitten hat. Der Zahlstelle ist vorwerfbar, daß sie die fortlaufende Abwicklung nicht verhindert hat.[556] Entgegen der Auffassung des OLG Hamm[557] kann der Zahlstelle aber kein Vorwurf gemacht werden, wenn sie lediglich die Widersprüche gegen die unberechtigten Lastschriftbelastungen in Kenntnis der Lastschriftreiterei entgegennimmt und ausführt. Auch hier ist wiederum entscheidend, ob die Zahlstelle den Lastschriftschuldner zu den Widersprüchen verleitet oder ob ihr Verhalten noch unter das Ausführen der Widersprüche fällt. Mit der Widerspruchsausführung ist zwangsläufig verbunden, daß die Zahlstelle die Widerspruchserklärung entgegennimmt,

---

555 BGH, Urt. v. 28. 5. 1979 – II ZR 219 / 77 = WM 1979, 828, 829.

556 BGH, Urt. v. 28. 5. 1979 – II ZR 219 / 77 = WM 1979, 828, 829.

557 OLG Hamm, Urt. v. 21. 1. 1998 – 31 U 131 / 97 = OLG Hamm Report 1998, 271, 273 f.

die Widersprüche akzeptiert und umsetzt, und zwar unabhängig von einem etwaigen wirtschaftlichen Vorteil für die Zahlstelle. Zur Widerspruchsausführung zählen häufig auch das Erläutern der Widerspruchsmöglichkeit auf Anfrage des Kunden und das Vorbereiten der Widerspruchserklärung. Ein derartiges aktives Tun kann nicht mit einer Haftung nach § 826 BGB sanktioniert werden.

VI. Zusammenfassung

Die Widerspruchsmöglichkeit des Lastschriftschuldners wird durch die Gefahr einer etwaigen Schadensersatzpflicht gegenüber dem Lastschriftgläubiger oder der Gläubigerbank eingeschränkt. Eine solche Gefahr besteht immer dann, wenn es sich um einen berechtigten Lastschrifteinzug handelte und dem Lastschriftschuldner keine sonstigen anerkennenswerten Gründe für einen Widerspruch zur Seite stehen. Die Zahlstelle profitiert faktisch von der Haftungsgefahr für den Lastschriftschuldner. Das Risiko der Zahlstelle, infolge von Widersprüchen gegen berechtigte Lastschrifteinzüge die Korrekturbuchung vornehmen zu müssen, aber keine Rückvergütung von der ersten Inkassostelle oder Schadensersatz vom Lastschriftschuldner zu erhalten, verringert sich.

Ist eine GmbH oder AG als Lastschriftschuldner insolvenzreif, so begründet das Zahlungsverbot nach § 64 Abs. 2 S. 1 GmbH, § 92 Abs. 3 S. 1 AktG keinen weiteren *„anerkennenswerten Grund"*, von der Widerspruchmöglichkeit in bezug auf noch nicht genehmigte Belastungsbuchungen Gebrauch zu machen.

Der Widerspruch gegen eine Belastungsbuchung durch den Lastschriftschuldner im Antragsverfahren bedarf keiner Zustimmung des vorläufigen Insolvenzverwalters, sofern ein Zustimmungsvorbehalt im Sinne von § 21 Abs. 2 S. 1 Nr. 2 Fall 2 InsO angeordnet wurde. Der Widerspruch ist keine Verfügung. Der Lastschriftschuldner setzt sich der Gefahr einer Schadensersatzpflicht aus, wenn er Belastungsbuchungen im Antragsverfahren widerspricht, obwohl es sich um berechtigte Lastschrifteinzüge handelt und er keine materiellen Einwendungen gegen die eingezogenen Forderungen geltend machen will.

Der vorläufige Insolvenzverwalter mit Zustimmungsvorbehalt kann ohne ein Tätigwerden des Schuldners seine Zustimmung zur Genehmigung einer Belastungsbuchung gegenüber der Zahlstelle verweigern, was einem Widerspruch gleichkommt. Für den vorläufigen Insolvenzverwalter gelten hierfür jedoch die gleichen Beschränkungen wie für den Lastschriftschuldner. Er hat entgegen der Rechtsprechung des BGH grundsätzlich keine weitergehenden Befugnisse zum Widerspruch, als sie der Lastschriftschuldner hat. Wäre die Zahlung an den Lastschriftgläubiger jedoch nach §§ 129 ff. InsO anfechtbar, kann der vorläufige Insolvenzverwalter seine Zustimmung zur Genehmigung verweigern.

Die Grenzen der Widerspruchsmöglichkeit für den Lastschriftschuldner gelten ebenso für den vorläufigen Insolvenzverwalter mit Verwaltungs- und Verfügungsbefugnis sowie für den endgültigen Insolvenzverwalter. Darüber hinaus kann ein Widerspruch gegen solche Belastungsbuchungen erfolgen, deren zugrundeliegende Zahlungen an die jeweiligen Gläubiger nach §§ 129 ff. InsO anfechtbar wären.

Wird im Vorfeld der Insolvenz des Lastschriftschuldners die Zahlstelle im Zusammenhang mit Lastschriftwidersprüchen tätig, so kann sich neben dem Lastschriftschuldner auch die Zahlstelle gegenüber dem Lastschriftgläubiger oder gegenüber der ersten Inkassostelle schadensersatzpflichtig machen. Eine Haftung der Zahlstelle nach § 826 BGB kommt in Betracht, wenn sie in manipulativer Weise auf den Lastschriftschuldner einwirkt und ihn somit zum Widerspruch verleitet. Ebenso macht sich die Zahlstelle schadensersatzpflichtig, wenn sie kollusiv mit dem Lastschriftschuldner zum Nachteil des Lastschriftgläubigers oder der ersten Inkassostelle zusammenwirkt. Eine Schadensersatzpflicht der Zahlstelle nach § 826 BGB ist auch dann möglich, wenn sie von sich aus in ihrem eigenen wirtschaftlichen Interesse den Lastschriftschuldner zum Lastschriftwiderspruch anhält. Fehlt ein Eigeninteresse der Zahlstelle, haftet sie gegebenenfalls wegen Teilnahme an einer sittenwidrigen Schädigung gemäß §§ 830, 826 BGB.

Hat die Zahlstelle jedoch nur Handlungen vorgenommen, die als Ausführung von Lastschriftwidersprüchen zu werten sind, wie beispielsweise das Vorbereiten der Widerspruchserklärungen im Auftrag des Lastschriftschuldners oder die zügige Umsetzung der Widersprüche, scheidet eine Haftung der Zahlstelle aus. Der Lastschriftwiderspruch des Schuldners ist ihr gegenüber verbindlich.

Gegenüber der ersten Inkassostelle haftet die Zahlstelle auch nach § 280 BGB, wenn sie ihre girovertraglich Pflicht aus dem Lastschriftabkommen, die Rückgabe- und Rückvergütungsmöglichkeit nicht zu mißbrauchen, verletzt. Darüber hinaus kommt gegenüber der ersten Inkassostelle eine Haftung der Zahlstelle nach § 826 BGB in Betracht, wenn sie die Abwicklung von Lastschrifteinzügen geduldet hat, obwohl sie Kenntnis von einer Lastschriftreiterei im Verhältnis zwischen Lastschriftschuldner und Lastschriftgläubiger hatte.

E. Regreßansprüche der Zahlstelle gegen den Lastschriftschuldner

Die Ausführungen in Teil D.V. betreffen die Frage, wann die Zahlstelle neben dem Lastschriftschuldner wegen sittenwidriger Schädigung des Lastschriftgläubigers oder der ersten Inkassostelle auf Schadensersatz in Anspruch genommen werden kann, wenn der Lastschriftschuldner noch nicht genehmigten Belastungsbuchungen rechtsmißbräuchlich widersprochen hat.

Gerade bei drohender Insolvenz des Lastschriftschuldners[558] ist manchmal zu beobachten, daß der Lastschriftschuldner unter Mitwirkung der Zahlstelle pauschal allen Belastungsbuchungen binnen der letzten sechs Wochen widerspricht und infolgedessen ein Guthabensaldo[559] auf dem Konto des Lastschriftschuldners ausgewiesen wird.

Die Zahlstelle wird in solchen Fällen Ansprüchen aus zwei Richtungen ausgesetzt sein. Zum einen werden die geschädigten Lastschriftgläubiger oder die geschädigten ersten Inkassostellen die Zahlstelle statt den insolventen Lastschriftschuldner auf Schadensersatz in Anspruch nehmen. Zum anderen wird nach Stellen des Antrags auf Eröffnung des Insolvenzverfahrens über das Vermögen des Lastschriftschuldners der vorläufige oder der endgültige Insolvenzverwalter über das Kontoguthaben verfügen wollen.[560]

Aus der Sicht der Zahlstelle, die hier rechtswidrig gehandelt hat, ergibt sich dann gleichwohl die Frage, ob sie sich an dem Kontoguthaben schadlos halten kann. Voraussetzung dafür ist, daß der Zahlstelle überhaupt Regreßansprüche gegen den Lastschriftschuldner zustehen. Dies hängt maßgeblich von dem Verhältnis der Ansprüche des Gläubigers gegen die Zahlstelle zu denen gegen den Lastschriftschuldner ab, worauf sich die folgenden Ausführungen beziehen.

---

558 Vgl. BGH, Urt. v. 29. 5. 2001 – VI ZR 114/00 = WM 2001, 1458 ff.; BGH, Urt. v. 15. 6. 1987 – II ZR 301/86 = WM 1987, 895 ff.

559 I. d. R. nur Verringerung des Debetsaldos.

560 *Obermüller,* Insolvenzrecht in der Bankpraxis, 6. Auflage, 2002, Rn 3.454 a.

I. Verhältnis des Schadensersatzanspruchs des Lastschriftgläubigers gegen die Zahlstelle nach § 826 BGB zu seinen Ansprüchen gegen den Lastschriftschuldner

Im Falle eines rechtsmißbräuchlichen Widerspruchs gegen eine Belastungsbuchung, an dem die Zahlstelle in sittenwidriger Weise mitgewirkt hat, kann der Lastschriftgläubiger Schadensersatz nach § 826 BGB von der Zahlstelle verlangen. Er kann aber auch einen Schadensersatzanspruch gegen den Lastschriftschuldner wegen Verletzung vertraglicher Pflichten gemäß § 280 BGB und daneben wegen sittenwidriger Schädigung gemäß § 826 BGB geltend machen. Der Lastschriftgläubiger hat gegen den Lastschriftschuldner darüber hinaus nach wie vor den primären Anspruch auf Zahlung des Lastschriftbetrags.

1. Verhältnis der Schadensersatzansprüche des Lastschriftgläubigers zueinander

Werden zunächst nur die Schadensersatzansprüche des Lastschriftgläubigers betrachtet, so ist zu klären, wann dem Lastschriftgläubiger infolge der rechtsmißbräuchlichen Widersprüche ein Schaden entsteht. Ist ein Insolvenzgrund für den Lastschriftschuldner gegeben, so besteht für den Lastschriftgläubiger die Gefahr, daß er seine Zahlungsforderung, die er aufgrund des Widerspruchs und der Rückbelastung durch die erste Inkassostelle nunmehr erneut gegen den Lastschriftschuldner geltend machen muß, nicht mehr vollständig durchsetzen kann.[561] Diese konkrete Vermögensgefährdung mindert das Vermögen des Lastschriftgläubigers und schädigt ihn. Als weiterer denkbarer Schaden kommen beispielsweise Sollzinsen in Betracht, die der Lastschriftgläubiger seiner Bank zahlen muß und die ohne den rechtsmißbräuchlichen Widerspruch nicht entstanden wären.

Nach § 840 Abs. 1 BGB haften Lastschriftschuldner und Zahlstelle dem Lastschriftgläubiger für dessen Schaden infolge des rechtsmißbräuchlichen Widerspruchs als Gesamtschuldner. Soweit die Haftung des Lastschriftschuldners sich auch auf die Verletzung vertraglicher Pflichten stützen läßt, ändert dies an einer gesamtschuldnerischen Haftung nach § 840 Abs. 1 BGB nichts.[562]

Besteht zwischen Zahlstelle und Lastschriftschuldner ein Gesamtschuldverhältnis, so hat die Zahlstelle, bevor sie den Gläubiger befriedigt, gegen den Lastschriftschuldner einen Befreiungsanspruch, der darauf gerichtet ist, die Zahlstelle von ihrer Zahlungspflicht in Höhe der dem Lastschriftschuldner obliegenden Quote freizustellen. Der Befreiungsanspruch ist Ausdruck der wechselseitigen Verpflich-

---

561 BGH, Urt. v. 15. 6. 1987 – II ZR 301/86 = WM 1987, 895, 896.

562 *Heinrichs* in: Palandt, BGB, 64. Auflage, 2005, § 840 Rn 3.

tung der Gesamtschuldner untereinander, an der Befriedigung des Gläubigers mitzuwirken.[563] Daneben hat die Zahlstelle gegen den Lastschriftschuldner einen aufschiebend bedingten Ausgleichsanspruch gemäß § 426 Abs. 1 S. 1 BGB in Höhe derselben Quote. Sobald die Zahlstelle Schadensersatz geleistet hat, wird dieser Ausgleichsanspruch fällig.[564] Alternativ kann die Zahlstelle den Lastschriftschuldner in derselben Höhe nach § 426 Abs. 2 S. 1 BGB aus übergegangenem Recht in Anspruch nehmen.

2. Verhältnis der Schadensersatzansprüche des Lastschriftgläubigers zu seinem Erfüllungsanspruch

Fraglich ist jedoch, ob Zahlstelle und Lastschriftschuldner auch dann als Gesamtschuldner haften, wenn berücksichtigt wird, daß der Lastschriftschuldner infolge des rechtsmißbräuchlichen Widerspruchs auf Zahlung der vertraglich geschuldeten Leistung in Anspruch genommen werden kann. Neben dem Schadensersatzanspruch gegen die Zahlstelle steht insoweit der Erfüllungsanspruch gegen den Lastschriftschuldner. § 840 Abs. 1 BGB setzt Schadensersatzansprüche voraus[565] und ist deshalb nicht anwendbar.

Ein Gesamtschuldverhältnis zwischen Zahlstelle und Schuldner auch unter Berücksichtigung des Erfüllungsanspruchs könnte sich aber nach dem allgemeinen Gesamtschuldtatbestand gemäß § 421 BGB ergeben.

Zwar wird von namhafter Seite vertreten, § 421 BGB enthalte keinen Begründungstatbestand für eine Gesamtschuld, sondern lediglich eine Rechtsfolgenanordnung.[566] Dagegen spricht aber schon der Wortlaut der Vorschrift. Das Wort *„Gesamtschuldner"* ist vom Gesetzgeber in eine Klammer gesetzt worden. Demzufolge sollen mehrere Schuldner dann als Gesamtschuldner haften, wenn die vor der Klammer stehenden Voraussetzungen vorliegen.[567] Danach müssen mehrere Personen eine Leistung in der Weise schulden, daß jeder die ganze Leistung zu

---

563 BGH, Beschl. v. 10. 12. 2002 – X ARZ 208/02 = NJW 2003, 828, 829; BayObLG, Urt. v. 11. 1. 1999 – 1Z BR 113/98 = NJW-RR 1999, 590, 592; BGH, Urt. v. 7. 11. 1985 – III ZR 142/84 = WM 1986, 170 f.; RG, Urt. v. 26. 4. 1912 – II 523/11 = RGZ 79, 288, 290; *Wolf* in: Soergel, BGB, 12. Auflage, 1990, § 426 Rn 15; *Bydlinski* in: MünchKomm, BGB, 4. Auflage, 2003, § 426 Rn 70; *Noack* in: Staudinger, BGB, Stand: 03/2005, § 426 Rn 73; *Heinrichs* in: Palandt, BGB, 64. Auflage, 2005, § 426 Rn 4; *Ehmann* in: Erman, BGB, 11. Auflage, 2004, § 426 Rn 16; *Weber* in: RGRK, BGB, 12. Auflage, 1978, § 426 Rn 12 f.; einschränkend *Selb* in: MünchKomm, BGB, 3. Auflage, 1994, § 426 Rn 10; *Goette,* S. 132 ff.

564 Vgl. *Bydlinski* in: MünchKomm, BGB, 4. Auflage, 2003, § 426 Rn 72.

565 *Heinrichs* in: Palandt, BGB, 64. Auflage, 2005, § 840 Rn 1.

566 *Selb,* Mehrheit von Gläubigern und Schuldnern, 1984, S. 137; *Frotz* JZ 1964, 665, 667; *Hüffer* AcP 171 (1971), 469, 477.

567 *Noack* in: Staudinger, BGB, Stand: 03/2005, § 421 Rn 10; *Ehmann* in: Erman, BGB, 11. Auflage, 2004, § 421 Rn 4; *Rüssmann* AcP 175 (1975), 173, 174 f.; *Stamm,* S. 36.

bewirken verpflichtet, der Gläubiger die Leistung aber nur einmal zu fordern berechtigt ist. Eine völlige Identität von Leistungsinhalt und Leistungsumfang ist für die Annahme eines Gesamtschuldverhältnisses nicht erforderlich.[568]

Der Lastschriftgläubiger hat sowohl im Rahmen des Schadensersatzanspruchs gegen die Zahlstelle als auch im Rahmen des Erfüllungsanspruchs gegen den Lastschriftschuldner dasselbe Leistungsinteresse. Er will Zahlung in Höhe des Lastschriftbetrags erlangen. Damit sind zunächst die Voraussetzungen nach § 421 BGB gegeben.

a) Zusätzliches Merkmal der Gleichstufigkeit

Umstritten ist jedoch, ob zur Annahme eines Gesamtschuldverhältnisses noch weitere Voraussetzungen vorliegen müssen.

aa) Auffassung im Schrifttum

Eine Auffassung im Schrifttum[569] sieht die in § 421 BGB enthaltenen Voraussetzungen einer Gesamtschuld als zu weit gefaßt an. Es wurden deshalb Kriterien entwickelt, um die Gesamtschuld von anderen Erscheinungsformen der Schuldnermehrheit abzugrenzen. Grund hierfür sei, daß die Rechtsfolgen in §§ 422–426 BGB nicht für alle Schuldnermehrheiten nach der Gesamtschuldbeschreibung gemäß § 421 BGB passen würden.[570] So solle derjenige Schuldner, der im Innenverhältnis die ganze Schuld zu tragen habe, nicht durch die Leistung des anderen Schuldners an den Gläubiger nach § 422 BGB befreit werden.[571]

Davon ausgehend wird das Merkmal der Gleichstufigkeit der Verpflichtungen für das entscheidende zusätzliche Kriterium zur Bestimmung eines Gesamtschuldverhältnisses gehalten.[572] Es müsse im Innenverhältnis zwischen den Schuldnern

---

568 *Heinrichs* in: Palandt, BGB, 64. Auflage, 2005, § 421 Rn 5.

569 *Selb,* Schadensbegriff und Regreßmethoden, 1963, S. 29; *Larenz,* Lehrbuch des Schuldrechts, AT, 14. Auflage, 1987, § 37 I, S. 634.

570 *Selb,* Schadensbegriff und Regreßmethoden, 1963, 20; *Larenz,* Lehrbuch des Schuldrechts, AT, 14. Auflage, 1987, § 37 I, S. 634 ff.; *Medicus,* Schuldrecht I, AT, 15. Auflage, 2004, § 69 II.2.b, S, 397.

571 *Selb,* Schadensbegriff und Regreßmethoden, 1963, S. 18 ff.; *Larenz,* Lehrbuch des Schuldrechts, AT, 14. Auflage, 1987, § 37 I, S. 634.

572 *Larenz,* Lehrbuch des Schuldrechts, AT, 14. Auflage, 1987, § 37 I, S. 634 f.; *Selb,* Mehrheiten von Gläubigern und Schuldnern, 1984, S. 40 ff.; *Bydlinski* in: MünchKomm, BGB, 4. Auflage, 2003, § 421 Rn 12; *Schulze* in: Handkomm, BGB, 4. Auflage, 2001, § 421 Rn 4.
Als weitere Gesamtschuldkriterien wurden zum einen der einheitliche Schuldgrund (*Eisele* AcP 77 (1891) 374, 419, 481) und zum anderen die Zweckgemeinschaft (*Enneccerus/Lehmann,* Recht der Schuldverhältnisse, 15. Bearb., 1958, § 90 II.2., S. 361 f.) angeführt, die sich jedoch nicht durchsetzen konnten. siehe *Wernecke,* S. 30 ff.; *Ehmann,* S. 49 ff.; *Noack* in: Staudinger, BGB, Stand: 03/2005, § 421 Rn 16 f.

wechselseitiger Regreß möglich sein. Die Gleichstufigkeit fehle, wenn auch im Außenverhältnis zum Ausdruck komme, daß einer der Schuldner nach der Art seiner Verpflichtung grundsätzlich Primärverpflichteter sei und somit im Innenverhältnis letztlich nur er hafte.[573] Stehe ein Schuldner der Erfüllung näher und habe der andere nach seiner Verpflichtung nur das Risiko der Liquidität dieses Schuldners in einer Art Vorschuß zu decken, so fehle es an der Gleichstufigkeit der Verpflichtungen. Auf solche Fälle einer beschränkten Schadensersatzpflicht, die sich auf die Übernahme des Liquiditätsrisikos richte, sei vielmehr der Grundgedanke der Norm des § 255 BGB anzuwenden.[574] Mit Hilfe des Gleichstufigkeitskriteriums könne also die Gesamtschuld von den Fällen des Zessionsregresses nach § 255 BGB abgegrenzt werden.[575]

Nach dieser Auffassung würde zwischen dem Primäranspruch des Lastschriftgläubigers gegen den Lastschriftschuldner auf Zahlung des Lastschriftbetrags und dem Schadensersatzanspruch gegen die Zahlstelle kein Gesamtschuldverhältnis bestehen. Die Zahlstelle haftet dem Lastschriftgläubiger für die Gefahr, infolge der Insolvenz des Lastschriftschuldners die Primärforderung nicht mehr durchsetzen zu können, sie trägt das Liquiditätsrisiko. Infolgedessen könnte die Zahlstelle lediglich analog § 255 BGB Zug um Zug Abtretung des Primäranspruchs vom Lastschriftgläubiger verlangen, wenn sie diesem Schadensersatz leistet.

bb) Rechtsprechung des BGH

Der Rechtsprechung des BGH ist zu der Frage, ob es zur Begründung der Gesamtschuld einer zusätzlichen Voraussetzung bedarf, keine grundlegende und abschließende Stellungnahme zu entnehmen.

Zunächst erweckte der BGH den Eindruck, als wolle er für die Abwicklung auch ungleichstufiger Schuldnermehrheiten die Gesamtschuldregeln in §§ 421 ff. BGB bevorzugen. Der Zessionsregreß nach § 255 BGB sei nicht anwendbar, wenn der Eigentümer sowohl einen Schadensersatzanspruch gegen den Dieb als auch einen Bereicherungsanspruch gegen den Abnehmer des Diebs nach § 816 Abs. 1 BGB infolge der Genehmigung habe.[576] Der BGH wandte auf diese Konstellation die Regeln der Gesamtschuld an. Der Dieb könne keinen Anspruch nach § 255 BGB gegen den Eigentümer haben, wenn er Schadensersatz leiste. Zudem fehle es an einem Schadensersatzanspruch gegen den Abnehmer des Diebs.[577] Bei dem Zusammentreffen von deliktischen und vertraglichen Schadensersatzansprüchen

---

[573] *Schulze* in: Handkomm, BGB, 4. Auflage, 2001, § 421 Rn 4.

[574] *Selb* in: MünchKomm, BGB, 3. Auflage, 1994, § 421 Rn 8; *ders.* in: Staudinger, BGB, Stand: 01/1995, § 255 Rn 20.

[575] *Bydlinski* in: MünchKomm, BGB, 4. Auflage, 2003, § 421 Rn 12 ff.

[576] BGH, Urt. v. 27. 3. 1969 – VII ZR 165/66 = WM 1969, 662 ff.

[577] BGH, Urt. v. 27. 3. 1969 – VII ZR 165/66 = WM 1969, 662, 663 f.

entschied der BGH, daß es sich um eine Gesamtschuld handle und § 255 BGB insofern nicht anwendbar sei.[578]

In einigen Entscheidungen jüngeren Datums hat sich der BGH stärker der Auffassung angeschlossen, die die Gleichstufigkeit der Verpflichtungen als Voraussetzung für ein Gesamtschuldverhältnis verlangt. Hat der Gläubiger einen Aufopferungsanspruch gegen den Staat und einen vertraglichen Schadensersatzanspruch gegen eine Bank, so sei § 255 BGB analog anzuwenden.[579] Gesamtschuldnerschaft setze voraus, daß mehrere Schuldner für dieselbe Schuld gleichrangig haften. Der Aufopferungsanspruch könne aber nicht als gleichrangig angesehen werden, weil er an ein rechtmäßiges Staatshandeln anknüpfe, also weder eine Rechtsverletzung noch ein Verschulden voraussetze.[580]

Bestätigt wird diese Tendenz des BGH zu einer ausgedehnten Anwendung von § 255 BGB in den Fällen der Rückabwicklung eines Verbundgeschäfts.[581] Wurde der Anleger bei Eintritt in eine Fondsgesellschaft getäuscht, so kann er, wenn es sich bei dem Kreditvertrag zur Finanzierung des Fondsbeitritts um ein verbundenes Geschäft handelt, nach der stark umstrittenen Rechtsprechung des II. Zivilsenats des BGH neben der Kündigung der Beteiligung auch die Rückabwicklung seines Kreditvertrags verlangen. Die Bank müsse dem Anleger seine Zins- und Tilgungsleistungen abzüglich etwaiger Vermögensvorteile aus der Gesellschaftsbeteiligung zurückgewähren. Der Anleger habe der Bank lediglich die Fondsbeteiligung und in analoger Anwendung von § 255 BGB seine Schadensersatzansprüche gegen die Gründungsgesellschafter der Fondsgesellschaft abzutreten.[582]

Mit der jüngeren Rechtsprechung des BGH könnte es also dabei bleiben, daß zwischen Zahlstelle und Lastschriftschuldner mangels Gleichstufigkeit der Verpflichtungen kein Gesamtschuldverhältnis vorliegt. Für die Zahlstelle bestünde dann lediglich ein Anspruch auf Abtretung der Ansprüche gegen den Lastschriftschuldner analog § 255 BGB.

b) Restriktive Auslegung von § 255 BGB

Die Auffassung in Literatur und Rechtsprechung, die die Gleichstufigkeit der Verpflichtungen für die Annahme eines Gesamtschuldverhältnisses verlangt und den Anwendungsbereich von § 255 BGB entsprechend ausdehnt, stößt im Schrifttum auf zunehmenden Widerspruch.[583]

---

578 BGH, Urt. v. 29. 6. 1972 – VII ZR 190/71 = WM 1972, 1382 f.

579 BGH, Urt. v. 26. 1. 1989 – III ZR 192/87 = WM 1989, 1063 ff.

580 BGH, Urt. v. 26. 1. 1989 – III ZR 192/87 = WM 1989, 1063, 1065.

581 BGH, Urt. v. 14. 6. 2004 – II ZR 395/01 = WM 2004, 1521 ff.

582 BGH, Urt. v. 14. 6. 2004 – II ZR 395/01 = WM 2004, 1521, 1525.

583 *Noack* in: Staudinger, BGB, Stand: 03/2005, § 421 Rn 18 ff.; *Bittner* in: Staudinger, BGB, Stand: 01/2004, § 255 Rn 71; *Münchbach,* S. 66 ff.; *Ehmann,* S. 62 ff., 69 ff.; *Stamm,*

Danach kann auf das Gleichstufigkeitskriterium verzichtet werden. Einer Ausdehnung des Anwendungsbereichs von § 255 BGB bedürfe es nicht.[584] Zweifelhaft sei schon, ob es eine Notwendigkeit gebe, ungleichstufige Schuldnermehrheiten von den Regelungen der Gesamtschuld auszunehmen.[585] Denn für die Feststellung des Letztverpflichteten im Rahmen von § 255 BGB werde eine Bewertung der Schulden zueinander vorgenommen, bei der dieselben Erwägungen eine Rolle spielen würden, die auch im Rahmen von § 426 Abs. 1 S. 1 und Abs. 2 S. 1 BGB bei einem Gesamtschuldnerausgleich zum Tragen kommen. Mit der erweiterten Anwendung von § 255 BGB statt §§ 421 ff. BGB sei demzufolge nichts gewonnen. Im Gegenteil: § 255 BGB erweise sich als unpraktikable starre Regreßnorm, da demnach nur ein Totalregreß oder eine völlige Regreßversagung möglich wäre, hingegen der Regreß zwischen Gesamtschuldnern nach § 426 BGB flexible Lösungen zulasse.[586]

Zudem würde das Herausnehmen ungleichstufiger Schuldnermehrheiten aus dem Anwendungsbereich der Gesamtschuldregeln den im Innenverhältnis privilegierten Schuldner benachteiligen. Ihm stünde beispielsweise kein Befreiungs- und Mitwirkungsanspruch zu. Darüber hinaus könne der andere Schuldner sich gegebenenfalls auf die Schuldnerschutzvorschriften nach §§ 404 ff. BGB berufen, wenn der privilegierte Schuldner nur einen Anspruch auf Abtretung des Gläubigeranspruchs gegen den anderen Schuldner habe.[587]

Dieser Auffassung zufolge würde also zwischen Zahlstelle und Lastschriftschuldner auch unter Berücksichtigung des Erfüllungsinteresses des Lastschriftgläubigers ein Gesamtschuldverhältnis bestehen, da das Kriterium der Gleichstufigkeit der Verpflichtungen für die Annahme einer Gesamtschuld nicht erforderlich wäre. Die Zahlstelle hätte vor Befriedigung des Lastschriftgläubigers einen Freistellungsanspruch gegen den Lastschriftschuldner und einen aufschiebend bedingten Ausgleichsanspruch nach § 426 Abs. 1 S. 1 BGB. Nach Befriedigung des Lastschriftgläubigers könnte sie dann entweder gemäß § 426 Abs. 1 S. 1 BGB oder aus übergegangenem Recht nach § 426 Abs. 2 S. 1 BGB einen Anspruch gegen den Lastschriftschuldner geltend machen.

c) Stellungnahme

Die Frage, ob ein Gesamtschuldverhältnis nur bei gleichstufigen Schuldnermehrheiten begründet wird, wirkt sich auf die Regreßmöglichkeiten der Zahlstelle

S. 68 ff.; *Wernecke,* S. 43 ff.; *Kelz,* S. 55, der die Auseinandersetzung mit § 255 BGB im Rahmen von § 422 BGB schon als verfehlt ansieht.

584 *Noack* in: Staudinger, BGB, Stand: 03/2005, § 421 Rn 26; *Bittner* in: Staudinger, BGB. Stand: 01/2004, § 255 Rn 71.

585 *Stamm,* S. 38 ff.

586 *Noack* in: Staudinger, BGB, Stand: 03/2005, § 421 Rn 26; *Stamm,* S. 49 f.

587 *Noack* in: Staudinger, BGB, Stand: 03/2005, § 421 Rn 19 f.

aus. Entweder steht ihr lediglich ein Anspruch analog § 255 BGB[588] zu, oder sie kann auf die Regreßansprüche nach § 426 BGB zurückgreifen.[589] Die unterschiedlichen Regreßwege haben unterschiedliche Zeitpunkte des Entstehens von Forderungen der Zahlstelle gegen den Lastschriftschuldner zur Folge. Besteht für die Zahlstelle nur die Möglichkeit, Zug um Zug gegen Leisten von Schadensersatz an den Lastschriftgläubiger Abtretung der Ansprüche gegen den Lastschriftschuldner zu verlangen (§ 255 BGB analog), so erlangt sie erst im Zeitpunkt der eigenen Leistung einen Anspruch gegen den Lastschriftschuldner. Liegt hingegen ein Gesamtschuldverhältnis zwischen Zahlstelle und Lastschriftschuldner vor, hat die Zahlstelle gegen den Lastschriftschuldner bereits vor der eigenen Leistung an den Lastschriftgläubiger einen Anspruch auf Freistellung und einen aufschiebend bedingten Ausgleichsanspruch gegen den Lastschriftschuldner (§ 426 Abs. 1 S. 1 BGB). Darüber hinaus ist das bereits entstandene Gesamtschuldverhältnis die Grundlage für einen Anspruch der Zahlstelle gegen den Lastschriftschuldner aus übergegangenem Recht, wenn sie den Gläubiger befriedigt (§ 426 Abs. 2 S. 1 BGB). Dieser Unterschied in zeitlicher Hinsicht im Vergleich zum bloßen Zessionsregreß analog § 255 BGB kann im Falle eines sich anschließenden Insolvenzverfahrens über das Vermögen des Lastschriftschuldners zu unterschiedlichen Rechtsfolgen führen. Es bedarf daher einer Auseinandersetzung mit der Frage, ob gestufte Schuldnermehrheiten aus dem Anwendungsbereich der Gesamtschuldregeln ausgenommen sind.

Es ist der Auffassung zu folgen, die es nicht für erforderlich hält, die Voraussetzungen einer Gesamtschuld um das Kriterium der Gleichstufigkeit der Verbindlichkeiten zu ergänzen.

Die Argumentation der Gegenauffassung, daß die Regelungen in §§ 422 ff. BGB nicht für gestufte Schuldnermehrheiten passen, überzeugt nicht.

Dies wird besonders deutlich anhand der Regelung des § 424 BGB. Danach wirkt der Verzug des Gläubigers gegenüber einem Gesamtschuldner auch für die übrigen Schuldner. Die Befreiung von der Leistungspflicht des einen Gesamtschuldners gemäß §§ 275, 300 Abs. 2 und Abs. 1 BGB gilt also auch zugunsten der anderen Gesamtschuldner. Von der Gegenauffassung wird vertreten, daß bei einer gestuften Schuldnermehrheit dem letztverpflichteten Schuldner eine Befreiung von seiner Leistungspflicht nicht zugute kommen könne, wenn der privilegierte Schuldner infolge eines Annahmeverzugs des Gläubigers von seiner Leistungspflicht befreit ist. Denn schließlich befreie auch die Leistung des privilegierten Schuldners nicht den letztverpflichteten.[590]

---

588 So *Obermüller*, Insolvenzrecht in der Bankpraxis, 6. Auflage, 2002, Rn 3.454 a.

589 Früher herangezogene Regreßlösungen wie die Geschäftsführung ohne Auftrag, die ungerechtfertigte Bereicherung und die Drittschadensliquidation werden heute weitestgehend abgelehnt. Vgl. BGH, Urt. v. 4. 7. 1963 – VII ZR 41 / 62 = WM 1963, 991, 992 f.; *Bydlinski* in: MünchKomm, BGB, 4. Auflage, 2003, § 421 Rn 67 f.; *Selb* in: MünchKomm, BGB, 3. Auflage, 1994, § 421 Rn 9; *Ehmann* in: Erman, BGB, 11. Auflage, 2004, § 426 Rn 15; *Wolf* in: Soergel, BGB, 12. Auflage, 1990, § 426 Rn 13; *Stamm*, S. 95 ff.

Die damit verbundene Absicht, den letztverpflichteten Schuldner nicht zu bevorzugen, führt jedoch zu einer Benachteiligung des Schuldners, der im Innenverhältnis gerade privilegiert sein soll.

Wirkt die Befreiung von der Leistungspflicht nicht gegenüber dem letztverpflichteten Schuldner, kann der Gläubiger diesen nach wie vor in Anspruch nehmen. Das bedeutet aber, daß dem privilegierten Schuldner kein Regreßanspruch gegen den letztverpflichteten Schuldner wegen etwaiger Aufwendungen für den untergegangenen Leistungsgegenstand zusteht. Dieser kann nicht doppelt in Anspruch genommen werden.

Gilt hingegen die Befreiung von der Leistungspflicht infolge des Annahmeverzugs auch für den letztverpflichteten Schuldner gemäß § 424 BGB, hat zwar der Gläubiger wegen seiner Obliegenheitsverletzung keinen Anspruch mehr. Der im Innenverhältnis zu privilegierende Schuldner kann aber vom letztverpflichteten Schuldner gemäß § 426 Abs. 1 S. 1 BGB Ausgleich für seine Aufwendungen in bezug auf den untergegangenen Leistungsgegenstand verlangen, als ob ordnungsgemäß erfüllt worden wäre.[591]

Wirkt der Annahmeverzug auch auf den Letztverpflichteten gemäß § 424 BGB, wird ein unbilliges Ergebnis vermieden, das sonst bei einem Herauslösen gestufter Schuldnermehrheiten aus den Regelungen der Gesamtschuld entstünde.[592]

Auch die Regelung von § 422 BGB, nach der die Erfüllung durch einen Gesamtschuldner ebenso gegenüber den übrigen Schuldnern wirkt, führt zu keinen unbilligen Ergebnissen bei gestuften Schuldnermehrheiten. § 422 BGB ist Ausdruck dessen, daß der Gläubiger die Leistung nur einmal fordern kann. Die Erfüllung führt aber nur in dem Umfang zu einem Erlöschen der Forderung, in dem der Leistende im Verhältnis zu den übrigen Schuldnern verpflichtet ist. Im übrigen geht der Anspruch des Gläubigers gemäß § 426 Abs. 2 S. 1 BGB auf den leistenden Gesamtschuldner über. Soll der Leistende im Innenverhältnis sich vollständig bei dem Letztverpflichteten schadlos halten können, so erlischt die Forderung des Gläubigers nicht, sondern geht vollständig mit Leistung auf den Schuldner über.[593]

Würden gestufte Schuldnermehrheiten nicht von den Regelungen der Gesamtschuld erfaßt sein, stünde dem im Innenverhältnis privilegierten Schuldner kein Ausgleichsanspruch nach § 426 Abs. 1 S. 1 BGB zu, der als Befreiungsanspruch, gerichtet auf Leistung an den Gläubiger, geltend gemacht werden könnte.[594] Der privilegierte Schuldner würde im Vergleich zum Gesamtschuldner, der sich auf

---

590 *Larenz,* Schuldrecht AT, 14. Auflage, 1987, § 37 I, S. 634; *Heinrichs* in: Palandt, BGB, 64. Auflage, 2004, § 421 Rn 7.

591 *Noack* in: Staudinger, BGB, Stand: 03/2005, § 424 Rn 16.

592 I. E. ebenso *Ehmann,* S. 251; *Wernecke,* S. 46.

593 Vgl. *Ehmann,* S. 102, der die Wirkung von §§ 422, 426 Abs. 2 BGB als *„kommunizierendes System"* bezeichnet.

594 Vgl. *Heinrichs* in: Palandt, BGB, 64. Auflage, 2005, § 426 Rn 3.

§ 426 Abs. 1 S. 1 BGB und einen Freistellungsanspruch in Höhe der von ihm nicht zu tragenden Quote berufen kann, schlechter gestellt werden. Das erscheint widersprüchlich.[595] Vielmehr stellt der Anspruch gemäß § 426 Abs. 1 S. 1 BGB im Gegensatz zu einer Lösung nach § 255 BGB sicher, daß der privilegierte Schuldner auch dann beim Letztverantwortlichen Regreß nehmen kann, wenn der Gläubiger auf seinen Anspruch gegen den letztverpflichteten Schuldner verzichtet hat.[596]

Hierzu wird von der Gegenansicht angeführt, es komme im Falle einer Anwendbarkeit von § 426 Abs. 1 S. 1 BGB auch auf gestufte Schuldnermehrheiten zu einer unzulässigen Privilegierung. Denn der Anspruch gemäß § 426 Abs. 1 S. 1 BGB verjähre erst nach dreißig Jahren.[597] Diesem Argument ist jedoch mit Einführung der regelmäßigen Verjährungsfrist von drei Jahren gemäß § 195 BGB zum 1. 1. 2002 aufgrund des Gesetzes zur Modernisierung des Schuldrechts[598] der Boden entzogen.

Schließlich sprechen praktische Erwägungen für eine Anwendung der Gesamtschuldregeln auf gestufte Schuldnermehrheiten. Denn die Regeßansprüche nach § 426 Abs. 1 S. 1 und Abs. 2 S. 1 BGB ermöglichen einen wechselseitigen Ausgleich jeweils in Höhe der einzelnen Verschuldensbeiträge analog § 254 BGB. Die höhere Flexibilität eines Ausgleichs zwischen Gesamtschuldnern im Vergleich zu einem Zessionsregreß nach § 255 BGB liegt damit auf der Hand. Die Interessen des Rechtsverkehrs können mithin leichter und gerechter durch die Regelung in § 426 BGB berücksichtigt werden; der Zessionsregreß nach § 255 BGB ließe demgegenüber nur einen einseitigen Ausgleichsanspruch in voller Höhe zu.[599]

Darüber hinaus sind methodische Bedenken gegen eine analoge Anwendung von § 255 BGB anzuführen.

Die Auffassung, die nur bei Vorliegen von gleichstufigen Schuldnermehrheiten die Gesamtschuldregeln und für alle Fälle einer gestuften Haftung § 255 BGB analog anwenden will,[600] schränkt den Anwendungsbereich der §§ 421 ff. BGB im Wege einer teleologischen Reduktion ein. Voraussetzung dafür wäre aber, daß im Falle der gestuften Haftung eine abweichende Interessenlage im Vergleich zur gleichstufigen Haftung besteht, derzufolge die Anwendbarkeit der Regelungen in den §§ 421 ff. BGB zu unbilligen Ergebnissen führen würde. Die zuvor aufgeführten Argumente sprechen jedoch gegen eine solche abweichende Interessenlage.

---

595 Ebenso *Stamm*, S. 48.

596 *Bittner* in: Staudinger, BGB, Stand: 01/2004, § 255 Rn 14.

597 *Selb*, Mehrheit von Gläubigern und Schuldnern, 1984, S. 186.

598 BGBl. I, 2001, S. 3138 ff.

599 I. E. ebenso BGH, Urt. v. 29. 6. 1972 – VII ZR 190/71 = WM 1972, 1382, 1383; *Stamm*, 2000, S. 49.

600 Vgl. nur *Selb* in: Staudinger, BGB, Stand: 01/1995, § 255 Rn 43; *ders.*, Mehrheiten von Gläubigern und Schuldnern, 1984, S. 144 f.: *„Das wichtigste in § 255 ist die allgemein technische Aussage, nicht der Anlaß zu ihrer Formulierung.“*

Können also die Fälle gestufter Schuldnermehrheiten nach den Regeln der Gesamtschuld gelöst werden, fehlt es an sich schon für eine analoge Anwendung von § 255 BGB an einer Regelungslücke. Darüber hinaus müßte die in § 255 BGB geregelte Interessenlage der Interessenlage bei gestuften Schuldnermehrheiten vergleichbar sein. Verleiht beispielsweise der Eigentümer eine Sache und wird dem Entleiher diese infolge fahrlässigen Verhaltens gestohlen, so hat der Eigentümer gegenüber dem Entleiher einen Schadensersatzanspruch nach § 280 BGB. Dem Dieb gegenüber kann der Eigentümer seinen Herausgabeanspruch nach § 985 BGB geltend machen. Nimmt der Eigentümer den Entleiher in Anspruch und leistet dieser nur teilweise Schadensersatz, so würde nach § 426 Abs. 2 S. 1 BGB der Herausgabeanspruch des Eigentümers nur teilweise auf den Entleiher übergehen. Da sich der Herausgabeanspruch nach § 985 BGB nicht vom Eigentum trennen läßt,[601] entstünde zwischen ursprünglichem Eigentümer und Entleiher eine Eigentümergemeinschaft. Dieses unzweckmäßige Ergebnis in derartigen Konstellationen wollte der Gesetzgeber verhindern und regelte deshalb, daß der schadensersatzleistende Schuldner gegen den Gläubiger einen Anspruch auf Abtretung der dinglichen Ansprüche aufgrund des Eigentums hat.[602] Demzufolge war die Besonderheit des dinglichen Herausgabeanspruchs nach § 985 BGB bei Besitzverlust der entscheidende Beweggrund für die Regelung des § 255 BGB.[603] Bei Schuldnermehrheiten, die nicht auf einem Besitzverlust beruhen, stellt sich die Problematik eines teilweisen Übergangs des Eigentums nicht. Infolgedessen fehlt es an einer vergleichbaren Interessenlage bei dem in § 255 BGB geregelten Sachverhalt und bei einer sonstigen gestuften Schuldnermehrheit. Eine analoge Anwendung von § 255 BGB ist insofern nicht möglich.[604]

3. Zwischenergebnis

Zwischen Zahlstelle und Lastschriftschuldner besteht auch in bezug auf den Erfüllungsanspruch des Lastschriftgläubigers ein Gesamtschuldverhältnis. Die Zahlstelle hat demzufolge gegen den Lastschriftschuldner im Zeitpunkt, in dem das Gesamtschuldverhältnis entsteht, einen Ausgleichsanspruch nach § 426 Abs. 1 S. 1 BGB. Vor Befriedigung des Lastschriftgläubigers ist dieser Ausgleichsanspruch zwar aufschiebend bedingt. Er kann aber in Form eines Befreiungsanspruchs auf Leistung an den Gläubiger geltend gemacht werden. Nach Befriedigung des Lastschriftgläubigers hat die Zahlstelle gegen den Lastschriftschuldner einen Anspruch

601 So die h.M. RG, Urt. v. 19. 12. 1904 – VI. 241/04 = RGZ 59, 367, 371; *Baur/Stürner*, Lehrbuch des Sachenrechts, 16. Auflage, 1992, § 11 C I 3, S. 99; *Heinrichs* in: Palandt, 64. Auflage, 2005, § 255 Rn 9; *Bittner* in: Staudinger, BGB, Stand: 01/2004, § 255 Rn 21; *Stamm*, S. 75; *Wernecke*, S. 49; a. A. *Kuckuk* in: Erman, BGB, 11. Auflage, 2004, § 255 Rn 5.

602 Motive S. 26, Protokolle S. 606, abgedruckt in: *Mugdan*, 1899, II Band.

603 So schon *Ehmann*, S. 70; *Münchbach*, S. 117 f.

604 Vgl. dazu *Stamm*, S. 35 ff.

auf Ausgleich, entweder gestützt auf § 426 Abs. 1 S. 1 BGB oder aus übergegangenem Recht nach § 426 Abs. 2 S. 1 BGB.

Für die Frage der Höhe sowohl des Befreiungsanspruchs vor Befriedigung des Lastschriftgläubigers als auch des Anspruchs auf Ausgleich nach § 426 Abs. 1 S. 1 BGB oder aus übergegangenem Recht gemäß § 426 Abs. 2 S. 1 BGB nach Befriedigung des Lastschriftgläubigers ist je nach Schadensposition zu differenzieren. Hinsichtlich des auf Erfüllung gerichteten Zahlungsanspruchs des Lastschriftgläubigers, der auch Grundlage des Lastschrifteinzugs war, ist keine Rechtfertigung ersichtlich, weshalb der Lastschriftschuldner von seiner vertraglichen Zahlungspflicht im Verhältnis zur Zahlstelle auch nur teilweise befreit werden sollte. Er hat diesen Betrag im Ganzen zu tragen.

Bezüglich der sonstigen Schadenspositionen steht der Zahlstelle ein Anspruch gegen den Lastschriftschuldner nur in Höhe der Verschuldensquote des Lastschriftschuldners zu. Fehlt ein Verteilungsmaßstab, so haften Zahlstelle und Lastschriftschuldner nach der Hilfsregel[605] in § 426 Abs. 1 S. 1 BGB zu gleichen Teilen.

II. Verhältnis des Schadensersatzanspruchs der ersten Inkassostelle gegen den Lastschriftschuldner nach § 826 BGB zu ihren Schadensersatzansprüchen gegen die Zahlstelle

Hat die erste Inkassostelle infolge rechtsmißbräuchlicher Widersprüche einen Schaden erlitten, so kommt sowohl ein Schadensersatzanspruch gegen den Lastschriftschuldner nach § 826 BGB als auch ein Schadensersatzanspruch gegen die Zahlstelle in Betracht. Der Schadensersatzanspruch gegen die Zahlstelle kann entweder auf § 280 BGB oder bei sittenwidriger vorsätzlicher Schädigung auf § 826 BGB gestützt werden.

1. Ersatzfähiger Schaden nur bei Verfügung über Lastschriftgutschrift

Zunächst gilt es zu klären, wann der ersten Inkassostelle ein Schaden wegen rechtsmißbräuchlicher Lastschriftwidersprüche entstanden ist. Regelmäßig wird dabei die Insolvenz des eigenen Kunden, des Lastschriftgläubigers, eine Rolle spielen.

Der Anspruch des Lastschriftgläubigers aus der Gutschrift des Lastschriftbetrags steht nach Einlösung der Lastschrift durch die Zahlstelle unter der auflösenden Bedingung einer Rückbelastung wegen Widerspruchs des Lastschriftschuldners.

605 *Heinrichs* in: Palandt, BGB, 64. Auflage, 2004, § 426 Rn 7.

Widerspricht der Lastschriftschuldner und hat die erste Inkassostelle den Lastschriftbetrag der Zahlstelle wiederzuvergüten, tritt diese Bedingung ein. Das Konto des Lastschriftgläubigers wird mit dem Lastschriftbetrag mit Einreichungswertstellung rückbelastet.[606] Diese Rückbelastung kann die erste Inkassostelle unabhängig davon vornehmen, ob sich der Lastschriftgläubiger bereits in der Krise befindet, ein Antrag auf Eröffnung des Insolvenzverfahrens über das Vermögen des Lastschriftgläubigers gestellt oder bereits das Insolvenzverfahren eröffnet wurde.[607] Mit der Rückbelastung ist der Gläubigerbank aber noch kein Schaden infolge des Widerspruchs entstanden. Dies setzt vielmehr voraus, daß die Gläubigerbank den Lastschriftgläubiger nach Gutschrift des Lastschriftbetrags und vor Einlegung des Widerspruchs hierüber hat verfügen lassen und der Lastschriftgläubiger dann nicht mehr zur Rückzahlung des Lastschriftbetrags in der Lage ist.[608] Hat die Gläubigerbank den Lastschriftbetrag einem debitorisch geführten Konto gutgeschrieben und den Lastschriftgläubiger ganz oder teilweise in Höhe der Gutschrift verfügen lassen, so entsteht ihr in dieser Höhe ein Schaden infolge des rechtsmißbräuchlichen Widerspruchs und der Rückvergütung, wenn der Lastschriftgläubiger diesen Anspruch der Gläubigerbank nicht mehr erfüllen kann. Bei einem kreditorisch geführten Konto des Lastschriftgläubigers entsteht der Bank nur dann ein Schaden, wenn das Kontoguthaben zur Rückbelastung infolge des rechtsmißbräuchlichen Widerspruchs nicht ausreicht und der Lastschriftgläubiger augrund seiner Insolvenz nicht in der Lage ist, die Forderung der ersten Inkassostelle zu begleichen.

2. Einfluß der Sicherungszession nach Nr. 15 Abs. 2 AGB-Banken[609]

Es ist weiter zu fragen, ob der Schaden der ersten Inkassostelle entfällt, wenn sie sich aus der sicherungshalber abgetretenen Forderung, die dem Lastschrifteinzug zugrunde liegt, befriedigen könnte.

Gemäß Nr. 15 Abs. 2 AGB-Banken gehen mit Einreichen von Lastschriften die zugrunde liegenden Forderungen auf die Bank über. Diese Forderungen dienen nach Nr. 15 Abs. 4 S. 1 AGB-Banken der Gläubigerbank zur Sicherung aller Ansprüche, die ihr gegen den Lastschriftgläubiger bei Einreichung aus seinen Kontokorrentkonten zustehen oder die infolge der Rückbelastung nicht eingelöster

606 Siehe Ausführungen unter B.II.2.b).

607 *Obermüller,* Insolvenzrecht in der Bankpraxis, 6. Auflage, 2002, Rn 3.556; *Canaris* in: Staub, Großkomm, HGB, 4. Auflage, 10. Lieferung: Bankvertragsrecht, Erster Teil, Stand: 1. 4. 1988, Rn 654.

608 BGH, Urt. v. 25. 7. 1979 – II ZR 253/78 = WM 1979, 994, 995; OLG Saarbrücken, Urt. v. 28. 10. 2004 – 8 U 694/03-84/04 = WM 2005, 1660, 1662; *Bauer* WM 1981, 1186, 1199.

609 Siehe Anhang 3; Nr. 15 Abs. 2 AGB-Banken entspricht Nr. 25 Abs. 2 AGB-Sparkassen, abgedruckt in: *Steppeler/Künzle,* AGB-Sparkassen Komm, 3. Auflage, 2003, S. 13 ff.

Einzugspapiere entstehen. Ist der Rückbelastungsvorbehalt der ersten Inkassostelle wegen der Insolvenz des Lastschriftgläubigers wirtschaftlich wertlos, kann sie sich aufgrund der Sicherungszession befriedigen.[610] Die dem Einzug zugrundeliegende und an die Gläubigerbank abgetretene Forderung wurde zwar im Zeitpunkt der Einlösung der Lastschrift erfüllt. Widerspricht jedoch der Lastschriftschuldner der Belastungsbuchung und hat die erste Inkassostelle den Lastschriftbetrag rückzuvergüten, so lebt diese Forderung bei der Gläubigerbank wieder auf. Die Erfüllung stand unter der auflösenden Bedingung einer Rückbelastung wegen Widerspruchs.[611] Läßt nun die erste Inkassostelle den Lastschriftgläubiger über den gutgeschriebenen Lastschriftbetrag auf dessen debitorisch geführtem Konto verfügen, liegt darin eine Kreditgewährung im Austausch gegen die zuvor gewährte Sicherungszession. Wegen des dann vorliegenden Bargeschäftscharakters und der mangelnden Gläubigerbenachteiligung könnte die Bestellung der Sicherungszession auch nicht nach §§ 129 ff. InsO in der Insolvenz des Lastschriftgläubigers angefochten werden.[612]

Teilweise wird aber vertreten, daß ein Schaden der ersten Inkassostelle immer dann entfalle, wenn sie sich aufgrund der abgetretenen Forderung, die dem Einzug zugrunde lag, befriedigen könne.[613] Dagegen sprechen zwei Erwägungen. Zum einen ist der abgetretene Anspruch gegen den Lastschriftschuldner wertlos, wenn dieser insolvent ist.[614] Zum anderen handelt es sich bei der Sicherungszession gemäß Nr. 15 Abs. 2, Abs. 4 S. 1 AGB-Banken um eine Maßnahme der privaten Schadensvorsorge, die grundsätzlich nicht geeignet ist, den Schädiger zu entlasten.[615] Die sicherungshalber abgetretene Forderung tritt deshalb neben die Schadensersatzansprüche der ersten Inkassostelle gegen die Zahlstelle und gegen den Lastschriftschuldner.[616]

---

610 *Gößmann* in: BuB, Stand: 08/2005, Rn 1/448.

611 Siehe Ausführungen unter C.II.2.b)aa)(3).

612 BGH, Urt. v. 21. 12. 1977 – VIII ZR 255/76 = WM 1978, 133, 135 f.; *Obermüller,* Insolvenzrecht in der Bankpraxis, 6. Auflage, 2002, Rn 6.68; *Gößmann* in: BuB, Stand: 08/2005, Rn 1/455; *Kreifels,* S. 141 ff.

613 *Canaris* in: Staub, Großkomm, HGB, 4. Auflage, 10. Lieferung: Bankvertragsrecht, Erster Teil, Stand: 1. 4. 1988, Rn 608.

614 Gerade bei drohender Insolvenz des Lastschriftschuldners wird Belastungsbuchungen der letzten sechs Wochen widersprochen.

615 Vgl. BGH, Urt. v. 2. 12. 1993 – IX ZR 241/92 = WM 1994, 219 f. für den Fall, daß ein Forderungsausfall durch Bürgschaft eines Dritten ausgeglichen wird; *Heinrichs* in: Palandt, BGB, 64. Auflage, 2005, Vorbem v § 249 Rn 138 a.

616 I. E. ebenso OLG Oldenburg, Urt. v. 6. 3. 1986 – 1 U 164/85 – WM 1986, 1277 ff., das neben der abgetretenen Forderung gegen den Lastschriftschuldner auch den Schadensersatzanspruch nach § 826 BGB prüft.

3. Gesamtschuldverhältnis

Demzufolge hat die erste Inkassostelle nicht nur einen Schadensersatzanspruch gegen den Lastschriftschuldner, sondern auch den auf Erfüllung gerichteten Anspruch auf Zahlung des Lastschriftbetrags gemäß der vertraglichen Vereinbarung zwischen Lastschriftschuldner und Lastschriftgläubiger. Zwischen Zahlstelle und Lastschriftschuldner besteht in bezug auf die Ansprüche der ersten Inkassostelle ein Gesamtschuldverhältnis gemäß § 421 BGB. Dies gilt entsprechend den Ausführungen unter II.2. auch, wenn der vertragliche Primäranspruch mit berücksichtigt wird.

III. Zusammenfassung

Im Falle rechtsmißbräuchlicher Widersprüche des Lastschriftschuldners, an denen die Zahlstelle in vorwerfbarer Weise mitgewirkt hat und entweder der Lastschriftgläubiger oder gegebenenfalls die erste Inkassostelle geschädigt wurde, haften die Zahlstelle und der Lastschriftschuldner als Gesamtschuldner. Für die Begründung eines Gesamtschuldverhältnisses bedarf es nicht in Abgrenzung zu einem Zessionsregreß analog § 255 BGB einer gleichstufigen Schuldnermehrheit. Die Zahlstelle hat vor Befriedigung des Geschädigten einen Ausgleichsanspruch gegen den Lastschriftschuldner gemäß § 426 Abs. 1 BGB, der zunächst aufschiebend bedingt ist, aber bereits als Befreiungsanspruch, gerichtet auf Leistung an den Geschädigten, geltend gemacht werden kann. Nachdem die Zahlstelle den Geschädigten befriedigt hat, kann sie gegen den Lastschriftschuldner ihren Ausgleichsanspruch gemäß § 426 Abs. 1 S. 1 BGB geltend machen oder aufgrund der übergegangenen Forderung nach § 426 Abs. 2 S. 1 BGB Zahlung vom Lastschriftschuldner verlangen. Der Lastschriftschuldner hat im Verhältnis zur Zahlstelle den vertraglich geschuldeten Lastschriftbetrag in voller Höhe zu tragen. In bezug auf weitere Schadenspositionen richtet sich die Haftungsquote nach den Verschuldensbeiträgen der Zahlstelle und des Lastschriftschuldners im Einzelfall.

F. Befriedigungsmöglichkeit der Zahlstelle am Kontoguthaben des Lastschriftschuldners hinsichtlich ihrer Regreßansprüche

In Teil E. wurde festgestellt, daß zwischen Zahlstelle und Lastschriftschuldner ein Gesamtschuldverhältnis entsteht, wenn der Schuldner rechtsmißbräuchliche Lastschriftwidersprüche erklärte, die Zahlstelle daran vorwerfbar mitwirkte und infolgedessen die Lastschriftgläubiger oder deren Banken geschädigt wurden. Wie bereits erwähnt, werden die Geschädigten ganz überwiegend die Zahlstelle in Anspruch nehmen, wenn die wirtschaftliche Situation des Lastschriftschuldners kritisch ist oder gar schon ein Antrag auf Eröffnung des Insolvenzverfahrens über das Vermögen des Lastschriftschuldners gestellt wurde. Aus Sicht der Zahlstelle kommt es dann auf die Frage an, ob sie sich wegen ihrer Regreßansprüche gegen den Lastschriftschuldner an dem Guthaben, das infolge der Widersprüche auf dem Konto des Lastschriftschuldners ausgewiesen wird, trotz eines Insolvenzverfahrens über dessen Vermögen schadlos halten kann oder ob sie einerseits die Ansprüche der Geschädigten befriedigen muß und andererseits das Kontoguthaben an den Insolvenzverwalter auszukehren hat. Bei der Beantwortung dieser Frage ist zu differenzieren. Zum einen sind die Befriedigungsmöglichkeiten der Zahlstelle vor einer Schadensersatzzahlung, zum anderen nach einer solchen Zahlung jeweils im Zusammenhang mit einem Insolvenzverfahren über das Vermögen des Lastschriftschuldners zu erörtern.

I. Befriedigungsmöglichkeit vor Schadensersatzzahlung durch die Zahlstelle

Der Zahlstelle, die als Gesamtschuldnerin haftet, aber noch nicht geleistet hat, steht ein Befreiungsanspruch gegen den Lastschriftschuldner zu. Dieser Befreiungsanspruch ist auf Leistung des Lastschriftschuldners an den Geschädigten in Höhe der ihm obliegenden Quote im Gesamtschuldverhältnis gerichtet. Der Ausgleichsanspruch der Zahlstelle gemäß § 426 Abs. 1 S. 1 BGB ist aufschiebend bedingt und wird erst fällig, wenn die Zahlstelle die Geschädigten hinsichtlich ihrer Forderungen befriedigt.[617]

---

617 Siehe Ausführungen unter E.I.1., II.1.

1. Teilnahme am Insolvenzverfahren mit Freistellungsanspruch und Ausgleichsanspruch gemäß § 426 Abs. 1 S. 1 BGB

Wurde über das Vermögen des Lastschriftschuldners das Insolvenzverfahren eröffnet, ist zunächst zu klären, ob der Freistellungsanspruch überhaupt am Insolvenzverfahren teilnehmen kann.

Der Freistellungsanspruch der Zahlstelle ist bereits entstanden, wenn den Lastschriftgläubigern oder deren Banken ein Ersatzanspruch gegen die Zahlstelle und den Lastschriftschuldner zusteht.[618] Die Zahlstelle könnte dann mit dem Freistellungsanspruch als Insolvenzgläubigerin im Sinne von § 38 InsO am Insolvenzverfahren über das Vermögen des Lastschriftschuldners teilnehmen.[619]

Auch aufgrund des aufschiebend bedingten Ausgleichsanspruchs gemäß § 426 Abs. 1 S. 1 BGB ist der Zahlstelle eine Teilnahme am Insolvenzverfahren über das Vermögen des Lastschriftschuldners möglich. Auf eine Befriedigung der Gläubiger durch die Zahlstelle kommt es nicht an.[620] Wie § 77 Abs. 3 Nr. 1 i.V.m. Abs. 2 InsO hinsichtlich der Feststellung des Stimmrechts verdeutlicht, können auch aufschiebend bedingte Forderungen im Insolvenzverfahren berücksichtigt werden.[621]

2. Beschränkung der Geltendmachung gemäß § 44 InsO

Möglicherweise ergeben sich aber nach § 44 InsO Einschränkungen, was die Geltendmachung des Freistellungsanspruchs im Insolvenzverfahren über das Vermögen des Lastschriftschuldners anbelangt. Nach § 44 InsO kann der Gesamtschuldner die Forderung, die er durch eine Befriedigung des Gläubigers künftig gegen den Insolvenzschuldner erwerben könnte, im Insolvenzverfahren nur dann geltend machen, wenn der Gläubiger seine Forderung nicht geltend macht. Dem Wortlaut der Vorschrift zufolge sind also zunächst nur Regreßansprüche des Mitverpflichteten, die dieser durch Befriedigung des Gläubigers gegen den Insolvenzschuldner erlangt, von dem Verbot der Doppelanmeldung[622] betroffen. Bei einem Gesamtschuldverhältnis wären das der Zahlungsanspruch gemäß § 426 Abs. 1 S. 1 BGB und aus übergegangenem Recht gemäß § 426 Abs. 2 S. 1 BGB. Der Freistel-

---

618 Vgl. BGH, Urt. v. 7. 11. 1985 – III ZR 142/84 = WM 1986, 170, 171; *Bydlinski* in: MünchKomm, BGB, 4. Auflage, 2003, § 426 Rn 70; *Weber* in: RGRK, BGB, 12. Auflage, § 426 Rn 12; siehe Ausführungen unter E.I.1, II.1.

619 *Bydlinski* in: MünchKomm, BGB, 4. Auflage, 2003, § 426 Rn 72.

620 Vgl. BGH, Urt. v. 21. 3. 1991 – IX ZR 286/90 = WM 1991, 873, 876 noch unter Geltung der VglO.

621 Vgl. BGH,Urt. v. 21. 3. 1991 – IX ZR 286/90 = WM 1991, 873, 875 f. noch unter Geltung der VglO; *Bydlinski* in: MünchKomm, BGB, 4. Auflage, 2003, § 426 Rn 72.

622 *Lwowski/Bitter* in: MünchKomm, InsO, 2001, § 44 Rn 12.

lungsanspruch, den der Gesamtschuldner aufgrund der im Gesamtschuldverhältnis bestehenden Mitwirkungspflicht hat,[623] würde wegen des zu engen Wortlauts nicht in den Anwendungsbereich von § 44 InsO fallen. Sinn und Zweck dieser Vorschrift ist es jedoch zu verhindern, daß die Schuld im Insolvenzfall eines Gesamtschuldners verdoppelt wird.[624] Diese Konsequenz bestünde aber, wenn sowohl der Gläubiger als auch der eine Gesamtschuldner mit seiner Forderung an dem Insolvenzverfahren des anderen Gesamtschuldners teilnimmt. Außerhalb des Insolvenzverfahrens müßte hingegen der Schuldner entweder die Forderung des Gläubigers oder die Forderung des Gesamtschuldners erfüllen.[625] Die Gefahr einer doppelten Berücksichtigung ist ebenso zu unterbinden, wenn der Freistellungsanspruch der Zahlstelle, gerichtet auf Zahlung an die Gläubiger am Insolvenzverfahren, neben den Ansprüchen der Gläubiger teilnehmen würde.[626] Deshalb muß das in § 44 InsO enthaltene Verbot der Doppelberücksichtigung trotz des zu engen Wortlauts auch für den Freistellungsanspruch gelten.

3. Aufrechnungsmöglichkeit

Die Zahlstelle könnte demzufolge mit dem Freistellungsanspruch und dem aufschiebend bedingten Ausgleichsanspruch gemäß § 426 Abs. 1 S. 1 BGB nur am Insolvenzverfahren über das Vermögen des Lastschriftschuldners teilnehmen, wenn die Lastschriftgläubiger oder deren Banken nicht ebenso Ansprüche gegen den Lastschriftschuldner aufgrund der unberechtigten Widersprüche von Belastungsbuchungen anmelden. Die Beschränkung der Teilnahme am Insolvenzverfahren gemäß § 44 InsO läßt jedoch den materiellrechtlichen Bestand des Anspruchs und die Eigenschaft als Insolvenzforderung unberührt.[627] Deshalb ist weder der Freistellungsanspruch noch der Ausgleichsanspruch des Gesamtschuldners von einer Aufrechnung im Insolvenzverfahren von vornherein ausgeschlossen.

Die Aufrechnung der Zahlstelle mit dem Freistellungsanspruch gegen den Anspruch des Insolvenzschuldners aus dem Guthabensaldo kommt aber aus anderen Gründen nicht Betracht. Die gegenseitigen Forderungen müssen gleichartig sein. An einer solchen Gleichartigkeit fehlt es, wenn einer Geldforderung der Anspruch

623 *Bydlinski* in: MünchKomm, BGB, 4. Auflage, 2003, § 426 Rn 71.

624 Vgl. Begründung RegE zu § 51 entspricht § 44 InsO, abgedruckt in: *Balz/Landfermann,* Die neuen Insolvenzgesetze, 1995, S. 123 unter Verweis auf die bisher schon für die KO geltende Auffassung.

625 RG, Urt. v. 10. 11. 1882 – II 353/82 = RGZ 8, 290, 293; BGH, Urt. v. 11. 10. 1984 – IX ZR 80/83 = WM 1984, 1575, 1576 für den Befreiungsanspruch des Bürgen gemäß § 775 Abs. 1 Nr. 1 BGB; *Lent* in: Jaeger, KO, 8. Auflage, 1958, § 67 Anm. 5 und § 68 Anm. 9; *Uhlenbruck,* InsO, 12. Auflage, 2003, § 44 Rn 1.

626 Vgl. BGH, Urt. v. 11. 10. 1984 – IX ZR 80/83 = WM 1984, 1575, 1576 für den Befreiungsanspruch des Burgen gemäß § 775 Abs. 1 Nr. 1 BGB.

627 Vgl. BGH, Urt. v. 21. 3. 1991 – IX ZR 286/90 = WM 1991, 873, 875 f. noch unter Geltung von § 33 VglO; *Lwowski/Bitter* in: MünchKomm, InsO, 2001, § 44 Rn 16.

auf Schuldbefreiung gegenübersteht.[628] Damit kann die Zahlstelle unabhängig vom Zeitpunkt, ob vor oder nach Insolvenzeröffnung, nicht wirksam mit ihrem Freistellungsanspruch aufrechnen.[629]

Auch der aufschiebend bedingte Ausgleichsanspruch gemäß § 426 Abs. 1 S. 1 BGB kann von der Zahlstelle nicht zur Aufrechnung verwendet werden. Es mangelt an der erforderlichen Durchsetzbarkeit und Fälligkeit[630] der Ausgleichsforderung, solange die Zahlstelle nicht ihrerseits die Geschädigten befriedigt hat.

Nach Eröffnung des Insolvenzverfahrens über das Vermögen des Lastschriftschuldners scheitert die Aufrechnung zudem an § 95 Abs. 1 S. 3 InsO. Danach ist die Aufrechnung ausgeschlossen, wenn die Forderung, gegen die aufgerechnet werden soll, unbedingt und fällig wird, bevor die Aufrechnung erfolgen kann. Mit Verfahrenseröffnung erlischt die Kontokorrentabrede. Spätestens zu diesem Zeitpunkt wird der Anspruch des Insolvenzschuldners auf Auszahlung des Abschlußsaldos unbedingt und fällig.[631] Unter der Prämisse, daß die Zahlstelle in diesem Moment an die Geschädigten noch nicht geleistet hat, kann eine wirksame Aufrechnung weder mit dem Freistellungsanspruch noch mit dem aufschiebend bedingten Ausgleichsanspruch gemäß § 426 Abs. 1 S. 1 BGB erfolgen.

4. Möglichkeit eines Absonderungsrechts

Möglicherweise ist aber zugunsten der Zahlstelle an der Forderung des Lastschriftschuldners aus dem Kontoguthaben ein Pfandrecht entstanden, das den Anspruch der Zahlstelle gegen den Lastschriftschuldner auf Freistellung sowie den aufschiebend bedingten Ausgleichsanspruch gemäß § 426 Abs. 1 S. 1 BGB in entsprechender Höhe sichert. In Betracht kommt dafür das vertragliche Pfandrecht gemäß Nr. 14 Abs. 1 AGB-Banken.[632] Das AGB-Pfandrecht kann grundsätzlich auch die Sicherung bedingter Ansprüche erfassen, wie in Nr. 14 Abs. 2 S. 1 AGB-Banken[633] ausdrücklich erwähnt. Der Zahlstelle könnte also im Insolvenzverfahren

---

628 *Heinrichs* in: Palandt, BGB, 64. Auflage, 2005, § 387 Rn 10.

629 Nach der Rechtsprechung des Reichsgerichts war die Aufrechnung des Befreiungsgläubigers mit dem Befreiungsanspruch gegen einen Zahlungsanspruch des Befreiungsschuldners zulässig, wenn die Inanspruchnahme des Befreiungsgläubigers durch den Hauptgläubiger feststand und es außer Zweifel war, daß die Leistung des Befreiungsgläubigers an den Gläubiger des Hauptschuldners erfolgte (RG, Urt. v. 12. 1. 1934 – II 190/33 = RGZ 143, 192, 194). Dieser Rechtsprechung hat der BGH zu Recht widersprochen. Für die vorzeitige Umwandlung des Befreiungs- in einen Zahlungsanspruch besteht kein Bedürfnis (BGH, Urt. v. 14. 1. 1999 – IX ZR 208/97 = WM 1999, 378, 380).

630 *Heinrichs* in: Palandt, BGB, 64. Auflage, 2005, § 387 Rn 11.

631 Siehe auch Ausführungen unter Teil C.III.2.a), b).

632 Siehe Anhang 3; Nr. 14 Abs. 1 AGB-Banken entspricht Nr. 21 Abs. 1 AGB-Sparkassen, abgedruckt in: *Steppeler/Künzle,* AGB-Sparkassen Komm, 3. Auflage, 2003, S. 13 ff.

633 Siehe Anhang 3; Nr. 14 Abs. 2 AGB-Banken entspricht Nr. 21 Abs. 3 AGB-Sparkassen, abgedruckt in: *Steppeler/Künzle,* AGB-Sparkassen Komm, 3. Auflage, 2003, S. 13 ff.

des Lastschriftschuldners ein Absonderungsrecht in Höhe ihres Anspruchs gemäß § 50 Abs. 1 InsO zustehen. Ein solches Absonderungsrecht setzt jedoch voraus, daß die Pfandrechtsbestellung nicht nach §§ 129 ff. InsO anfechtbar ist. Zudem stellt sich die Frage, ob ein etwaiges wirksames AGB-Pfandrecht den Anspruch der Zahlstelle auf Freistellung und den aufschiebend bedingten Ausgleichsanspruch gemäß § 426 Abs. 1 S. 1 BGB sichern würde. Bevor jedoch die Fragen der Wirksamkeit des AGB-Pfandrechts und der Reichweite des Sicherungszwecks näher untersucht werden,[634] soll zunächst auf die Alternative eingegangen werden, wenn die Zahlstelle an die Geschädigten bereits Schadensersatz geleistet hat.

II. Befriedigungsmöglichkeit nach Schadensersatzzahlung durch die Zahlstelle

Begleicht die Zahlstelle die Schadensersatzansprüche der Lastschriftgläubiger oder gegebenenfalls der Gläubigerbanken, gehen deren Ansprüche gegen den Lastschriftschuldner in Höhe der auf ihn entfallenden Quote des Innenausgleichs gemäß § 426 Abs. 2 S. 1 BGB auf die Zahlstelle über.[635] Daneben hat die Zahlstelle gemäß § 426 Abs. 1 S. 1 BGB einen Ausgleichsanspruch gegen den Lastschriftschuldner in derselben Höhe. Für die Frage einer Befriedigungsmöglichkeit der Zahlstelle in Anbetracht dieser Ansprüche ist zwischen einer Schadensersatzleistung der Zahlstelle vor und nach Eröffnung des Insolvenzverfahrens zu unterscheiden.

1. Zahlung von Schadensersatz durch die Zahlstelle vor Eröffnung des Insolvenzverfahrens über das Vermögen des Lastschriftschuldners

a) Aufrechnungsmöglichkeit

Zahlte die Zahlstelle auf die Schadensersatzansprüche der Geschädigten noch vor Eröffnung des Insolvenzverfahrens, könnte sie möglicherweise mit ihrem Anspruch nach § 426 Abs. 1 S. 1 BGB oder mit den übergegangenen Ansprüchen gemäß § 426 Abs. 2 S. 1 BGB aufrechnen. Als Hauptforderung stünde der Anspruch des Lastschriftschuldners aus dem Kontoguthaben zur Verfügung.

Fraglich ist aber, ob die Möglichkeit der Aufrechnung in anfechtbarer Art und Weise erlangt wurde. Eine Aufrechnung wäre dann gemäß § 96 Abs. 1 Nr. 3 InsO

634 Siehe Ausführungen unter III. und IV.

635 Folgt man der Auffassung, die der Zahlstelle einen Anspruch nach § 255 BGB auf Abtretung der Ansprüche der Lastschriftgläubiger oder gegebenenfalls der Gläubigerbanken zugesteht, würde die Zahlstelle in aller Regel mit Begleichung der Ansprüche durch gewillkürte Abtretung Inhaber der entsprechenden Forderungen gegen den Lastschriftschuldner werden.

ausgeschlossen. Dabei erfaßt § 96 Abs. 1 Nr. 3 InsO auch den Fall, daß die Aufrechnung bereits vor Verfahrenseröffnung erklärt worden ist. Die Aufrechnungserklärung wird, wenn die Anfechtungsvoraussetzungen nach §§ 129 ff. InsO vorliegen, mit der Eröffnung des Insolvenzverfahrens rückwirkend unwirksam.[636]

aa) Anfechtbare Rechtshandlung

Führt ein Gläubiger eine Aufrechnungslage herbei, so steht anfechtungsrechtlich die Sicherungswirkung der Aufrechnungslage im Vordergrund. Es wird nicht die Aufrechnungserklärung, sondern das Schaffen der Aufrechnungslage angefochten.[637] Als Rechtshandlung, welche diese Lage herbeigeführt hat, kommt die Zahlung der Zahlstelle auf die Schadensersatzansprüche der Geschädigten in Betracht. Infolge dieser Zahlung ist der Ausgleichsanspruch gemäß § 426 Abs. 1 S. 1 BGB gegen den Lastschriftschuldner fällig geworden. Gleichzeitig sind die Ansprüche der Gläubiger gemäß § 426 Abs. 2 S. 1 BGB in Höhe der vom Lastschriftschuldner zu tragenden Quote des Gesamtschuldnerausgleichs auf die Zahlstelle übergegangen.[638]

bb) Kongruente oder inkongruente Deckung

Im nächsten Schritt ist danach zu fragen, ob es sich bei dem Herbeiführen der Aufrechnungslage um eine kongruente oder inkongruente Deckung handelt. Bei einer inkongruenten Deckung kann eine erleichterte Anfechtung nach den Voraussetzungen von § 131 InsO möglich sein, bei einer kongruenten gelten die strengeren Anforderungen nach § 130 InsO. Inkongruenz im Sinne von § 131 InsO liegt immer dann vor, wenn der Gläubiger die Deckung nicht so zu beanspruchen hatte, wie er sie letztlich erlangt hat, das heißt, wenn dem Gläubiger die Leistung gar nicht, nicht in der Art oder nicht zu der Zeit zustand.[639]

Wird die Zahlstelle als Gesamtschuldner von den Lastschriftgläubigern oder den Gläubigerbanken in Anspruch genommen, trifft sie eine Zahlungspflicht. Kommt

---

636 BGH, Urt. v. 9. 10. 2003 – IX ZR 28/03 = WM 2003, 2458, 2459; *Lüke* in: Kübler/Prütting, InsO, Stand: 05/2005, § 96 Rn 43; *Brandes* in: MünchKomm, InsO, 2001, § 96 Rn 38; *Uhlenbruck*, InsO, 12. Auflage, 2003, § 96 Rn 24; gegen eine Anwendung von § 96 Abs. 1 Nr. 3 InsO auf Aufrechnungserklärungen vor Verfahrenseröffnung und für eine Anwendung der Anfechtungsvorschriften nach Maßgabe der §§ 129 ff. InsO *Paulus* in: Kübler/Prütting, InsO, Stand: 05/2005, § 143 Rn 25; *Ries* ZInsO 2004, 1231, 1234 ff.

637 BGH, Urt. v. 2. 6. 2005 – IX ZR 263/03 = ZIP 2005, 1521, 1522 f.; *Kirchhof* in: MünchKomm, InsO, 2002, § 131 Rn 16.

638 Wendet man § 255 BGB statt §§ 421 ff. BGB auf das Verhältnis zwischen Zahlstelle und Lastschriftschuldner an, so hätte die Zahlstelle ebenfalls die Aufrechnungsmöglichkeit zum Zeitpunkt der Zahlung an die Gläubiger erlangt, wenn diese die Ansprüche gegen den Lastschriftschuldner an die Zahlstelle Zug um Zug gegen Zahlung abgetreten hätten. Vgl. *Obermüller*, Insolvenzrecht in der Bankpraxis, 6. Auflage, 2002, Rn 3.454 a a. E.

639 *Kirchhof* in: MünchKomm, InsO, 2002, § 131 Rn 8.

die Zahlstelle dieser Zahlungspflicht nach, um z. B. auch einen etwaigen Verzugsschaden zu vermeiden, spricht dies dafür, daß sie die Aufrechnungslage durch pflichtgemäßes Verhalten herbeigeführt hat und demzufolge eine kongruente Deckung angenommen werden könnte.

Allerdings besteht die Zahlungspflicht, der die Zahlstelle gefolgt ist, gegenüber den Schadensersatzgläubigern. Im Verhältnis zum Lastschriftschuldner handelt es sich um eine freiwillige Rechtshandlung für den Teil der geleisteten Schuld, der aufgrund der Quote im Innenausgleich an sich vom Lastschriftschuldner zu tragen gewesen wäre. Dies entspricht der Höhe des Ausgleichsanspruchs sowohl gemäß § 426 Abs. 1 S. 1 BGB als auch der übergegangenen Ansprüche gemäß § 426 Abs. 2 S. 1 BGB. Ohne das Begleichen der Schadensersatzansprüche hätte der Zahlstelle kein Anspruch auf die Aufrechnungslage zugestanden. Es kann insofern nichts anderes gelten als in den Fällen, in denen der Gläubiger freiwillig noch im anfechtbaren Zeitraum Gegenstände vom späteren Insolvenzschuldner kauft und infolgedessen die Kaufpreisforderung begründet, gegen die der Gläubiger dann aufrechnet. Der Gläubiger hat auch in diesen Fällen keinen Anspruch auf Herstellen der Aufrechnungslage.[640] Deshalb erlangte die Zahlstelle die Aufrechnungslage in inkongruenter Weise.

cc) Gläubigerbenachteiligung

Die Anfechtung könnte also nach den erleichterten Voraussetzungen von § 131 InsO erfolgen. Wie bei jeder Anfechtung nach §§ 129 ff. InsO muß auch die Herstellung der Aufrechnungslage die Insolvenzgläubiger objektiv benachteiligen.

Werden zunächst nur der Ausgleichsanspruch nach § 426 Abs. 1 S. 1 BGB und die übergegangenen Ansprüche gemäß § 426 Abs. 2 S. 1 BGB betrachtet, die die Zahlstelle infolge der Leistung an die Schadensersatzberechtigten erlangt hat, ist deshalb noch keine Gläubigerbenachteiligung im Sinne von § 129 InsO gegeben. Statt der ursprünglichen Schadensersatzgläubiger hat nun die Zahlstelle Ansprüche gegen den Lastschriftschuldner in Höhe der von ihm zu tragenden Quote. Es wurden also lediglich die Inhaber der Forderungen getauscht. Die Insolvenzgläubiger könnten aber benachteiligt sein, weil infolge der Aufrechnung die Forderung gegen die Zahlstelle aus dem Kontoguthaben erlischt und dafür in die Masse keine gleichwertige Leistung gelangt. Im Wege der Aufrechnung würde eine bloße Insolvenzforderung der Zahlstelle gegen den insolventen Lastschriftschuldner befriedigt werden. Ohne die Aufrechnung wäre aber der Anspruch der Zahlstelle nur in Höhe der Insolvenzquote bedient worden.[641]

Die damit an sich gegebene Gläubigerbenachteiligung bestünde dennoch nicht, wenn die Zahlstelle an der Forderung des Lastschriftschuldners aus dem Konto-

640 BGH, Urt. v. 9. 10. 2003 – IX ZR 28/03 = WM 2003, 2458, 2459.

641 Vgl. auch BGH, Urt. v. 2. 6. 2005 – IX ZR 263/03 = ZIP 2005, 1521, 1522 f.

guthaben ein insolvenzfestes Sicherungsrecht erworben hat. Dann würde die Zahlstelle durch die Aufrechnung den übrigen Insolvenzgläubigern nichts mehr wegnehmen, was ihnen zuvor gehaftet hätte.[642] Als ein solches Sicherungsrecht kommt wiederum das Pfandrecht der Zahlstelle gemäß Nr. 14 Abs. 1 AGB-Banken an dem Anspruch des Lastschriftschuldners aus dem Kontoguthaben in Betracht. Auch hier stellt sich also die Frage, ob ein etwaiges AGB-Pfandrecht zugunsten der Zahlstelle anfechtungssicher besteht und ob der Sicherungszweck des AGB-Pfandrechts die Ansprüche der Zahlstelle nach § 426 Abs. 1 S. 1 und Abs. 2 S. 1 BGB erfaßt.[643]

b) Möglichkeit eines Absonderungsrechts

Für den Fall, daß der Zahlstelle ein insolvenzfestes AGB-Pfandrecht an dem Anspruch des Lastschriftschuldners aus dem Guthaben zustünde, könnte sie, statt aufzurechnen, im Insolvenzverfahren über das Vermögen des Lastschriftschuldners ein Absonderungsrecht gemäß § 50 Abs. 1 InsO geltend machen. Bevor jedoch den Fragen zum AGB-Pfandrecht nachgegangen wird,[644] soll die Alternative erörtert werden, daß die Zahlstelle auf die Schadensersatzforderungen der Lastschriftgläubiger oder der Lastschriftgläubigerbanken erst nach Eröffnung des Insolvenzverfahrens über das Vermögen des Lastschriftschuldners zahlt.

2. Zahlung von Schadensersatz durch die Zahlstelle nach Eröffnung des Insolvenzverfahrens über das Vermögen des Lastschriftschuldners

a) Aufrechnungsmöglichkeit

Leistet die Zahlstelle erst nach Eröffnung des Insolvenzverfahrens auf die Schadensersatzansprüche der Geschädigten, so scheitert eine Aufrechnung der Zahlstelle mit ihrem Ausgleichsanspruch gemäß § 426 Abs. 1 S. 1 BGB gegen den Auszahlungsanspruch des Lastschriftschuldners an § 95 Abs. 1 S. 3 InsO. Danach ist die Aufrechnung ausgeschlossen, wenn die Forderung, gegen die aufgerechnet werden soll, unbedingt und fällig wird, bevor die Aufrechnung erfolgen kann. Der Anspruch des insolventen Lastschriftschuldners auf Auskehr des Guthabens wird mit Verfahrenseröffnung infolge des Erlöschens der Kontokorrentabrede fällig.[645] Die Fälligkeit des Ausgleichsanspruchs tritt hingegen erst später mit Zahlung an die Geschädigten ein.

---

642 Vgl. *Kirchhof* ZInsO 2004, 465, 467.

643 Siehe Ausführungen unter III. und IV.

644 Siehe Ausführungen unter III. und IV.

645 Siehe auch Ausführungen unter Teil C.III.2.a), b).

Demgegenüber scheitert die Aufrechnung der Zahlstelle mit den auf sie übergegangenen Ansprüchen gemäß § 426 Abs. 2 S. 1 BGB an dem Aufrechnungsverbot gemäß § 96 Abs. 1 Nr. 2 InsO. Die Aufrechnung ist unzulässig, wenn ein Insolvenzgläubiger seine Forderung erst nach der Eröffnung des Verfahrens erworben hat. Die Zahlstelle erwirbt, wenn sie Schadensersatz zu einer Zeit leistet, zu der das Insolvenzverfahren schon eröffnet wurde, erst in diesem Moment die Forderungen von den Lastschriftgläubigern oder Gläubigerbanken in Höhe der vom Lastschriftschuldner zu tragenden Quote.[646]

Von einigen Stimmen in der Literatur wird allerdings auch nach Inkrafttreten der §§ 94 ff. InsO zum 1. 1. 1999[647] vertreten, daß der Rückgriffsberechtigte gegen Forderungen des Schuldners aufrechnen könne, sogar wenn er erst nach Verfahreneröffnung Teilzahlungen an den Gläubiger geleistet hat.[648] Dem würde kein Aufrechnungsverbot entgegenstehen.[649] Der Auffassung kann nicht gefolgt werden. Sie geht teilweise noch von § 54 KO aus, wonach eine Aufrechnung mit aufschiebend bedingten Forderungen möglich war.[650] Diese Norm wurde aber gerade wegen der Wertungswidersprüche, die sie hervorrief, nicht in §§ 94 ff. InsO übertragen.[651]

b) Möglichkeit eines Absonderungsrechts

Zwar kann die Zahlstelle nicht mit dem Ausgleichsanspruch gemäß § 426 Abs. 1 S. 1 BGB oder den auf sie übergegangenen Ansprüchen nach § 426 Abs. 2 S. 1 BGB gegen den Auszahlungsanspruch des Lastschriftschuldners aufrechnen, wenn sie erst nach Verfahrenseröffnung die Lastschriftgläubiger oder Gläubigerbanken befriedigt. Möglicherweise steht der Zahlstelle aber ein Absonderungsrecht gemäß § 50 Abs. 1 InsO an dem Anspruch auf Auskehr des Kontoguthabens zu. Das wäre wiederum – wie schon angedeutet – dann der Fall, wenn zu ihren Gunsten ein anfechtungsfestes Pfandrecht gemäß Nr. 14 Abs. 1 AGB-Banken an dem Auszahlungsanspruch des Lastschriftschuldners bestehen würde, das auch der Sicherung der Regreßansprüche dient.[652]

---

646 Entsprechendes würde gelten, wenn der Zahlstelle nach § 255 BGB lediglich ein Anspruch auf Abtretung der Ansprüche des Geschädigten gegen den Lastschriftschuldner zugestanden wird und die Abtretung Zug um Zug gegen Zahlung der Zahlstelle nach Verfahrenseröffnung erfolgt.

647 Art. 110 EGInsO.

648 *Andres* in: Nerlich / Römermann, InsO, Stand: 03 / 2005, § 44 Rn 6.

649 *Holzer* in: Kübler / Prütting, InsO, Stand: 05 / 2005, § 44 Rn 4.

650 So *Holzer* in: Kübler / Prütting, InsO, Stand: 05 / 2005, § 44 Rn 4 unter Verweis auf RG, Urt. v. 17.71936 – VII 327 / 35 = JW 1936, 3126 f. zu § 54 KO.

651 Vgl. Begründung RegE zu § 107, der § 95 Abs. 1 InsO entspricht, abgedruckt in: *Balz / Landfermann,* Die neuen Insolvenzgesetze, 1995, S. 178.

652 Siehe Ausführungen unter III. und IV.

c) Sperrwirkung von § 91 InsO

Leistet die Zahlstelle erst nach Verfahrenseröffnung Schadensersatz an die Gläubiger, so ist zunächst die Frage zu erörtern, ob ein AGB-Pfandrecht an dem Anspruch aus dem Kontoguthaben den nunmehr fälligen Ausgleichsanspruch nach § 426 Abs. 1 S. 1 BGB und die übergegangenen Ansprüche gemäß § 426 Abs. 2 S. 1 BGB überhaupt noch sichern kann. Dies könnte schon aufgrund der Regelung in § 91 InsO scheitern. Gemäß § 91 InsO können Rechte an Gegenständen der Insolvenzmasse nach Verfahrenseröffnung nicht wirksam erworben werden, auch wenn keine Verfügung des Schuldners und keine Zwangsvollstreckung für einen Insolvenzgläubiger zugrunde liegt. Zweck dieser Norm ist der Schutz der Insolvenzmasse vor dem Verlust von Vermögensgegenständen. § 91 InsO ergänzt die §§ 81, 89, 90 InsO, die insgesamt einen umfassenden Masseschutz gewährleisten sollen.[653]

aa) Ausgleichsanspruch gemäß § 426 Abs. 1 S. 1 BGB

Für die Erörterung der Frage, inwieweit § 91 InsO dem Erwerb eines AGB-Pfandrechts für die Forderungen der Zahlstelle entgegensteht, ist zu unterscheiden, ob es sich um den Ausgleichsanspruch nach § 426 Abs. 1 S. 1 BGB oder die übergegangenen Ansprüche gemäß § 426 Abs. 2 S. 1 BGB handelt.

Der Ausgleichsanspruch nach § 426 Abs. 1 S. 1 BGB ist ein aufschiebend bedingter Anspruch, der mit Zahlung des Gesamtschuldners an die Gläubiger in Höhe der im Innenausgleich vom Ausgleichsschuldner zu tragenden Quote fällig wird.[654] Wie in § 1204 Abs. 2 BGB vorgesehen und in Nr. 14 Abs. 2 S. 1 AGB-Banken ausdrücklich erwähnt, sichert das AGB-Pfandrecht auch bedingte Ansprüche der Bank. Tritt bei einem Pfandrecht, das eine aufschiebend bedingte Forderung sichert, die Bedingung erst zu einem Zeitpunkt ein, zu dem das Verfahren bereits eröffnet war, steht dem nach ganz h.M. § 91 InsO nicht entgegen. Als Grund hierfür wird vor allem der Rechtsgedanke von § 161 Abs. 1 S. 2 BGB angeführt,[655] wonach eine Verfügung des Insolvenzverwalters unwirksam ist, wenn sie eine zuvor unter einer aufschiebenden Bedingung vorgenommene Verfügung im Falle des Bedingungseintritt vereiteln oder beeinträchtigen würde.

---

653 BGH, Urt. v. 27. 5. 2003 – IX ZR 51 / 02 = WM 2003, 1384, 1385 f.; BGH, Urt. v. 20. 12. 1988 – IX ZR 50 / 88 = WM 1989, 229, 232; *Lüke* in: Kübler / Prütting, InsO, Stand: 05 / 2005, § 91 Rn 2; *App* in: FK, InsO, 3. Auflage, 2002, § 91 Rn 1; *Eickmann* in: HK, InsO, 3. Auflage, 2003, § 91 Rn 1 f.; *Blersch / v. Olshausen* in: BK, InsO, Stand: 04 / 2005, § 91 Rn 1.

654 *Bydlinski* in: MünchKomm, BGB, 4. Auflage, 2003, § 426 Rn 72.

655 *Bork,* Einführung in das Insolvenzrecht, 4. Auflage, 2005, Rn 151; *Blersch / v. Olshausen* in: BK, InsO, Stand: 04 / 2005, § 91 Rn 10; *Lüke* in: Kübler / Prütting, InsO, Stand: 05 / 2005, § 91 Rn 42; *Uhlenbruck,* InsO, 12. Auflage, 2003, § 91 Rn 10; *Eickmann* in: HK, InsO, 3. Auflage, 2003, § 91 Rn 28, 31; *Häsemeyer,* Insolvenzrecht, 3. Auflage, 2003, Kap. 10 II.4.c)(2), S. 238 f.

bb) Übergegangene Ansprüche gemäß § 426 Abs. 2 S. 1 BGB

Im Gegensatz zu dem Ausgleichsanspruch gemäß § 426 Abs. 1 S. 1 BGB können die im Sinne von § 426 Abs. 2 S. 1 BGB auf die Zahlstelle übergegangenen Ansprüche der von ihr befriedigten Lastschriftgläubiger oder deren Banken nicht als aufschiebend bedingte Ansprüche eingeordnet werden. Vielmehr erlangt die Zahlstelle erst mit ihrer Leistung an die Lastschriftgläubiger oder Gläubigerbanken deren Ansprüche gegen den Lastschriftschuldner. Ob allerdings Forderungen, die der Pfandrechtsgläubiger erst künftig erwirbt und dieser Erwerbszeitpunkt nach Verfahrenseröffnung liegt, noch von einem Pfandrecht gesichert werden können, ist umstritten.

(1) Auffassungen im Schrifttum

Ein Teil der Vertreter im Schrifttum stellt zur Beantwortung dieser Frage darauf ab, daß der Ausschluß eines Rechtserwerbs nach § 91 InsO nur dingliche Rechtspositionen betreffen könne. Maßgeblich sei deshalb, wann das Pfandrecht wirksam bestellt und demzufolge die Masse geschmälert wurde.[656]

Das Pfandrecht kann gemäß § 1204 Abs. 2 BGB auch für eine künftige Forderung bestellt werden, wenn diese hinreichend bestimmbar ist. Gleichwohl entsteht das Pfandrecht der h. M. zufolge bereits mit Einigung und Übergabe des Pfandgegenstandes im Sinne von § 1205 BGB. Auf das Entstehen der zu sichernden künftigen Forderung kommt es nicht an.[657] Dies läßt sich zwar nicht unmittelbar aus dem Gesetz erkennen. § 1204 Abs. 2 BGB deutet insofern lediglich darauf hin, daß der Akzessorietätsgrundsatz für die Entstehung eines Pfandrechts, das künftige Forderungen sichert, gelockert ist. Allerdings enthalten die Motive zum BGB den Hinweis, *„daß es einer schon gegenwärtigen bestehenden und ihrem Gegenstande nach bestimmten Forderung nicht bedürfe, damit der dingliche Vertrag gültig sei."*[658]

---

656 *Gerhardt,* Grundbegriffe des Vollstreckungs- und Insolvenzrechts, 1985, Rn 282; *Jauernig,* Zwangsvollstreckungs- und Insolvenzrecht, 21. Auflage, 1999, § 40 V.4.a), S. 190; *Obermüller,* Insolvenzrecht in der Bankpraxis, 6. Auflage, 2002, Rn 3.454 a; *Ganter* in: MünchKomm, InsO, 2001, vor §§ 49 bis 52 Rn 35; *Uhlenbruck,* InsO, 12. Auflage, 2003, § 91 Rn 9; *Wittkowski* in: Nerlich / Römermann, InsO, Stand: 03 / 2005, § 91 Rn 26.

657 BGH, Urt. v. 12. 2. 2004 – IX ZR 98 / 03 = WM 2004, 666, 667; BGH, Beschl. v. 5. 11. 1998 – IX ZR 246 / 97 = WM 1998, 2463; BGH, Urt. v. 19. 3. 1998 – IX ZR 22 / 97 = WM 1998, 968, 973; BGH, Urt. v. 29. 11. 1984 – IX ZR 44 / 84 = WM 1985, 78, 79; BGH, Urt. v. 26. 1. 1983 – VIII ZR 257 / 81 = WM 1983, 213, 215; *Habersack* in: Soergel, BGB, 13. Auflage, 2001, § 1204 Rn 26; *Bassenge* in: Palandt, BGB, 64. Auflage, 2005, § 1204 Rn 14; *Wiegand* in: Staudinger, BGB, Stand: 10 / 2001, § 1204 Rn 26, *Michalski* in: Erman, BGB, 11. Auflage, 2004, § 1204 Rn 11; *Baur / Stürner,* Lehrbuch des Sachenrechts, 16. Auflage, 1992, § 55 B.II.2.b); *Ganter* in: Bankrechts-Handbuch, 2. Auflage, 2001, § 90 Rn 424 ff.; *Obermüller,* Insolvenzrecht in der Bankpraxis, 6. Auflage, 2002, Rn 3.29 a. E.; *Becker-Eberhard,* S. 286 ff.; a. A. *Damrau* in: MünchKomm, 4. Auflage, 2004, § 1204 Rn 22; *Rüll,* S. 151; *Schellewald,* S. 136 ff.

658 Motive S. 799, abgedruckt in: *Mugdan,* III. Band, 1899; vgl. auch BGH, Urt. v. 26. 1. 1983 – VIII ZR 257 / 81 = WM 1983, 213, 215.

Lediglich die Verwertung des Pfandrechts für eine künftige Forderung ist erst möglich, nachdem die Forderung entstanden und fällig geworden ist.[659]

Gehört demzufolge das Entstehen der zukünftigen Forderung nicht zum Verfügungstatbestand, könne das Pfandrecht auch dann künftige Forderungen sichern und dem Pfandrechtsgläubiger ein Absonderungsrecht gewähren, wenn die zu sichernde Forderung erst nach Verfahrenseröffnung entsteht. § 91 InsO würde dem nicht entgegenstehen.[660]

Dagegen wird von anderen Vertretern im Schrifttum vorgebracht, daß, solange die zu sichernde Forderung noch nicht besteht, einer Verwertung des Pfandrechts die Einrede mangelnder Valutierung entgegengehalten werden könne. Diese Einrede würde der Masse verlorengehen, wenn das Pfandrecht auch Forderungen sichere, die erst nach Eröffnung des Insolvenzverfahrens entstehen. Gerade dies solle aber durch § 91 InsO verhindert werden.[661]

(2) Rechtsprechung des BGH

Eine höchstrichterliche Entscheidung zu der Frage, ob ein Pfandrecht eine künftige Forderung sichern kann, die erst nach Verfahrenseröffnung entsteht, oder ob dies an § 91 InsO scheitert, fehlt bislang. Dennoch werden von den Vertretern im Schrifttum hierzu im wesentlichen zwei Entscheidungen des BGH angeführt.

In einer älteren Entscheidung hatte der BGH[662] ausgeführt, daß aufgrund der Regelung in § 15 KO[663] ein Rechtserwerb zu Lasten der Masse nur dann rechtswirksam sein könne, wenn sich der gesamte Erwerbstatbestand, bei mehraktigen also auch der letzte Teil, vor Konkurseröffnung vollendet habe. Im entschiedenen Fall wurden der beklagten Bank zwar noch vor Verfahrenseröffnung Sicherungsgrundschulden abgetreten, die laut Sicherungszweckerklärung auch künftige, erst durch Abtretung erworbene Forderungen der Bank sicherten. Da jedoch der Bank diese Forderungen erst nach Verfahrenseröffnung abgetreten wurden, entschied der BGH, daß auch das Absonderungsrecht der Bank erst in diesem Zeitpunkt entstanden sei. Die beklagte Bank könne deshalb wegen § 15 KO nicht mehr wirksam gegenüber den Konkursgläubigern einen Anspruch auf abgesonderte Befriedigung erwerben.[664]

659 BGH, Urt. v. 26. 1. 1983 – VIII ZR 257/81 = WM 1983, 213, 215; *Ganter* in: MünchKomm, InsO, 2001, vor §§ 49 bis 52 Rn 35.

660 *Ganter* in: MünchKomm, InsO, 2001, vor §§ 49 bis 52 Rn 35.

661 *Henckel* in: Jaeger, KO, 9. Auflage, 1997, § 15 Rn 21; *Häsemeyer,* Insolvenzrecht, 3. Auflage, 2003, Kap. 10 II.4.c)(2), S. 238; *Bork,* Einführung in das Insolvenzrecht, 4. Auflage, 2005, Rn 151; *Blersch/v. Olshausen* in: BK, InsO, Stand: 04/2005, § 91 Rn 10; *Lüke* in: Kübler/Prütting, InsO, Stand: 05/2005, § 91 Rn 42 a. E.

662 BGH, Urt. v. 30. 10. 1974 – VIII ZR 81/73 = WM 1974, 1218 f.

663 Entspricht § 91 InsO.

664 BGH, Urt. v. 30. 10. 1974 – VIII ZR 81/73 = WM 1974, 1218.

Auf diese Rechtsprechung des BGH beziehen sich diejenigen Vertreter des Schrifttums, die das Pfandrecht für eine künftige Forderung an § 91 InsO scheitern lassen, wenn die Forderung erst nach Verfahrenseröffnung entsteht. Es könne für das nicht valutierte Pfandrecht nichts anderes gelten als für die nicht valutierte Grundschuld.[665]

Dem gegenüber steht die Rechtsprechung des BGH zu der Frage, wann ein vertraglich vereinbartes Pfandrecht im Konkurs angefochten werden kann.[666] Für die Anfechtung einer mehraktigen Rechtshandlung, wie der Pfandrechtsbestellung, sei der Akt maßgebend, durch den die Masse endgültig geschmälert wurde. Das ist bei einer vertraglichen Pfandrechtsbestellung der Rechtsakt, mit dem der Vollzug des Rechtserwerbs des Anfechtungsgegners eingetreten ist. Bei einem Pfandrecht für künftige Forderungen entsteht das Pfandrecht bereits mit Einigung und Übergabe der Sache im Sinne von § 1205 BGB. Die Anfechtung sei daher nur möglich, wenn entweder die Einigung oder die Übergabe der Sache oder beides in die kritische Zeit falle. Das spätere Entstehen der gesicherten Forderung habe keine Schmälerung des Vermögens des Eigentümers der Pfandsache mehr zur Folge. Der belastete Gegenstand scheide bereits durch die Übergabe aus dem unbelasteten Vermögen aus. Bei dem AGB-Pfandrecht an Forderungen ist die Verfügung schon mit Abschluß des Verpfändungsvertrags und Entstehen der verpfändeten Forderung beendet. Auch hier komme es für die Anfechtbarkeit nicht auf den Zeitpunkt an, zu dem die zu sichernde Forderung entsteht.[667]

Auf diese Rechtsprechung nehmen die Vertreter im Schrifttum Bezug, nach deren Meinung ein Pfandrecht für künftige Forderungen nicht an § 91 InsO scheitert, weil die zu sichernde Forderung erst nach Verfahrenseröffnung zur Entstehung gelangt.[668]

(3) Stellungnahme

Gehen die Ansprüche der Lastschriftgläubiger oder der Gläubigerbanken auf die Zahlstelle infolge ihrer Zahlung erst nach Verfahrenseröffnung gemäß § 426 Abs. 2 S. 1 BGB über, so können diese Forderungen dennoch durch das AGB-Pfandrecht gesichert werden. Dem steht jedenfalls nicht § 91 InsO entgegen.[669]

---

665 *Henckel* in: Jaeger, KO, 9. Auflage, 1997, § 15 Rn 21; *Häsemeyer,* Insolvenzrecht, 3. Auflage, 2003, Kap. 10 II.4.c)(2), S. 238 f.; differenzierend *K. Schmidt* in: Kilger/K. Schmidt, KO/VglO/GesO, 17. Auflage, 1997, § 15 Anm. 4 d demzufolge § 15 KO nur dann entgegensteht, wenn nachträgliche Valutierung dem Gläubiger zurechenbar.

666 BGH, Urt. v. 26. 1. 1983 – VIII ZR 257/81 = WM 1983, 213, 215.

667 BGH, Urt. v. 19. 3. 1998 – IX ZR 22/97 = WM 1998, 968, 973.

668 *Gerhardt,* Grundbegriffe des Vollstreckungs- und Insolvenzrechts, 1985, Rn 282; *Jauernig,* Zwangsvollstreckungs- und Insolvenzrecht, 21. Auflage, 1999, § 40 V.4.a), S. 190; *Obermüller,* Insolvenzrecht in der Bankpraxis, 6. Auflage, 2002, Rn 3.29 a. E.; *Ganter* in: MünchKomm, InsO, 2001, vor §§ 49 bis 52 Rn 35; *Uhlenbruck,* InsO, 12. Auflage, 2003, § 91 Rn 10.

669 Zu der Frage der Anfechtbarkeit des AGB-Pfandrechts und des Sicherungszwecks siehe Ausführungen unter III. und IV.

Die Legalzession hat ihren Rechtsgrund in dem Gesamtschuldverhältnis zwischen Zahlstelle und insolventem Lastschriftschuldner. Dieses Gesamtschuldverhältnis wurde bereits in dem Zeitpunkt begründet, als der Lastschriftschuldner unter Mitwirkung der Zahlstelle rechtsmißbräuchlich Widerspruch gegen alle Belastungsbuchungen in einem bestimmten Zeitraum erklärte und den Lastschriftgläubigern oder den Gläubigerbanken deshalb ein Schaden entstand.[670] Entstehen Forderungen erst nach Verfahrenseröffnung, war aber der Rechtsgrund für deren Entstehen bereits vor diesem Zeitpunkt gelegt, so spricht dies dafür, derartige künftige Forderungen wie aufschiebend bedingte Forderungen zu behandeln. Auch bei aufschiebend bedingten Forderungen besteht deren Rechtsgrund bereits vor Eintritt der Bedingung.[671]

Darüber hinaus überzeugt das Argument nicht, der Masse gehe die Einrede der Nichtvalutierung verloren, wenn Forderungen, die nach Verfahrenseröffnung entstehen, noch durch ein Pfandrecht gesichert werden könnten. Der Masse würde auch die Einrede der Nichtvalutierung verlorengehen, wenn durch ein Pfandrecht gesicherte aufschiebend bedingte Forderungen erst nach Verfahrenseröffnung unbedingt werden.[672] Für aufschiebend bedingte Forderungen ist aber anerkannt, daß sie von einem Pfandrecht gesichert werden können, wenn die Bedingung zu einer Zeit eintritt, zu der das Insolvenzverfahren bereits eröffnet war.[673]

Ließe man das Pfandrecht zur Sicherung einer künftigen Forderung generell an § 91 InsO scheitern, weil die Forderung erst nach Verfahrenseröffnung entsteht, könnte der Pfandrechtsgläubiger von dem Pfandrecht keinen Gebrauch mehr machen. Dem Pfandrechtsschuldner wäre es möglich, dauerhaft einzuwenden, die entstandene Forderung sei nicht durch das Pfandrecht gesichert. Aufgrund einer solchen peremtorischen Einrede stünde dem Verpfänder gemäß § 1254 BGB ein Anspruch auf Rückgabe des Pfandes zu.[674] Demzufolge könnte das Pfandrecht, das zuvor bereits aus der Insolvenzmasse ausgeschieden war, wieder zur Masse gezogen werden und damit die Masse anreichern. Das geht über den Sinn und Zweck von § 91 InsO hinaus, der darin besteht, lediglich den Verlust von Vermögensgegenständen für eine gleichmäßige Befriedigung aller Insolvenzgläubiger zu verhindern.[675]

---

670 Siehe Ausführungen unter Teil E. I.1, II.1.

671 *Habersack* in: Soergel, BGB, 13. Auflage, 2001, § 1204 Rn 26; vgl. *Obermüller,* Insolvenzrecht in der Bankpraxis, 6. Auflage, 2002, Rn 3.29 für den Bankvertrag; diese Erwägung dürfte nicht gelten, wenn der Zahlstelle lediglich ein Anspruch auf Abtretung analog § 255 BGB zugebilligt wird.

672 So auch *Jauernig,* Zwangsvollstreckungs- und Insolvenzrecht, 21. Auflage, 1999, § 40 V.4.a), S. 190.

673 Siehe Ausführungen unter aa).

674 So *Henckel* in: Jaeger, KO, 9. Auflage, 1997, § 15 Rn 33 a. E. für eine Sicherungsgrundschuld, wenn deren Valutierung erst nach Verfahrenseröffnung durch Auszahlung des Kredits an einen Dritten oder durch Abtretung von einem Dritten erfolgte.

675 BGH, Urt. v. 27. 5. 2003 – IX ZR 51/02 = WM 2003, 1384, 1385 f.; BGH, Urt. v. 20. 12. 1988 – IX ZR 50/88 = WM 1989, 229, 232; *Lüke* in: Kübler/Prütting, InsO, Stand:

Schließlich spricht ein Vergleich mit der Rechtslage zur Anfechtbarkeit[676] eines Pfandrechts für künftige Forderungen dafür, daß auch erst nach Verfahrenseröffnung entstehende Forderungen noch von einem Pfandrecht gesichert werden können. Dies scheitert zumindest nicht bereits an § 91 InsO. Der Rechtsprechung des BGH zufolge hat das spätere Entstehen der zu sichernden Forderung keine Vermögensschmälerung zur Folge. Deshalb kann das Forderungspfandrecht jedenfalls nicht dann angefochten werden, wenn die zu sichernde Forderung während des kritischen Zeitraums entsteht.[677] Ist aber bereits das Pfandrecht nicht anfechtbar, obwohl die Forderung innerhalb des Anfechtungszeitraums entstand, wäre es demzufolge widersprüchlich, das Pfandrecht an § 91 InsO scheitern zu lassen, wenn die zu sichernde Forderung erst nach Verfahrenseröffnung zur Entstehung gelangte.

d) Zwischenergebnis

Gehen die Ansprüche der Lastschriftgläubiger oder Gläubigerbanken erst nach Verfahrenseröffnung auf die Zahlstelle gemäß § 426 Abs. 2 S. 1 BGB über, so scheitert eine mögliche Sicherung dieser Ansprüche durch das AGB-Pfandrecht nicht schon an § 91 InsO. Entsprechendes gilt für den Ausgleichsanspruch gemäß § 426 Abs. 1 S. 1 BGB, der erst nach Eröffnung des Insolvenzverfahrens infolge der Zahlung durch die Zahlstelle fällig wird.

III. Anfechtbarkeit des AGB-Pfandrechts

Wie die Ausführungen unter I. und II. zeigen, kommt es auf zwei Fragen in bezug auf ein mögliches AGB-Pfandrecht der Zahlstelle an der Forderung des insolventen Lastschriftschuldners aus dem Kontoguthaben entscheidend an. Zum einen müßte das Pfandrecht nach Nr. 14 Abs. 1 AGB-Banken in nicht anfechtbarer Weise im Sinne von §§ 129 ff. InsO erworben worden sein. Zum anderen ist erforderlich, daß der Sicherungszweck des AGB-Pfandrechts gemäß Nr. 14 Abs. 2 S. 1 AGB-Banken die Ansprüche der Zahlstelle gegen den Lastschriftschuldner aufgrund des Gesamtschuldverhältnisses erfaßt.

Besteht ein insolvenzfestes AGB-Pfandrecht, das die Ansprüche der Zahlstelle sichert, so könnte der Zahlstelle unabhängig davon, ob sie bereits an die Lastschriftgläubiger oder die Gläubigerbanken Schadensersatz geleistet hat, und un-

---

05/2005, § 91 Rn 2; *App* in: FK, InsO, 3. Auflage, 2002, § 91 Rn 1; *Eickmann* in: HK, InsO, 3. Auflage, 2003, § 91 Rn 1 f.; *Blersch/v. Olshausen* in: BK, InsO, Stand: 04/2005, § 91 Rn 1.

676 Wenn unklar ist, ob die insolvenzrechtlichen Verfügungsbeschränkungen eingreifen, zu denen auch § 91 InsO zählt, kann hilfsweise auf die Anfechtungsnormen zurückgegriffen werden. Vgl. *Kirchhof* in: MünchKomm, InsO, 2002, § 129 Rn 74.

677 Siehe Ausführungen unter (b).

abhängig vom Zeitpunkt der Schadensersatzleistung vor oder nach Verfahrenseröffnung ein Absonderungsrecht an der Forderung aus dem Kontoguthaben zustehen. Soweit die Zahlstelle bereits vor Eröffnung des Insolvenzverfahrens geleistet hat, stünde ihr sogar der einfache Weg einer nicht anfechtbaren Aufrechnung zur Verfügung.

Die folgenden Ausführungen beziehen sich zunächst auf die Frage der Anfechtbarkeit des AGB-Pfandrechts.

1. Anfechtbare Rechtshandlung

Gegenstand der insolvenzrechtlichen Anfechtung ist gemäß § 129 InsO eine Rechtshandlung, die vor Verfahrenseröffnung vorgenommen worden ist und die Insolvenzgläubiger benachteiligt. Je näher diese Rechtshandlung, die zu einer Sicherung des Gläubigers führt, zeitlich zu einem erfolgreichen Insolvenzantrag erfolgte, um so einfacher kann sie angefochten werden. Besondere Bedeutung kommt dabei dem Zeitraum von drei Monaten vor dem Insolvenzeröffnungsantrag zu, der als derjenige der wirtschaftlichen Krise eines Insolvenzschuldners gilt. Werden Sondervorteile für einzelne Gläubiger währenddessen begründet, so stehen diese unter dem besonderen Verdacht einer Aushöhlung des Gläubigergleichbehandlungsgrundsatzes.[678] Dieser Zeitraum wird in erster Linie von den besonderen Anfechtungsvorschriften der §§ 130, 131 InsO erfaßt. Für eine erfolgreiche Anfechtung ist sodann die Unterscheidung wichtig, ob es sich um eine kongruente (§ 130 InsO) oder inkongruente (§ 131 InsO) Sicherheitenbestellung handelt. Inkongruente Deckungshandlungen im letzten Monat vor dem Eröffnungsantrag sind ohne weitere Voraussetzung anfechtbar (§ 131 Abs. 1 Nr. 1 InsO), während solche im zweiten und dritten Monat schon dann anfechtbar sind, wenn die Zahlungsunfähigkeit des Insolvenzschuldners objektiv gegeben war (§ 131 Abs. 1 Nr. 2 InsO).

a) Entstehen der gesicherten Forderungen

Wie bereits unter II. ausgeführt, kommt es für die Anfechtbarkeit des AGB-Pfandrechts nach der Rechtsprechung des BGH[679] und der h. M. im Schrifttum[680] weder auf das Entstehen der gesicherten Forderungen an, wenn es sich um künftige Forderungen handelt, noch auf den Eintritt der Bedingung bei aufschiebend bedingten Forderungen.[681] Zwar wird auch hiergegen eingewandt, dem Insolvenzschuldner und damit seinen Insolvenzgläubigern gehe mit Entstehen der gesicher-

---

678 *Kirchhof* ZInsO 2004, 465.

679 Siehe Fn 654.

680 Siehe Fn 654.

681 Für Forderungen aus Haftungsübernahmen gemäß Nr. 14 Abs. 2 S. 2 AGB-Banken gilt, daß erst ab deren Fälligkeit das AGB-Pfandrecht entsteht.

ten Forderung die Einrede gegen das Pfandrecht verloren, weshalb für die Anfechtbarkeit maßgebend sei, wann die gesicherte Forderung entsteht.[682] Dieser Auffassung kann jedoch nicht gefolgt werden, da die Insolvenzmasse zuvor bereits geschmälert wurde. Für die Frage, wann ein zur späteren Masse gehöriger Vermögensgegenstand den späteren Insolvenzgläubigern nicht mehr zusteht, kommt es darauf an, wann über diesen Gegenstand dinglich verfügt wurde. Dies bestimmt sich nach den zivilrechtlichen Voraussetzungen.[683] Das AGB-Pfandrecht an einer Forderung des Kunden gegen die Bank entsteht mit der Einigung über die Bestellung des Pfandrechts und dem Entstehen der Forderung als Sicherungsgut.[684] Eine Anzeige nach § 1280 BGB an den Forderungsschuldner ist nicht notwendig, wenn dieser mit dem Pfandrechtsgläubiger identisch ist.[685]

Für die Anfechtbarkeit einer AGB-Pfandrechtsbestellung können daher nur zwei Rechtshandlungen in Betracht kommen. Zunächst stellt sich die Frage, ob bereits die Wiedergutschrift der Lastschriftbeträge durch die Zahlstelle nach den vorgenommenen rechtsmißbräuchlichen Widersprüchen einen Ansatzpunkt zur Anfechtbarkeit bietet. Als nächstes könnten die zuvor bereits gutgeschriebenen Zahlungseingänge auf dem Konto des Lastschriftschuldners, die schließlich zu einem ausgewiesenen Kontoguthaben infolge der Widersprüche führten, ausschlaggebend für eine mögliche Anfechtbarkeit sein. Erfolgversprechender ist der Zeitpunkt der Wiedergutschrift, weil dieser zeitlich nach den Gutschriften liegen wird und demzufolge näher zum Eröffnungsantrag.

b) Wiedergutschrift infolge Widerspruchs

Werden die Belastungsbuchungen infolge der rechtsmißbräuchlichen pauschalen Widersprüche des Lastschriftschuldners rückgängig gemacht und wies das Konto des Schuldners einen Debetsaldo aus, so verringert sich aufgrund der Wiedergutschrift der Lastschriftbeträge zumindest optisch die Verbindlichkeit des Lastschriftschuldners gegenüber seiner Bank. Darüber hinaus kann infolge der Wiedergutschrift ein Guthaben auf dem Konto des Lastschriftschuldners ausgewiesen werden.

aa) Verrechnung

Deshalb verwundert es nicht, wenn teilweise im Schrifttum und in der Instanzrechtsprechung die Auffassung vertreten wird, die Zahlstelle werde durch den Widerspruch in die Lage versetzt, den Betrag der Wiedergutschrift mit einem De-

---

682 *Henckel* in: Jaeger, KO, 9. Auflage, 1997, § 30 Rn 79.

683 Siehe Ausführungen unter II.2.c)bb)(1).

684 *Eckardt* ZIP 1999, 1417, 1420.

685 BGH, Urt. v. 19. 3. 1998 – IX ZR 22/97 = WM 1998, 968, 972; *Bunte* in: Bankrechts-Handbuch, 2. Auflage, 2001, § 19 Rn 13.

betsaldo auf Kosten der Lastschriftgläubiger oder der Gläubigerbanken zu verrechnen.[686] Durch eine derartige Verrechnung entginge dieser Wert nicht nur den Lastschriftgläubigern, sondern auch den übrigen Insolvenzgläubigern, was Irritationen auslösen könnte.[687] Davon ausgehend wird angenommen, daß die durch den Widerspruch hervorgerufene Verrechnungsmöglichkeit der Zahlstelle anfechtbar sei.[688] Teilweise wird argumentiert, es müsse vor allem die faktische Wirkung des Widerspruchs und der Rückbuchung berücksichtigt werden, die einer Kredittilgung gleichkomme. Außerdem sei der Begriff Rechtshandlung im Insolvenzanfechtungsrecht weit auszulegen, um alle Arten benachteiligender Maßnahmen zu erfassen. Unter diesem Aspekt solle auch eine Buchungskorrektur bzw. die *„Wiederherstellung des ursprünglichen Zustands durch Rückbuchung der Lastschriftbeträge"* als anfechtbare Rechtshandlung angesehen werden können.[689]

bb) Korrekturbuchung

Demgegenüber hat der BGH in einem Nichtannahmebeschluß unter Berufung auf die Grundsätze der Genehmigungstheorie die Annahme einer Verrechnungsmöglichkeit der Zahlstelle abgelehnt.[690] Nach dem Inhalt des Girovertrags sei der Kunde ohne weiteres berechtigt, der Kontobelastung zu widersprechen und Gutschrift des belasteten Betrags zu verlangen. Der Widerspruch bringe lediglich zum Ausdruck, daß die Genehmigung der Belastungsbuchung nicht erteilt werde. Der daraus folgende Anspruch gehe bei einem debitorisch geführten Konto nur auf Korrektur der ungenehmigten Belastung. Weitergehende Rechte stehen dem Kontoinhaber nicht zu, insbesondere sei kein Zahlungsanspruch entstanden. Es fehle deshalb schon im Ansatz an einer Aufrechnungslage.[691] Außerdem erlange die kontoführende Bank durch den Widerspruch des Lastschriftschuldners keinen rechtserheblichen Vorteil.[692]

---

686 OLG Bremen, Urt. v. 28. 3. 1980 – U 138/79 = ZIP 1980, 358, 359; *Westermann* in: FS Hübner, 1984, S. 697, 705; *Canaris* in: Staub, Großkomm, HGB, 4. Auflage, 10. Lieferung: Bankvertragsrecht, Erster Teil, Stand: 1. 4. 1988, Rn 661 a.

687 *Westermann* in: FS Hübner, 1984, S. 697, 705, 707.

688 *Westermann* in: FS Hübner, 1984, S. 697, 718; *Canaris* in: Staub, Großkomm, HGB, 4. Auflage, 10. Lieferung: Bankvertragsrecht, Erster Teil, Stand:1. 4. 1988, Rn 661 a.

689 *Feuerborn* ZIP 2005, 604, 606.

690 BGH, Beschl. v. 1. 10. 2002 – IX ZR 125/02 = WM 2002, 2408, 2409.

691 BGH, Beschl. v. 1. 10. 2002 – IX ZR 125/02 = WM 2002, 2408, 2409; ebenso bereits LG Aachen, Urt. v. 13. 3. 1990 – O 655/89 = WM 1990, 1042, 1043; OLG Köln, Urt. v. 2. 11. 1990 – 13U 130/90 = WM 1991, 28, 29; zustimmend *Bork* EWiR 2002, 1097, 1098; *ders.* in: FS Gerhardt, 2004, 69, 78 f.; *van Gelder* in: Bankrechts-Handbuch, 2. Auflage, 2001, § 59 Rn 6; *Buck* KTS 1980, 98, 99.

692 BGH, Urt. v. 4. 11. 2004 – IX ZR 22/03 = ZInsO 2004, 1353, 1356.

cc) Stellungnahme

Weder liegt bei Wiedergutschrift infolge eines Lastschriftwiderspruchs eine Verrechnung von gegenseitigen Zahlungsansprüchen vor, noch ist eine anfechtbare Rechtshandlung gegeben, wenn der Kontostand infolge des Widerspruchs wieder so ausgewiesen wird wie vor der Belastungsbuchung.

Nach der Genehmigungstheorie, die dieser Untersuchung zugrunde liegt, belastet die Zahlstelle das Schuldnerkonto aufgrund einer Einzugsermächtigungslastschrift ohne Auftrag des Lastschriftschuldners. Die Belastungsbuchung ist zunächst unberechtigt. Widerspricht der Schuldner, so verweigert er die Genehmigung dieser Belastungsbuchung, verbunden mit der Aufforderung an die Zahlstelle, den Kontostand richtig auszuweisen. Insofern ist die Rückbuchung nichts anderes als die Dokumentierung des ohnehin bestehenden rechtlichen Zustands.[693]

Die Korrekturbuchung infolge des Widerspruchs kann als Rechtshandlung gegenüber der Zahlstelle nicht anfechtbar sein. Da zu keinem Zeitpunkt ein Anspruch der Zahlstelle aufgrund der Belastungsbuchung bestand, fehlt es in diesem Zusammenhang an einer Gläubigerbenachteiligung. Könnte der Insolvenzverwalter die Korrekturbuchung anfechten und deshalb den wieder gutzuschreibenden Betrag von der Zahlstelle herausverlangen, würde die Insolvenzmasse letztlich besser dastehen als vor der Wiedergutschrift. Dies wäre aber mit Sinn und Zweck der Anfechtungsnormen nicht vereinbar. Die Anfechtung soll der Insolvenzmasse nicht Vorteile verschaffen, die ihr ohne die Rechtshandlung nicht zugestanden hätten.[694]

c) Gutschriften

Als mögliche anfechtbare Rechtshandlung verbleibt damit das Entstehen des dem AGB-Pfandrecht unterliegenden Anspruchs aus dem Kontoguthaben des Lastschriftschuldners, das aufgrund der Buchungskorrekturen nunmehr ausgewiesen wird.

Die Bestellung des AGB-Pfandrechts nach Nr. 14 Abs. 1 AGB-Banken ist ein mehraktiger Vorgang. Als erstes erfolgt regelmäßig die dingliche Einigung im Sinne von §§ 1205, 1274 BGB, indem bei Abschluß des Girovertrages die Geltung der AGB-Banken vereinbart wird. Gemäß Nr. 14 Abs. 1 S. 2 AGB-Banken erwirbt die Bank ein Pfandrecht u. a. an den Ansprüchen, die dem Kunden gegen die Bank aus der bankmäßigen Geschäftsverbindung zustehen oder künftig zustehen werden. Als Beispiel ist das Kontoguthaben aufgeführt.[695] Erfaßt sind damit auch die Ansprüche des Kunden auf und aus Gutschrift.[696] Der Anspruch auf Gutschrift be-

693 *van Gelder* in: Bankrechts-Handbuch, 2. Auflage, 2001, § 59 Rn 6.

694 So schon RG, Urt. v. 30. 4. 1901 – VII. 75/01 = RGZ 48, 148, 151; siehe auch *Kirchhof* in: MünchKomm, InsO, 2002, § 129 Rn 76.

695 Siehe Anhang 3.

696 *Gößmann* in: BuB, Stand: 08/2005, Rn 1/393.

inhaltet die Überführung des eingezahlten oder überwiesenen Betrags in das Vermögen des Empfängers. Er entsteht, sobald die Empfängerbank den betreffenden Betrag erhalten hat. Bei einer innerbetrieblichen Überweisung ist dies bereits mit der Belastungsbuchung auf dem Konto des Auftraggebers der Fall.[697] Der Anspruch aus der Gutschrift entsteht mit Verlautbarung derselben durch die Bank.[698] Da beide Ansprüche verpfändet werden, ist die Annahme gerechtfertigt, daß sich das wirksam entstandene Pfandrecht am Anspruch auf Gutschrift nach deren Erteilung in dem Pfandrecht am Anspruch aus der Gutschrift fortsetzt.[699] Demzufolge ist für die Frage der Anfechtbarkeit des Pfandrechts auf den Zeitpunkt abzustellen, in dem die Zahlstelle entweder den Gutschriftsbetrag erhalten oder – bei Überweisungen innerhalb desselben Instituts – die Belastungsbuchung auf dem Konto des Überweisenden vorgenommen hat. Das in diesem Zeitpunkt entstandene AGB-Pfandrecht entzieht den übrigen Insolvenzgläubigern den Anspruch des späteren Insolvenzschuldners auf Gutschrift. Eine Gläubigerbenachteiligung ist grundsätzlich[700] gegeben.

Welche weiteren Voraussetzungen für eine Anfechtung dieser Pfandrechtsbestellung gegeben sein müssen, hängt davon ob, ob es sich bei der Pfandrechtsbestellung um eine kongruente oder inkongruente Deckung handelt. Inkongruent ist eine Sicherheitenbestellung, wenn der Bank das AGB-Pfandrecht gar nicht, nicht in der Art oder nicht zu der Zeit zustand.[701]

aa) Inkongruente Deckung

Nach ständiger Rechtsprechung des *BGH* handelt es sich bei der Bestellung des AGB-Pfandrechts um eine inkongruente Deckung im Sinne von § 131 InsO. Die pauschale Einigung gemäß Nr. 14 Abs. 1 AGB-Banken genüge nicht, um im voraus eine kongruente Sicherung zu begründen. Für eine insolvenzrechtliche Kongruenz müsse eine solche Vereinbarung auf bestimmte sogleich wenigstens identifizierbare Gegenstände gerichtet sein. Stehe es dagegen im Ermessen der Beteiligten oder werde es dem Zufall überlassen, welche konkrete Sicherheiten erfaßt werden, könne eine solche Vereinbarung nicht die Besserstellung einzelner Gläubiger im Konkurs unter Durchbrechung des Gleichbehandlungsgrundsatzes rechtfertigen.[702]

---

697 BGH, Urt. v. 24. 10. 1996 – IX ZR 284/95 = WM 1996, 2250, 2252; *Hopt* in: Baumbach/Hopt, 31. Auflage, 2003, (7) BankGesch Rn C/13.

698 BGH, Urt. v. 24. 10. 1996 – IX ZR 284/95 = WM 1996, 2250, 2252; *Hopt* in: Baumbach/Hopt, 31. Auflage, 2003, (7) BankGesch Rn C/14.

699 BGH, Urt. v. 24. 10. 1996 – IX ZR 284/95 = WM 1996, 2250, 2252.

700 Zur Frage einer gleichwertigen Gegenleistung siehe Ausführungen unter 3.

701 Vgl. *Kirchhof* in: MünchKomm, InsO, 2002, § 131 Rn 8.

702 BGH, Urt. v. 12. 2. 2004 – IX ZR 98/03 = WM 2004, 666, 668; BGH, Urt. v. 7. 3. 2002 – IX ZR 223/01 = WM 2002, 951, 952; BGH, Urt. v. 3. 12. 1998 – IX ZR 313/97 = WM 1999, 12, 14; BGH, Urt. v. 3. 4. 1968 – VIII ZR 23/66 = WM 1968, 683, 685; *Obermüller*, Insolvenzrecht in der Bankpraxis, 6. Auflage, 2002, Rn 6.103 b; *Kirchhof* in: MünchKomm,

bb) Kongruente Deckung

Teilweise wird im Schrifttum auch vertreten, daß es sich bei der Bestellung von Sicherheiten nach Nr. 14 Abs. 1 AGB-Banken um eine kongruente Deckung handle. Anders als die Regelung des Nachbesicherungsanspruchs gemäß Nr. 13 AGB-Banken[703] lege die Bestimmung über das AGB-Pfandrecht das Bezugssubstrat der Sicherung in hinreichend bestimmter Form fest, sowohl was die Gegenstände angehe, auf die sich die Sicherheit erstrecken soll, als auch hinsichtlich der rechtlichen Qualifikation des Sicherungsrechts. Wäre dies nicht so, könnten die Regelungen, die ja zugleich und in erster Linie dingliche Wirkung haben sollen, im Hinblick auf das sachenrechtliche Bestimmtheitsgebot ihren primären Zweck schon gar nicht erfüllen. Die Bank könne daher im Falle der Nr. 14 AGB-Banken das Pfandrecht beanspruchen, weshalb eine kongruente Deckung vorliege.[704]

cc) Stellungnahme

Gegen diese Argumentation spricht, daß der sachenrechtliche Bestimmtheitsgrundsatz nicht identisch ist mit der im Rahmen der Kongruenz geforderten Bestimmtheit des Anspruchs. Soll aufgrund der dinglichen Einigung auch an erst zukünftig entstehenden Forderungen des Kunden ein Pfandrecht bestellt werden, so genügt die Bestimmbarkeit dieser Forderungen. Insofern handelt es sich um dasselbe Kriterium wie bei der Vorausabtretung künftiger Forderungen.[705] Bestimmbar ist danach eine Forderung, wenn sie im Zeitpunkt ihrer Entstehung zweifelsfrei ermittelt werden kann.[706] Das Bestimmtheitskriterium zur Abgrenzung einer kongruenten von einer inkongruenten Sicherheitengewährung hingegen besagt, daß der schuldrechtliche Anspruch auf Sicherheitenbestellung hinsichtlich des zu sichernden Anspruchs, des Sicherungsmittels und der Zeit der Absicherung hinreichend bestimmt[707] und damit durchsetzbar sein muß.[708] Die Bestimmbarkeit betrifft also zum einen die dingliche wirksame Einigung zur Bestellung eines dinglichen Rechts und zum anderen den schuldrechtlichen Anspruch auf Bestellung

---

InsO, 2002, § 131 Rn 39; *Paulus* in: Kübler/Prütting, InsO, Stand: 05/2005, § 130 Rn 10; *Breutigam/Syren* in: BK, InsO, Stand: 04/2004, § 131 Rn 22; *Feuerborn* ZIP 2002, 290, 293, die die Inkongruenz schon deshalb bejaht, weil Nr. 14 Abs. 1 und Abs. 2 AGB-Banken gar keinen schuldrechtlichen Anspruch enthalte.

703 Siehe Anhang 3; Nr. 13 AGB-Banken entspricht Nr. 22 AGB-Sparkassen, abgedruckt in: *Steppeler/Künzle,* AGB-Sparkassen Komm, 3. Auflage, 2003, S. 13 ff.

704 *Eckardt* ZIP 1999, 1417, 1419.

705 *Bassenge* in: Palandt, 64. Auflage, 2005, § 1273 Rn 1; *Damrau* in: MünchKomm, BGB, 4. Auflage, 2004, § 1273 Rn 4; *Wiegand* in: Staudinger, BGB, Stand: 10/2001, § 1273 Rn 15.

706 Vgl. BGH, Urt. v. 25. 10. 1952 – I ZR 48/52 = BGHZ 7, 365, 369.

707 BGH, Urt. v. 11. 12. 1997 – IX ZR 341/95 = WM 1998, 275, 280; *Kirchhof* in: MünchKomm, InsO, 2002, § 131 Rn 20.

708 *Paulus* in: Kübler/Prütting, InsO, Stand: 05/2005, § 131 Rn 6.

einer Sicherheit an einem Vermögenswert des Schuldners. Da aber Verpflichtungs- und Verfügungsgeschäft grundsätzlich getrennt zu behandeln sind,[709] kann schon aus diesem Grund nicht automatisch mit der Bestimmbarkeit des dinglichen Sicherungsgegenstandes auch die Bestimmtheit für einen insolvenzrechtlich kongruenten Anspruch auf Sicherheitenbestellung bestehen. Vielmehr sind beide Kriterien unabhängig voneinander zu beurteilen. Deshalb reicht die Bestimmbarkeit einer zukünftigen Forderung als Sicherungsgegenstand nicht aus, um damit auch die Bestimmtheit des schuldrechtlichen Anspruchs auf Sicherheitenbestellung an einer zukünftigen Forderung des Schuldners zu begründen, wenn zum Zeitpunkt der Einigung, wie regelmäßig im Rahmen von Nr. 14 Abs. 1 AGB-Banken, noch nicht klar war, um welche Forderung es sich handeln wird. Die Zahlstelle hatte zum Zeitpunkt der Gutschriftseingänge keinen Anspruch auf Bestellung eines AGB-Pfandrechts an genau diesen Forderungen des Lastschriftschuldners auf und aus Gutschrift.

2. Insolvenzgläubiger

Liegt in der Pfandrechtsbestellung gemäß Nr. 14 Abs. 1 AGB-Banken eine inkongruente Deckung, die die übrigen Insolvenzgläubiger benachteiligt, könnte der besondere Anfechtungstatbestand von § 131 InsO gegeben sein. Die angefochtene Rechtshandlung muß aber zugunsten eines Insolvenzgläubigers wirken.[710] Mit diesem Tatbestandsmerkmal soll zum einen eine Abgrenzung zu Massegläubigern und Aussonderungsberechtigten erfolgen. Zum anderen dient dieser Begriff dazu, die Deckungsanfechtung von einer Anfechtung nach § 132 InsO zu unterscheiden.[711] Insolvenzgläubiger im Sinne von § 131 InsO ist jeder, der ohne die Deckungshandlung seinen Vermögensanspruch nur als Insolvenzforderung verfolgen könnte.[712] Ohne die Möglichkeit eines AGB-Pfandrechts am Kontoguthaben des Lastschriftschuldners stünden der Zahlstelle ihre Regreßansprüche nur in Form von Insolvenzforderungen zu. Demzufolge wäre sie also Insolvenzgläubigerin gemäß § 131 InsO. Richtigerweise wird man jedoch differenzieren müssen. Soweit an den Ansprüchen aus Gutschriften, die zeitlich vor Entstehen des Gesamtschuldverhältnisses zwischen Zahlstelle und Lastschriftschuldner, also vor den rechtsmißbräuchlichen Widersprüchen entstanden, ein AGB-Pfandrecht bestellt wurde, kommt eine Anfechtung nach § 131 InsO nicht in Betracht. Die Zahlstelle war zu dieser Zeit nicht Insolvenzgläubigerin. Die zu sichernden Regreßansprüche gegen den Lastschriftschuldner sind erst später mit Entstehen des Gesamtschuldverhältnisses begründet worden. Nur die Pfandrechtsbestellung an den zeitlich nachher entstandenen Ansprüchen aus Gutschriften kann gemäß § 131 InsO angefochten

---

709 *Heinrichs* in: Palandt, BGB, 64. Auflage, 2005, Überbl v § 104 Rn 22; *Baur/Stürner*, Lehrbuch des Sachenrechts, 16. Auflage, 1992, § 5 IV.1.

710 *Paulus* in: Kübler/Prütting, InsO, Stand: 05/2005, § 131 Rn 2.

711 *Kirchhof* in: MünchKomm, InsO, 2002, § 131 Rn 6 und § 130 Rn 16.

712 *Kirchhof* in: MünchKomm, InsO, 2002, § 131 Rn 6.

werden, da die Zahlstelle nach Entstehen des Gesamtschuldverhältnisses zumindest Inhaberin eines Befreiungsanspruchs und eines aufschiebend bedingten Ausgleichsanspruchs gemäß § 426 Abs. 1 S. 1 BGB gegen den Lastschriftschuldner war.[713]

3. Anfechtung gemäß § 132 Abs. 1 Nr. 1 InsO

Eine Anfechtung der Pfandrechtsbestellung an den Ansprüchen aus Gutschriften, die bereits vor den schädigenden Widersprüchen existierten, ist zwar nicht nach § 131 InsO möglich. Jedoch kommt eine Anfechtung nach § 132 Abs. 1 Nr. 1 InsO in Betracht.[714] Demnach ist ein Rechtsgeschäft des Schuldners anfechtbar, das die Insolvenzgläubiger unmittelbar benachteiligt. Die Bestellung des AGB-Pfandrechts gemäß Nr. 14 Abs. 1 AGB-Banken zugunsten der Zahlstelle stellt ein solches Rechtsgeschäft des späteren Insolvenzschuldners dar. Entscheidender Zeitpunkt für eine unmittelbare Benachteiligung der Insolvenzgläubiger ist, wann das Rechtsgeschäft vorgenommen wurde.[715] Mit Entstehen der Ansprüche des Schuldners gegen seine Bank auf Gutschrift der Zahlungseingänge erfolgte die Bestellung des AGB-Pfandrechts an den Ansprüchen.[716] Diese Vermögenswerte des Schuldners wurden damit den späteren Insolvenzgläubigern entzogen.

Allerdings würde eine unmittelbare Benachteiligung ausscheiden, wenn der Insolvenzmasse für die Pfandrechtsbestellung eine gleichwertige Gegenleistung zugeflossen wäre. Als Gegenleistung könnte insofern nur eine Leistung der Zahlstelle auf die Ansprüche der Lastschriftgläubiger oder Gläubigerbanken in Betracht kommen. Deren Ansprüche sind aber bloße Insolvenzforderungen. Begleicht die Zahlstelle diese Ansprüche und gehen diese Ansprüche in Höhe der vom Schuldner zu tragenden Quote auf sie über, ändert das nichts an der Einordnung als Insolvenzforderungen. Auch der dann fällige Ausgleichsanspruch der Zahlstelle gemäß § 426 Abs. 1 S. 1 BGB wäre lediglich mit der Insolvenzquote zu befriedigen. Besteht für diese Insolvenzforderungen aufgrund des AGB-Pfandrechts eine Befriedigungsmöglichkeit, die über die Insolvenzquote hinausgeht, ist keine Gleichwertigkeit einer etwaigen Gegenleistung der Zahlstelle gegeben. Die Insolvenzgläubiger werden unmittelbar benachteiligt.

Für eine Anfechtung nach § 132 Abs. 1 Nr. 1 InsO muß die Pfandrechtsbestellung in den letzten drei Monaten vor dem Eröffnungsantrag vorgenommen worden sein. War der Lastschriftschuldner zu dieser Zeit bereits zahlungsunfähig und hatte die Zahlstelle hiervon Kenntnis, verspricht die Anfechtung Aussicht auf Erfolg.

---

713 Die mangelnde Fälligkeit ist unschädlich. Vgl. *Kirchhof* in: MünchKomm, InsO, 2002, § 130 Rn 21.

714 Vgl. BGH, Urt. v. 9. 2. 1955 – IV ZR 173/54 = WM 1955, 404, 406; *Henckel* in: Jaeger, KO, 9. Auflage, 1997, § 30 Rn 110; *Kirchhof* in: MünchKomm, InsO, 2002, § 130 Rn 21.

715 *Kirchhof* in: MünchKomm, InsO, 2002, § 132 Rn 11.

716 Siehe Ausführungen unter 1.c).

4. Anfechtung gemäß § 133 InsO

Neben einer Anfechtung der Pfandrechtsbestellung gemäß § 132 Abs. 1 Nr. 1 InsO könnte auch eine Absichtsanfechtung nach § 133 InsO in Betracht kommen. Die Anforderungen hieran sind jedoch weitaus höher als im Anwendungsbereich von § 132 InsO. So muß der Schuldner die Rechtshandlung mit dem Vorsatz vorgenommen haben, seine Gläubiger zu benachteiligen. Bei Bestellung des AGB-Pfandrechts müßte also ein entsprechender Vorsatz beim Lastschriftschuldner vorhanden sein. Daran wird es regelmäßig fehlen.

IV. Sicherungszweck des AGB-Pfandrechts

Die Anfechtung eines AGB-Pfandrechts der Zahlstelle an den Ansprüchen aus den Gutschriften vor Entstehen des Gesamtschuldverhältnisses ist damit lediglich unter den Voraussetzungen der §§ 132 Abs. 1 Nr. 1, 133 InsO möglich. Vor diesem Hintergrund erscheint es möglich, daß die Zahlstelle ein insolvenzfestes AGB-Pfandrecht an dem infolge der Widersprüche ausgewiesenen Kontoguthaben des Lastschriftschuldners erwerben könnte, etwa wenn die Voraussetzungen der §§ 132 Abs. 1 Nr. 1, 133 InsO im konkreten Fall nicht gegeben oder nicht nachweisbar sind.

Die Zahlstelle kann aber nur dann von einem Absonderungsrecht gemäß § 50 Abs. 1 InsO Gebrauch machen, wenn der Sicherungszweck des AGB-Pfandrechts gemäß Nr. 14 Abs. 2 S. 1 AGB-Banken den Befreiungsanspruch und den Ausgleichsanspruch der Zahlstelle (§ 426 Abs. 1 S. 1 BGB) sowie die auf sie übergegangenen Ansprüche (§ 426 Abs. 2 S 1 BGB) erfassen würde.[717] Dieser Frage wird in den folgenden Ausführungen nachgegangen.

Der Sicherungszweck des AGB-Pfandrechts ist seit dem 1. 1. 1993 im Zuge der von Grund auf revidierten Allgemeinen Geschäftsbedingungen der Banken und der Sparkassen[718] in Nr. 14 Abs. 2 S. 1 AGB-Banken unverändert wie folgt formuliert:

> „Das Pfandrecht dient der Sicherung aller bestehenden, künftigen und bedingten Ansprüche, die der Bank mit ihren sämtlichen in- und ausländischen Geschäftsstellen aus der bankmäßigen Geschäftsverbindung gegen den Kunden zustehen. ...“[719]

1. Aus der bankmäßigen Geschäftsverbindung

Zu untersuchen ist, was sich hinter der Einschränkung verbirgt, daß die zu sichernden Ansprüche der Bank *„aus der bankmäßigen Geschäftsverbindung gegen*

---

[717] Ablehnend *Obermüller,* Insolvenzrecht in der Bankpraxis, 6. Auflage, 2002, Rn 3.454 a.

[718] Vgl. *Sonnenhol* WM 1993, 677 ff.; *Merkel* WM 1993, 725 ff.

[719] Siehe Anhang 3.

den Kunden" stammen müssen. Dem Wortlaut zufolge könnten darunter nur solche Forderungen der Bank gemeint sein, die direkt aus der Geschäftsverbindung mit dem Kunden herrühren. Forderungen, die auf die Bank infolge Abtretung oder Legalzession übergegangen sind, wären von dem Sicherungszweck dann nicht erfaßt. Man könnte aber auch die Auffassung vertreten, die gesicherte Forderung müsse lediglich in einem Zusammenhang mit der Geschäftsbeziehung zwischen Kunde und Bank stehen, wobei sich die Frage anschließt, ob auch ein mittelbarer Zusammenhang mit der Geschäftsverbindung ausreicht. Außerdem stellt sich die Frage, was unter bankmäßiger Geschäftsverbindung zu verstehen ist.

Die hierzu ergangene Rechtsprechung und die Auffassungen im Schrifttum sind im Kontext mit der Entwicklung des AGB-Pfandrechts zu sehen.

a) Ausgangspunkt: Sicherungszweck 1912

In der ersten Ausgabe des *„Bankgeschäftliches Formularbuch."*[720] findet sich in Nr. 12 der dort aufgeführten Allgemeinen Geschäftsbedingungen[721] das AGB-Pfandrecht mit folgender Formulierung:

> „Alle Wertpapiere, einschließlich laufender und fälliger Zins- und Gewinnanteilsscheine, insbesondere auch Wechsel und Schecks, sowie alle sonstigen Sachen, die im Laufe des Geschäftsverkehrs oder aus anderem Anlaß für Rechnung des Kunden im Laufe des Geschäftsverkehrs oder aus anderem Anlaß für Rechnung des Kunden in den Besitz der Firma gelangen, ohne als fremdes Eigentum bezeichnet zu sein, dienen der Firma als Pfand zur Sicherheit für alle ihre bestehenden oder künftigen Forderungen an den Geschäftsfreund, auf welchem Grunde sie auch immer beruhen mögen. ..."

Diese Sicherungszweckerklärung war so weit gefaßt, daß jede Forderung der Bank unabhängig von dem Entstehungsgrund durch das Pfandrecht hätte gesichert sein können.

Schon das Reichsgericht[722] mußte sich jedoch mit der Auslegung einer vergleichbar weit gefaßten Sicherungszweckerklärung beschäftigen und kam zu einem einschränkenden Ergebnis. Gegenstand der Entscheidung des Reichsgerichts war eine ebenso weite Bürgschaftserklärung, die für die Erfüllung aller Ansprüche, die einer Bank gegen den Hauptschuldner aus welchem Rechtsgrunde auch immer entstanden seien oder noch entstehen würden, abgegeben wurde. Das Gericht entschied, daß eine derart allgemeine Verbürgung gegenüber einer Bank alle Ansprüche aus der bankmäßigen Geschäftsverbindung zwischen der Bank und dem Hauptschuldner zum Gegenstande habe. Der zwischen Bank und Hauptschuldner bestehende bankmäßige Kontokorrentverkehr sei daher der

---

720 Bankgeschäftliches Formularbuch., 1912, S. 7, 9.

721 Formular 1a, Allgemeine Geschäftsbedingungen der Firma Hermann Müller, Bankgeschäft in Neustadt.

722 RG, Urt. v. 8. 2. 1912 – 301 / 11 VI = JW 1912, 465.

Gegenstand der Bürgschaftsverpflichtung, weshalb diese ausreichend bestimmt gewesen sei.[723]

Bestätigt wurde diese Rechtsprechung des Reichsgerichts durch den BGH, der in seinem Urteil vom 3. 2. 1965[724] hierzu ausführte, es bestehe kein vernünftiger Grund anzunehmen, eine Bank, die mit einem Kunden in Geschäftsbeziehungen steht und ihm Kredit gewährt, wolle mit einer auf ihr Verlangen von einem Dritten übernommenen Bürgschaft mehr als ihre Forderungen aus dem bankmäßigen Geschäftsverkehr mit dem Kunden sichern. Dementsprechend seien Formularverträge der vorliegenden Art einschränkend dahin auszulegen, daß die Bürgschaft sich nur auf Forderungen der Bank aus der bankmäßigen Geschäftsverbindung mit dem Kunden beziehe.

b) Änderungen des Sicherungszwecks bis 1993

Bis zu den im Jahre 1993 in Kraft getretenen überarbeiteten AGB wurde die Formulierung des Sicherungszwecks des AGB-Pfandrechts ständig erweitert.[725] Ausgangspunkt dafür war die ohnehin schon weite Fassung der zu sichernden Forderungen.

aa) Seit 1920

Bereits im Jahre 1920 wurde der Pfandgegenstand auf Forderungen des Kunden gegen die Bank selbst ausgeweitet und der Sicherungszweck auch auf Forderungen der Bank gegen die Firma des Kunden erstreckt:

> „Alle Wertpapiere, einschließlich laufender und fälliger Zins- und Gewinnanteilsscheine, insbesondere auch Wechsel und Schecks sowie alle sonstigen Werte, die im Laufe des Geschäftsverkehrs oder aus anderem Anlaß für Rechnung des Geschäftsfreundes in den unmittelbaren oder mittelbaren Besitz oder sonst in die Verfügungsmacht des Bankhauses gelangen, ohne als fremdes Eigentum bezeichnet zu sein, auch Forderungen gegen Dritte und gegen das Bankhaus selbst, haften diesem als Pfand zur Sicherheit für alle seine bestehenden und künftigen Forderungen gegen den Geschäftsfreund und seine Firma, auf welchem Grunde sie auch immer beruhen mögen. ...“[726]

bb) Seit 1937

In den AGB seit 1937 sicherte das AGB-Pfandrecht dem Wortlaut zufolge nunmehr auch ausdrücklich Ansprüche der Bank gegen den Kunden, die auf sie übergegangen waren:

---

723 RG, Urt. v. 8. 2. 1912 – 301 / 11 VI = JW 1912, 465.

724 BGH, Urt. v. 3. 2. 1965 – VIII ZR 70 / 63 = WM 1965, 230, 231.

725 Ausgehend von den AGB, abgedruckt in den Ausgaben des „Bankgeschäftliches Formularbuch“.

726 Bankgeschäftliches Formularbuch., 1920, S. 2, 7.

„Die irgendwie in den Besitz oder die Verfügungsgewalt irgendeiner Stelle der Bank gelangten oder ihr als Treuhänder übertragenen Wertgegenstände jeder Art (z. B. Wertpapiere, Sammeldepotanteile, Schecks, Wechsel, Devisen, Waren, Konnossomente, Lager- und Ladescheine, Konsortialbeteiligungen, Bezugsrechte und sonstige Rechte jeder Art einschließlich der Ansprüche des Kunden gegen die Bank selbst) dienen, soweit gesetzlich zulässig, als Pfand für alle – auch bedingten oder befristeten – Ansprüche der Bank gegen den Kunden und seine Firma, gleichviel, aus welchem Grunde diese entstanden oder auf die Bank übergegangen sind. ...“[727]

cc) Seit 1969

Später wurde der Sicherungszweck hinsichtlich der Forderungen der Bank gegen die Firma des Kunden eingeschränkt; diese Forderungen sollten nur dann dem Sicherungszweck unterfallen, wenn der Kunde für die Forderungen persönlich haftete:[728]

„Die irgendwie in den Besitz oder die Verfügungsgewalt irgendeiner Stelle der Bank gelangten oder noch gelangenden Wertgegenstände jeder Art (z. B. Wertpapiere, Sammeldepotanteile, Schecks, Wechsel, Devisen, Waren, Konnossomente, Lager- und Ladescheine, Konsortialbeteiligungen, Bezugsrechte und sonstige Rechte jeder Art einschließlich der Ansprüche des Kunden gegen die Bank selbst) dienen, soweit gesetzlich zulässig, als Pfand für alle bestehenden und künftigen – auch bedingten oder befristeten – Ansprüche der Bank gegen den Kunden und gegen die Firma, für deren Verbindlichkeiten er persönlich haftet, gleichviel, aus welchem Grunde die Ansprüche entstanden oder auf die Bank übergegangen sind. ...“[729]

c) Keine zufälligen zusammenhanglosen Ansprüche

Übereinstimmung in Rechtsprechung und Schrifttum besteht noch hinsichtlich der Frage, welche Forderungen der Bank gegen den Kunden auf keinen Fall vom AGB-Pfandrecht gesichert sein sollen. Die weite Sicherungszweckvereinbarung sei keinesfalls derart weit auslegbar, daß sogar Ansprüche aus Verkehrsunfällen vom Sicherungszweck gedeckt seien.[730] Ansprüche gegen den Kunden, die der Bank nur zufällig und ohne inneren Zusammenhang mit dem Geschäfts- und

727 Bankgeschäftliches Formularbuch, 10. Ausgabe, 1939, S. 4, 20.

728 Diese Regelung war möglicherweise unwirksam, weil sie entgegen dem gesetzlichen Leitbild von § 129 Abs. 4 HGB dem OHG-Gesellschafter die Verteidigungsmöglichkeit einschränkte. Diese Klausel ist seit der Fassung vom 1. 1. 1993 weggefallen (vgl. *Gößmann* in: BuB, Stand: 08/2005, Rn 1/403).

729 Bankgeschäftliches Formularbuch, 18. Ausgabe, 1969, S. 7, 21 ff.

730 BGH, Urt. v. 8. 5. 1987 – V ZR 89/86 = WM 1987, 802, 803 Eine derart weitgehende Interpretation könnte – nach Ansicht des BGH – der Sicherungszweckklausel einen überraschenden Charakter geben mit der Folge, daß diese Klausel nicht Vertragsbestandteil werde (§ 305c BGB – §§ 3, 5 AGBG). Vgl. auch BGH, Urt. v. 9. 7. 1991 – XI ZR 72/90 = WM 1991, 1452, 1454.

Rechtsverkehr erwachsen – wie z. B. deliktische Ansprüche ohne Bezug zur Geschäftsbeziehung –, könnten der Bank keinen Besicherungsanspruch geben.[731]

d) Abgetretene oder übergegangene Ansprüche

Bei der Frage, ob auch auf die Bank übergegangene Ansprüche dem Sicherungszweck des AGB-Pfandrechts unterfallen, gehen die Meinungen in Rechtsprechung und Schrifttum auseinander. Relevant werden könnte diese Meinungsverschiedenheit in bezug auf die Ansprüche der Zahlstelle, die sie gemäß § 426 Abs. 2 S. 1 BGB im Wege der Legalzession erwirbt. Festzuhalten ist zunächst, daß auch unter Geltung der AGB-Banken, in denen ausdrücklich die übergegangenen Ansprüche als gesichert erwähnt wurden,[732] die Auffassungen hierzu unterschiedlich waren.

aa) Rechtsprechung des BGH

In der Rechtsprechung des BGH vor 1993 standen wiederholt die Ansprüche der Bank, die nicht originär aus der Geschäftsbeziehung zum Kunden entstanden waren, bei Fragen der Reichweite des Sicherungszwecks im Vordergrund. So hatte der BGH in einer frühen Entscheidung vom 24. 4. 1958[733] zu klären, ob die vom Kunden und späteren Gemeinschuldner gewährte Sicherungsübereignung auch Forderungen der Bank gegen den Gemeinschuldner sichert, die die Bank infolge von Wechseldiskontierungen und Sicherungsabtretungen zwischen der Bank und einem weiteren Kunden erlangt hatte. Der BGH bejahte diese Frage und gewährte der Bank ein Absonderungsrecht an den sicherungsübereigneten Gegenständen. Die Forderungen gegen den Gemeinschuldner habe die Bank im Rahmen von Kreditgewährungen in banküblicher Weise erlangt.

Ebenso hatte der BGH anerkannt, daß die Bank in banküblicher Weise Forderungen gegen ihren Kunden, einen Leasingnehmer, erwirbt, wenn der Leasinggeber die Leasingforderungen an sie als refinanzierende Bank abtritt. Demzufolge fielen diese Forderungen nach Ansicht des BGH unter die vom Leasingnehmer und späteren Gemeinschuldner für das Kreditverhältnis bestellten Sicherheiten.[734]

In Abgrenzung dazu führte jedoch der BGH aus, daß das Berufen auf das Sicherungsrecht nach § 242 BGB unzulässig sei, wenn die Bank Forderungen gegen den in Schwierigkeiten geratenen Schuldner erwerbe, um sie unter die Deckung der von ihr nicht voll in Anspruch genommenen Sicherheiten zu bringen. Die Forde-

---

731 *Liesecke* WM 1969, 546, 549; *Canaris,* Bankvertragsrecht, 2. Auflage, 1981, Rn 2673; *Bunte* in: Bankrechts-Handbuch, 2. Auflage, 2001, § 18 Rn 5 und § 19 Rn 37.

732 Bis zur Fassung vom 1. 1. 1988; siehe auch Ausführungen unter b).

733 BGH, Urt. v. 24. 4. 1958 – II ZR 97 / 54 = WM 1958, 722 f.

734 BGH, Urt. v. 17. 12. 1980 – VIII ZR 307 / 79 = WM 1981, 162.

rungen dürften nicht im Hinblick auf die schlechte Lage der Gemeinschuldnerin erworben worden sein, um anderen Kunden ungerechtfertigte Vorteile zukommen zu lassen.[735] Außerdem sei eine solche Verhaltensweise mit den zwischen Bank und Bankkunden bestehenden, auf einem Vertrauensverhältnis beruhenden Rechtsbeziehungen und dem schutzwürdigen Interesse des späteren Gemeinschuldners an einer möglichst gleichmäßigen und weitgehenden Befriedigung seiner Gläubiger schlechthin nicht vereinbar.[736] Der Bankkunde brauche im Rahmen seiner Sicherungsabrede mit der Bank nicht hinzunehmen, daß die Bank die von ihm gestellte Sicherheit dazu benutze, um Drittinteressen, die mit seinem Verhältnis zur Bank nichts zu tun haben, wahrzunehmen.[737]

Mit ähnlicher Begründung schränkte der BGH die Möglichkeit der Bank ein, ihre Forderungen gegen den späteren Gemeinschuldner, die sie aufgrund einer Sicherungszession mit einem anderen Kunden auf banküblichte Weise erworben hat, unter die Deckung einer vom Gemeinschuldner gewährten Sicherheit mit entsprechend weitem Sicherungszweck zu nehmen. Wenn kein Sicherungsfall gegenüber dem dritten Kunden gegeben sei, handle es sich insoweit um ein rechtsmißbräuchlich erworbenes Absonderungsrecht. Auch dann – so der BGH – bezwecke die Bank nur, den anderen Kunden und Zedenten in den Genuß der freien Sicherheiten zu bringen. Für die Bank müsse ein wirtschaftliches Interesse daran bestehen, auch die ihr vom Dritten sicherungshalber abgetretenen Forderungen gegenüber dem Gemeinschuldner geltend zu machen.[738]

bb) Auffassungen im Schrifttum

Im Schrifttum gab es seit jeher Stimmen, die es ablehnten, daß auf die Bank übergegangene Forderungen, die nicht direkt aus der Geschäftsverbindung mit dem Kunden stammen, durch das AGB-Pfandrecht gesichert sein können. Der Kunde denke naturgemäß bei der Annahme der AGB nur an seinen Geschäftsverkehr mit der Bank und an die daraus der Bank gegen ihn entstehenden Forderungen. Nur diese Ansprüche wolle er durch Verpfändung seiner Vermögensstücke sicherstellen.[739] Darüber hinaus wird die Ansicht vertreten, die AGB-Pfandrechtsklausel sei unwirksam, wenn auch Forderungen, die nicht aus der betreffenden Geschäftsverbindung stammen, gesichert würden. Es handle sich dann nicht mehr um eine Ausgestaltung der Geschäftsverbindung, sondern um eine aus Anlaß der Geschäftsverbindung erfolgende generelle Unterwerfung des Schuldnervermögens auch unter solche Ansprüche, die nichts mehr mit der Abwicklung der Geschäftsverbindung zu tun hätten.[740]

---

735 BGH, Urt. v. 24. 4. 1958 – II ZR 97/54 = WM 1958, 722, 723.

736 BGH, Urt. v. 30. 10. 1974 – VIII ZR 81/73 = WM 1974, 1218.

737 BGH, Urt. v. 27. 2. 1981 – V ZR 48/80 = WM 1981, 518, 519.

738 BGH, Urt. v. 31. 1. 1983 – II ZR 24/82 = WM 1983 537, 538.

739 *Haupt,* 1937, S. 170.

Demgegenüber hat sich ein Teil der Stimmen im Schrifttum der Rechtsprechung des BGH angeschlossen. Das AGB-Pfandrecht gelte grundsätzlich auch für an die Bank abgetretene Ansprüche gegen den Kunden, sofern der Erwerb in bankeüblicher Weise erfolgt sei. Der Kunde habe sich insoweit am Geschäftleben beteiligt und müsse daher damit rechnen, daß gegen ihn gerichtete Forderungen aufgrund normaler Umsatz- und Sicherungsgeschäfte in die Hand anderer Gläubiger, wie z. B. seiner Bank, gelangen und dann auch dem Pfandrecht unterfielen. Das solle freilich dann nicht gelten, wenn die Bank die Forderung gerade deshalb erworben habe, um sie unter die Deckung des Pfandrechts zu bringen und so ihre dem Zedenten nicht mögliche Realisierung doch noch zu erreichen.[741]

e) Das Merkmal *„bankmäßig"*

Auch die Frage, wann ein Anspruch der Bank zur bankmäßigen Geschäftsverbindung gehört, wird in Rechtsprechung und Literatur nicht einheitlich beantwortet.

Nach Ansicht des BGH[742] braucht der Kunde nur mit Gegenrechten der Bank aufgrund solcher Forderungen zu rechnen, welche die Bank im Rahmen ihres Geschäftsverkehrs üblicherweise erwirbt. Stammt die Forderung der Bank aus einem Schadensersatzanspruch wegen Betrugs, so könne darin kein Anspruch der Bank aus einer bankmäßigen Geschäftsverbindung gesehen werden.

Erst recht sah der BGH[743] Forderungen der Bank als nicht aus der bankmäßigen Geschäftsverbindung erworben an, wenn diese zwar deliktischen Ursprungs waren, aber die Bank als Zessionarin lediglich am Ende einer mehrgliedrigen Abtretungskette und als solche in keiner Beziehung zu der Geschäftsverbindung stand, in der die unerlaubte Handlung begangen wurde. Der innere Grund für die Beschränkung, daß die auf die Bank übergegangenen Forderungen aus der bankmäßigen Geschäftsverbindung herrühren müssen, liege in der Natur des Rechtsverhältnisses der Bank zu ihren Kunden. Es würde diesem zuwiderlaufen, wenn die Bank solche Sicherheiten, die sie als Bank nicht benötige, nur deshalb, weil sie als Bank Zugang zu ihnen habe, für sich oder einen Dritten auszunutzen versuche. Eine solche nicht gerechtfertigte Ausweitung fremder Interessen zu Lasten ihres Kunden unter Ausnutzung allein ihrer besonderen faktischen Zugriffsmöglichkeit als Bank stelle es dar, wenn sie Kundenforderungen durch *„Selbstexekution im Wege der Aufrechnung"* für nicht bankmäßig erworbene Ansprüche von Dritten verwerten möchte.[744]

---

740 *Schmidt-Salzer,* Allgemeine Geschäftsbedingungen, 1. Auflage, 1971, S. 139 f. (nicht mehr in 2. Auflage, 1977).

741 *Canaris,* Bankvertragsrecht, 2. Auflage, 1981, Rn 2672 f.; *von Westphalen* WM 1980, 1406, 1422; *Bunte* in: Bankrechts-Handbuch, 2. Auflage, 2001, § 19 Rn 37 f.

742 BGH, Urt. v. 21. 12. 1984 – V ZR 204/83 = WM 1985, 116.

743 BGH, Urt. v. 28. 4. 1987 – VI ZR 1/86, VI ZR 43/86 = WM 1987, 834 ff.

Während ein Teil des Schrifttums dieser Rechtsprechung grundsätzlich zustimmt,[745] gibt es auch kritische Anmerkungen. So liege auch dann ein innerer Zusammenhang und nicht bloße Zufälligkeit vor, wenn der deliktische Schadensersatzanspruch bei Kreditverhandlungen entstanden sei, bei denen der Kunde persönlich beteiligt war.[746]

f) Stellungnahme

Die Entwicklung des AGB-Pfandrechts in den Allgemeinen Geschäftsbedingungen der Banken und Sparkassen bis zu deren Neufassung im Jahre 1993 verdeutlicht, daß die Kreditinstitute bestrebt waren, sowohl hinsichtlich des Sicherungsguts als auch in bezug auf die zu sichernden Forderungen das Pfandrecht möglichst weit zu gestalten. Demgegenüber stellt die Neufassung des AGB-Pfandrechts, insbesondere des Sicherungszwecks gemäß Nr. 14 Abs. 2 S. 1 AGB-Banken, eine Begrenzung der gesicherten Ansprüche dar. Sie müssen aus der bankmäßigen Geschäftsverbindung mit dem Kunden stammen.

Für die Frage, ob die Ansprüche der Zahlstelle gegen den Lastschriftschuldner aufgrund des Gesamtschuldverhältnisses von diesem Sicherungszweck erfaßt sind, sollen zunächst die gemäß § 426 Abs. 2 S. 1 BGB erworbenen Ansprüche betrachtet werden.

Hat die Zahlstelle, weil sie neben dem Lastschriftschuldner schadensersatzpflichtig war, sowohl die Lastschriftgläubiger als auch gegebenenfalls die Gläubigerbanken befriedigt, sind auf die Zahlstelle gemäß § 426 Abs. 2 S. 1 BGB sowohl der Erfüllungsanspruch des Lastschriftgläubigers als auch anteilig der Schadensersatzanspruch der Lastschriftgläubiger oder Gläubigerbanken übergegangen.

Diese Ansprüche der Zahlstelle könnten aus dem Rahmen des Sicherungszwecks des AGB-Pfandrechts fallen, wenn bereits mit der Neuformulierung des Sicherungszwecks in Nr. 14 Abs. 2 S. 1 AGB-Banken ausgeschlossen werden sollte, daß auch auf die Bank übergegangene Ansprüche gesichert werden können.

Der Wortlaut *„aus der bankmäßigen Geschäftsverbindung gegen den Kunden"* legt diese Auslegung nahe, zumal der früher enthaltene Hinweis nicht mehr aufgeführt ist, daß auch auf die Bank übergegangene Ansprüche durch das Pfandrecht gesichert sein können. Gleichwohl wird nach Inkrafttreten von Nr. 14 Abs. 2 S. 1 AGB-Banken weiterhin die Auffassung vertreten, übergegangene, insbesondere an die Bank abgetretene Ansprüche, seien vom Sicherungszweck des AGB-Pfandrechts ebenfalls erfaßt.[747] Die Begrenzung der gesicherten Ansprüche auf solche

---

744 BGH, Urt. v. 28. 4. 1987 – VI ZR 1/86, VI ZR 43/86 = WM 1987, 834, 835 f.; BGH, Urt. v. 20. 3. 1991 – IV ZR 50/90 = WM 1991, 846 f.

745 *Räfle* EWiR 1985, 27 f.; *Rümker* EWiR 1987, 755 f.

746 *Fischer* WuB I A. Nr. 19 Abs. 4 AGB-Banken 2.85.

747 *Bunte* in: Bankrechts-Handbuch, 2. Auflage, 2001, § 19 Rn 37; *Obermüller,* Insolvenzrecht in der Bankpraxis, 6. Auflage, 2002, Rn. 6.156; *Hopt* in: Baumbach/Hopt, HGB,

aus der bankmäßigen Geschäftsverbindung gegen den Kunden setze nur die Rechtsprechung um, nach der ein vertrauenswidriges Ausnutzen der Verfügungsmöglichkeit über Vermögensgegenstände des Kunden, die durch die bankmäßige Beziehung erlangt wurde, ausgeschlossen sei.[748]

Diese Sichtweise vermag nicht zu überzeugen. Die Rechtsprechung zu der Frage, wann das Ausnutzen des AGB-Pfandrechts im Zusammenhang mit übergegangenen Ansprüchen rechtsmißbräuchlich ist,[749] hätte es nicht zwingend notwendig gemacht, den Hinweis hinsichtlich der übergegangenen Ansprüche vollständig zu streichen.[750] Die grundsätzliche Wirksamkeit dieser Regelung war in Rechtsprechung und Literatur überwiegend anerkannt.[751]

Es ist zweifelhaft, daß auf die Bank übergegangene Ansprüche von Nr. 14 Abs. 2 S. 1 AGB-Banken generell noch erfaßt sein sollen. Zunächst läßt sich der Wortlaut des Sicherungszwecks anführen. Von Ansprüchen *„aus der bankmäßigen Geschäftsverbindung gegen den Kunden“* kann an sich nur dann gesprochen werden, wenn der Rechtsgrund für diese Ansprüche originär in der Geschäftsverbindung zwischen Kunde und Bank liegt.[752]

Des weiteren spricht ein Vergleich mit dem kaufmännischen Zurückbehaltungsrecht nach § 369 HGB gegen das Einbeziehen von auf die Bank übergegangenen Ansprüchen gegen den Kunden in den Sicherungszweck des AGB-Pfandrechts. Im Falle eines Gläubigerwechsels durch Einzelrechtsnachfolge, per Abtretung oder gesetzlichen Forderungsübergang wie bei § 426 Abs. 2 S. 1 BGB kann grundsätzlich an Sachen des Schuldners, die der Zessionar bereits in Besitz hatte, nicht einmal ein kaufmännisches Zurückbehaltungsrecht entstehen. Zweck ist, die Gefahr der Manipulation von Zurückbehaltungslagen durch den Gläubiger zu vermeiden.[753] Diese Gefahr besteht aber ebenso bei einem Einbeziehen von übergegangenen Ansprüchen in den Sicherungszweck des AGB-Pfandrechts. Dies verdeutlicht die hierzu ergangene Rechtsprechung.[754] In diesem Punkt wäre es daher wertungs-

---

31. Auflage, 2003, (8) AGB-Banken 14 Rn 8; *Kümpel,* Bank- und Kapitalmarktrecht, 3. Auflage, 2004, Rn 2.682; alle unter Verweis auf Rechtsprechung zu Nr. 19 Abs. 2 AGB-Banken (a. F.), in der noch ausdrücklich der Hinweis auf übergegangene Ansprüche enthalten war.

[748] *Krings* ZBB 1992, 326, 331.

[749] Siehe Ausführungen unter d)aa).

[750] Zum Wortlaut dieser Regelung siehe Ausführungen unter b).

[751] BGH, Urt. v. 27. 2. 1981 – V ZR 48/80 = WM 1981, 518 f.; BGH, Urt. v. 31. 1. 1983 – II ZR 24/82 = WM 1983, 537 f.; *Wolf* in: Wolf/Horn/Lindacher, AGB-Gesetz, 4. Auflage, 1999, § 9 Rn S97; *Ulmer* in: Ulmer/Brandner/Hensen, AGB-Gesetz, 9. Auflage, 2001, § 3 Rn 42; a. A. *Schmidt-Salzer,* Allgemeine Geschäftsbedingungen, 1. Auflage, 1971, S. 139 f. (nicht mehr in 2. Auflage, 1977).

[752] So auch BGH, Urt. v. 9. 7. 1991 – XI ZR 72/90 = WM 1991, 1452, 1454 für eine ähnliche Klausel in den Allgemeinen Bedingungen für Bausparkassen der Landesbanken.

[753] *Welter* in: MünchKomm, HGB, 2001, § 369 Rn 24; *Hopt* in: Baumbach/Hopt, HGB, 31. Auflage, 2003, § 369 Rn 6.

[754] Siehe Ausführungen unter d)aa).

widersprüchlich, wenn das AGB-Pfandrecht auch für solche Forderungen der Bank gelten sollte, die ihr nicht einmal ein kaufmännisches Zurückbehaltungsrecht gewähren würden.

Allenfalls ließe sich das Erstrecken des Sicherungszwecks auf die gemäß § 426 Abs. 2 S. 1 BGB erworbenen Ansprüche der Zahlstelle gegen den Lastschriftschuldner damit begründen, daß der Rechtsgrund für den Forderungsübergang in dem Gesamtschuldverhältnis zwischen Zahlstelle und Lastschriftgläubiger zu sehen ist, das in engem Zusammenhang mit der Kontoverbindung zwischen Zahlstelle und Lastschriftschuldner steht.

Ebenso könnte das von der Rechtsprechung geforderte eigene wirtschaftliche Interesse der Bank für ein Einbeziehen übergegangener Ansprüche in den Sicherungszweck angeführt werden. Die Zahlstelle will sich hinsichtlich des von ihr an die Lastschriftgläubiger oder Gläubigerbanken gezahlten Schadensersatzes insoweit beim Lastschriftschuldner schadlos halten, als dieser im Verhältnis zur Zahlstelle verantwortlich ist.

Befriedigt die Zahlstelle die Lastschriftgläubiger oder Gläubigerbanken erst nach Eröffnung des Insolvenzverfahrens, so muß auch berücksichtigt werden, daß spätestens zu diesem Zeitpunkt die Geschäftverbindung zwischen Zahlstelle und Lastschriftschuldner gemäß §§ 115, 116 InsO erloschen ist. Ansprüche aus der Geschäftsverbindung, selbst wenn hierzu übergegangene Ansprüche zählen sollten, können dann an sich nicht mehr von der Zahlstelle erworben werden.[755] Gleichwohl ließe sich auch hier argumentieren, daß das Gesamtschuldverhältnis als Rechtsgrund für die Legalzession nach § 426 Abs. 2 S. 1 BGB bereits vor Verfahrenseröffnung begründet wurde.

Der Sicherungszweck des AGB-Pfandrechts gemäß Nr. 14 Abs. 2 S. 1 AGB-Banken erfaßt weder die übergegangenen Ansprüche nach § 426 Abs. 2 S. 1 BGB noch den Freistellungsanspruch und den Ausgleichsanspruch der Zahlstelle nach § 426 Abs. 1 S. 1 BGB. Entscheidend ist, daß die Zahlstelle diese Ansprüche nicht in bankmäßiger Weise erworben hat. Grundsätzlich sind bankmäßig alle Ansprüche, die eine im allgemeinen Geschäfts- und Rechtsverkehr zwischen Bank und Kunden erbrachte vertragstypische Bankleistung zur Grundlage haben.[756] Löst die Zahlstelle die Lastschrift im Auftrag der ersten Inkassostelle ein und bucht sie den Lastschriftbetrag im Konto des Lastschriftschuldners, so liegt darin eine Handlung, die sie üblicherweise im Geschäftsverkehr mit dem Kunden vornimmt. Auch die Wiedergutschrift des Lastschriftbetrages nach Widerspruch des Kunden ist als banküblich im Rahmen des Kontovertrages zu bezeichnen. Nicht mehr im Rahmen ihrer vertragstypischen Rechte und Pflichten liegt es aber, wenn die Zahlstelle

---

755 Vgl. BGH, Urt. v. 27. 6. 1979 – VIII ZR 233/78 = WM 1979, 884, 885 für Forderungen gegen den Hauptschuldner, die der Bank erst nach Konkurseröffnung abgetreten und gegen den Bürgen geltend gemacht wurden.

756 BGH, Urt. 28. 10. 1997 – XI ZR 26/97 = WM 1997, 2355, 2356.

nach den in Teil D. V. aufgestellten Kriterien deliktisch bei unberechtigten Widersprüchen des Lastschriftschuldners mitwirkt und demzufolge ein Gesamtschuldverhältnis zwischen ihr und dem Lastschriftschuldner entsteht.

Auch eine Abwägung der zu schützenden Interessen spricht dagegen, daß die Ansprüche der Zahlstelle gegen den Lastschriftschuldner aufgrund des Gesamtschuldverhältnisses in den Sicherungszweck des AGB-Pfandrechts einbezogen werden. Grundsätzlich kann angenommen werden, daß der Lastschriftschuldner ein Interesse daran hat, sein Kontoguthaben nicht als Sicherheit für die Ansprüche der Zahlstelle gegen ihn dienen zu lassen. Weshalb nun im Innenverhältnis zur Zahlstelle sein Interesse an der Auszahlung des Guthabens das Interesse der Zahlstelle an der Verwertung des Guthabens als Sicherheit für deren Ansprüche gegen ihn überwiegen sollte, ist zunächst nicht einsehbar. Der Lastschriftschuldner hat selbst rechtsmißbräuchlich gegenüber seinen Gläubigern und gegebenenfalls gegenüber den Gläubigerbanken gehandelt.

Wie eingangs jedoch erwähnt, wird der Lastschriftschuldner vor allem dann pauschal Lastschriftbelastungen in unberechtigter Art und Weise widersprechen, wenn der Antrag auf Insolvenzeröffnung über sein Vermögen zeitlich nah bevorsteht. Wurde aber ein Antrag auf Eröffnung des Insolvenzverfahrens über das Vermögen des Lastschriftschuldners gestellt und wurden bereits Sicherungsmaßnahmen angeordnet, so ist die gleichmäßige Gläubigerbefriedigung als primärer Zweck des Insolvenzverfahrens zu beachten.[757] Die Zahlstelle kann sich dann nicht zu Lasten der schutzwürdigen übrigen Gläubiger des insolventen Lastschriftschuldners aufgrund eigenen deliktischen Handelns am Guthaben des Lastschriftschuldners schadlos halten. Eine solche Privilegierung der Zahlstelle wäre nicht gerechtfertigt.

2. Zwischenergebnis

Der Sicherungszweck des AGB-Pfandrechts gemäß Nr. 14 Abs. 2 S. 1 AGB-Banken erfaßt nur solche Ansprüche der Bank, die ihr aus der bankmäßigen Geschäftsverbindung gegen den Kunden zustehen. Dazu zählen nicht Ansprüche der Zahlstelle aufgrund eines Gesamtschuldverhältnisses mit dem Lastschriftschuldner, das dadurch entstanden ist, daß die Zahlstelle bei rechtsmißbräuchlichen Lastschriftwidersprüchen entsprechend den in Teil D. V. herausgearbeiteten Kriterien mitgewirkt hat.

---

757 *Stürner* in: MünchKomm, InsO, 2001, Einleitung Rn 62 i.V. m. *Haarmeyer* in: MünchKomm, InsO, 2001, § 21 Rn 1; ähnliche Argumente finden sich auch bei der Rechtsprechung in BGH, Urt. v. 30. 10. 1974 – VIII ZR 81/73 = WM 1974, 1218; vgl. auch Ausführungen unter e).

V. Zusammenfassung

Bevor die Zahlstelle, die von Lastschriftgläubigern oder Gläubigerbanken auf Schadensersatz in Anspruch genommen werden könnte, diese Ansprüche erfüllt, hat sie keine Möglichkeit, das Kontoguthaben des Lastschriftschuldners zur Befriedigung ihres Freistellungsanspruchs oder Ausgleichsanspruchs gegen den Schuldner zu nutzen. Für eine Aufrechnung mit dem Freistellungsanspruch fehlt es an der Gleichartigkeit der gegenseitigen Ansprüche. Die Aufrechnung mit dem Ausgleichsanspruch scheitert daran, daß dieser zunächst nur aufschiebend bedingt ist. An dem Anspruch aus dem Kontoguthaben kann die Zahlstelle kein AGB-Pfandrecht erwerben, das sowohl den Freistellungs- als auch den Ausgleichsanspruch sichert. Der Sicherungszweck gemäß Nr. 14 Abs. 2 S. 1 AGB-Banken erfaßt diese Ansprüche nicht. Zudem wäre ein etwaiges Pfandrecht im Insolvenzverfahren über das Vermögen des Lastschriftschuldners gemäß §§ 132 Abs. 1 Nr. 2, 133 InsO anfechtbar.

Auch wenn die Zahlstelle die Ansprüche der Lastschriftgläubiger oder Gläubigerbanken befriedigt, hat sie keine Zugriffsmöglichkeit auf das Kontoguthaben des Lastschriftschuldners. Leistet sie bereits vor Eröffnung des Insolvenzverfahrens, so scheitert eine Aufrechnung der Zahlstelle mit dem Ausgleichsanspruch nach § 426 Abs. 1 S. 1 BGB oder mit den nach § 426 Abs. 2 S. 1 BGB erworbenen Ansprüchen an § 96 Abs. 1 Nr. 3 InsO. Die Aufrechnungslage hat die Zahlstelle im Sinne von § 131 InsO in inkongruenter Art und Weise erlangt. Sie hatte keinen Anspruch hierauf. Eine etwaige Aufrechnung hätte die übrigen Insolvenzgläubiger benachteiligt. An dem Anspruch aus dem Kontoguthaben stand der Zahlstelle kein verwertbares AGB-Pfandrecht zu. Zum einen wäre dies nach §§ 132 Abs. 1, 133 InsO anfechtbar. Zum anderen kann das Pfandrecht nicht zur Sicherung des Ausgleichsanspruchs der Zahlstelle gemäß § 426 Abs. 1 und der nach § 426 Abs. 2 BGB erworbenen Ansprüche dienen. Diese Ansprüche sind nicht vom Sicherungszweck gemäß Nr. 14 Abs. 2 S. 1 AGB-Banken umfaßt. Aus denselben Gründen konnte die Zahlstelle kein Absonderungsrecht nach § 50 Abs. 1 InsO am Kontoguthaben erwerben.

Befriedigt die Zahlstelle die Lastschriftgläubiger oder Gläubigerbanken erst nach Eröffnung des Insolvenzverfahrens über das Vermögen des Lastschriftschuldners, so scheitert eine Aufrechung mit dem Ausgleichsanspruch nach § 426 Abs. 1 S. 1 BGB an § 95 Abs. 1 S. 3 InsO. Der Ausgleichsanspruch wird später unbedingt und fällig als der Anspruch des insolventen Lastschriftschuldners auf Auskehr des Kontoguthabens. Eine Aufrechung mit den gemäß § 426 Abs. 2 S. 1 BGB erworbenen Ansprüchen ist gemäß § 96 Abs. 1 Nr. 2 InsO unzulässig. Die Zahlstelle erwarb die Ansprüche erst nach Verfahrenseröffnung. Die Zahlstelle war nicht Inhaberin eines verwertbaren AGB-Pfandrechts am Anspruch aus dem Kontoguthaben, das ihr ein Absonderungsrecht nach § 50 Abs. 1 InsO gegeben hätte. Das AGB-Pfandrecht scheitert zwar nicht daran, daß der Ausgleichsanspruch erst nach Verfahrenseröffnung unbedingt wird und die Zahlstelle die Ansprüche der

Lastschriftgläubiger und Gläubigerbanken anteilig erst nach Verfahrenseröffnung erwirbt. Das Pfandrecht wäre jedoch nach §§ 132 Abs. 1 Nr. 1, 133 InsO anfechtbar. Zudem sicherte das AGB-Pfandrecht nicht Ansprüche der Zahlstelle gegen den Lastschriftschuldner. Der Sicherungszweck gemäß Nr. 14 Abs. 2 S. 1 AGB-Banken erfaßt weder den Ausgleichsanspruch der Zahlstelle nach § 426 Abs. 1 S. 1 BGB noch die gemäß § 426 Abs. 2 S. 1 BGB erworbenen Ansprüche.

Die Zahlstelle muß also gegebenenfalls die Lastschriftgläubiger oder Gläubigerbanken im Ausmaß der Inanspruchnahme befriedigen und kann ihre Ansprüche gegen den Lastschriftschuldner lediglich als Insolvenzforderungen im Insolvenzverfahren über das Vermögen des Lastschriftschuldners geltend machen. Ein Schadloshalten am Kontoguthaben des Lastschriftschuldners scheidet aus.

G. Abschließende Zusammenfassung der Ergebnisse

Das Einzugsermächtigungsverfahren ist aus der Sicht der Zahlstelle mit geringen Vorteilen verbunden. Deshalb sollte die Zahlstelle im Vergleich zu den übrigen Beteiligten des Verfahrens die geringsten Risiken tragen. Die Ausführungen haben gezeigt, daß dies auch in der Insolvenz des Lastschriftschuldners zu gelten hat. Die Zahlstelle darf allerdings nicht selbst in vorwerfbarer Weise die Widerspruchsmöglichkeit des Lastschriftschuldners für sich nützen. Die wesentlichen Ergebnisse der Untersuchung lassen sich wie folgt zusammenfassen:

Zum einen bedarf die Rechtsprechung des IX. Zivilsenats des BGH vom 4. 11. 2004, die Anlaß der Untersuchung war, einer Korrektur. Sie führt zu einer empfindlichen Beeinträchtigung des Lastschriftverfahrens, wenn die Eröffnung eines Insolvenzverfahrens über das Vermögen des Lastschriftschuldners bevorsteht. Das Ziel der Masseanreicherung, das der Rechtsprechung des BGH zugrunde liegt, droht zu Lasten der Zahlstelle zu gehen, ohne daß hierfür ein zwingender rechtlicher und sachlicher Grund ersichtlich ist. Eine Änderung der dogmatischen Erklärung des Einzugsermächtigungsverfahrens, etwa von der Genehmigungstheorie hin zur Ermächtigungstheorie, ist zwar nicht notwendig. Jedoch muß der Zeitpunkt der Erfüllung der Geldschuld zwischen Lastschriftschuldner und Lastschriftgläubiger überdacht werden. Entgegen der Rechtsprechung des BGH (IX. Zivilsenat) tritt die Erfüllung nicht erst mit der Genehmigung der Belastungsbuchung durch den Lastschriftschuldner ein, sondern bereits mit der Einlösung der Lastschrift durch die Zahlstelle. Deshalb kann sowohl der vorläufige Insolvenzverwalter mit angeordnetem Zustimmungsvorbehalt oder mit Verwaltungs- und Verfügungsbefugnis als auch der endgültige Verwalter die Belastungsbuchung genehmigen bzw. einer solchen Genehmigung zustimmen. Ein Verstoß gegen den Grundsatz der Gläubigergleichbehandlung liegt darin nicht. An die Vereinbarung einer Genehmigung gemäß Nr. 7 Abs. 3 AGB-Banken ist der vorläufige wie der endgültige Insolvenzverwalter gebunden. Der (vorläufige) Insolvenzverwalter kann entgegen der Rechtsprechung des BGH grundsätzlich nur in dem Umfang einer Belastungsbuchung die Zustimmung zur Genehmigung verweigern oder selbst widersprechen, in dem der Lastschriftschuldner gegenüber dem Lastschriftgläubiger oder der ersten Inkassostelle zum Widerspruch berechtigt war, ohne sich schadensersatzpflichtig zu machen. Widerspricht der vorläufige Insolvenzverwalter pauschal allen noch nicht genehmigten Belastungsbuchungen, setzt er sich hinsichtlich der berechtigten Lastschrifteinzüge, denen einwendungsfreie Forderungen zugrunde liegen, einer Schadensersatzpflicht gemäß § 826 BGB aus. Das Zahlungsverbot gemäß §§ 64 Abs. 2 S. 1 GmbHG, 92 Abs. 3 S. 1 AktG gewährt dem Schuldner keinen weiteren „anerkennenswerten Grund", von der Widerspruchsmöglichkeit Gebrauch zu machen. Allerdings darf der vorläufige Insolvenzverwalter seine Zustimmung zur Genehmigung der Belastungsbuchung verweigern oder selbst widersprechen, wenn die Zahlung an den Lastschriftgläubiger im Insolvenzverfahren gemäß §§ 129 ff. InsO anfechtbar wäre. Die Anfechtungsvorschriften regeln abschließend, wann Zahlungen, die noch vor Verfahrenseröffnung an Gläubiger geflossen sind, an die Insolvenzmasse zurückfließen sollen. Die bloße Genehmigung der Belastungsbuchung gegenüber der Zahlstelle ist als solche nicht gemäß §§ 129 ff. InsO anfechtbar. Bei der Zahlung mittels Einzugsermächtigungslastschrift handelt es sich um eine mittelbare Zuwendung an den Lastschriftgläubiger.

Zum anderen ist es nur dann gerechtfertigt, die Zahlstelle von den Risiken einer Insolvenz des Lastschriftschuldners zu verschonen, wenn sie sich nicht selbst in vorwerfbarer Weise an Lastschriftwidersprüchen beteiligt hat. Will die Zahlstelle vor allem ihr Ausfallrisiko bei drohender Insolvenz des Lastschriftschuldners minimieren und trägt sie deshalb zu einer Schädigung der übrigen Beteiligten im Einzugsermächtigungsverfahrens bei, trifft sie eine Schadensersatzpflicht. Der Zahlstelle ist aber nur ein Verhalten vorwerfbar, bei dem sie ihre Funktion als ausführende Stelle des Lastschriftwiderspruchs überschreitet. Tätigkeiten, die zwingend mit dem Durchführen der Widersprüche verbunden sind, können keine Haftung der Zahlstelle auslösen. Haftet die Zahlstelle für einen entstandenen Schaden neben dem Lastschriftschuldner, wird ein Gesamtschuldverhältnis zwischen Schuldner und Schuldnerbank begründet. Dies gilt auch unter Berücksichtigung des primären Erfüllungsanspruchs des Gläubigers. Für die Begründung eines Gesamtschuldverhältnisses im Sinne von § 421 BGB bedarf es keiner gleichstufigen Schuldnermehrheit in Abgrenzung zum Zessionsregreß gemäß § 255 BGB. Die Regreßansprüche der Zahlstelle aufgrund des Gesamtschuldverhältnisses geben ihr keine Möglichkeit zum Schadloshalten an einem Kontoguthaben des Lastschriftschuldners, das infolge rechtsmißbräuchlicher Widersprüche ausgewiesen wird. Die Zahlstelle hat in einem sich anschließenden Insolvenzverfahren über das Vermögen des Lastschriftschuldners kein Absonderungsrecht gemäß § 50 Abs. 1 InsO an dem Kontoguthaben. Ein AGB-Pfandrecht gemäß Nr. 14 Abs. 1 AGB-Banken scheitert zwar nicht an § 91 InsO, wenn die Zahlstelle erst nach Verfahrenseröffnung an die Geschädigten leistet. Das AGB-Pfandrecht an dem Anspruch aus dem Kontoguthaben wäre aber gemäß §§ 132 Abs. 1, 133 InsO anfechtbar. Als anfechtbare Rechtshandlung ist nicht auf die Wiedergutschrift infolge eines Widerspruchs abzustellen, sondern auf das Bestellen des AGB-Pfandrechts an dem Anspruch auf und aus Gutschrift. Schließlich sind die Regreßansprüche der Zahlstelle nicht vom Sicherungszweck gemäß Nr. 14 Abs. 2 AGB-Banken erfaßt. Sie stammen nicht aus der bankmäßigen Geschäftsverbindung mit dem Lastschriftschuldner.

Mit den aufgeführten Ergebnissen lassen sich in der Insolvenz des Lastschriftschuldners Resultate erzielen, die sowohl den insolvenzrechtlichen Anforderungen standhalten als auch die wirtschaftlichen Risiken für die Zahlstelle im Einzugsermächtigungsverfahren begrenzen. Dem Einzugsermächtigungsverfahren, das zu den am meisten genutzten Möglichkeiten des bargeldlosen Zahlungsverkehrs gehört, ist damit insgesamt gedient. Die Gefahr einer ungerechtfertigten Risikoverteilung im Lastschriftverkehr könnte abgewendet werden.

Anhang 1:
Muster des Abkommens über den Lastschriftverkehr – Lastschriftabkommen (Stand: 1. Februar 2002)

Abkommen über den Lastschriftverkehr

Stand vom 1. Februar 2002, geändert durch die "Änderungsvereinbarung zu den bestehenden zwischenbetrieblichen Zahlungsverkehrsabkommen aus Anlass der Vollendung der Europäischen Wirtschafts- und Währungsunion" vom Juli 2001 und die „Änderungsvereinbarung zum ‚Abkommen über den Lastschriftverkehr'" vom Januar 2002

Der

Bundesverband der Deutschen Volksbanken und Raiffeisenbanken e.V., Bonn,
Bundesverband deutscher Banken e.V., Köln,
Deutscher Sparkassen- und Giroverband e.V., Bonn,
Verband deutscher Hypothekenbanken e.V., Bonn,
Verband öffentlicher Banken e.V., Bonn,

sowie die

Deutsche Bundesbank, Frankfurt am Main,

- nachstehend Vertragspartner genannt -

vereinbaren für den Lastschriftverkehr folgendes Abkommen.

Abschnitt I

Nummer 1

Im Rahmen des Lastschriftverfahrens wird zugunsten des Zahlungsempfängers über sein Kreditinstitut (erste Inkassostelle) von dem Konto des Zahlungspflichtigen bei demselben oder einem anderen Kreditinstitut (Zahlstelle) der sich aus der Lastschrift ergebende Betrag eingezogen, und zwar aufgrund

a) einer dem Zahlungsempfänger von dem Zahlungspflichtigen erteilten schriftlichen Ermächtigung (Einzugsermächtigung)

oder

b) eines der Zahlstelle von dem Zahlungspflichtigen zugunsten des Zahlungsempfängers erteilten schriftlichen Auftrags (Abbuchungsauftrag).

Wegen der Ausnahmen zu Buchstabe a) wird auf Anlage 3 verwiesen.

Nummer 2

(1) Die erste Inkassostelle nimmt Aufträge zum Einzug fälliger Forderungen, für deren Geltendmachung nicht die Vorlage einer Urkunde erforderlich ist, mittels Lastschrift herein. Für die Weiterleitung der Lastschriften gelten die für das jeweilige Verfahren (Datenträgeraustausch oder Datenfernübertragung) gültigen Bestimmungen, soweit im folgenden nichts Abweichendes bestimmt ist.

(2) Lastschriften, die der ersten Inkassostelle beleghaft eingereicht werden, sind von dieser auf EDV-Medien zu erfassen und beleglos an die in der Inkassokette nachgeschaltete Stelle weiterzuleiten beziehungsweise der Zahlstelle beleglos vorzulegen (EZL-Verfahren).

Nummer 3

(1) Für den EZI. sind folgende Daten zu erfassen:
- Bankleitzahl der Zahlstelle
- Kontonummer des Zahlungspflichtigen
- Name des Zahlungspflichtigen, wobei der Zuname oder Firmenname am Anfang stehen soll
- Betrag und Bezeichnung der Währungseinheit
- Verwendungszweck, soweit vom Zahlungsempfänger angegeben
- Kontonummer des Zahlungsempfängers
- Bezeichnung des Zahlungsempfängers
- Bankleitzahl der ersten Inkassostelle
- Textschlüssel

(2) Die erste Inkassostelle als in den EZL überführendes Kreditinstitut hat die richtige Erfassung der in Absatz (1) aufgeführten Daten durch geeignete Kontrollen sicherzustellen und die erfaßten Daten in Feld C6a des Datensatzes um die Kennziffer 1 und um eine maximal 11-stellige Referenznummer zu ergänzen. Der Aufbau der Referenznummer ist freigestellt.

(3) Für die zwischenbetriebliche Weiterleitung sind die Daten im Satz- und Dateiaufbau – insbesondere die Referenzinformation in Feld C6a – nach den Spezifikationen der Anlage 1 der „Richtlinien für den beleglosen Datenträgeraustausch“[1] zu formatieren.

(4) Das Datenfeld C6a ist bei allen beteiligten Stellen in die Dokumentation aufzunehmen Auf gegebenenfalls auszudruckenden Belegen ist in der rechten Hälfte der letzten Zeile des Verwendungszweckfeldes der Schlagtext "EZV" und die Referenznumme aus Feld C6a anzudrucken.

(5) Bei Rückfragen beziehungsweise Rücklastschriften sind die Daten des Lastschriftauftrags einschließlich des Inhalts des Feldes C6a vollständig anzugeben.

Nummer 4

Die Kreditinstitute bearbeiten Lastschriften nach dem Textschlüssel und der Textschlüsselergänzung entsprechend der Anlage 2 der „Richtlinien für den beleglosen Datenträgeraustausch“[2].

Nummer 5

Bei Lastschriften, die als Einzugsermächtigungslastschriften gekennzeichnet sind, haftet die erste Inkassostelle der Zahlstelle für jeden Schaden, der dieser durch unberechtigt eingereichte Lastschriften entsteht.

Nummer 6

Lastschriften sind zahlbar, wenn sie bei der Zahlstelle eingehen.[3] Fälligkeitsdaten und Wertstellungen bleiben unbeachtet.

Nummer 7

(1) Die Zahlstelle hat dem Zahlungspflichtigen unverzüglich nach Belastung seines Kontos den Lastschriftbetrag, den Verwendungszweck und den Namen des Zahlungsempfängers entsprechend der getroffenen Absprache mitzuteilen.

---

[1] Jetzt Anlage 1 zur Vereinbarung über den beleglosen Datenaustausch in der zwischenbetrieblichen Abwicklung des Inlandszahlungsverkehrs (Clearingabkommen).

[2] Jetzt Anlage 2 zur Vereinbarung über den beleglosen Datenaustausch in der zwischenbetrieblichen Abwicklung des Inlandszahlungsverkehrs (Clearingabkommen).

[3] Der Tag des Eingangs ist derjenige Tag, an dem die Lastschriftdaten der disponierenden Stelle der im Datensatz bezeichneten Zahlstelle, gegebenenfalls also einer Zweigstelle dieses Instituts, zugehen.

Lastschriftenabkommen (Stand 1. Februar 2002)

(2) Bestätigungen über die Einlösung von Lastschriften werden nicht erteilt.

(3) Teileinlösungen sind unzulässig.

Nummer 8

(1) Lastschriften, die nicht eingelöst werden beziehungsweise denen im Sinne von Abschnitt III Nummer 1 widersprochen wurde (Rücklastschriften) und für die keine Zinsausgleichsrechnung anfällt, sind beleglos nach dem in Anlage 1 beschriebenen Verfahren zurückzugeben. Rücklastschriften mit Zinsausgleichsrechnung sind beleghaft zurückzugeben (siehe Abschnitt I Nummer 8 Absatz (4)).

(2) Bei der Rückgabe von nicht eingelösten Lastschriften sind die ersten drei Erweiterungsteile des Rückrechnungssatzes mit den Angaben gemäß Anlage 1 Nummer 1 Absatz (5) Satz 1 zu belegen.

(3) Bei Rückgaben von Lastschriften, die als Einzugsermächtigungslastschriften gekennzeichnet sind und wegen Widerspruchs des Zahlungspflichtigen zurückgegeben werden (Abschnitt III Nummer 1), sind die ersten drei Erweiterungsteile des Rückrechnungssatzes mit den Angaben gemäß Anlage 1 Nummer 1 Absatz (5) Satz 2 zu belegen.

(4) Bei beleghaften Rücklastschriften mit Zinsausgleichsrechnung ist der Ersatzbeleg mit dem Vermerk

„Vorgelegt am ... und nicht bezahlt“

beziehungsweise mit dem Vermerk

„Belastet am ... zurück wegen Widerspruchs“

sowie mit dem Namen der Zahlstelle, Ort und Datum der Ausfertigung zu versehen. Für die Rückgabe ist ausschließlich die ‚Retourenhülle (Lastschrift) für Einzugspapier“ gemäß Anlage 2 zu verwenden.

Abschnitt II

Nummer 1

Lastschriften, die nicht eingelöst werden,
a) weil sie unanbringlich sind,
b) weil auf dem Konto des Zahlungspflichtigen keine Deckung vorhanden ist oder

c) weil bei Abbuchungsauftragslastschriften der Zahlstelle kein Abbuchungsauftrag vorliegt,

sind von der Zahlstelle spätestens an dem auf den Tag des Eingangs[4] folgenden Geschäftstag mit den Angaben gemäß Abschnitt I Nummer 8 an die erste Inkassostelle zurückzugeben. Der Zahlstelle ist freigestellt, auf welchem Wege sie die Lastschriften zurückgibt und zurückrechnet.

Nummer 2

(1) Werden Lastschriften im Sinne des Abschnittes II Nummer 1 nicht eingelöst, so hat die Zahlstelle die erste Inkassostelle bei Lastschriftbeträgen von 3.000 Euro und darüber unmittelbar spätestens an dem auf den Tag des Eingangs folgenden Geschäftstag bis zu dem in Nummer 4 der Anlage 1 genannten Zeitpunkt und unter Einsatz der dort genannten Kommunikationsverfahren von der Nichteinlösung zu benachrichtigen (Eilnachricht).

(2) Die Eilnachricht hat den Namen und die Kontonummer des Zahlungsempfängers, den Lastschriftbetrag sowie den Namen des Zahlungspflichtigen zu enthalten, soweit sich diese Daten aus der Magnetbandinhaltsliste gemäß den „Richtlinien für den beleglosen Datenträgeraustausch“[5] ergeben.

Nummer 3

Die erste Inkassostelle ist – auch bei Verletzung dieses Abkommens und unbeschadet etwaiger Schadensersatzansprüche – verpflichtet, nicht eingelöste beziehungsweise wegen Widerspruchs des Zahlungspflichtigen zurückgegebene Lastschriften, die mit den Angaben gemäß Abschnitt I Nummer 8 versehen sind, zurückzunehmen und wieder zu vergüten; sie darf diese Lastschriften nicht erneut zum Einzug geben.

Nummer 4

Die Zahlstelle kann für Rücklastschriften als Auslagenersatz und Bearbeitungsprovision ein Entgelt entsprechend dem in Nummer 2 der Anlage 1 genannten Höchstsatz verlangen. Vereinbarungen der Kreditinstitute mit dem Zahlungsempfänger beziehungsweise Zahlungspflichtigen über die Erhebung von Entgelten werden durch dieses Abkommen nicht berührt.

---

[4] Siehe Fußnote 3.

[5] Jetzt Anlage 2 zur Vereinbarung über den beleglosen Datenaustausch in der zwischenbetrieblichen Abwicklung des Inlandszahlungsverkehrs (Clearingabkommen).

Lastschriftenabkommen (Stand 1. Februar 2002)

Nummer 5

Bei der Verrechnung von Rücklastschriften wird jede Stelle, über die die Rücklastschriftrechnung läuft, mit der Tageswertstellung für Einzugslastschriften belastet. Im übrigen gelten die Bestimmungen in Nummer 3 der Anlage 1.

Nummer 6

Einzelheiten über die Rückgabe, Rückrechnung und Eilnachricht regelt die Anlage 1.

Abschnitt III

Nummer 1

Lastschriften, die als Einzugsermächtigungslastschriften gekennzeichnet sind, kann die Zahlstelle auch zurückgeben und deren Wiedervergütung verlangen, wenn der Zahlungspflichtige der Belastung widerspricht. Die Zahlstelle hat unverzüglich, nachdem sie von dein Widerspruch Kenntnis erlangt, die Lastschrift mit den Angaben nach Abschnitt I Nummer 8 Absatz (3) zurückzurechnen.

Nummer 2

Die Rückgabe und Rückrechnung ist ausgeschlossen, wenn der Zahlungspflichtige nicht binnen sechs Wochen nach Belastung widerspricht. Schadenersatzansprüche im Sinne der Regelung in Abschnitt I Nummer 5 bleiben hiervon unberührt.

Nummer 3

(1) Im übrigen gelten die Bestimmungen unter Abschnitt II entsprechend.

(2) Die Eilnachricht entsprechend Abschnitt II Nummer 2 über die Rückgabe einer Lastschrift wegen Widerspruchs hat bis zu dem in Nummer 4 der Anlage 1 genannten Zeitpunkt des auf den Zugang des Widerspruchs folgenden Geschäftstages zu erfolgen.

Abschnitt IV

Nummer 1

Dieses Abkommen begründet Rechte und Pflichten nur zwischen den beteiligten Kreditinstituten.

Nummer 2

(1) Sind die Daten der Originalbelege, die gemäß Abschnitt I Nummer 3 für den EZL zu erfassen sind, vollständig und unverändert in den EZL übernommen, so haften die erste Inkassostelle als das in den EZL überführende Kreditinstitut sowie die in die Weiterleitung der Lastschriften zwischengeschalteten Kreditinstitute – unabhängig von der Form der Weiterleitung – nicht für die Richtigkeit dieser Daten.

(2) Stimmt die vom Zahlungsempfänger angegebene oder die von der ersten Inkassostelle ergänzte Bankleitzahl der Zahlstelle mit der vom Zahlungsempfänger angegebenen Klarschriftbezeichnung nicht überein, so haftet abweichend von Absatz (1) für die hieraus entstehenden Schäden die erste Inkassostelle. Bei Abbuchungsauftragslastschriften haftet jedoch die nach der unrichtigen Bankleitzahl bezeichnete Zahlstelle, wenn sie den Lastschriftbetrag einem nicht zahlungspflichtigen Kontoinhaber belastet, obwohl dieser Fehler bei der Prüfung auf Vorliegen des Abbuchungsauftrags zu vermeiden gewesen wäre.

(3) Eine Haftung des Zahlungsempfängers für unrichtige Angaben in dem Originalbeleg bleibt unberührt.

(4) Abschnitt III Nummer 1 der „Richtlinien für den beleglosen Datenträgeraustausch“[6] gilt für das EZL-Verfahren nicht.

(5) Eine Verpflichtung zur Weiterleitung beleghafter Lastschriften, die entgegen Abschnitt I Nummer 2 Absatz (2) nicht umgewandelt wurden, besteht nicht.

Nummer 3

(1) Verstöße gegen die aus diesem Abkommen erwachsenden Verpflichtungen sind unverzüglich nach Bekanntwerden zu rügen. Aus einer Verletzung dieses Abkommens können Schadenersatzansprüche nur in Höhe des Betrages des jeweiligen betroffenen Vorganges geltend gemacht werden. Ein Schadenersatzanspruch gegen die Zahlstelle kann nicht daraus hergeleitet werden, daß die unter Abschnitt II Absatz (1) a) bis c) genannten Voraussetzungen nicht vorgelegen haben.

(2) Reklamationen und Schadenersatzansprüche sind außerhalb des Lastschriftverfahrens unmittelbar gegenüber der ersten Inkassostelle beziehungsweise der Zahlstelle geltend zu machen.

[6] Jetzt Abschnitt III der Vereinbarung über den beleglosen Datenaustausch in der zwischenbetrieblichen Abwicklung des Inlandszahlungsverkehrs (Clearingabkommen).

Nummer 4

Die in diesem Abkommen in Bezug genommenen Anlagen sind Bestandteile des Abkommens. Die Regelungen in den Anlagen können durch Beschluß der Vertragspartner im Betriebswirtschaftlichen Arbeitskreis der Spitzenverbände des Kreditgewerbes geändert werden. Die Änderungen werden für die Kreditinstitute verbindlich, die diesen Änderungen nicht binnen einer Frist von einem Monat nach deren Bekanntgabe widersprechen; die Kreditinstitute werden auf diese Möglichkeit des Widerspruchs jeweils bei Bekanntgabe der Änderungen in jedem Einzelfall hingewiesen. Der Widerspruch ist über den für das Kreditinstitut zuständigen Spitzenverband des deutschen Kreditgewerbes an den im Zentralen Kreditausschuß federführenden Verband zu richten. Dieser hat die übrigen Vertragspartner unverzüglich entsprechend zu unterrichten.

Abschnitt V

Dieses Abkommen tritt am 12. Dezember 1995 in Kraft. Gleichzeitig treten das „Abkommen über den Lastschriftverkehr" vom 17. April 1989 in der Fassung vom 7. April 1993 und das „Abkommen über die Umwandlung beleghaft erteilter Lastschriften in Datensätze und deren Bearbeitung (EZL-Abkommen)" vom 18. November 1993 außer Kraft.

Abschnitt VI

(1) Dieses Abkommen kann von jedem Kreditinstitut oder einem Vertragspartner mit einer Frist von zwölf Monaten zum Ende eines Kalenderjahres gekündigt werden.

(2) Kündigungen haben durch eingeschriebenen Brief gegenüber dem im Zentralen Kreditausschuß federführenden Verband zu erfolgen. Kündigt ein Kreditinstitut, so ist die Erklärung über den zuständigen Vertragspartner an den im Zentralen Kreditausschuß federführenden Verband zu richten. Die Kündigung muß in diesen Fällen spätestens am vierzehnten Tag der Kündigungsfrist bei dem im Zentralen Kreditausschuß federführenden Verband eingegangen sein. Dieser hat die Kündigung den Vertragspartnern und den übrigen diesem Abkommen angeschlossenen Kreditinstituten über die Vertragspartner mitzuteilen. Durch eine Kündigung wird das Fortbestehen dieses Abkommens zwischen den übrigen Vertragspartnern nicht berührt.

Köln/Bonn/Frankfurt (Main), im Juni 1995

Anhang 2:
Beispiel einer Inkassovereinbarung im Einzugsermächtigungsverfahren

Deutsche Bank
Privat- und Geschäftskunden AG

Vereinbarung über den Einzug von Forderungen mittels Lastschriften im Einzugsermächtigungsverfahren

Zwischen

Kunde

Filial-/Konto-Nr.

- nachstehend >Zahlungsempfänger<genannt -

und der

Deutsche Bank
Privat- und Geschäftskunden AG

- nachstehend >Bank<genannt -

wird folgendes vereinbart:

§1
Der Zahlungsempfänger ist berechtigt, fällige Forderungen, für deren Geltendmachung nicht die Vorlage einer Urkunde erforderlich ist, durch Lastschriften einzuziehen.

§2
1. Im Einzugsermächtigungsverfahren verpflichtet sich der Zahlungsempfänger, Lastschriften nur dann zum Einzug einzureichen, wenn ihm eine schriftliche Einzugsermächtigung des Zahlungspflichtigen vorliegt. Er verpflichtet sich ferner, für Einzugsermächtigungen nur den in der Anlage abgedruckten Mustertext zu verwenden und der Bank auf Verlangen die Einzugsermächtigung zur Einsicht vorzulegen.

2. Beleglose Lastschriften sind durch den Textschlüssel "05" zu kennzeichnen.

3. Lastschriftbelege müssen den Aufdruck "Einzugsermächtigung des Zahlungspflichtigen liegt dem Zahlungsempfänger vor" tragen und mit dem Textschlüssel "05" gekennzeichnet sein. Das Kreditinstitut des Zahlungspflichtigen (Zahlstelle) ist berechtigt, beleggebundene Lastschriften nach dem Textschlüssel zu bearbeiten.

§3
Für den Einzug belegloser Lastschriften gelten die Bedingungen für die Beteiligung von Kunden am beleglosen Datenträgeraustausch.

§4
Beleggebundene Lastschriften müssen den "Richtlinien für einheitliche Zahlungsverkehrsvordrucke" entsprechen.

§5
Fristen und Termine für Fälligkeit, Vorlage und Rückgabe dürfen in der Lastschrift nicht angegeben werden.

§6
Regelmäßig einzuziehende Kleinbeträge sollten zu viertel- oder halbjährigem Einzug zusammengezogen werden, so daß sich nach Möglichkeit ein Einzugsbetrag von mindestens 10 EUR je Lastschrift ergibt.

§7
Beleggebundene Lastschriften sind in der Bank mit einem Sammeleinzugsauftrag, beleglose Lastschriften mit dem jeweils vorgeschriebenen Begleitzettel einzureichen. Der Gesamtbetrag der einzuziehenden Forderungen wird dem Konto des Zahlungsempfängers "Eingang vorbehalten", Wert   Geschäftstage nach Einreichung gutgeschrieben.

§8
1. Nicht eingelöste Lastschriften werden dem Zahlungsempfänger mit der Einreichungswertstellung zurückbelastet. Das gilt auch für die Rückbelastung von Einzugsermächtigungslastschriften, denen der Zahlungspflichtige nach Belastung seines Kontos widersprochen hat.

2. Für nicht eingelöste bzw. wegen Widerspruch des Zahlungspflichtigen zurückzubelastende Lastschriften werden eine Rücklastschriftprovision und Ersatz der durch die Rücklastschrift entstandenen eigenen und fremden Auslagen berechnet.

3. Teileinlösungen werden im Lastschriftverfahren nicht vorgenommen.

§9
Lastschriften, die nach §8 zurückbelastet werden, dürfen nicht erneut zum Einzug eingereicht werden.

§10
Alle Folgen eines Zuwiderhandelns gegen die vorstehende Vereinbarung sowie alle Nachteile des Abhandenkommens, der mißbräuchlichen Verwendung, der Fälschung und Verfälschung von Lastschriften trägt der Zahlungsempfänger. Die Bank haftet im Rahmen des von ihr zu vertretenden Verschuldens nur in dem Maße, als sie im Verhältnis zu anderen Ursachen an der Entstehung des Schadens mitgewirkt hat.

§11
Ergänzend gelten die Allgemeinen Geschäftsbedingungen der Bank, die in jeder Geschäftsstelle eingesehen werden können und auf Wunsch zugesandt werden.

Ort, Datum ....
-Kunde-

Ort, Datum ....
-Bank-

Anlage

E990 05 01 *Ausfertigung für die Bank*

Anhang 3:
Muster der Allgemeinen Geschäftsbedingungen (AGB) der privaten Banken (Stand 1. April 2002) zwischen Kunde und Bank – AGB-Banken

Allgemeine Geschäftsbedingungen

Grundregeln für die Beziehung zwischen Kunde und Bank

1. Geltungsbereich und Änderungen dieser Geschäftsbedingungen und der Sonderbedingungen für einzelne Geschäftsbeziehungen

(1) Geltungsbereich

Die Allgemeinen Geschäftsbedingungen gelten für die gesamte Geschäftsverbindung zwischen dem Kunden und den inländischen Geschäftsstellen der Bank (im Folgenden Bank genannt). Daneben gelten für einzelne Geschäftsbeziehungen (zum Beispiel für das Wertpapiergeschäft, für den kartengestützten Zahlungsverkehr, für den Scheckverkehr, für den Sparverkehr, für den Überweisungsverkehr) Sonderbedingungen, die Abweichungen oder Ergänzungen zu diesen Allgemeinen Geschäftsbedingungen enthalten; sie werden bei der Kontoeröffnung oder bei Erteilung eines Auftrages mit dem Kunden vereinbart. Unterhält der Kunde auch Geschäftsverbindungen zu ausländischen Geschäftsstellen, sichert das Pfandrecht der Bank (Nr. 14 dieser Geschäftsbedingungen) auch die Ansprüche dieser ausländischen Geschäftsstellen.

(2) Änderungen

Änderungen dieser Geschäftsbedingungen und der Sonderbedingungen werden dem Kunden schriftlich bekannt gegeben. Hat der Kunde mit der Bank im Rahmen der Geschäftsbeziehung einen elektronischen Kommunikationsweg vereinbart (z. B. das Homebanking), können die Änderungen auch auf diesem Wege übermittelt werden, wenn die Art der Übermittlung es dem Kunden erlaubt, die Änderungen in lesbarer Form zu speichern oder auszudrucken. Sie gelten als genehmigt, wenn der Kunde nicht schriftlich oder auf dem vereinbarten elektronischen Weg Widerspruch erhebt. Auf diese Folge wird ihn die Bank bei der Bekanntgabe besonders hinweisen. Der Kunde muss den Widerspruch innerhalb von sechs Wochen nach Bekanntgabe der Änderungen an die Bank absenden.

2. Bankgeheimnis und Bankauskunft

(1) Bankgeheimnis

Die Bank ist zur Verschwiegenheit über alle kundenbezogenen Tatsachen und Wertungen verpflichtet, von denen sie Kenntnis erlangt (Bankgeheimnis). Informationen über den Kunden darf die Bank nur weitergeben, wenn gesetzliche Bestimmungen dies gebieten oder der Kunde eingewilligt hat oder die Bank zur Erteilung einer Bankauskunft befugt ist.

(2) Bankauskunft

Eine Bankauskunft enthält allgemein gehaltene Feststellungen und Bemerkungen über die wirtschaftlichen Verhältnisse des Kunden, seine Kreditwürdigkeit und Zahlungsfähigkeit; betragsmäßige Angaben über Kontostände, Sparguthaben, Depot- oder sonstige der Bank anvertraute Vermögenswerte sowie Angaben über die Höhe von Kreditinanspruchnahmen werden nicht gemacht.

(3) Voraussetzungen für die Erteilung einer Bankauskunft

Die Bank ist befugt, über juristische Personen und im Handelsregister eingetragene Kaufleute Bankauskünfte zu erteilen, sofern sich die Anfrage auf ihre geschäftliche Tätigkeit bezieht. Die Bank erteilt jedoch keine Auskünfte, wenn ihr eine anders lautende Weisung des Kunden vorliegt. Bankauskünfte über andere Personen, insbesondere über Privatkunden und Vereinigungen, erteilt die Bank nur dann, wenn diese generell oder im Einzelfall ausdrücklich zugestimmt haben. Eine Bankauskunft wird nur erteilt, wenn der Anfragende ein berechtigtes Interesse an der gewünschten Auskunft glaubhaft dargelegt hat und kein Grund zu der Annahme besteht, dass schutzwürdige Belange des Kunden der Auskunftserteilung entgegenstellen.

(4) Empfänger von Bankauskünften

Bankauskünfte erteilt die Bank nur eigenen Kunden sowie anderen Kreditinstituten für deren Zwecke oder die ihrer Kunden.

3. Haftung der Bank; Mitverschulden des Kunden

(1) Haftungsgrundsätze

Die Bank haftet bei der Erfüllung ihrer Verpflichtungen für jedes Verschulden ihrer Mitarbeiter und der Personen, die sie zur Erfüllung ihrer Verpflichtungen hinzuzieht. Soweit die Sonderbedingungen für einzelne Geschäftsbeziehungen oder sonstige Vereinbarungen etwas Abweichendes regeln, gehen diese Regelungen vor. Hat der Kunde durch ein schuldhaftes Verhalten (zum Beispiel durch Verletzung der in Nr.11 dieser Geschäftsbedingungen aufgeführten Mitwirkungspflichten) zu der Entstehung eines Schadens beigetragen, bestimmt sich nach den Grundsätzen des Mitverschuldens, in welchem Umfang Bank und Kunde den Schaden zu tragen haben.

(2) Weitergeleitete Aufträge

Wenn ein Auftrag seinem Inhalt nach typischerweise in der Form ausgeführt wird, dass die Bank einen Dritten mit der weiteren Erledigung betraut, erfüllt die Bank den Auftrag dadurch, dass sie ihn im eigenen Namen an den Dritten weiterleitet (weitergeleiteter Auftrag). Dies betrifft zum Beispiel die Einholung von Bankauskünften bei anderen Kreditinstituten oder die Verwahrung und Verwaltung von Wertpapieren im Ausland. In diesen Fällen beschränkt sich die Haftung der Bank auf die sorgfältige Auswahl und Unterweisung des Dritten.

(3) Störung des Betriebs

Die Bank haftet nicht für Schäden, die durch höhere Gewalt, Aufruhr, Kriegs- und Naturereignisse oder durch sonstige von ihr nicht zu vertretende Vorkommnisse (zum Beispiel Streik, Aussperrung, Verkehrsstörung, Verfügungen von hoher Hand im In- oder Ausland) eintreten.

4. Grenzen der Aufrechnungsbefugnis des Kunden

Der Kunde kann gegen Forderungen der Bank nur aufrechnen, wenn seine Forderungen unbestritten oder rechtskräftig festgestellt sind.

5. Verfügungsberechtigung nach dem Tod des Kunden

Nach dem Tod des Kunden kann die Bank zur Klärung der Verfügungsberechtigung die Vorlegung eines Erbscheins, eines Testamentsvollstreckerzeugnisses oder weiterer hierfür notwendiger Unterlagen verlangen; fremdsprachige Urkunden sind auf Verlangen der Bank in deutscher Übersetzung vorzulegen. Die Bank kann auf die Vorlage eines Erbscheins oder eines Testamentsvollstreckerzeugnisses verzichten, wenn ihr eine Ausfertigung oder eine beglaubigte Abschrift der letztwilligen Verfügung (Testament, Erbvertrag) nebst zugehöriger Eröffnungsniederschrift vorgelegt wird. Die Bank darf denjenigen, der darin als Erbe oder Testamentsvollstrecker bezeichnet ist, als Berechtigten ansehen, ihn verfügen lassen und insbesondere mit befreiender Wirkung an ihn leisten. Dies gilt nicht, wenn der Bank bekannt ist, dass der dort Genannte (zum Beispiel nach Anfechtung oder wegen Nichtigkeit des Testaments) nicht verfügungsberechtigt ist, oder wenn ihr dies infolge Fahrlässigkeit nicht bekannt geworden ist.

6. Maßgebliches Recht und Gerichtsstand bei kaufmännischen und öffentlich-rechtlichen Kunden

(1) Geltung deutschen Rechts

Für die Geschäftsverbindung zwischen dem Kunden und der Bank gilt deutsches Recht.

(2) Gerichtsstand für Inlandskunden

Ist der Kunde ein Kaufmann und ist die streitige Geschäftsbeziehung dem Betriebe seines Handelsgewerbes zuzurechnen, so kann die Bank diesen Kunden an dem für die kontoführende Stelle zuständigen Gericht oder bei einem anderen zuständigen Gericht verklagen; dasselbe gilt für eine juristische Person des öffentlichen Rechts und für öffentlich-rechtliche Sondervermögen. Die Bank selbst kann von diesen Kunden nur an dem für die kontoführende Stelle zuständigen Gericht verklagt werden.

(3) Gerichtsstand für Auslandskunden

Die Gerichtsstandsvereinbarung gilt auch für Kunden, die im Ausland eine vergleichbare gewerbliche Tätigkeit ausüben, sowie für ausländische Institutionen, die mit inländischen juristischen Personen des öffentlichen Rechts oder mit einem inländischen öffentlich-rechtlichen Sondervermögen vergleichbar sind.

Kontoführung

7. Rechnungsabschlüsse bei Kontokorrentkonten (Konten in laufender Rechnung); Genehmigung von Belastungen aus Lastschriften

(1) Erteilung der Rechnungsabschlüsse

Die Bank erteilt bei einem Kontokorrentkonto, sofern nicht etwas anderes vereinbart ist, jeweils zum Ende eines Kalenderquartals einen Rechnungsabschluss; dabei werden die in diesem Zeitraum entstandenen beiderseitigen Ansprüche (einschließlich der Zinsen und Entgelte der Bank) verrechnet. Die Bank kann auf den Saldo, der sich aus der Verrechnung ergibt, nach Nr. 12 dieser Geschäftsbedingungen oder nach der mit dem Kunden anderweitig getroffenen Vereinbarung Zinsen berechnen.

(2) Frist für Einwendungen; Genehmigung durch Schweigen

Einwendungen wegen Unrichtigkeit oder Unvollständigkeit eines Rechnungsabschlusses hat der Kunde spätestens vor Ablauf von sechs Wochen nach dessen Zugang zu erheben; macht er seine Einwendungen schriftlich geltend, genügt die Absendung innerhalb der Sechs-Wochen-Frist. Das Unterlassen rechtzeitiger Einwendungen gilt als Genehmigung. Auf diese Folge wird die Bank bei Erteilung des Rechnungsabschlusses besonders hinweisen. Der Kunde kann auch nach Fristablauf eine Berichtigung des Rechnungsabschlusses verlangen, muss dann aber beweisen, dass zu Unrecht sein Konto belastet oder eine ihm zustehende Gutschrift nicht erteilt wurde.

(3) Genehmigung von Belastungen aus Lastschriften

Hat der Kunde eine Belastungsbuchung aus einer Lastschrift, für die er dem Gläubiger eine Einzugsermächtigung erteilt hat, nicht schon genehmigt, so hat er Einwendungen gegen diese im Saldo des nächsten Rechnungsabschlusses enthaltene Belastungsbuchung spätestens vor Ablauf von sechs Wochen nach Zugang des Rechnungsabschlusses zu erheben. Macht er seine Einwendungen schriftlich geltend, genügt die Absendung innerhalb der Sechs-Wochen-Frist. Das Unterlassen rechtzeitiger Einwendungen gilt als Genehmigung der Belastung. Auf diese Folge wird die Bank bei Erteilung des Rechnungsabschlusses besonders hinweisen.

8. Storno- und Berichtigungsbuchungen der Bank

(1) Vor Rechnungsabschluss

Fehlerhafte Gutschriften auf Kontokorrentkonten (zum Beispiel wegen einer falschen Kontonummer) darf die Bank bis zum nächsten Rechnungsabschluss durch eine Belastungsbuchung rückgängig machen, soweit ihr ein Rückzahlungsanspruch gegen den Kunden zusteht (Stornobuchung); der Kunde kann in diesem Fall gegen die Belastungsbuchung nicht einwenden, dass er in Höhe der Gutschrift bereits verfügt hat.

(2) Nach Rechnungsabschluss

Stellt die Bank eine fehlerhafte Gutschrift erst nach einem Rechnungsabschluss fest und steht ihr ein Rückzahlungsanspruch gegen den Kunden zu, so wird sie in Höhe ihres Anspruchs sein Konto belasten (Berichtigungsbuchung). Erhebt der Kunde gegen die Berichtigungsbuchung Einwendungen, so wird die Bank den Betrag dem Konto wieder gutschreiben und ihren Rückzahlungsanspruch gesondert geltend machen.

(3) Information des Kunden; Zinsberechnung

Ober Storno- und Berichtigungsbuchungen wird die Bank den Kunden unverzüglich unterrichten. Die Buchungen nimmt die Bank hinsichtlich der Zinsberechnung rückwirkend zu dem Tag vor, an dem die fehlerhafte Buchung durchgeführt wurde.

9. Einzugsaufträge

(1) Erteilung von Vorbehaltsgutschriften bei der Einreichung

Schreibt die Bank den Gegenwert von Schecks und Lastschriften schon vor ihrer Einlösung gut, geschieht dies unter dem Vorbehalt ihrer Einlösung und zwar auch dann, wenn diese Papiere bei der Bank selbst zahlbar sind. Reicht der Kunde andere Papiere mit dem Auftrag ein, von einem Zahlungspflichtigen einen Forderungsbetrag zu beschaffen (zum Beispiel Zinsscheine), und erteilt die Bank über den Betrag eine Gutschrift, so steht diese unter dem Vorbehalt, dass die Bank den Betrag erhält. Der Vorbehalt gilt auch dann, wenn die Papiere bei der Bank selbst zahlbar sind. Werden Schecks oder Lastschriften nicht eingelöst oder erhält die Bank den Betrag aus dem Einzugsauftrag nicht, macht die Bank die Vorbehaltsgutschrift rückgängig. Dies geschieht unabhängig davon, ob in der Zwischenzeit ein Rechnungsabschluss erteilt wurde.

(2) Einlösung von Lastschriften und vom Kunden ausgestellter Schecks

Lastschriften und Schecks sind eingelöst, wenn die Belastungsbuchung nicht spätestens am zweiten Bankarbeitstag nach ihrer Vornahme rückgängig gemacht wird. Barschecks sind bereits mit Zahlung an den Scheckvorleger eingelöst. Schecks sind auch schon dann eingelöst, wenn die Bank im Einzelfall eine Bezahltmeldung absendet. Lastschriften und Schecks, die über die Abrechnungsstelle einer Landeszentralbank vorgelegt werden, sind eingelöst, wenn sie nicht bis zu dem von der Landeszentralbank festgesetzten Zeitpunkt an die Abrechnungsstelle zurückgegeben werden.

10. Fremdwährungsgeschäfte und Risiken bei Fremdwährungskonten

(1) Auftragsausführung bei Fremdwährungskonten

Fremdwährungskonten des Kunden dienen dazu, Zahlungen an den Kunden und Verfügungen des Kunden in fremder Währung bargeldlos abzuwickeln. Verfügungen über Guthaben auf Fremdwährungskonten (zum Beispiel durch Überweisungen zu Lasten des Fremdwährungsguthabens) werden unter Einschaltung von Banken im Heimatland der Währung abgewickelt, wenn sie die Bank nicht vollständig innerhalb des eigenen Hauses ausführt.

(2) Gutschriften bei Fremdwährungsgeschäften mit dem Kunden

Schließt die Bank mit dem Kunden ein Geschäft (zum Beispiel ein Devisentermingeschäft) ab, aus dem sie die Verschaffung eines Betrages in fremder Währung schuldet, wird sie ihre Fremdwährungsverbindlichkeit durch Gutschrift auf dem Konto des Kunden in dieser Währung erfüllen, sofern nicht etwas anderes vereinbart ist.

(3) Vorübergehende Beschränkung der Leistung durch die Bank

Die Verpflichtung der Bank zur Ausführung einer Verfügung zu Lasten, eines Fremdwährungsguthabens (Absatz 1) oder zur Erfüllung einer Fremdwährungsverbindlichkeit (Absatz 2) ist in dem Umfang und so lange ausgesetzt, wie die Bank in der Währung, auf die das Fremdwährungsguthaben oder die Verbindlichkeit lautet, wegen politisch bedingter Maßnahmen oder Ereignisse im Lande dieser Währung nicht oder nur eingeschränkt verfügen kann. In dem Umfang und solange diese Maßnahmen oder Ereignisse andauern, ist die Bank auch nicht zu einer Erfüllung an einem anderen Ort außerhalb des Landes der Währung, in einer anderen Währung (auch nicht in Euro) oder durch Anschaffung von Bargeld verpflichtet. Die Verpflichtung der Bank zur Ausführung einer Verfügung zu Lasten eines Fremdwährungsguthabens ist dagegen nicht ausgesetzt, wenn sie die Bank vollständig im eigenen Haus ausführen kann. Das Recht des Kunden und der Bank, fällige gegenseitige Forderungen in derselben Währung miteinander zu verrechnen, bleibt von den vorstehenden Regelungen unberührt.

(4) Umrechnungskurs

Die Bestimmung des Kurses bei Fremdwährungsgeschäften ergibt sich aus dem "Preis- und Leistungsverzeichnis".

Mitwirkungspflichten des Kunden

11. Mitwirkungspflichten des Kunden

(1) Änderungen von Name, Anschrift oder einer gegenüber der Bank erteilten Vertretungsmacht

Zur ordnungsgemäßen Abwicklung des Geschäftsverkehrs ist es erforderlich, dass der Kunde der Bank Änderungen seines Namens und seiner Anschrift sowie das Erlöschen oder die Änderung einer gegenüber der Bank erteilten Vertretungsmacht (insbesondere einer Vollmacht) unverzüglich mitteilt. Diese Mitteilungspflicht besteht auch dann, wenn die Vertretungsmacht in ein öffentliches Register (zum Beispiel in das Handelsregister) eingetragen ist und ihr Erlöschen oder ihre Änderung in dieses Register eingetragen wird.

(2) Klarheit von Aufträgen und Überweisungen

Aufträge und Überweisungen müssen Ihren Inhalt zweifelsfrei erkennen lassen. Nicht eindeutig formulierte Aufträge und Überweisungen können Rückfragen zur Folge haben, die zu Verzögerungen führen können. Vor allem hat der Kunde bei Aufträgen zur Gutschrift auf einem Konto (zum Beispiel bei Lastschrift- und Scheckeinreichungen) und Überweisungen auf die Richtigkeit und Vollständigkeit des Namens des Zahlungsempfängers, der angegebenen Kontonummer, der angegebenen Bankleitzahl und der angegebenen Währung zu achten. Änderungen, Bestätigungen oder Wiederholungen von Aufträgen und Überweisungen müssen als solche gekennzeichnet sein.

(3) Besonderer Hinweis bei Eilbedürftigkeit der Ausführung eines Auftrags oder einer Überweisung

Hält der Kunde bei der Ausführung eines Auftrags oder einer Überweisung besondere Eile für nötig, hat er dies der Bank gesondert mitzuteilen. Bei formularmäßig erteilten Aufträgen oder Überweisungen muss dies außerhalb des Formulars erfolgen.

(4) Prüfung und Einwendungen bei Mitteilungen der Bank

Der Kunde hat Kontoauszüge, Wertpapierabrechnungen, Depot- und Erträgnisaufstellungen, sonstige Abrechnungen, Anzeigen über die Ausführung von Aufträgen und Überweisungen sowie Informationen über erwartete Zahlungen und Sendungen (Avise) auf ihre Richtigkeit und Vollständigkeit unverzüglich zu überprüfen und etwaige Einwendungen unverzüglich zu erheben.

(5) Benachrichtigung der Bank bei Ausbleiben von Mitteilungen

Falls Rechnungsabschlüsse und Depotaufstellungen dem Kunden nicht zugehen, muss er die Bank unverzüglich benachrichtigen. Die Benachrichtigungspflicht besteht auch beim Ausbleiben anderer Mitteilungen, deren Eingang der Kunde erwartet (Wertpapierabrechnungen, Kontoauszüge nach der Ausführung von Aufträgen und Überweisungen des Kunden oder über Zahlungen, die der Kunde erwartet).

Kosten der Bankdienstleistungen

12. Zinsen, Entgelte und Auslagen

(1) Zinsen und Entgelte im Privatkundengeschäft

Die Höhe der Zinsen und Entgelte für die im Privatkundengeschäft üblichen Kredite und Leistungen ergibt sich aus dem "Preisaushang - Regelsätze im standardisierten Privatkundengeschäft" und ergänzend aus dem "Preis- und Leistungsverzeichnis". Wenn ein Kunde einen dort aufgeführten Kredit oder eine dort aufgeführte Leistung in Anspruch nimmt und dabei keine abweichende Vereinbarung getroffen wurde, gelten die zu diesem Zeitpunkt im Preisaushang oder Preis- und Leistungsverzeichnis angegebenen Zinsen und Entgelte. Für die darin nicht aufgeführten Leistungen, die im Auftrag des Kunden oder in dessen mutmaßlichem Interesse erbracht werden und die, nach den Umständen zu urteilen, nur gegen eine Vergütung zu erwarten sind, kann die Bank die Höhe der Entgelte nach billigem Ermessen (§ 315 des Bürgerlichen Gesetzbuches) bestimmen.

(2) Zinsen und Entgelte außerhalb des Privatkundengeschäfts

Außerhalb des Privatkundengeschäfts bestimmt die Bank, wenn keine andere Vereinbarung getroffen ist, die Höhe von Zinsen und Entgelten nach billigem Ermessen (§ 315 des Bürgerlichen Gesetzbuches).

(3) Änderung von Zinsen und Entgelten

Die Änderung der Zinsen bei Krediten mit einem veränderlichen Zinssatz erfolgt aufgrund der jeweiligen Kreditvereinbarungen mit dem Kunden. Das Entgelt für Leistungen, die vom Kunden im Rahmen der Geschäftsverbindung typischerweise dauerhaft in Anspruch genommen werden (zum Beispiel Konto- und Depotführung), kann die Bank nach billigem Ermessen (§ 315 des Bürgerlichen Gesetzbuches) ändern.

(4) Kündigungsrecht des Kunden bei Erhöhung von Zinsen und Entgelten

Die Bank wird dem Kunden Änderungen von Zinsen und Entgelten nach Absatz 3 mitteilen. Bei einer Erhöhung kann der Kunde, sofern nichts anderes vereinbart ist, die davon betroffene Geschäftsbeziehung innerhalb von sechs Wochen nach Bekanntgabe der Änderung mit sofortiger Wirkung kündigen. Kündigt der Kunde, so werden die erhöhten Zinsen und Entgelte für die gekündigte Geschäftsbeziehung nicht zugrunde gelegt. Die Bank wird zur Abwicklung eine angemessene Frist einräumen.

(5) Auslagen

Die Bank ist berechtigt, dem Kunden Auslagen in Rechnung zu stellen, die anfallen, wenn die Bank in seinem Auftrag oder seinem mutmaßlichen Interesse tätig wird (insbesondere für Ferngespräche, Porti) oder wenn Sicherheiten bestellt, verwaltet, freigegeben oder verwertet werden (insbesondere Notarkosten, Lagergelder, Kosten der Bewachung von Sicherungsgut).

(6) Besonderheiten bei Verbraucherdarlehensverträgen

Bei Kreditverträgen, die nach § 492 des Bürgerlichen Gesetzbuches der Schriftform bedürfen, richten sich die Zinsen und die Kosten (Entgelte, Auslagen) nach den Angaben in der Vertragsurkunde. Fehlt die Angabe eines Zinssatzes, gilt der gesetzliche Zinssatz; nicht angegebene Kosten werden nicht geschuldet (§ 494 Absatz 2 des Bürgerlichen Gesetzbuches). Bei Überziehungskrediten nach § 493 des Bürgerlichen Gesetzbuches richtet sich der maßgebliche Zinssatz nach dem Preisaushang und den Informationen, die die Bank dem Kunden übermittelt.

Sicherheiten für die Ansprüche der Bank gegen den Kunden

13. Bestellung oder Verstärkung von Sicherheiten

(1) Anspruch der Bank auf Bestellung von Sicherheiten

Die Bank kann für alle Ansprüche aus der bankmäßigen Geschäftsverbindung die Bestellung bankmäßiger Sicherheiten verlangen, und zwar auch dann, wenn die Ansprüche bedingt sind (zum Beispiel Aufwendungsersatzanspruch wegen der Inanspruchnahme aus einer für den Kunden übernommenen Bürgschaft). Hat der Kunde gegenüber der Bank eine Haftung für Verbindlichkeiten eines anderen Kunden der Bank übernommen. (zum Beispiel als Bürge), so besteht für die Bank ein Anspruch auf Bestellung oder Verstärkung von Sicherheiten im Hinblick auf die aus der Haftungsübernahme folgende Schuld jedoch erst ab ihrer Fälligkeit.

(2) Veränderungen des Risikos

Hat die Bank bei der Entstehung von Ansprüchen gegen den Kunden zunächst ganz oder teilweise davon abgesehen, die Bestellung oder Verstärkung von Sicherheiten zu verlangen, kann sie auch später noch eine Besicherung fordern. Voraussetzung hierfür ist jedoch, dass Umstände eintreten oder bekannt werden, die eine erhöhte Risikobewertung der Ansprüche gegen den Kunden rechtfertigen. Dies kann insbesondere der Fall sein, wenn

- sich die wirtschaftlichen Verhältnisse des Kunden nachteilig verändert haben oder sich zu verändern drohen, oder
- sich die vorhandenen Sicherheiten wertmäßig verschlechtert haben oder zu verschlechtern drohen.

Der Besicherungsanspruch der Bank besteht nicht, wenn ausdrücklich vereinbart ist, dass der Kunde keine oder ausschließlich im Einzelnen benannte Sicherheiten zu bestellen hat. Bei Verbraucherdarlehensverträgen besteht ein Anspruch auf die Bestellung oder Verstärkung von Sicherheiten nur, soweit die Sicherheiten im Kreditvertrag angegeben sind; wenn der Nettokreditbetrag 50.000 Euro übersteigt, besteht der Anspruch auf Bestellung oder Verstärkung auch dann, wenn der Kreditvertrag keine oder keine abschließenden Angaben über Sicherheiten enthält.

(3) Fristsetzung für die Bestellung oder Verstärkung von Sicherheiten

Für die Bestellung oder Verstärkung von Sicherheiten wird die Bank eine angemessene Frist einräumen. Beabsichtigt die Bank, von ihrem Recht zur fristlosen Kündigung nach Nr. 19 Absatz 3 dieser Geschäftsbedingungen Gebrauch zu machen, falls der Kunde seiner Verpflichtung zur Bestellung oder Verstärkung von Sicherheiten nicht fristgerecht nachkommt, wird sie ihn zuvor hierauf hinweisen.

14. Vereinbarung eines Pfandrechts zugunsten der Bank

(1) Einigung über das Pfandrecht

Der Kunde und die Bank sind sich darüber einig, dass die Bank ein Pfandrecht an den Wertpapieren und Sachen erwirbt, an denen eine inländische Geschäftsstelle im bankmäßigen Geschäftsverkehr Besitz erlangt hat oder noch erlangen wird. Die Bank erwirbt ein Pfandrecht auch an den Ansprüchen, die dem Kunden gegen die Bank aus der bankmäßigen Geschäftsverbindung zustehen oder künftig zustehen werden (zum Beispiel Kontoguthaben).

(2) Gesicherte Ansprüche

Das Pfandrecht dient der Sicherung aller bestehenden, künftigen und bedingten Ansprüche, die der Bank mit ihren sämtlichen in- und ausländischen Geschäftsstellen aus der bankmäßigen Geschäftsverbindung gegen den Kunden zustehen. Hat der Kunde gegenüber der Bank eine Haftung für Verbindlichkeiten eines anderen Kunden der Bank übernommen (zum Beispiel als Bürge), so sichert das Pfandrecht die aus der Haftungsübernahme folgende Schuld jedoch erst ab ihrer Fälligkeit.

(3) Ausnahmen vom Pfandrecht

Gelangen Gelder oder andere Werte mit der Maßgabe in die Verfügungsgewalt der Bank, dass sie nur für einen bestimmten Zweck verwendet werden dürfen (zum Beispiel Bareinzahlung zur Einlösung eines Wechsels), erstreckt sich das Pfandrecht der Bank nicht auf diese Werte. Dasselbe gilt für die von der Bank selbst ausgegebenen Aktien (eigene Aktien) und für die Wertpapiere, die die Bank im Ausland für den Kunden verwahrt. Außerdem erstreckt sich das Pfandrecht nicht auf die von der Bank selbst ausgegebenen eigenen Genussrechte/Genussscheine und nicht auf die verbrieften und nicht verbrieften nachrangigen Verbindlichkeiten der Bank

(4) Zins- und Gewinnanteilscheine

Unterliegen dem Pfandrecht der Bank Wertpapiere, ist der Kunde nicht berechtigt, die Herausgabe der zu diesen Papieren gehörenden Zins- und Gewinnanteilscheine zu verlangen.

15. Sicherungsrechte bei Einzugspapieren und diskontierten Wechseln

(1) Sicherungsübereignung

Die Bank erwirbt an den ihr zum Einzug eingereichten Schecks und Wechseln im Zeitpunkt der Einreichung Sicherungseigentum. An diskontierten Wechseln erwirbt die Bank im Zeitpunkt des Wechselankaufs uneingeschränktes Eigentum; belastet sie diskontierte Wechsel dem Konto zurück, so verbleibt ihr das Sicherungseigentum an diesen Wechseln.

(2) Sicherungsabtretung

Mit dem Erwerb des Eigentums an Schecks und Wechseln gehen auch die zugrunde liegenden Forderungen auf die Bank über; ein Forderungsübergang findet ferner statt, wenn andere Papiere zum Einzug eingereicht werden (zum Beispiel Lastschriften, kaufmännische Handelspapiere).

(3) Zweckgebundene Einzugspapiere

Werden der Bank Einzugspapiere mit der Maßgabe eingereicht, dass ihr Gegenwert nur für einen bestimmten Zweck verwendet werden darf, erstrecken sich die Sicherungsübereignung und die Sicherungsabtretung nicht auf diese Papiere.

(4) Gesicherte Ansprüche der Bank

Das Sicherungseigentum und die Sicherungsabtretung dienen der Sicherung aller Ansprüche, die der Bank gegen den Kunden bei Einreichung von Einzugspapieren aus seinen Kontokorrentkonten zustehen oder die infolge der Rückbelastung nicht eingelöster Einzugspapiere oder diskontierter Wechsel entstehen. Auf Anforderung des Kunden nimmt die Bank eine Rückübertragung des Sicherungseigentums an den Papieren und der auf sie übergegangenen Forderungen an den Kunden vor, falls ihr im Zeitpunkt der Anforderung keine zu sichernden Ansprüche gegen den Kunden zustehen oder sie ihn über den Gegenwert der Papiere vor deren endgültiger Bezahlung nicht verfügen lässt.

16. Begrenzung des Besicherungsanspruchs und Freigabeverpflichtung

(1) Deckungsgrenze

Die Bank kann ihren Anspruch auf Bestellung oder Verstärkung von Sicherheiten so lange geltend machen, bis der realisierbare Wert aller Sicherheiten dem Gesamtbetrag aller Ansprüche aus der bankmäßigen Geschäftsverbindung (Deckungsgrenze) entspricht.

(2) Freigabe

Falls der realisierbare Wert aller Sicherheiten die Deckungsgrenze nicht nur vorübergehend übersteigt, hat die Bank auf Verlangen des Kunden Sicherheiten nach ihrer Wahl freizugeben, und zwar in Höhe des die Deckungsgrenze übersteigenden Betrages; sie wird bei der Auswahl der freizugebenden Sicherheiten auf die berechtigten Belange des Kunden und eines dritten Sicherungsgebers, der für die Verbindlichkeiten des Kunden Sicherheiten bestellt hat, Rücksicht nehmen. In diesem Rahmen ist die Bank auch verpflichtet, Aufträge des Kunden über die dem Pfandrecht unterliegenden Werte auszuführen (zum Beispiel Verkauf von Wertpapieren, Auszahlung von Sparguthaben).

(3) Sondervereinbarungen

Ist für eine bestimmte Sicherheit ein anderer Bewertungsmaßstab als der realisierbare Wert oder ist eine andere Deckungsgrenze oder ist eine andere Grenze für die Freigabe von Sicherheiten vereinbart, so sind diese maßgeblich.

17. Verwertung von Sicherheiten

(1) Wahlrecht der Bank

Wenn die Bank verwertet, hat die Bank unter mehreren Sicherheiten die Wahl. Sie wird bei der Verwertung und bei der Auswahl der zu verwertenden Sicherheiten auf die berechtigten Belange des Kunden und eines dritten Sicherungsgebers, der für die Verbindlichkeiten des Kunden Sicherheiten bestellt hat, Rücksicht nehmen.

(2) Erlösgutschrift nach dem Umsatzsteuerrecht

Wenn der Verwertungsvorgang der Umsatzsteuer unterliegt, wird die Bank dem Kunden über den Erlös eine Gutschrift erteilen, die als Rechnung für die Lieferung der als Sicherheit dienenden Sache gilt und den Voraussetzungen des Umsatzsteuerrechts entspricht.

Kündigung

18. Kündigungsrechte des Kunden

(1) Jederzeitiges Kündigungsrecht

Der Kunde kann die gesamte Geschäftsverbindung oder einzelne Geschäftsbeziehungen (zum Beispiel den Scheckvertrag), für die weder eine Laufzeit noch eine abweichende Kündigungsregelung vereinbart ist, jederzeit ohne Einhaltung einer Kündigungsfrist kündigen.

(2) Kündigung aus wichtigem Grund

Ist für eine Geschäftsbeziehung eine Laufzeit oder eine abweichende Kündigungsregelung vereinbart, kann eine fristlose Kündigung nur dann ausgesprochen werden, wenn hierfür ein wichtiger Grund vorliegt, der es dem Kunden, auch unter Berücksichtigung der berechtigten Belange der Bank, unzumutbar werden lässt, die Geschäftsbeziehung fortzusetzen.

(3) Gesetzliche Kündigungsrechte

Gesetzliche Kündigungsrechte bleiben unberührt.

19. Kündigungsrechte der Bank

(1) Kündigung unter Einhaltung einer Kündigungsfrist

Die Bank kann die gesamte Geschäftsverbindung oder einzelne Geschäftsbeziehungen, für die weder eine Laufzeit noch eine abweichende Kündigungsregelung vereinbart ist, jederzeit unter Einhaltung einer angemessenen Kündigungsfrist kündigen (zum Beispiel den Scheckvertrag, der zur Nutzung von Scheckvordrucken berechtigt). Bei der Bemessung der Kündigungsfrist wird die Bank auf die berechtigten Belange des Kunden Rücksicht nehmen. Für die Kündigung der Führung von laufenden Konten und Depots beträgt die Kündigungsfrist mindestens sechs Wochen.

(2) Kündigung unbefristeter Kredite

Kredite und Kreditzusagen, für die weder eine Laufzeit noch eine abweichende Kündigungsregelung vereinbart ist, kann die Bank jederzeit ohne Einhaltung einer Kündigungsfrist kündigen. Die Bank wird bei der Ausübung dieses Kündigungsrechts auf die berechtigten Belange des Kunden Rücksicht nehmen.

(3) Kündigung aus wichtigem Grund ohne Einhaltung einer Kündigungsfrist

Eine fristlose Kündigung der gesamten Geschäftsverbindung oder einzelner Geschäftsbeziehungen ist zulässig, wenn ein wichtiger Grund vorliegt, der der Bank, auch unter Berücksichtigung der berechtigten Belange des Kunden, deren Fortsetzung unzumutbar werden lässt. Ein wichtiger Grund liegt insbesondere vor,

- wenn der Kunde unrichtige Angaben über seine Vermögensverhältnisse gemacht hat, die für die Entscheidung der Bank über eine Kreditgewährung oder über andere mit Risiken für die Bank verbundene Geschäfte (z.B. Aushändigung einer Zahlungskarte) von erheblicher Bedeutung waren, oder
- wenn eine wesentliche Verschlechterung der Vermögensverhältnisse des Kunden oder der Werthaltigkeit einer Sicherheit eintritt oder einzutreten droht und dadurch die Rückzahlung des Darlehens oder die Erfüllung einer sonstigen Verbindlichkeit gegenüber der Bank - auch unter Verwertung einer hierfür bestehenden Sicherheit - gefährdet ist, oder
- wenn der Kunde seiner Verpflichtung zur Bestellung oder Verstärkung von Sicherheiten nach Nr. 13 Absatz 2 dieser Geschäftsbedingungen oder aufgrund einer sonstigen Vereinbarung nicht innerhalb der von der Bank gesetzten angemessenen Frist nachkommt.

Besteht der wichtige Grund in der Verletzung einer vertraglichen Pflicht, ist die Kündigung erst nach erfolglosem Ablauf einer zur Abhilfe bestimmten angemessenen Frist oder nach erfolgloser Abmahnung zulässig, es sei denn, dies ist wegen der Besonderheiten des Einzelfalles (§ 323 Absätze 2 und 3 des Bürgerlichen Gesetzbuches) entbehrlich.

(4) Kündigung von Verbraucherdarlehensverträgen bei Verzug

Soweit das Bürgerliche Gesetzbuch Sonderregelungen für die Kündigung wegen Verzuges mit der Rückzahlung eines Verbraucherdarlehensvertrages vorsieht, kann die Bank nur nach Maßgabe dieser Regelungen kündigen.

(5) Abwicklung nach einer Kündigung

Im Falle einer Kündigung ohne Kündigungsfrist wird die Bank dem Kunden für die Abwicklung (insbesondere für die Rückzahlung eines Kredits) eine angemessene Frist einräumen, soweit nicht eine sofortige Erledigung erforderlich ist (zum Beispiel bei der Kündigung des Scheckvertrages die Rückgabe der Scheckvordrucke).

Schutz der Einlagen

20. Einlagensicherungsfonds

(1) Schutzumfang

Die Bank ist dem Einlagensicherungsfonds des Bundesverbandes deutscher Banken e.V. angeschlossen. Der Einlagensicherungsfonds sichert alle Verbindlichkeiten, die in der Bilanzposition "Verbindlichkeiten gegenüber Kunden" auszuweisen sind. Hierzu zählen Sicht-, Termin- und Spareinlagen einschließlich der auf den Namen lautenden Sparbriefe. Die Sicherungsgrenze je Gläubiger beträgt 30% des für die Einlagensicherung jeweils maßgeblichen haftenden Eigenkapitals der Bank. Diese Sicherungsgrenze wird dem Kunden von der Bank auf Verlangen bekannt gegeben. Sie kann auch im Internet unter www.bdb.de abgefragt werden.

(2) Ausnahmen vom Einlegerschutz

Nicht geschützt sind Forderungen, über die die Bank Inhaberpapiere ausgestellt hat, wie z.B. Inhaberschuldverschreibungen und Inhabereinlagenzertifikate, sowie Verbindlichkeiten gegenüber Kreditinstituten.

(3) Ergänzende Geltung des Statuts des Einlagensicherungsfonds

Wegen weiterer Einzelheiten des Sicherungsumfanges wird auf § 6 des Statuts des Einlagensicherungsfonds verwiesen, das auf Verlangen zur Verfügung gestellt wird.

(4) Forderungsübergang

Soweit der Einlagensicherungsfonds oder ein von ihm Beauftragter Zahlungen an einen Kunden leistet, gehen dessen Forderungen gegen die Bank in entsprechender Höhe mit allen Nebenrechten Zug um Zug auf den Einlagensicherungsfonds über.

(5) Auskunftserteilung

Die Bank ist befugt, dem Einlagensicherungsfonds oder einem von ihm Beauftragten alle in diesem Zusammenhang erforderlichen Auskünfte zu erteilen und Unterlagen zur Verfügung zu stellen.

Anhang 4:
Übersicht Einzugsermächtigungsverfahren

Übersicht Einzugsermächtigungsverfahren*

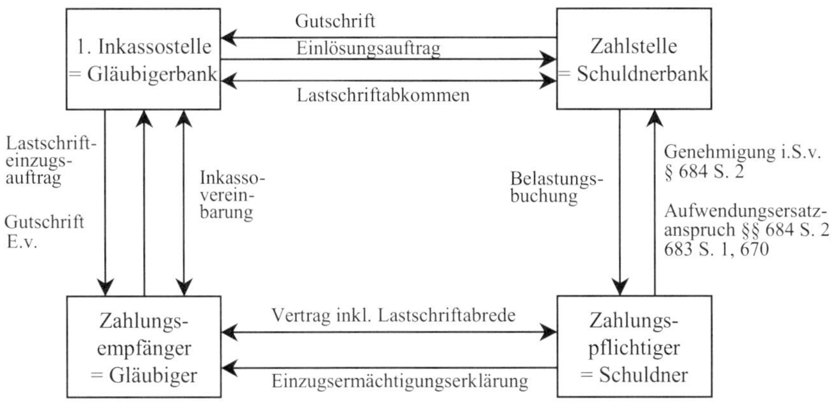

*Vgl. Schimansky in: Bankrechts-Handbuch, 2. Auflage, 2001, § 46 Rn 11

Literaturverzeichnis

Altmeppen, Holger: Insolvenzverschleppungshaftung Stand 2001, in: ZIP 2001, S. 2201–2211.

d'Avoine, Marc: Widerspruchsmöglichkeit des vorläufigen Insolvenzverwalters auch bei „Abbuchungsaufträgen"? In: ZInsO 2006, S. 225–229.

Badde, Christian: Vertrag mit Schutzwirkung für Dritte im Lastschriftabkommen der Banken? Münster 1979.

Balz, Manfred / *Landferman,* Hans-Georg: Die neuen Insolvenzgesetze, u. a. mit Einleitung, Begründung des Regierungsentwurfs, Bericht des Rechtsausschusses des Deutschen Bundestags, Düsseldorf 1995.

Bankgeschäftliches Formularbuch: 1. Ausgabe, Berlin 1912, bearb. v. M. Kühne u. a., 2. Ausgabe, Berlin 1920, bearb. v. Arwed Koch u. a., 10. Ausgabe, Berlin 1939, bearb. v. Arwed Koch u. a., 18. Ausgabe, Köln 1969, bearb. v. Wilhelm Schütz.

Bauer, Heinrich: Der Widerspruch des Zahlungspflichtigen im Lastschriftverfahren, in: WM 1981, S. 1186–1199.

– Der Zeitpunkt der Einlösung von Lastschriften und Schecks, in: WM 1983, S. 198–207.

Bauer, Karlheinz: Sorgfaltspflichten der Kreditinstitute im Rahmen des Lastschriftverfahrens, Bayreuth 1998.

Baumbach, Adolf / *Hopt,* Klaus J.: Handelsgesetzbuch, Kommentar, begr. v. Adolf Baumbach, 31. Auflage, München 2003.

Baumbach, Adolf / *Hueck,* Alfred: GmbH-Gesetz, Kommentar, 17. Auflage, München 2000.

Baur, Jürgen F. / *Stürner,* Rolf: Lehrbuch des Sachenrechts, 16. Auflage, München 1992.

Becker-Eberhard, Ekkehard: Die Forderungsgebundenheit der Sicherungsrechte, Bielefeld 1993.

Bitter, Georg: Anmerkung zu BGH, Urt. v. 29. 11. 1999 – II ZR 273/98, in: WuB II C. § 64 GmbHG 1.01.

Böhm, Michael: Anmerkung zu BGH, Urt. v. 4. 11. 2004 – IX ZR 22/3, in: BKR 2005, S. 366–372.

Bork, Reinhard: Lastschriften in der Insolvenz des Lastschriftschuldners, in: Festschrift für Walter Gerhardt, Köln 2004, S. 69–88.

– Kurzkomm. zu OLG Hamm, Urt. v. 11. 12. 2003 – 27 U 130/03, in: EWiR 2004, S. 237–238.

– Anmerkung zu BGH, Urt. v. 4. 11. 2004 – IX ZR 22/03, in: ZIP 2004, S. 2446–2448.

– Zahlungsverkehr in der Insolvenz, Köln 2002.

– § 55 Abs. 2 InsO, § 108 Abs. 2 InsO und der allgemeine Zustimmungsvorbehalt, in: ZIP 1999, S. 781–786.

– Einführung in das Insolvenzrecht, 4. Auflage, Tübingen 2005.

Bra, Peter de: Anmerkung zu BGH, Urt. v. 13. 3. 2003 – IX ZR 64/02, in: LMK 2003, S. 135.

Braun, Eberhard: Insolvenzordnung, Kommentar, 2. Auflage, München 2004.

Breutigam, Axel u. a.: Berliner Praxiskommentar Insolvenzrecht, Band I, §§ 1–173 InsO, 22. Lieferung, Freiburg Stand: 04/2005.

Buck, Gerhard: Der Widerspruch des Konkursverwalters gegen Lastschriften, die im Einzugsermächtigungsverfahren eingezogen wurden, in: KTS 1980, S. 97–100.

Bundschuh, Karl Dietrich: Die Widerspruchsfrist im Einzugsermächtigungsverfahren, in: Festschrift für Walter Stimpel, Berlin, New York 1985, S. 1039–1048.

Canaris, Claus-Wilhelm: Zur Anfechtbarkeit bei Abbuchungsaufträgen mittels Lastschrift im Konkurs des Schuldners, Anmerkung zum BGH, Urt. v. 12. 5. 1980 – VIII ZR 170/79, in: ZIP 1980, S. 516–518.

– Der Bereicherungsausgleich im bargeldlosen Zahlungsverkehr, in: WM 1980, S. 354–371.

– Anmerkung zu BGH, Urt. v. 7. 6. 1984 – IX ZR 66/83, in: NJW 1984, S. 2281–2282.

– Bankvertragsrecht, 2. Auflage, Berlin, New York 1981.

– Großkommentar Handelsgesetzbuch, begr. v. Hermann Staub, Dritter Band, 2. Halbband, §§ 352–372, 3. Auflage, Berlin 1978, 4. Auflage, 10. Lieferung: Bankvertragsrecht, Erster Teil, Berlin 1988, 20. Lieferung: §§ 343–357, Berlin 2001.

Cartano, Klaus: Anmerkung zu LG Erfurt, Urt. v. 20. 8. 2002 – 10 O 1105/02, in: WuB I D 2. Lastschriftverkehr 1.04.

Dahl, Michael: Anmerkung zu BGH, Urt. v. 4. 11. 2004 – IX ZR 22/03, in: NZI 2005, S. 102–103.

Denck, Johannes: Der Mißbrauch des Widerspruchsrechts im Lastschriftverfahren, in: ZHR 144 (1980), S. 171–191.

– Zur Verteidigung der Genehmigungstheorie beim Einzugsermächtigungsverfahren, in: ZHR 147 (1983), S. 544–564.

Derleder, Peter u. a.: Handbuch zum deutschen und europäischen Bankrecht, Berlin, Heidelberg/New York u. a. 2004.

Dörner, Heinrich u. a.: Handkommentar Bürgerliches Gesetzbuch, 1. Auflage, Baden-Baden 2001.

Ebenroth, Carsten Thomas/*Boujong,* Karlheinz/*Joost,* Detlev: Handelsgesetzbuch, Kommentar, Band 2 § 343–475 h, Transportrecht, Bank- und Börsenrecht, 1. Auflage, München 2001.

Eckardt, Diederich: Kreditsicherung versus Insolvenzanfechtung, in: ZIP 1999, S. 1417–1426.

Ehmann, Horst: Die Gesamtschuld – Versuch einer begrifflichen Erfassung in drei Typen, Berlin 1972.

Eickmann, Dieter u. a.: Heidelberger Kommentar zur Insolvenzordnung, 3. Auflage, Heidelberg / München / Landsberg / Berlin 2003.

Eisele, Fridolin: Korrealität und Solidarität, in: AcP 77 (1891), S. 374–481.

Engel, Hans-Georg: Rechtsprobleme um das Lastschriftverfahren, Hamburg 1966.

Enneccerus, Ludwig / *Lehmann,* Heinrich: Lehrbuch des Bürgerlichen Rechts, begr. v. Ludwig Enneccerus u. a., Recht der Schuldverhältnisse, 15. Bearbeitung, Tübingen 1958.

Erman, Walter: Bürgerliches Gesetzbuch, Handkommentar, Band I, Band II, 11. Auflage, Münster 2004.

Falscheer-Schlegel, Andreas: Das Lastschriftverfahren, Entwicklung und Rechtsprobleme, Köln / Berlin / Bonn / München 1977.

Fehl, Norbert: Anmerkung zu LG Berlin, Urt. v. 27. 1. 2004 – 19 O 398/03, in: DZWIR 2004, S. 257–259.

Feuerborn, Sabine: Der Widerspruch gegen Lastschriften durch den (vorläufigen) Insolvenzverwalter, Besprechung BGH, Urt. v. 4. 11. 2004 – IX ZR 22/03, in: ZIP 2005, S. 604–607.

– Insolvenzanfechtung bei AGB-Pfandrecht und Sicherungszession, in: ZIP 2002, S. 290–295.

Fischer, Gero: Der maßgebliche Zeitpunkt der anfechtbaren Rechtshandlung. Das Verständnis von § 140 Abs. 1 und 3 InsO in der höchstrichterlichen Rechtsprechung, in: ZIP 2004, S. 1679–1684.

– Widerspruch des Insolvenzverwalters im Lastschriftverkehr, in: Festschrift für Walter Gerhardt, Köln 2004, S. 223–235.

Fischer, Reinfried: Anmerkung zu BGH, Urt. v. 21. 12. 1984 – V ZR 204/83, in: WuB I A. Nr. 19 Abs. 4 AGB-Banken 2.85.

Flitsch, Michael: Anmerkung zu BGH, Urt. v. 4. 11. 2004 – IX ZR 22/03, in: BB 2005, S. 17.

Franke, Johannes / *Böhme,* Ralf: Die Tilgung von Altforderungen durch den „schwachen" vorläufigen Verwalter, in: DZWIR 2003, S. 494–496.

Franke, Jörg: Rechtsfragen im Bereich des Lastschriftverfahrens, in: DB 1973, S. 1055–1057.

Frotz, Gerhard: Dogmatische Fortschritte im Verständnis der Regreßmethoden bei Schuldnermehrheit, in: JZ 1964, S. 665–670.

Gantenberg, Florian: Kurzkomm. zu BGH, Urt. v. 4. 11. 2004 – IX ZR 28/04, in: EWiR 2005, S. 227–228.

Ganter, Hans Gerhard: Die Rückbuchung von Lastschriften auf Betreiben des vorläufigen Insolvenzverwalters – Bestandsaufnahme nach dem Urteil des BGH vom 4. November 2004 und Ausblick, in: WM 2005, S. 1557–1563.

– Die Ausübung unzulässigen wirtschaftlichen Drucks auf den vorläufigen Insolvenzverwalter beim Abschluß zur Fortführung des Schuldner-Unternehmens notwendiger Geschäfte, in: Festschrift für Walter Gerhardt, Köln 2004, S. 237–258.

Gelder, Alfons van: Probleme des Einzugsermächtigungsverfahrens, in: Festschrift für Siegfried Kümpel, Berlin 2003, S. 131–151.

– Die Rechtsprechung des Bundesgerichtshofs zum Lastschriftverkehr, in: WM 2001, Sonderbeilage Nr. 7, S. 2 – 19.

Gerhardt, Walter: Anmerkung zu BGH, Urt. v. 19. 12. 2002 – IX ZR 377 / 99, in: EWiR 2003, S. 427 – 428.

– Grundbegriffe des Vollstreckungs- und Insolvenzrechts, Stuttgart 1985.

Gernhuber, Joachim: Die Erfüllung und ihre Surrogate sowie das Erlöschen der Schuldverhältnisse aus anderen Gründen, Handbuch des Schuldrechts, Band 3, 2. Auflage, Tübingen 1994.

Goette, Wulf: Gesamtschuldbegriff und Regreßproblem, Bonn 1974.

– Zur systematischen Einordnung des § 64 Abs. 2 GmbHG, in: ZInsO 2005, S. 1 – 5.

Gößmann, Wolfgang / *Wagner-Wieduwilt,* Klaus / *Weber,* Ahrend: Allgemeine Geschäftsbedingungen der Banken, Sonderdruck aus Bankrecht und Bankpraxis, Köln 1993.

Grzimek, Rochus: Rationalisierung der Debitorenbuchhaltung durch Bankquittungsinkasso, in: DB 1961, S. 1073 – 1077.

Gundlach, Ulf: Kurzkomm. zu BGH, Urt. v. 4. 11 2004 – IX ZR 22 / 03, in: EWiR 2005, S. 121 – 122.

Gundlach, Ulf / *Schirrmeister,* André: Anmerkung zu BGH, Urt. v. 13. 3. 2003 – IX ZR 64 / 02, in: DZWIR 2003, S. 293 – 294.

Haarmeyer, Hans u. a.: Handbuch zur Insolvenzordnung, 3. Auflage, München 2001.

Hadding, Walther: Kann der Insolvenzverwalter ohne „anerkennenswerte Gründe" Kontobelastungen wegen eingelöster Einzugsermächtigungslastschriften widersprechen? In: WM 2005, S. 1549 – 1557.

– Anmerkung zu BGH, Urt. v. 15. 6. 1987 – II ZR 301 / 86, in: WuB I D 2. Lastschriftverkehr 3.87.

– Aktuelle Rechtsfragen des bargeldlosen Zahlungsverkehrs, in: Sparkasse 1986, S. 48 – 52.

– Das Lastschriftverfahren in der Rechtsprechung, in: WM 1978, S. 1366 – 1380.

– Zur zivilrechtlichen Beurteilung des Lastschriftverfahrens, in: Festschrift für Johannes Bärmann, München 1975, S. 375 – 393.

Hadding, Walther / *Häuser,* Franz: Zur Neufassung des Abkommens über den Lastschriftverkehr, WM 1983, Sonderbeilage Nr. 1, S. 3 – 20.

– Rechtsfragen des Giroverhältnisses, in: ZHR 145 (1981), S. 138 – 173.

– Anmerkung zu BGH, Urt. v. 24. 6. 1985 – II ZR 277 / 84, in: WuB I D 2. Lastschriftverkehr 6.85.

Hartung, Klaus Joachim / *Endel,* Antje: Kurzkomm. zu OLG Frankfurt a.M., Urt. v. 16. 9. 1996 – 18 U 92 / 94, in: EWiR 1996, S. 1023 – 1024.

Häsemeyer, Ludwig: Insolvenzrecht, 3. Auflage, Köln, Berlin, Bonn, München 2003.

Haupt, Günter: Die Allgemeinen Geschäftsbedingungen der deutschen Banken, Leipzig 1937.

Häuser, Franz: Zur Erfüllung der Geldschuld durch Inkasso einer Einzugsermächtigungslastschrift, in: WM 1991, S. 1 – 32.

– Anmerkung zu OLG Hamm, Urt. v. 22. 1. 1985 – 27 U 156/84, in: WuB I D 2. Lastschriftverkehr 7.85.

Hegel, Thomas: Lastschriftverfahren und Widerspruchsrecht, in: Die Bank 1981, S. 611–617.

Hegmanns, Ekkehard: Kurzkomm. zu LG Köln, Urt. v. 12. 7. 1989 – 9 S 43/89, in: EWiR 1989, S. 1107–1108.

Hellner, Thorwald / *Schröter,* Jürgen / *Steuer,* Stephan / *Weber,* Ahrend: Bankrecht und Bankpraxis, 65. Lieferung, Köln Stand: 08/2005, Band 1, AGB, Geschäftsverbindung, Kreditformen, Band 3, Auslandsgeschäft, Zahlungsverkehr.

Henckel, Wolfram: Insolvenzanfechtung, in: Kölner Schrift zur Insolvenzordnung, 2. Auflage, Herne, Berlin 2000, S. 813–857.

Henckel, Wolfram u. a.: Insolvenzordnung, Großkommentar, begr. v. Ernst Jaeger, Erster Band, §§ 1–55 InsO, Berlin 2004.

Henze, Hartwig / *Bauer,* Karen: Pflichtenstellung und Haftung des GmbH-Geschäftsführers im früheren und gegenwärtigen Insolvenzrecht, in: Kölner Schrift zur Insolvenzordnung, 2. Auflage, Herne / Berlin 2000, S. 1311–1332.

Hopt, Klaus J. u. a.: Großkommentar Aktiengesetz, begr. v. Wilhelm Gadow u. a., 4. Auflage, 11. Lieferung: §§ 92–94, Berlin 1999.

Horn, Norbert: Handelsgesetzbuch, Kommentar, begr. v. Ernst Heymann, Band 4, Viertes Buch §§ 343–460, 1. Auflage, Berlin, New York 1990.

Hucklenbruch, Gabriele: Widerspruch des vorläufigen Insolvenzverwalters gegen Belastungsbuchungen, BGH, Urt. v. 4. 11. 2004 – IX ZR 22/03, in: FLF 2005, S. 78–82.

Hüffer, Uwe: Kurzkomm. zu BGH, Urt. v. 1. 6. 1987 – II ZR 301/86, in: EWiR 1987, S. 779–780.

– Die Ausgleichung bei dem Zusammentreffen von Bürgschaft und dinglicher Kreditsicherung als Problem der Gesamtschuldlehre, in: AcP 171 (1971), S. 469–485.

Jacob, Ulrich: Die zivilrechtliche Beurteilung des Lastschriftverfahrens, Berlin 1995.

Jaeger, Ernst: Konkursordnung, Großkommentar, 8. Auflage, Berlin 1958, Band 1, §§ 1–70 KO, 9. Auflage, Berlin 1997, §§ 1–42 KO.

Jauernig, Othmar: Zwangsvollstreckungs- und Insolvenzrecht, 21. Auflage, München 1999.

Jungmann, Carsten: Grenzen des Widerspruchsrechts des Insolvenzverwalters beim Einzugsermächtigungsverfahren, in: NZI 2005, S. 84–89.

– Anmerkung zu BGH, Urt. v. 4. 11. 2004 – IX ZR 22/03, in: WuB I D 2. Lastschriftverkehr 1.05.

– Kurzkomm. zu AG Charlottenburg, Urt. v. 19. 10. 2004 – 214 C 228/04, in: EWiR 2005, S. 399–400.

Kelz, Erich: Echte und unechte Gesamtschulden, Bonn 1931.

Kilger, Joachim: Konkursordnung, Kommentar,15. Auflage, München 1987.

Kilger, Joachim / *Schmidt,* Karsten: Insolvenzgesetze KO / VglO / GesO, Kommentar, 17. Auflage, München 1997.

Kirchhof, Hans-Peter: Anfechtbarkeit von Rechtshandlungen vorläufiger Insolvenzverwalter, in: ZInsO 2000, S. 297–300.

– Anfechtbarkeit von Sachsicherheiten insbesondere der Banken in der Insolvenz des Kunden, in: ZInsO 2004, S. 465–470.

Kirchhof, Hans-Peter u. a.: Münchener Kommentar zur Insolvenzordnung, Band 1, §§ 1–102, München 2001, Band 2, §§ 103–269, München 2002.

Kling, Stephan: Rechtsmißbräuchlicher pauschaler Widerspruch des Insolvenzverwalters im Lastschrifteinzugsverfahren, in: DZWIR 2004, S. 54–58.

Knees, Klaus-Niels / *Fischer,* Paul: Zum Widerspruchsrecht des (vorläufigen) Insolvenzverwalters bei Einzugsermächtigungs-Lastschriften, in: ZInsO 2004, S. 5–14.

Koller, Ingo / *Roth,* Wulff-Henning / *Morck,* Winfried: Handelsgesetzbuch, Kommentar, 5. Auflage, München 2005.

Krebs, Ernst: Kommentar zu den AGB der Sparkassen und privaten Banken, 3. Auflage, Stuttgart 1989.

Kreifels, Thomas: Der Widerspruch des Lastschriftschuldners und seine mißbräuchliche Ausübung gegenüber der Gläubigerbank – ein Problem des Lastschriftverfahrens, Bonn 1983.

Krings, Günter: Die Neufassung der AGB-Banken, in: ZBB 1992, S. 326–335.

Kropff, Bruno u. a.: Münchener Kommentar zum Aktiengesetz, Band 3, §§ 76–117 AktG, 2. Auflage, München 2004.

Kübler, Bruno M. / *Prütting,* Hanns: Kommentar zur Insolvenzordnung, 23. Lieferung, Köln Stand: 05 / 2005, Band I, §§ 1–128, Band II, §§ 129–359.

Kuder, Karen: Anmerkung zu BGH Urt. v. 4. 11. 2004 – IX ZR 22 / 03, in: ZInsO 2004, S. 1356–1359.

– Anmerkung zu BGH Urt. v. 4. 11. 2004 – IX ZR 22 / 03, in: LMK 2005, S. 45–46.

Kuhn, Georg: Über die Rechtsprechung des Bundesgerichtshofes auf dem Gebiete des Konkursrechts, in: KTS 1963, S. 65–77.

Kuhn, Georg / *Uhlenbruck,* Wilhelm: Konkursordnung, Kommentar, 11. Auflage, München 1994.

Kümpel, Siegfried: Bank- und Kapitalmarktrecht, 3. Auflage, Köln 2004.

Langenbucher, Katja: Die Risikozuordnung im bargeldlosen Zahlungsverkehr, München 2001.

Larenz, Karl: Lehrbuch des Schuldrechts, Band I, Allgemeiner Teil, 14. Auflage, München 1987.

– Methodenlehre der Rechtswissenschaft, 6. Auflage, Berlin / Heidelberg / New York u. a. 1991.

Larenz, Karl / *Wolf,* Manfred: Allgemeiner Teil des Bürgerlichen Rechts, 9. Auflage, München 2004.

Liesecke, Rudolf: Die Sicherheiten der Bank nach Nr. 19 ff. AGB in der neueren Praxis, in: WM 1969, S. 546–558.

Lüke, Wolfgang: Anfechtungsrechtliche Probleme bei Dreiecksverhältnissen am Beispiel der Erfüllung durch Dritte, in: ZIP 2001, S. 1–9.

Lutter, Marcus / *Hommelhoff,* Peter: GmbH-Gesetz, Kommentar, 16. Auflage, Köln 2004.

Marotzke, Wolfgang: Kurzkomm. zu BGH, Urt. v. 5. 12. 1985 – IX ZR 165/84, in: EWiR 1986, S. 279–280.

Meder, Stephan: Sonderstellung des Insolvenzverwalters im Einzugsermächtigungsverfahren? Besprechung von BGH, Urt. v. 4. 11. 2004 – IX ZR 22/03, in: NJW 2005, S. 637–638.

Medicus, Dieter: Schuldrecht I, Allgemeiner Teil, 15. Auflage, München 2004.

Merkel, Helmut: Die neuen Allgemeinen Geschäftsbedingungen der Banken Teil II (Nr. 11–20), in: WM 1993, S. 725–776.

Michalski, Lutz: Kommentar zum Gesetz betreffend die Gesellschaften mit beschränkter Haftung, Band II, § 29–86 GmbHG, München 2002.

Mugdan, Benno: Die gesamten Materialien zum Bürgerlichen Gesetzbuch für das Deutsche Reich, Berlin 1899, II. Band: Recht der Schuldverhältnisse, III. Band: Sachenrecht.

Münchbach, Werner: Regreßkonstruktionen in Schadensfällen, Inhalt und Abgrenzung des § 255 BGB zur Gesamtschuld, Berlin 1976.

Mütze, Michael: Das Fehlerrisiko im bargeldlosen Zahlungsverkehr unter besonderer Berücksichtigung des Lastschriftverfahrens, Köln 1980.

Nerlich, Jörg/*Römermann,* Volker: Insolvenzordnung, Kommentar, 9. Lieferung, München Stand: 03/2005.

Obermüller, Manfred: Insolvenzrecht in der Bankpraxis, 6. Auflage, Köln 2002.

Palandt, Otto: Bürgerliches Gesetzbuch, Kommentar, 64. Auflage, München 2005.

Paulus, Christoph G.: Der Anfechtungsprozeß, in: ZInsO 1999, S. 242–249.

Pfeiffer, Thomas: Anmerkung zu BGH, Urt. v. 10. 1. 1996 – XII ZR 271/94, in: WuB I D 2. Lastschriftverkehr 2.96.

Pohlmann, Ulrich: Befugnisse und Funktionen des vorläufigen Insolvenzverwalters, Köln 1998.

Pönisch, Hardy: Anmerkung zu OLG Frankfurt a.M., Urt. v. 16. 9. 1996 – 18 U 92/94, in: WuB I D 2. Lastschriftverkehr 1.97.

Räfle, Siegried: Kurzkomm. zu BGH, Urt. v. 21. 12. 1984 – V ZR 204/83, in: EWiR 1985, S. 27–28.

Rattunde, Rolf/*Berner,* Susanne: Widerruf von Banklastschrifteinzügen durch den Insolvenzverwalter, in: DZWIR 2003, S. 185–191.

Rebmann, Kurt u. a.: Münchener Kommentar zum Bürgerlichen Gesetzbuch, Band 2 a, Schuldrecht, Allgemeiner Teil, §§ 241–432, 4. Auflage, München 2003, Band 2, Schuldrecht, Allgemeiner Teil, §§ 241–432, 3. Auflage, München 1994, Band 5, Schuldrecht, Besonderer Teil III, §§ 705–853, 4. Auflage, München 2004, Band 5, Schuldrecht, Besonderer Teil III, §§ 705–853, 3. Auflage, München 1997, Band 6, Sachenrecht, §§ 854–1296, 4. Auflage, München 2004.

Reichsgerichtsrätekommentar: Das Bürgerliche Gesetzbuch mit besonderer Berücksichtigung der Rechtsprechung des Reichsgerichts und des Bundesgerichtshofes, Kommentar, hrsg. v. Mitgliedern des Bundesgerichtshofes, 12. Auflage, Berlin/New York 1978, Band II, 2. Teil §§ 414–610.

Remmerbach, Thomas: Auswirkungen des Konkurses des Bankkunden auf den Überweisungs- und Lastschriftverkehr, Münster 1986.

Rendels, Dietmar: Pauschaler Lastschriftwiderspruch wegen Insolvenzantrags? In: INDat-Report 2004, S. 18–19.

Reyher, Heinz / *Terpitz,* Werner: Der Lastschriftverkehr, Stuttgart 1982.

Ries, Stephan: § 96 Abs. 1 Nr. 3 InsO – ein Trojanisches Pferd? In: ZInsO 2004, S. 1231–1234.

Ringstmeier, Andreas: Anmerkung zu BGH, Urt. v. 4. 11. 2004 – IX ZR 22/03, in: BGH-Report, 2005, S. 270–271.

Ringstmeier, Andreas / *Homann,* Stefan: Der „Widerspruch“ gegen Lastschriften durch den Insolvenzverwalter – auch durch Schweigen? In: NZI 2005, S. 492–493.

Rinze, Jens: Das Lastschriftverfahren: Rechtsprobleme um das Einzugsermächtigungsverfahren, in: JuS 1991, S. 202–208.

Rottnauer, Achim E.: Widerspruchsmöglichkeit gegen Einzugsermächtigungslastschriften im Konkurs- oder Vergleichsverfahren des Schuldners? In: WM 1995, S. 272–280.

Rüll, Stefan: Das Pfandrecht an Fahrnis für künftige oder bedingte Forderungen gemäß § 1204 Absatz II BGB, München 1986.

Rümker, Dietrich: Kurzkomm. zu BGH, Urt. v. 28. 4. 1987 – VI ZR 1 u. 43/86, in: EWiR 1987, S. 755–756.

Rüssmann, Helmut: Horst Ehmann: Die Gesamtschuld. Versuch einer begrifflichen Erfassung in drei Typen. in: AcP 175 (1975), S. 173–177.

Sandberger, Georg: Grundlagen und Grenzen des Widerspruchsrechts beim Lastschriftverfahren, in: JZ 1977, S. 285–290.

Schebesta, Michael: Die AGB der Volksbanken und Raiffeisenbanken, Wiesbaden 2002.

Schellewald, Volker: Die Sicherung künftiger Ansprüche im Vermögen des Schuldners, Bonn 1986.

Schimansky, Herbert / *Bunte,* Hermann-Josef / *Lwowski,* Hans-Jürgen: Bankrechts-Handbuch, Band I, §§ 1–68, Band II, §§ 69–103, 2. Auflage, München 2001.

Schlegelberger, Franz: Handelsgesetzbuch, Kommentar, Band IV §§ 343–372 HGB, 5. Auflage, München 1976.

Schmidt, Karsten: Handelsrecht, 5. Auflage, Köln / Berlin / Bonn / München 1999.

– Münchener Kommentar zum Handelsgesetzbuch, Band 5, §§ 242–372 HGB, Recht des Zahlungsverkehrs u. a., München 2001.

Schmidt, Reimer: Rationalisierung und Privatrecht, in: AcP 166 (1966), S. 1–29.

Schmidt-Salzer, Joachim: Allgemeine Geschäftsbedingungen, 1. Auflage, München 1971, 2. Auflage, München 1977.

Scholz, Franz: Kommentar zum GmbH-Gesetz, II. Band §§ 45–87, 9. Auflage, Köln 2002.

Schön, Wolfgang: Prinzipien des bargeldlosen Zahlungsverkehrs, in: AcP 198 (1998), S. 401–456.

Schönle, Herbert: Bank- und Börsenrecht, 2. Auflage, München 1976.

Schröder, Jens-Sören: Der sog. Lastschriftwiderspruch in der Insolvenz aus Verwaltersicht, in: ZInsO 2006, S. 1 – 7.

Schröter, Jürgen: Bankenhaftung im mehrgliedrigen Zahlungsverkehr, in: ZHR 151 (1987), S. 118 – 154.

Schulze-Osterloh, Joachim: Zahlungen nach Eintritt der Insolvenzreife (§ 64 Abs. 2 GmbHG; §§ 92 Abs. 3, 93 Abs. 3 Nr. 6 AktG), in: Festschrift für Gerold Bezzenberger, Berlin / New York 2000, S. 415 – 426.

Schwahn, Alexander: Der Aufrechnungsvertrag in der Insolvenz, Berlin 2003.

Schwarz, Günter Christian: Schuldner- und Gläubigerverzug im Lastschriftverfahren, in: ZIP 1989, S. 1442 – 1448.

Schwintowski, Hans-Peter / *Schäfer,* Frank A.: Bankrecht, 2. Auflage, Köln / Berlin / Bonn / München 2004.

Selb, Walter: Schadensbegriff und Regreßmethoden, Heidelberg 1963.

– Mehrheiten von Gläubigern und Schuldnern, Handbuch des Schuldrechts, Band 5, Tübingen 1984.

Skrotzki, A.: Lastschriftverfahren und Insolvenz, in: KTS 1974, S. 136 – 143.

Smid, Stefan: Insolvenzordnung, Kommentar, 2. Auflage, Stuttgart / Berlin / Köln 2001.

Soehring, Kay: Anmerkung zu LG Köln, Urt. v. 12. 7. 1989 – 9 S 43 / 89, in: WuB II C. § 64 GmbHG 2.90, S. 828 – 830.

Soergel, Hans Theodor: Kommentar zum Bürgerlichen Gesetzbuch, Band 2, Allgemeiner Teil 2, §§ 104 – 240, 13. Auflage, Stuttgart 1999, Band 2, Schuldrecht I, §§ 241 – 432, 12. Auflage, Stuttgart / Berlin / Köln 1990, Band 4 / 2, Schuldrecht III / 2, §§ 651 a – 704, 12. Auflage, Stuttgart / Berlin / Köln 2000, Band 5 / 2, Schuldrecht IV / 2, §§ 823 – 853, 12. Auflage, Stuttgart / Berlin / Köln 1999, Band 16, Sachenrecht, §§ 1018 – 1296, 13. Auflage, Stuttgart 2001.

Sonnenhol, Jürgen: Änderungen der AGB-Banken zum 1. April 2002 – auch im Hinblick auf das Schuldrechtsmodernisierungsgesetz –, in: WM 2002, S. 1259 – 1265;

– Änderungen der AGB-Banken zum 1. Januar 2000, in: WM 2000, S. 853 – 856.

– Die neuen Allgemeinen Geschäftsbedingungen der Banken Teil I (Nr. 1 – 10), in: WM 1993, S. 677 – 724.

Spliedt, Jürgen D.: Lastschriftwiderspruch – Masse und Insolvenzverwalterhaftung aus dem „Nichts“? In: ZIP 2005, S. 1260 – 1268.

Stamm, Jürgen: Regreßfiguren im Zivilrecht: Eine Rückbesinnung auf die Gesamtschuld unter Neubewertung des Zessionsregresses gemäß § 255 BGB und der Drittschadensliquidation, Berlin 2000.

Staudinger, Julius von: Kommentar zum Bürgerlichen Gesetzbuch mit Einführungsgesetz und Nebengesetzen, Buch 1, Allgemeiner Teil, §§ 134 – 163, Bearbeitung Berlin 2003, Buch 2, Recht der Schuldverhältnisse, §§ 255 – 292, Bearbeitung Berlin 1995, §§ 255 – 304, Bearbeitung Berlin 2004, §§ 362 – 396, Bearbeitung Berlin 2000, §§ 397 – 432, Bearbeitung Berlin 2005, §§ 652 – 704, Bearbeitung 1995, §§ 812 – 822, Bearbeitung Berlin 1999, §§ 826 – 829, Bearbeitung Berlin 2003, Buch 3, Sachenrecht, §§ 1204 – 1296, §§ 1 – 84 SchiffsRG, Bearbeitung Berlin 2002.

Steppeler, Wolfgang / *Künzle,* Johannes: Kommentar zu den Sparkassen-AGB, 3. Auflage, Stuttgart 2003.

Streit, Georg: Kurzkomm. zu BGH, Urt. v. 4. 11. 2004 – IX ZR 82 / 03, in: EWiR 2005, S. 123 – 124.

Streit, Georg / *Wittman,* Mechthilde: Kurzkomm. zu LG Berlin, Urt. v. 27. 1. 2004 – 19 O 398 / 03, in: EWiR 2004, S. 811 – 812.

Stritz, Martin: Lastschriften im Insolvenz(eröffnungs)verfahren, in: DZWIR 2005, S. 18 – 22.

Terpitz, Werner: Zur Neufassung des Lastschriftabkommens, in: Sparkasse 1982, S. 256 – 260.

Uhlenbruck, Wilhelm: Insolvenzordnung, Kommentar, 12. Auflage, München 2003.

Ulmer, Peter: Gesetz betreffend die Gesellschaften mit beschränkter Haftung, Großkommentar, begr. v. Max Hachenburg, Dritter Band, §§ 53 – 85, 8. Auflage, Berlin 1997.

Ulmer, Peter / *Brandner,* Erich / *Hensen,* Horst-Diether: AGB-Gesetz, Kommentar, 9. Auflage, Köln 2001.

Wand, Lothar: Die grenzüberschreitende Lastschrift, in: WM 1995, S. 2165 – 2173.

Weber, Beatrix: Recht des Zahlungsverkehrs, begr. v. Wolfgang Gößmann, 4. Auflage, Berlin 2004.

Wernecke, Frauke: Die Gesamtschuld: ihre Befreiung von irrationalen Merkmalen und ihre Rückführung in Gesetzessystematik, Berlin 1990.

Westermann, Harm Peter: Widerspruch gegen Belastungsbuchungen in Krise und Insolvenz des Lastschriftschuldners, in: Festschrift für Heinz Hübner, Berlin / New York 1984, S. 697 – 718.

Westphalen, Friedrich Graf von: Die AGB der Privatbanken im Licht der jüngsten Judikatur und Literatur, in: WM 1980, S. 1406 – 1427.

Wimmer, Klaus: Frankfurter Kommentar zur Insolvenzordnung, 3. Auflage, München 2002.

Wolf, Manfred / *Horn,* Norbert / *Lindacher,* Walter F.: AGB-Gesetz, Kommentar, 4. Auflage, München 1999.

Zschoche, Hans Detlef: Zur dogmatischen Einordnung des Lastschriftverfahrens unter besonderer Berücksichtigung der Vertrauensstrukturen, Berlin 1981.

Sachwortverzeichnis